다산 정약용 유배지에서 만나다

교양, 교양인 4

다산 정약용 유배지에서 만나다
박석무 지음

한길사

다산 정약용 유배지에서 만나다

지은이 ▪ 박석무
사　진 ▪ 황헌만
펴낸이 ▪ 김언호
펴낸곳 ▪ (주)도서출판 한길사

등록 ▪ 1976년 12월 24일 제74호
주소 ▪ 10881 경기도 파주시 광인사길 37
　　　www.hangilsa.co.kr
　　　E-mail:hangilsa@hangilsa.co.kr
전화 ▪ 031-955-2000~3
팩스 ▪ 031-955-2005

출력 · 블루엔 | 인쇄 · 오색프린팅 | 제책 · 신우

제1판 제 1 쇄 2003년 10월 15일
제1판 제18쇄 2022년 11월 15일

값 23,000원
ISBN 978-89-356-5524-3 03800

＊ 잘못 만들어진 책은 구입하신 서점에서 바꿔드립니다.

다산학의 산실이 된 다산초당

다산(茶山)은 다산초당(茶山草堂)에서 정약용이 귀양살 때 남들이 불러주던 호이자 백련사(白蓮寺) 뒤에 있는 조그마한 산을 뜻한다. 그 산에 다산초당이라는 윤씨(尹氏) 가문의 정자가 있었다. 정약용은 백련사를 찾아가 노닐면서 자연스럽게 아랫마을에 거주하는 윤씨들과 만났으며, 그들의 후의로 강진 읍내의 생활을 정리하고 다산초당으로 거처를 옮기게 된다.

장기의 쓸쓸하고 황량한 고목들

다산이 장기로 유배될 당시 그곳은 열병의 원인이 되는 산천에서 악독한 기운이 솟고 잡초가 우거진 미개한 지역이었다. 다산의 기록을 통해 보아도 다산의 유배살이 18년 동안 가장 불편하고 힘들게 생활했던 곳이 장기현이었다.

실학자들이 학술대회를 열었던 봉곡사

열여섯 살에 처음 성호가 남긴 저서를 보고 실학을 해야겠다고 결심했던 다산은 그로부터 18년이 지난 1795년 성호의 유저를 간행하기 위한 학술대회를 이곳 봉곡사에서 열게 된다.

다산이 직접 설계한 수원 화성

수원 화성은 다산이 직접 설계하여 쌓은 성이다. 그는 자연과학의 훌륭한 업적을 제대로 원용해 한강의 배다리를 설계하고 수원 화성을 축조하는 토목공학의 논리를 개발했다. 수원 화성은 오늘날 유네스코에 세계문화유산으로 등록되어 있다.

謹覆兩絕芳文詞少無輕送之態高
人如可相勸甚自晦自期成大
人君子者、畢中有數三頑者
間或有小慧者眼中所見不
古史所通鑑往所望不出與殺尾
書且人以所自養全一鳥一魚之同宿則可呼
人如既寧高今望必吾与之同宿則可呼
書之他為寄必多慾情芳若以来
物表情知好無仁世書年路資外
火辭要為受年徐四毕老此世无它

丙寅三百旬曾　　舍弟書

정약전의 친필 편지

다산의 둘째형 손암(巽菴) 정약전(丁若銓)의 친필은 아직까지 세상에 알려지지 않다가, 이번에 처음 발견되었다. 정약전이 아우 정약용에게 보낸 편지로 다산의 제자 황상(黃裳)에 대한 이야기가 주된 내용이다. 1806년 3월에 썼다는 기록이 보인다.

다산이 창안한 거중기

이 편리한 기계 덕분에 일반 인민을 동원하지 않고 임금 노동자인 모군(募軍)만으로 성을 건설하여 수원 화성을 축조하는 데 4만 냥의 비용을 절감했다.

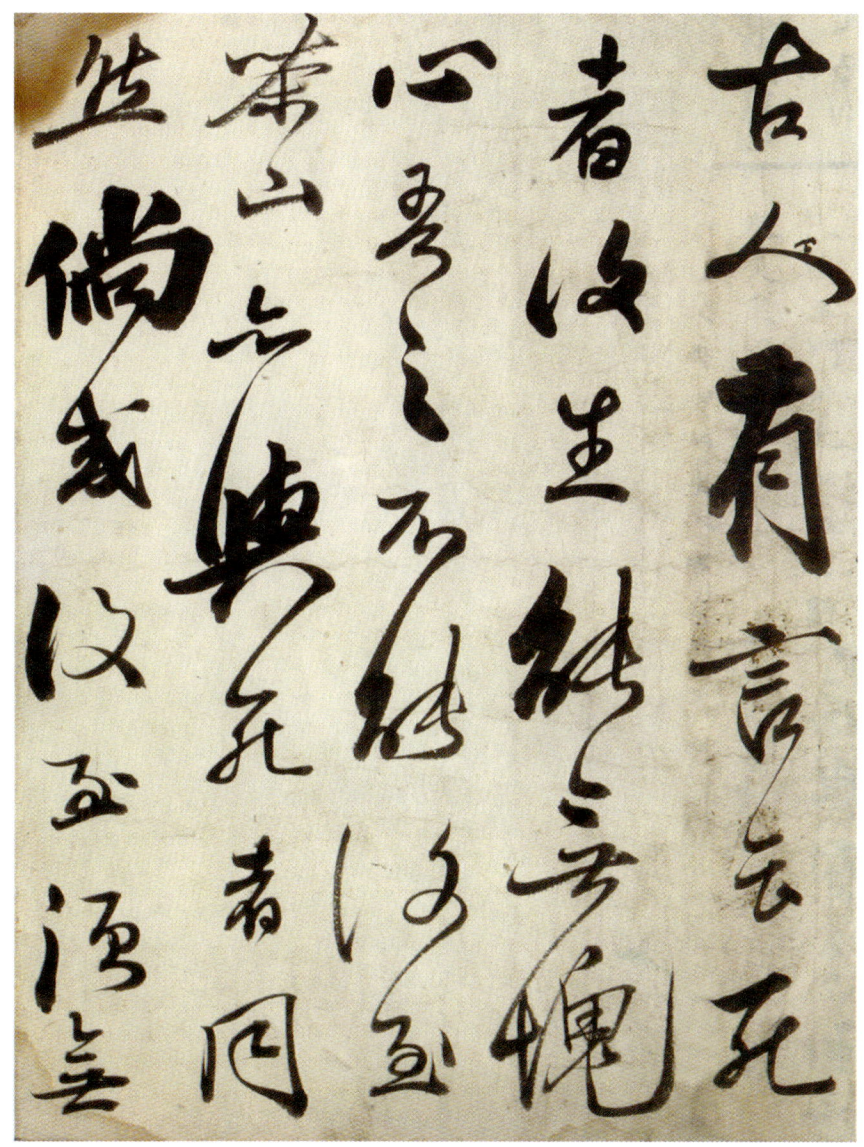

제자들에게 보낸 편지

"옛사람의 말에 '죽은 사람이 다시 살아나더라도 부끄러운 마음이 없도록 해야 한다'고 했다.
내가 다시 다산에 갈 수 없음은 또한 죽은 사람이 다시 살아나지 못하는 것과 같을 것이다.
그러나 혹시 다시 간다고 하더라도 결코 부끄러운 모습이 없도록 해야 옳은 일이 되리라."
다산이 제자 기숙(旗叔)과 금계(琴季)에게 보낸 편지.

다산이 태어나서 살고 마지막 숨을 거둔 생가

경기도 광주군 초부면 마현리(오늘날 경기도 남양주시 조안면 능내리)는
마현, 소내, 마재, 두릉, 능내, 두현, 유산, 열상이라는 여러 이름을 가지고 있었는데,
이곳에서 역사에 길이 남을 실학자이자 대문호인 정약용(1762~1836)이 탄생했다.

다산초당의 '정석'

다산초당에 남아 있는 유일한 다산의 친필 '정석'(丁石)을 어느 석수가 새겼다고 한다.
글씨가 새겨진 서쪽 암벽에는 이끼가 푸르게 끼었지만,
글자는 뚜렷하여 다산의 고매한 정신을 일깨운다.

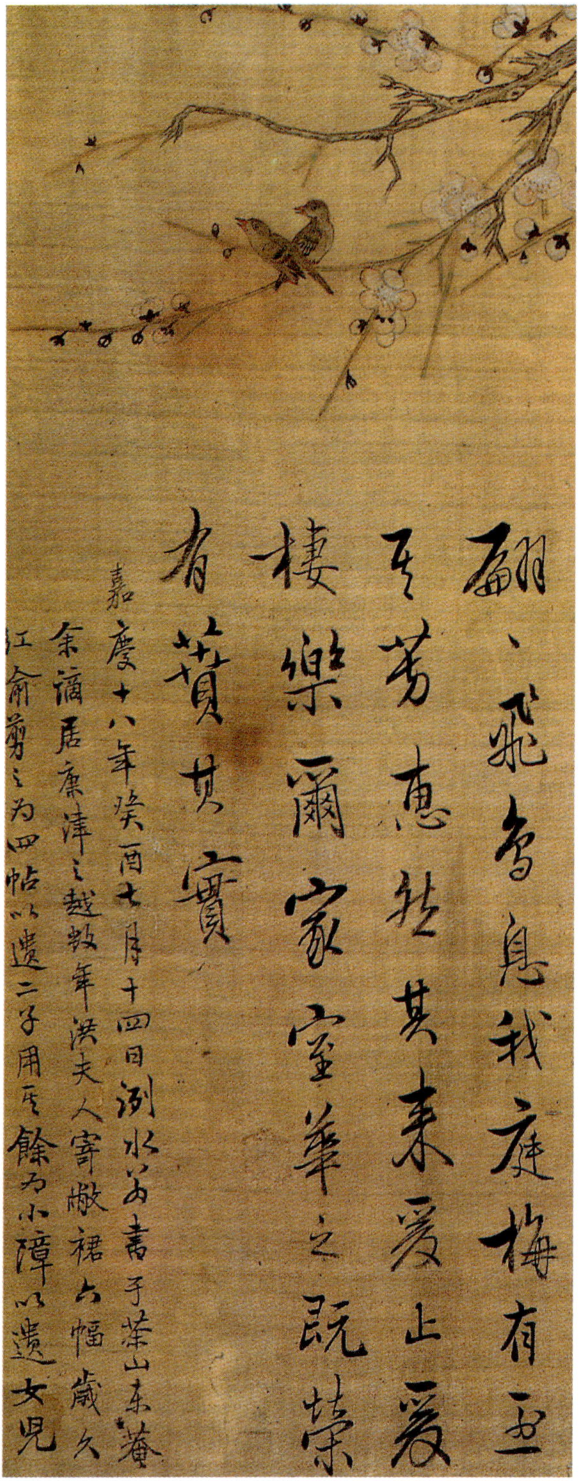

翩翩飛鳥 息我庭梅
有烈其芳 惠然其來
爰止爰棲 樂爾家室
華之既榮 有蕡其實

嘉慶十八年癸酉七月十四日洌水翁書于茶山東菴
余謫居康津之越數年洪夫人寄敞裙六幅歲久
紅渝剪之為四帖以遺二子用其餘為小障以遺女兒

딸에게 보낸 「매조도」

유배생활을 하고 있을 때인 1813년, 다산은 강진에서 부인 홍씨가 보낸 헌 치마폭을 찢어 4개의 첩을 만들고는 거기에 그림과 시를 써서 자신의 외동딸에게 보냈다. 「매조도」(梅鳥圖)는 그림·글씨·시 모두 격조가 높으며 딸을 아끼던 아버지 다산의 뜻이 지금도 드러나 보인다. 고려대학교박물관 소장.

다산 정약용 유배지에서 만나다
박석무 지음

우리의 희망 다산 선생을 만나러 가는 길

200년 전 그대는
한 왕조의 치욕으로 태어나
조선의 자랑으로 살아 있습니다.
가슴 속 핏속에 살아 흐르고 있습니다.
귀양살이 18년 혹한 속에서도 그대는
만 권의 책 탑으로 쌓아놓고 고금동서를 두루두루 살피셨습니다.
그 위에 다시 압권을 저술하여
한 시대의 거봉으로 우뚝 솟아 있습니다.
나라 걱정 백성 사랑 꿈엔들
한시라도 잊으신 적 있었으리요마는
때로는 탁한 세상 하 답답하여
탐진강 강물에 붓대를 휘저었습니다.
애절양(哀絶陽)이여 애절양이여 애절양이여,
그러나 어떤가요 그후 200년 지금은
여전히 농민은 토지로 밭을 삼아 땀 쏟아 일구고
여전히 벼슬아치는 백성을 밭으로 삼아 등짝을 벗겨먹고 있으니

아, 다산이여 다산이여
그대 어둔 밤 조국의 별로 빛나지 않는다면
내 심사 이 밤에 얼마나 황량하리요.

어느 세월 밝은 세상 있어 그대 전론(田論)을 펴고
주린 백성 토지 위에 살찌게 하리요.
　• 「전론(田論)을 읽으며」

　우리의 민족시인 김남주의 시다. 아마 1981년의 작품일 것이다. 나와 김 시인이 광주교도소에 갇혀 독방을 차지하고 벽 하나를 두고 살 때의 시로 기억된다. 그때의 처음 제목은 「다산이여 다산이여」였다. 그 뒤 시집으로 나오면서 「전론(田論)을 읽으며」라는 제목으로 바뀌었다. 김 시인은 이른바 남민전 사건으로, 나는 5·18 광주민주화운동 사건으로 투옥되어 있었다. 우리는 밤낮으로 통방을 하면서 다산에 대한 이야기를 나누었다.

　200년 전의 다산은 김 시인 말대로 조선의 자랑이다. 기존의 체제나 학자, 사상가, 운동가들의 대부분을 비판하던 김 시인. 그는 나의 견해에 동의하지 않는 부분이 많았지만, 민족의 스승이자 자랑이라고 여기는 다산 정약용 선생과 녹두 전봉준 장군에 대한 이야기에는 언제나 의견을 같이했다. 학자와 사상가로서의 다산, 행동가로서의 녹두에 대한 우리의 생각은 언제나 일치했기에, 고달픈 감옥생활 속에서도 두 분에 대한 이야기와 토론을 계속하면서 시간을 보낼 수 있었다.
　세월은 흘러 김남주 시인은 세상을 떠났고 다산 선생은 지금도 우리의 자랑으로, 희망과 꿈으로 남아 있다. 토지를 공평하게 분배하고 소득을 고루 나누어 갖자는 다산의 '전론' 사상을 어떻게 해야 실현할 수 있을까. 깨끗하고 맑은 세상으로 바꾸자던 그의 『목민심서』 정신은 언제쯤 실현될 것인가. 다산의 삶과 인생관, 가치관을 거울삼아 나라와 백성이 한 단계 올라서는 때는 올 수 없는 것인가.
　1972년 초봄 대학원을 졸업하면서부터 나는 다산을 통한 사회와 역사의 변혁, 나라와 민중의 한 단계 높은 삶을 염원해왔다. 벌써 30년이 넘은 세월이다. 유신정권의 거부로 대학에 자리잡지 못하고 중·고등학교에서 수업에 매달리는 한편 민주화운동으로 늘 분주해 본격적인 연구는 못했지만, 나는 『유배지에서 보낸 편지』『애절양』『다산산문선』『다산기행』『다산논설선집』『다산문학선집』『역주 흠흠신서』『다산시정선』 등의 책을 통해 나름대로 다산의 사상과 철학, 삶의 가치관과 변혁사상들이 우리 모두의 가슴에 번지기를 바랐다.

또 다른 한편으로 다산의 저서들을 읽고 번역하면서 느낀 생각들을 정리해 「다산 정약용의 법사상」「다산학의 시대적 배경 고찰」「다산학의 연원과 시대적 배경」「다산학의 민중성 고찰」「다산학의 화이론 고찰」「정약용 그 시대와 사상」「다산의 법률관」「다산의 흠휼정신과 법의식」 등의 논문을 썼다.

이런 일련의 작업들을 종합해 다산의 일대기를 정리할 단계에 이르렀다는 생각을 하게 되었다. 출판사의 요구도 오래 전부터 있었지만 게으름을 피우느라 지금까지 응하지 못하다가 이제는 더 미룰 수가 없어 착수하지 않을 수 없었다. 다산의 시대와 사상을 종합적으로 만날 수 있는 일대기는 다산의 정신과 사상을 되살리는 아주 요긴한 작업일 것이다.

다산학의 보금자리이던 다산초당에 갈 때마다 유배의 서러움이 떠올랐다. 그 이미지가 늘 떠올라 책 제목을 『다산 정약용 유배지에서 만나다』라고 붙여보았다. 그런데 막상 글을 마치고 다시 읽어보니 참으로 빈약하다는 부끄러움을 감출 수가 없다. 거대한 다산을 제대로 설명해내기가 어디 그리 쉬운 일인가. 그의 삶 일부분이라도 조명해보자는 소박한 마음으로 시작했을 뿐이다. 더구나 사상이나 철학에 대한 부분을 다음 책으로 미루었기 때문에 더욱 아쉽다. 다만 이 책을 시작으로 다산학의 전모를 밝히는 작업을 계속한다는 의지를 나는 놓지 않고 있다.

책을 내면서 감회의 일단을 피력하지 않을 수 없다. 1982년 감옥에서 나온 뒤 다산학 공부에 열중하고 있을 때 매우 신나는 일이 하나 있었으니, 도서출판 한길사에서 기획했던 역사기행 프로그램이었다. 세상은 군부독재로 숨막히던 세월이었지만 깊은 산 속의 산사에서, 강물이 넘실대는 강변의 서원에서, 민족사의 현장인 드넓은 벌판에서, 국토와 역사와 문화를 토론하는 즐거움이 이어졌다. 1986년 12월 온 천지가 하얀 눈으로 쌓이고 대지가 꽁꽁 얼어붙은 계절에 강진·해남 일대에서 펼쳐진 '다산 역사기행'은 참으로 아름다운 추억으로 우리에게 남아 있다. 그후 나는 다산에 관한 한 단골 초청연사로 역사기행의 일행 속에 끼여 있었다. 그때는 또 「다산기행」을 잡지에 연재하면서 전국에 걸친 다산 유적지를 직접 답사하는 행운도 누렸다.

  연재했던 글과 강연했던 내용들을 손질한 『다산기행』을 한길사가 출판한 것이 1988년 초여름이었다. 독재정권의 탄압으로 복권도 되지 않고 직장도 없던 시절이 가져다준 한 결과물인 셈이다. 한길역사기행이나 『다산기행』이야말로 새로운 국토인식운동 또는 문화운동으로서 역사기행이 자리잡게 되는 한 계기가 되었던 것도 사실이다. 1980년대 중후반에 펼쳐진 우리의 국토 답사와 역사·사상 기행은 지금 생각해도 너무도 치열하고 아름다운 동시대인들의 축제의 장이었다. 나는 그것을 기획한 한길사와 더불어 오늘 다시 새롭게 업그레이드된 역사인식 운동을 하자고 논의하는 중이다. 이번에 펴내는 이 책이 이 운동을 위한 좋은 자료가 되었으면 한다.

  『여유당전서』와 다산의 연보인 「사암연보」(俟菴年譜)가 이 책을 엮는 데 토대가 되었다. 다산학에 연구업적이 높은 송재소, 임형택, 김상홍, 금장태 교수 등의 연구도 큰 도움을 주었다. 특히 「황사영백서」나 천주교와 관련된 이야기는 이정린 교수의 『황사영백서 연구』(일조각, 1999)에 크게 의존했음을 밝힌다. 저간에 내가 읽고 번역한 책들이 있었기에 작업은 그리 어렵지 않게 풀렸다.

  호한한 다산의 저서, 광막한 그의 사상과 철학을 공부하면서 이제야 제대로 연구를 시작한다는 생각이 든다. 어설프게나마 그의 삶의 족적을 살펴보았지만, 문제는 지금부터다. 다산학은 나에게 영원한 과세다.

다산이 그립다. 다산이야말로 우리의 희망이자 꿈이다. 그만한 학자가 조선시대에 있었다는 것만으로도 우리에게 얼마나 자랑스러운 일인가. 겨레의 긍지이자 자존심이다. 그래서 시인 김남주는 "아, 다산이여 다산이여"라고 외쳤을 것이다.

끝으로 이번 책의 저술과정에서 귀한 자료 하나를 발견했다는 사실을 밝히고 싶다. 지금까지 전혀 볼 수 없었던 손암(巽菴) 정약전(丁若銓)의 친필 편지를 한 통 발견한 것이다. 다산 제자의 후손인 다산금속의 윤영상 회장이 소장하고 있던 것인데 이번에 처음으로 공개되어 이 책의 화보로 실렸다. 정말로 다행스럽고 기쁜 일이다.

책을 쓰도록 그토록 권유하고 독려해준 김언호 사장, 곳곳을 발로 뛰면서 사진을 찍느라 고생한 사진작가 황헌만 형, 자료를 제공해준 윤영상 회장, 옥편에도 없는 글자를 찾으며 책을 만드느라 애쓴 한길사 편집부 여러분에게 감사를 드린다.

2003년 9월
박석무

다산 정약용 유배지에서 만나다

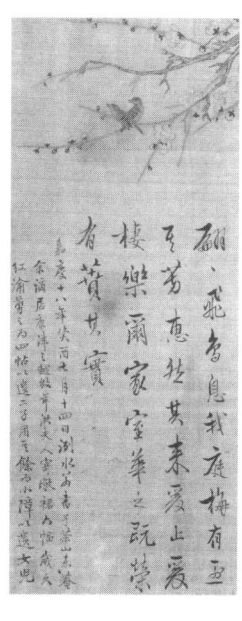

우리의 희망 다산 선생을 만나러 가는 길 ······ 19

1 흑산도 아득한 곳 바다와 하늘뿐인데

왜 오늘도 다산인가 ······ 30
밤남정 주막집의 이별 ······ 36
박해받는 지식인 ······ 46
가야 할 길 세 갈래로 갈렸네 ······ 54
박해의 역사적 의미 ······ 61
아우구스티노 정약종의 순교 ······ 71
시파와 벽파 ······ 79

2 내 의지를 밝히다

피어린 역사의 땅 마재에서 태어나다 ······ 90
일곱 살에 시를 지은 천재소년 ······ 99
10대에 뜻을 세우고 ······ 108
남도의 경관을 시로 읊으며 ······ 116
새로운 것을 알고 싶다 ······ 127
스물여덟에 문과에 합격 ······ 139

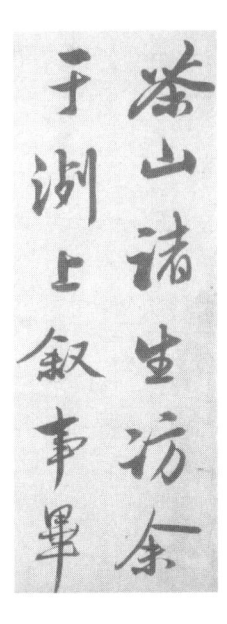

3 세상살이 구불구불 위험해지네

정조와의 만남	……152
수원 화성을 축조하다	……163
법의 적용은 임금의 측근부터 시작해야 한다	……173
눈밝고 귀밝은 암행어사	……181
반대당이 날마다 유언비어를 퍼뜨리다	……189
백성의 고난을 그냥 두고 볼 수는 없다	……198
나는 주자학에 만족하지 못한다	……208
죽란시사의 동지들	……219
명례방 대나무 난간집에 살며	……228

4 자상하신 임금님 말씀에 절로 눈물 흐르네

탁월한 서정시인	……238
진실을 밝힌 명상소문	……248
목민관이 되어 곡산으로 가다	……257
목민관은 하늘의 뜻을 대행해야	……266
백성을 위하는 마음	……273
놀고먹는 사람이 없어야 농촌이 산다	……281
당파 짓는 버릇 깨부술 날이 없구려	……288
정조가 죽고 고난이 밀려오다	……297
학자 군주 정조와 다산의 18년	……305

5 귀양살이 타향살이

유배지 장기로 떠나다	……314
당쟁과 성리학에서 벗어나 실학으로	……321
장기에 전해지는 다산의 전설	……330
백성을 다스릴 계책은 농부에게 물어라	……340
의서를 저술하고 백언시를 남기다	……352

6 유배지에서 보낸 편지

장기에서 강진으로 ······362
동백꽃이 활짝 피었네 ······370
독서에 정진하고 몸가짐 바로 해라 ······380
어린 아들의 죽음에 통곡하며 ······388
근본을 알고 학문을 해야 한다 ······395
천지 간에 글과 붓이 있을 뿐이다 ······403
어린이를 위한 저술에 나서고 ······410
민족적 정서를 찾아서 ······418
시대정신과 시정신 ······428
너나 나나 한 백성인데 ······437

7 다산학이 우뚝 서다

아암 혜장선사와 글벗이 되다 ······446
인생은 풀과 같은 것 ······457
다산학의 산실 다산초당으로 ······468
딸에게 보낸 매조도 ······483
훌륭한 제자들이 모여들다 ······497
당대 지식인들의 빛나는 학문 토론 ······507

다산으로 돌아가자 | 글을 마치며 ······523
다산 정약용 연보 ······531
주요인물 ······543
역사용어 풀이 ······553

1
흑산도 아득한 곳 바다와 하늘뿐인데

"초가 주막 새벽 등불 푸르스름 꺼지려는데
일어나 샛별 보니 이별할 일 참담해라.
두 눈만 말똥말똥 둘이 다 할말 잃어
애써 목청 다듬으나 오열이 터지네.
흑산도 아득한 곳 바다와 하늘뿐인데
그대는 어찌하여 그 속으로 가시나요."

■「밤남정 주막집의 이별」

왜 오늘도 다산인가

다산의 뜨거운 인간애에 마음을 기울이자

다산 정약용은 1762년에 태어나 1836년에 서거했다. 태어난 지 240년이 넘었고, 세상을 떠난 지 167년이 되었다. 그가 한창 활동하던 때로 보면 200년 전의 인물임이 분명하다. 그런데도 그가 이룩해놓은 광대한 학문인 '다산학'이 오늘 우리에게 더 절실하게 느껴지는 까닭은 무엇일까.

다산은 그가 살아가던 세상을 온통 썩고 부패한 시대라고 규정했다. 어느 것 하나 병들지 않은 분야가 없다고 탄식했다. 세상은 썩어버린 지 이미 오래며(天下腐已久), 썩어 문드러졌다(腐爛)고 그는 거듭 개탄했다. 다산은 전 생애를 통해서 이 병들고 썩은 세상을 치유하기 위해 온갖 방책을 강구하는 500권이 넘는 저술을 남겼다. 현실에 활용하면 부패와 타락을 막을 수 있다고 생각되는 개혁안을 마련해두었으니, 그게 바로 다산의 개혁사상이요, 실학사상이다.

200년이 지난 오늘의 세상은 어떤가. 썩고 병들지 않은 분야를 어디서 찾을 수 있는가. 정치권을 위시해서 재계, 금융계, 심지어 교육계에 이르기까지 어느 분야에 더러운 소리와 고약한 냄새가 들리지 않고 풍기지 않는 곳이 있는가. 어떻게 해야 이 세상을 새롭게 개혁하여 온전하게 할 수 있을까.

길이 막히면 돌아가야 한다. 앞이 막히면 뒤에 길이 있는지 찾아야 한다. 당대의 시대정신으로 세상을 구제할 길이 없다면 옛 정신을 돌아보고 성현의 말씀을 다시 생각해내야 한다.

서양의 르네상스는 훌륭한 역사의 거울이다. 중세의 암담한 세상에서 고대 그리스로 돌아가 당대의 정신과 사상을 새롭게 찾아냈다. 옛날로 회귀하는 것은 과거로 복귀하는 것이 아니라 현실을 타개할 수 있는 가장 훌륭한 진보와 통하는 것이다. 청나라 말엽의 타락한 세상을 구제하기 위해 『예기』(禮記)의 대동(大同)사상을 되새겼던 일이 고대로 후퇴한 것이 아니라 당시로서는 가장 앞서가던 진보 논리였듯이.

다산도 마찬가지였다. 성리학(性理學)이라는 공리공론의 행세학이 맥을 쓰지 못하고 부패와 타락을 가속시킬 때, 다산을 비롯한 일련의 실학자들은 공자학(孔子學), 즉 수사학(洙泗學)의 본원으로 돌아가는 본질적인 경학(經學)연구에 생애를 바치지 않았는가. 뒷날 위당 정인보는 다산의 경학을 '민중적 경학'(民衆的 經學)이라고 이름붙였다. 공맹의 사상과 철학을 민중의 논리로 재해석해서 선구적이고 진보적인 다산경학을 정립했던 것인데, 다산의 실학사상은 사실 고전을 새롭게 다시 해석해내는 경학에 본질적인 기틀을 두고 있었다.

다산이 그의 실학사상과 개혁사상을 고경(古經)의 새로운 해석으로 이룩해냈듯이, 이제는 고전이 된 다산의 실학사상과 개혁사상에서 오늘 우리가 나아갈 길을 찾아야 하지 않을까.

국가의 행정제도를 비롯해 문물제도를 통째로 바꾸고 고치자는 『경세유표』(經世遺表)에서 오늘의 개혁논리를 찾아야 하고, 고관대작은 물론 하급관료에 이르기까지 모든 관리들이 청렴한 공직윤리를 회복하고 철저하게 준법함으로써 바르게 고쳐진다는 『목민심서』(牧民心書)에서 오늘의 부패와 타락을 방지할 논리를 찾아내야 한다.

세상이 썩고 병들었다고 우리가 몸담고 살아가는 이 조국을 버리고 떠날 수도, 어디에 숨어살 수도 없다. 절망과 실의에 잠겨 무골충(無骨蟲)으로 그냥 지낼 수도 없다. 살아는 가야 하는데 어떻게 살까. 그토록 뛰어난 재주, 그러한 능력, 그만한 학식과 깊은 사상을 지닌 다산은 얼마나 억울한 삶을 보냈고 얼마나 기막힌 세월을 살았던가. 그래도 그는 끝까지 좌절하지 않았고 실의에 빠지지도 않았다. 오히려 고단한 귀양살이에도 늘 자신을 채찍질하며 열성적으로 학문을 연구하는 데 몰두했다. 낮을 짧다 여기며 밤새우고 열심히 공부했던 그의 정신을 이어가야 한다. 벼슬길을 차단당하고 온갖 수모와 고난을 무릅쓰고, 오히려 이제야 겨를을 얻었다고 즐거워하면서 학문에 몰두하던 그의 삶의 철학을 배워야 한다.

　두 아들에게 인생을 어떻게 살아가야 하고 어떤 책을 읽으며 어떤 내용의 저서를 남겨야 하는지 간곡하게 가르쳐준 깊은 뜻도 되새겨야 한다. 사랑하는 제자들에게 어떤 학문에 마음을 기울이고 어떻게 살아가야 하는지에 대해 가르쳐준 스승으로서의 다산의 마음도 배워야 한다. 부모님을 어떻게 모시며, 어른들을 어떻게 섬기며, 형제 친구들과 어떻게 지내야 한다던 그의 생활철학을 귀중한 삶의 교훈으로 받아들여야 한다.

　참으로 인간다운 다산이었다. 귀양지에서 어린 막내의 죽음을 듣고 한없이 눈물을 흘리며 목메어 울던 아버지 다산. 자신보다 더 훌륭한 학식과 인품을 지니고도 더 외롭고 쓸쓸하게 유배살이를 하다 세상을 떠난 둘째형 정약전의 부음에 통곡하며 형님이 그리워서 애태우던 다산. 병들고 굶어죽어가는 백성들의 참담한 모습에 살고 싶은 의욕마저 상실할 지경이라고 애태우던 다산. 그의 뜨거운 인간애에 대해서 한번쯤은 마음을 기울여야 한다.

　사상가, 학자, 선각자라는 위치에서 현자(賢者)의 지위까지 오른 다산이라는 큰인간을 통해서 우리의 삶을 되돌아보는 기회도 가져야 한다. 과거에 장원급제한 명문 집안의 출신으로 먼먼 바닷가 낯선 타향에서 시골의 백성들과 스스럼없이 어울려 지내며 그들의 아픔을 위로해주고, 그들이 당하는 질곡의 삶을 해방시키기 위해 한없는 애정으로 지혜를 짜내던 대승적인 실천 정신을 배워야 한다. 요컨대 오늘의 현실을 헤쳐 나가기 위해서 우리는 다산으로 돌아가야 한다.

다산의 스승 성호 이익

다산이 가장 존숭하고 가장 큰 영향을 받은 실학자는 성호 이익(李瀷)이다. 성호는 1681년에 태어나 여든세 살의 일기로 1763년에 세상을 떠난 분이니, 다산이 태어난 다음해에 타계했다. 다산은 생전에 그를 뵐 수는 없었지만 그의 문하에서 배운 제자들을 통해 그의 가르침을 듣고 그가 남긴 저술들을 읽으며 그의 실학논리를 기초로 해서 자신의 학문을 새롭게 수립했다. 성호야말로 다산 학문의 원조였다.

잘 알려진 대로 성호는 세상을 잘못 만나 벼슬에 나간 적이 없지만 학자로서는 가장 큰 학파를 이룩한 학맥의 거봉이다. 젊은 시절 다산은 성호의 옛집을 찾아가고, 묘소를 찾아 참배하기도 했다. 성호의 저서를 간행할 뜻을 두고 학회를 열어 원고를 정리하고 교정하는 일도 앞장서서 해냈다. 그만큼 다산은 성호 학문에 절대적인 지지를 보냈다.

다산이 유배가기 전에 저술한 글로 여겨지는 성호에 대한 찬양문이 있다. 성호의 화상에 찬양의 뜻으로 바친 글이다.

    저 덕성스러운 얼굴을 바라보노라면
    윤기 흐르고 함치르르함이여
    도가 저 몸 속에 가득 쌓인데다
    뛰어나고 빼어난 아름다움으로 흠뻑 적셔 있구려.
    오호, 이설(異說)들이 크게 퍼져 제멋대로 놀아나자
    사문(斯文)은 뚝뚝 밑바닥으로 떨어져가누나.
    누가 이분을
    저 깊이 묻힌 땅 속에서 일으켜 세울 수 있어

끝내 억센 물결을 밀쳐버리고
수사(洙泗)의 물줄기로 돌려보낼 것인가.
슬픈지고.
- 「성호 이익의 화상(畵像)을 찬양하며」

　세상을 떠난 지 40년이 가까운 성호를 땅 속 깊은 곳에서 일으켜 세워 혼탁한 세상을 바로잡고, 엉터리로 흘러가는 학풍을 제대로 이끌어 공자의 본질적 학문으로 돌이키자는 소망을 노래했다. 이 글은 성호의 훌륭한 학문은 세상을 치유할 높은 수준인데, 그것을 제대로 알리거나 보급시키지 못하는 안타까움을 토로한 것이기도 하지만, 성호라는 큰 호수를 온통 삼켜 대 다산호에 담아 인류 구제책을 강구하겠다는 자신의 의욕을 담았다고도 볼 수 있다. '누가 성호를 일으켜 세우겠는가'라는 질문을 던지고 이를 자신의 임무로 여겼으리라 믿어본다. 사실 다산은 그런 의무감을 안고 일생 동안 진력해서 거대한 다산학을 이루어냈다.
　이제 오늘을 살아가는 우리도 그런 의무감을 지녀야 한다. 200년 전의 다산을 깊고 먼 지하에서 지상으로 일으켜 세워 이 타락하고 부패한 세상을 구제하는 것이 시대적인 요구다. 현자이기 이전에 너무도 인간적이던 다산을 우리 곁에 다시 모시고 그분의 지혜를 빌려서 오늘 우리의 문제들을 해결해야 한다.

　부패한 정치꾼들을 몰아내자!
　뇌물에 함몰된 관리들을 몰아내자!
　가난하고 불쌍한 백성들을 살려내자!
　신분제도를 타파해서 인간 평등사회를 건설하자!
　특권층만 잘살고 대접받는 세상을 뒤엎자!

이렇게 외치던 다산이 지금 우리 곁에 살아 있어야 한다. 다산이 외쳤던 구호는 200년 전에도 절실했지만, 21세기를 살아가는 오늘의 우리에게도 너무나 절실하다. 그래서 다산이 무덤 밖으로 나와 활동하는 모습을 보여드리고 싶다. 그가 고뇌했던 유배지에 가서 그를 만나보자. 그의 일대기를 통해서.

밤남정 주막집의 이별

온 집안이 풍비박산되다

인생의 황금 시기인 나이 마흔에 다산 정약용은 중상모략의 법망에 걸려 두번째로 감옥에 갇혔다. 분노와 억울함, 끝없는 좌절감에 빠져 삶의 의욕을 잃을 수도 있는 처지에 빠진 것이다.

순조 원년인 1801년 11월 22일 다산은 함께 옥살이를 하던 사랑하는 둘째형 정약전(丁若銓: 1758~1816)과 다시 만나리라는 기약도 없이 이별을 해야 했다.

초가 주막 새벽 등불 푸르스름 꺼지려는데	茅店曉燈靑欲滅
일어나 샛별 보니 이별할 일 참담해라.	起視明星慘將別
두 눈만 말똥말똥 둘이 다 할말 잃어	脈脈嘿嘿兩無言
애써 목청 다듬으나 오열이 터지네.	强欲轉喉成嗚咽
흑산도 아득한 곳 바다와 하늘뿐인데	黑山超超海連空
그대는 어찌하여 그 속으로 가시나요.	君胡爲乎入此中

오열이 터질 수밖에 딴 도리가 없는 이별의 장면이다. 「밤남정 주막집의 이별」(栗亭別)이라는 애절한 이 이별가의 밤남정은 시의 원문에서도 설명한 대로 전라도 나주읍의 북쪽 5리 지점에 있던 주막 거리였다. 지금은 나주시의 대호동 지역인데 동신대학교 정문에서 북쪽으로 700~

800미터 떨어진 '밤남정'이라는 마을이다.

  도로가 새로 생겨 지금은 설명하기 어렵지만, 그 당시에는 밤남정 삼거리에 주막집이 있었다. 그곳은 서울에서 내려와 목포 쪽과 영암 쪽으로 길이 나뉘는 길목이었다. 서울에서는 800리가 넘는 멀고 먼 시골이다. 오늘의 밤남정에는 주막터와 봉놋방터에 세워진 가건물이 있을 뿐, 그때를 설명해줄 만한 유적이 아무것도 없다.

  애초에 다산 집안의 비극은 1801년 초봄에 일어났다. 그 전해에 정조가 세상을 뜨고 새로 임금에 오른 순조는 나이가 겨우 열한 살이었다. 왕실의 큰어른은 영조의 계비(繼妃)인 정순대비(貞純大妃) 김씨로, 어린 증손자 순조를 대신하여 국권을 쥐고 수렴청정을 하고 있었다. 대비의 집안은 당색으로는 벽파(僻派)로서 남인 시파(時派)이던 다산 집안과는 정면으로 반대인 당파였다. 그들이 정권교체로 권력을 잡게 되었는데, 세상은 반대파를 제거하려는 벽파의 속셈과 맞아떨어지게 돌아가고 있었다. 즉 천주교 신자들의 수효가 한창 늘어나던 때였던 것이다. 이단으로 배척받기에 알맞은 천주교도들의 세력이 늘어나 탄압의 구실을 제공했고, 천주교와 무관하지 않은 다산 집안은 법망에 걸려드는 불행을 맞게 되었다.

  1801년 2월 9일 다산은 감옥에 갇혀 국문을 받았다. 이미 천주교에서 마음을 끊고 관계하지 않았던 증거들이 제시되어 석방되려는 움직임도 있었으나, 반대파의 주장에 밀려 그달 27일 밤 감옥에서 나와 경상도의 장기현(長鬐縣)으로 귀양살이를 떠나야 했다. 근래에는 영일군이 포항시와 통합되어 군의 이름은 없어지고 포항시 장기면이 그곳의 공식 명칭이 되었다.

  2월 28일 서울을 떠나 3월 9일 장기현에 도착했다. 그 다음날인 10일 그곳 읍내의 마산리(馬山里)에 거처를 정하고 유배생활을 시작했다. 그러나 이해 10월 「황사영백서」 사건이 일어나자 다시 체포되어 10월 20일 장기를 떠나 27일 서울의 감옥에 또 갇히고 말았다.

귀양지에서 책이나 읽고 글이나 쓰던 그에게 무슨 죄가 또 있을 것이라고 잡아들였을까. 봄의 옥사에서 죽이고야 말겠다던 반대파는 그때 뜻을 이루지 못한 앙심으로 이번에는 기필코 죽이고야 말겠다는 온갖 혐의를 뒤집어씌워 다산을 다시 감옥에 넣은 것이다. 그러나 아무리 조사해도 혐의받을 일이 발견되지 않았다. 반대파는 다산을 다시 풀어줄 수밖에 없었다.

봄의 옥사부터 다산의 두 형인 정약전과 정약종도 함께 감옥에 갇혔다. 그 옥사에서 셋째형 정약종은 천주교 신자임을 부인하지 않고 참수형을 당해 순교했고, 정약전은 풀려나 전라도 완도군의 신지도(薪智島)로 귀양을 떠났다. 10월 옥사에 정약전 역시 다시 체포되어 다산과 함께 감옥에 갇혔다. 그러나 다산과 마찬가지로 그 역시 아무런 혐의가 인정되지 않아 함께 출옥했지만 다산은 전라도의 강진현으로, 정약전은 당시 나주목 소속의 도서(島嶼)인 흑산도(지금의 신안군 흑산면)로 유배가라는 명을 받았다.

11월 5일 감옥에서 풀려난 두 형제는 나란히 묶여 서울을 떠났다. 출발한 날짜는 정확하지 않은데, 11월 21일 나주의 밤남정 주막 거리에 함께 도착하여 하룻밤을 새우고 다음날 아침 한 핏줄을 타고난 형제는 이별의 순간을 맞아야 했다.

다가갈수록 멀어지는 무지개인가

당시로서야 이들 형제가 영원히 이별하게 될 줄은 몰랐겠지만, 지나고 보면 알 수 있듯이 그들의 헤어짐은 그곳에서 목메어 울면서 헤어진 뒤 끝내 만나지 못하는 영원한 이별이 되고 말았다. 정약전은 흑산도로 들어간 16년째에 귀양살이도 풀리지 않은 상태로 그렇게 그리워하던 아우 다산을 만나지 못하고 한을 품은 채 세상을 뜨고 말았다. 다산의 이별가는 만가(輓歌)가 되었다. 형님의 부음을 듣고도 귀양살이에 묶인 몸

지금으로부터 약 200년 전인 1801년 겨울
다산 형제는 이곳 밤남정 삼거리에서 이별했다.
오늘의 밤남정에는 주막터와 봉놋방터에 세워진 가건물이 있을 뿐,
그때를 설명해줄 만한 유적이 아무것도 없다.

이라 형님의 장례도 치를 수 없었다. 다산은 형님이 타계한 지 3년 만에 귀양이 풀려 고향으로 돌아오던 길에 밤남정 주막 거리를 다시 밟게 되었고, 사무치는 형님 생각에 목놓아 울었다.

시인은 때로 시를 통해 예언을 하기도 하고, 예언이 사실과 맞아떨어질 때도 적지 않다. 그래서 옛날부터 '시참'(詩讖)이란 말이 전해 내려온다. 의도하지는 않았지만 시인이 읊은 시구가 미래를 암시하는 징후로 밝혀질 때의 이야기다. 마지막까지「밤남정 주막집의 이별」을 읽어보면 그렇구나 하고 모두가 수긍하게 되리라.

고래 이빨 산과도 같아	鯨鯢齒如山
배를 삼켰다가 다시 뿜어낸다네.	呑舟還復噀
지네 크기는 쥐엄나무 같고	蜈蚣之大如皁莢
독사는 등나무 덩굴처럼 엉켜 있지.	蝮蛇之糾如藤蔓
내가 장기현에 있을 때에는	憶我在鬐邑
낮이나 밤이나 강진현 바라보며	日夜望康津
날개를 활짝 펴고 푸른 바다 뛰어넘어	思張六翮截靑海
바다 가운데서 우리 형님 보려 했는데	于水中央見伊人
지금 나는 높은 나무에 오른 귀양살이나	今我高遷就喬木
고운 진주 없어진 빈 상자 사버렸네.	如脫明珠買空櫝
또 마치 바보스런 아이가	又如癡獃兒
망령스럽게 무지개 붙잡으려는데	妄欲捉虹蜺
서쪽 언덕 바로 앞에	西陂一弓地
아침 무지개 또렷이 보이지만	分明見朝隮
애가 쫓아가면 무지개는 더욱 멀어져	兒來逐虹虹益遠
또 저 서쪽 언덕 쫓아가도 다시 서쪽이라네.	又在西陂西復西

•「밤남정 주막집의 이별」

흑산도의 표현이 너무 무섭다. 배도 삼켜버리는 고래, 지네와 독사가 득실거려 한번 들어가면 살아 나올 가망이 없는 것으로 묘사했다. 형님을 위로하려는 뜻이지만 무심코 이야기한 내용이 너무 암담하다. 영원히 붙잡을 수 없는 것이 무지개인데, 자신을 망령스럽게 무지개를 붙잡으려는 속없는 아이로 묘사함으로써, 그들 형제가 영원히 만날 수 없으리라는 예언적인 제시를 하고 있는 것이다.

강진이라는 뭍으로 올라와 형님을 가까이 모실 수 있으리라는 기대가 어긋나자, 구슬이 든 상자를 구슬은 놓치고 빈 상자만 샀다는 시어도 역시 길조로는 보이지 않는다. 한과 눈물이 얽혀 있다. 자신보다 더 불행한 귀양살이의 어려움을 위로하려는 뜻을 담아, 형님을 사모하는 아우의 심정을 간절하게 표현해 다산의 뛰어난 시적 감각을 보여주지만, 「밤남정 주막집의 이별」은 동시에 영원한 이별을 예고한 '시참'이기도 한 것이다.

젊은 시절부터 다산은 시명이 높았다. 정조는 다산의 시를 읽을 때마다 '기재'(奇才)라고 칭찬했다. 유배 이후 다산의 시를 읽은 서울의 사대부들은 그의 번뜩이는 시재(詩才)를 경계하다 못해, 『낙하생집』(洛下生集)에서 "이자는 정말로 이재(異才)가 있다. 이재가 있어서 상서롭지 못하다"며 헐뜯었다고 전해진다.

귀양길에 두 형제가 몸을 비비며 하룻밤을 새운 주막집은 한이 어린 집이 되고 말았다. 강진에서 귀양살이 7년째이던 때에 흑산도에서 온 형님의 편지를 받고 읊은 시에서도 밤남정은 다시 등장한다.

살아서는 미워할 밤남정 주막	生憎栗亭店
문 앞에는 두 갈래로 길이 갈렸네.	門前歧路叉
본디 같은 뿌리에서 태어났건만	本是同根生
지는 꽃잎처럼 흩날려버렸네.	分飛似落花
넓디넓은 하늘 땅 바라보노라면	曠然覽天地

예전에야 한 집안이 아니었던가.	未嘗非一家
조심스럽게 제 몸뚱이만 살피다 보니	促促視形軀
슬픈 생각 언제나 가없구려.	惻怛常無涯

• 「둘째형님의 편지를 받고」(奉簡巽菴)

밤남정에서 헤어졌기에 그곳은 언제나 미운 곳이었다. 그러면서 간단한 설명도 붙였다. "나와 손암(巽菴: 정약전의 호)이 서로 헤어진 곳이다"(余與巽菴相別處)라는 내용이 그것이다. 다산은 18년 만에 유배지에서 고향으로 해배(解配)되어 돌아와 둘째형의 일대기를 「선중씨정약전묘지명」(先仲氏丁若銓墓誌銘)이라는 이름으로 집필한다. 그 글에서도 헤어지던 이야기를 빠뜨리지 않고 기록했다.

"정약전 형제는 황사영의 흉서에 참가하거나 간섭한 일이 없으므로 둘 다 죽이지 말기를 청합니다"라고 하여 마침내 형님은 흑산도로 귀양가고 약용은 강진현으로 귀양갔다. 나란히 고삐에 매인 듯, 재갈에 물린 것처럼 함께 묶여 둘은 같은 길을 떠났다. 나주성 북쪽 밤남정에서 악수를 하고 서로 이별하고 각자의 갈 길로 떠났다.

다산은 이 글에서 형님과 헤어진 때와 장소를 분명히 적었다. 형님이 돌아가시고 3년이 지나서야 자신은 겨우 밤남정의 길목을 경유해 돌아왔으며, 형님의 시신도 나주의 밤남정을 경유해서 선산으로 돌아와 선산의 동쪽 언덕에 묻혔다고 써놓았다.

그리운 형님

정약전이 쉰아홉의 일기로 1816년 6월 6일 운명하자 소식을 접한 다산은 6월 17일에 고향집의 두 아들에게 형님에 대한 사무치는 정을 잊지 못하고 편지를 보낸다.

    6월 6일은 바로 어지신 둘째형님께서 세상을 떠나신 날이다. 슬프도다! 어지신 분이 이렇게 세상을 곤궁하게 떠나시다니. 원통한 그분의 죽음 앞에 나무와 돌멩이도 눈물을 흘릴 일인데 무슨 말을 더 하랴. 외롭기 짝이 없는 이 세상에서 다만 손암 선생만이 나의 지기(知己)였는데 이제는 그분마저 잃고 말았구나. 지금부터는 학문연구에서 비록 얻는 것이 있다 하더라도 누구와 상의를 해보겠느냐. 사람이 자기를 알아주는 지기가 없다면 죽은 목숨보다 못한 것이다. 네 어머니가 나를 제대로 알아주랴. 자식들이 이 아비를 제대로 알아주랴. 나를 알아주는 분이 돌아가셨으니 어찌 슬프지 않겠느냐. 『경서』(經書)에 관한 240책의 내 저서를 장정하여 책상 위에 보관해 놓았는데 이제 나는 불사르지 않을 수 없겠구나. 밤남정에서의 이별이 마침내 영원한 이별이 되고 말았구나. 간절하게 애통스러워 견딜 수 없는 것은 그 같은 큰 덕망, 큰 그릇, 심오한 학문과 정밀한 지식을 두루 갖춘 분을 너희들이 알아주지 못하고 너무 이상만 높은 분, 낡은 사상가로만 여겨 한 가닥 흠모의 뜻을 보이지 않는 점이다.

    • 『유배지에서 보낸 편지』

    다산은 두 아들에게 형님의 훌륭한 학식과 인품을 이렇게 알려주었다. "율정지별 수성천고"(栗亭之別遂成千古)라고 표현해 그 주막집에서 했던 이별이 영원한 헤어짐이 되어버린 것을 애통하게 여겼다. 형님에 대한 아우의 쓰라린 마음이 오늘의 우리 가슴에도 애절하게 느껴진다.
    밤남정은 형제가 손을 붙잡고 헤어진 곳이다. 이별의 비애가 서린 곳이며 형제지기로서 가장 존경하던 형님이 생각나는 곳이다. 다산은 살아생전에 그 많은 학자나 지인들과 교우하며 생활했지만, 그 이름 앞에 어질다(賢)는 글자를 놓은 사람이 없다. 오직 자신의 둘째형인 정약전에게만 "어지신 둘째형님"(賢仲氏)이라고 호칭하면서 한없는 존경심과 슬픔의 뜻을 열거했다. 그러면서 그분이 얼마나 어지신 분이었나를 앞의 편지 뒷부분에서 더 자세히 기록했다.

아들이나 조카들이 그 모양인데 남들이야 말해 무엇하랴. 그 점이 가장 슬픈 일이지 다른 것은 애통할 바가 없다. 요즘 세상에 고을 사또가 서울로 영전했다가 다시 그 고을로 돌아오면 그 고을 백성들이 길을 막으며 거절한다는 소리는 들었어도 귀양살이하는 사람이 다른 섬으로 옮기려는데 본디 있던 곳의 사람들이 길을 막으며 더 있어달라고 했다는 말은 우리 형님 아니고는 들은 적이 없다. 집안에 형님 같은 큰 덕망을 갖춘 분이 계셨으나 자식이나 조카들이 알아주지 않았으니 참으로 원통한 일이다. 선왕(정조대왕)께서 신하들의 인품을 일일이 파악하고 우리 형제에 대하여 말씀하시기를 "아무개는 형이 아우보다 낫다"고 하셨다. 슬프도다. 우리 임금님만은 형님을 알아주셨느니라.
- 『유배지에서 보낸 편지』

사별한 형님에 대한 사모의 정이 너무도 지극하다. 다산 자신의 제자인 이강회(李綱會: 자字 굉보紘父)에게 보낸 편지에서도 형님은 넓은 국량, 깊은 학문, 밝은 식견이 있어 자기 자신과는 비교할 수도 없는 분이라고 했다. 귀양가는 죄인을 압송하던 장교들이 헤어지면서 눈물을 흘렸던 것은 형님 한 분뿐이었다고 하면서 이 세상에 다시 그러한 인품의 소유자는 없을 것(當世更無此人)이라고 단언하기도 했다.

마흔 살의 아우와 마흔네 살의 형이 나눈 처절한 이별에 관한 기록은 지금 읽어도 슬프다. 이 이별에서부터 다산의 유배생활은 18년 긴긴 세월이다. 다산이 강진에 도착한 정확한 날짜는 기록에 없으나, 형님과 이별한 11월 22일에서 하루나 이틀 뒤였으리라 짐작해본다. 밤남정에서 출발하여 영산강을 건너고 월출산을 넘어 월남리(月南里: 월남사의 옛 터가 있는 월출산 남쪽 마을)와 석제원(石梯院: 지금의 강진군 성전면 삼거리)을 지나면 강진 읍내에 도착한다.

강진 땅에 도착했건만, 그가 기숙할 집이 없었다. 역적죄를 지은 중죄인으로 알려져 죄인을 보자 문을 부수고 담장을 넘어뜨리고 달아날 뿐, 그를 맞이해주는 사람이 없었다. 섣달이 가까운 그 추운 날, 다산의 신세가 얼마나 처량했겠는가. 이때의 가련한 이야기들이 다산의 기록에 그런 대로 남아 있어 우리는 미루어 짐작할 수 있다.

박해받는 지식인

신유년 천주교 박해사건이 일어나다

신유년(1801, 순조 원년) 천주교 박해사건은 무서운 살육이 감행된 피의 재앙이었다. 「황사영백서」에 300여 명의 인민이 학살되었다고 전해지는 끔찍한 옥사였다.

그 전해인 1800년 6월에 일세의 학자군주 정조가 세상을 떠나 열한 살의 순조가 등극해 임금의 장례를 마쳤다.

해가 바뀐 1월 10일, 나이 어린 순조를 대리하여 수렴청정을 하던 대왕대비이자 왕실의 가장 윗어른인 정순대비가 무서운 법령을 반포한다.

사람이 사람 노릇을 할 수 있음은 인륜(人倫)이 있기 때문이요, 나라가 나라 노릇을 함은 교화(敎化)가 있기 때문이다. 오늘날 사학(邪學)이라 일컬어지는 것은 아비도 없고 임금도 없어 인륜을 파괴하고 교화에 배치되어 저절로 짐승이나 이적(夷狄)에 돌아가버린다. 엄하게 금지한 뒤에도 개전의 정이 없는 무리들은 마땅히 역률(逆律)에 의거하여 처리하고 각 지방의 수령들은 오가작통(五家作統)의 법령을 밝혀서 그 통(統)에 만약 사학의 무리가 있다면 통장은 관에 고해 처벌하도록 하는데, 당연히 코를 베어 죽여서 씨도 남지 않도록 하라.

• 『순조실록』, 신유년 1월 10일조

역률, 즉 역적죄로 천주교도들을 죽이라는 법령의 반포는 가혹한 탄압의 신호탄이었다. 정조의 생전에 가장 총애를 받던 시파(時派) 계열인 신서파(信西派)의 목을 베어야 한다고 주장하던 공서파(攻西派) 일당의 요구가 국법으로 채택되어 그들의 의도대로 반대파를 제거할 법적 근거가 마련된 셈이다. 이 무렵 신서파가 대거 법망에 걸려들 빌미가 발각되고 말았으니, 바야흐로 화란(禍亂)의 불길이 솟기 시작한 것이다.

철저한 천주교 신자인 다산의 바로 손위형 정약종은 관계자료를 숨기려고 교리서, 성구(聖具), 신부들과 교환했던 서찰 등을 책롱(冊籠: 책상자)에 담아 운반하던 중, 그해 1월 19일 해질녘 한성부의 포교에게 압수당했다. 이 일을 계기로 서학에 대한 당국의 본격적인 수사가 시작되었다. 이 책상자 사건을 서급(書笈)사건이라고도 하는데,「황사영백서」에 그 전말이 자세하게 기록되어 있다. 그렇잖아도 기회를 노리던 반대파에게 서급사건은 절호의 기회였다. 그들은 사건을 더욱 부풀려 신서파를 일망타진할 계획을 세우고, 2월 9일 사헌부를 통해 대계(臺啓: 요즘 말로 검찰의 공소장에 해당한다)를 올린다.

오호, 애통하도다. 이가환, 이승훈, 정약용의 죄악이 죽음으로 면할 수 있겠습니까. 이들 세 사람이 사학의 소굴인 까닭입니다. 이가환은 흉측하고 추악한 핏줄(그의 종조할아버지 이잠 李潛을 가리킨다)로 화란을 일으킬 마음을 감추고 뭇 원한을 품은 사람들을 유인해서 자신이 교주(敎主)가 되었습니다. 이승훈은 그의 아버지가 사온 요망한 책(천주교 관계서적)을 전파하고 집안 전체가 기쁜 마음으로 천주교 법리를 배포했습니다. 정약용은 본디 두 추물(가환, 승훈)과 한 뱃속이 되어 협력하는 역할을 담당했습니다. 그의 행위가 탄로났을 때에는 상소를 올려 사실대로 자백하며 다시는 믿지 않겠다고 입이 닳도록 맹세했습니다. 그러나 몰래 요물을 맞아들이며 예전보다 더 심해졌으니, 이는 임금을 속인 것이며 사리에 어둡고 완고하여 두려운 줄을 몰랐습니다.

이번에 사법기관에서 압수한 그의 형제, 숙질들이 주고받은 서찰은 그의 죄를 낭자하게 드러내 보이니 그의 요사스럽고 흉측한 정신이 어찌만 사람의 눈을 가릴 수 있겠습니까. 대체로 이 세 흉인들은 모두 사학(邪學)의 근저가 되니 청컨대 전 판서 이가환, 전 현감 이승훈, 전 승지 정약용을 곧바로 왕부(王府)로 하여금 엄하게 국문하여 실정을 알아내도록 해서 나라의 형벌을 속히 바르게 하소서.

• 『순조실록』, 신유년 2월 9일조

이 공소장의 내용을 간추려보면, 이가환(李家煥: 1742~1801), 이승훈, 정약용은 사학의 근본 뿌리다. 이가환의 죄상은 다음과 같다. 본디 남인계의 과격했던 이잠(숙종 때 노론을 공격하다 장살 杖殺당했다)의 종손(從孫)으로 자신이 천주교의 교주가 되었다는 것이며, 이승훈은 천주교 서적을 구입해다가 널리 퍼뜨리고 열심히 믿었으며, 정약용은 두 사람과 협력하여 한통속을 이루고 이것이 탄로나자 자수해 믿지 않겠다고 맹세하고도 몰래 숨어서 예전보다 더 깊이 믿었다는 죄목이다. 이번의 책상자에서 나온 증거들이 이러한 범죄 사실을 명백히 입증한다는 것이다.

위의 공소장에 의거해서 심문하고 답변했던 재판기록인 『신유추안』(辛酉推案)을 검토해보자(이 점에 대해서 다산 자신이 기록해두었던 자료를 비교해보면 다산의 기록과 『순조실록』이나 『신유추안』의 기록은 내용 면에서 완전하게 일치하나, 날짜에는 하루의 차이가 있다. 다산의 기록에는 2월 8일에 대계가 올라왔고 2월 9일 새벽에 감옥에 갇혔다고 되어 있으나, 『순조실록』과 『신유추안』에는 2월 9일 대계가 올라왔고 10일 감옥에 갇혔다고 기록되어 있다).

이가환의 답변 요지는 자신이 교주가 아니라는 것이다. 일반적으로는 나이가 많고 지위가 높으면 책임이 높은 지위에 오르나 천주교에서는 신분이나 지위, 연령에 관계없이 절대로 불변하는 신심이 있어야 교주가 될 수 있기 때문에 신심이 없는 자신이 교주일 수 없다는 설명이다. 본디 책읽기를 좋아하는 탓에 이승훈이 중국 북경(北京)에서 구입해온 7~8권의 책을 읽은 것은 사실이며, 그 책 내용 가운데 신주(神主)에 절하지 않고 제사를 지내지 말아야 한다는 구절에 이르자 경악을 금치 못해, 그 뒤로는 그런 책을 본 적도 없고 배척하기만 했노라고 했다. 신해사옥 때는 광주(廣州) 부윤이 되어 혹독하게 사학을 금지시켰고, 이후 충주 목사가 되어서도 주리를 사용하여 사학도들을 징계해 다스렸는데 자신이 왜 천주교 신자이겠느냐는 항변이었다. 그의 답변은 『신유추안』의 모든 기록에 일관되게 진술되어 있으며, 다산이 훗날 기록한 이가환의 일대기인 「정헌이가환묘지명」의 내용과도 정확하게 일치한다.

임금도 속일 수 없고 형의 죄도 증언할 수 없다

이승훈의 답변은 증거가 제시될 때마다 날짜에 따라 계속 바뀌었다. 한때는 믿은 적도 있으나 지금은 믿지 않는다고 극구 변명했다. 을사사건 이후에는 책을 모두 불사르고 신해사옥을 치른 후 정학(正學)으로 돌아와 다시는 믿지 않았노라고 답변했으나, 다른 증거가 나오자 신해년 이후에도 믿었다는 것을 자백하며 배교한다는 주장을 되풀이했다.

『신유추안』에 나오는 다산의 답변은 자서전적 기록인 「자찬묘지명」(自撰墓誌銘)의 내용과 완전하게 일치한다. 또한 1797년 6월에 천주교 신자라는 비방에서 벗어나기 위해 정조에게 올린 상소문인 「변방사동부승지소」(辨謗辭同副承旨疏)의 내용과도 차이가 없는 일관되고 정연한 논리의 답변이다. 젊은 시절 천주교에 마음을 기울인 적이 있었음은 시인하나 그 뒤 진작 손을 떼고 마음을 끊었노라는 답변이었다.

『신유추안』에 기록된 다산의 심문 내용을 읽으면 다산의 훌륭한 답변에 탄복하지 않을 수 없다. 형님의 죄상을 캐묻는 대목에 이르자, 위로는 임금을 속일 수도 없으나, 또한 아래로는 아우가 형의 죄를 증언할

다산의 매형인 만천 이승훈의 묘소.
신유박해는 이승훈이 북경에서 세례를 받고 천주교 관계 성물, 성구, 서적 등을
가져오면서 발단이 되었다. 그래서 다산은 매형인 이승훈을 곱게 여기지 못하고 불쾌한 답변을 하게
된다. 다산이 국청에서 이승훈에 대해 "한마디로 말해서 일정한 주견이 없는 사람"이라고 말하자,
이 말을 전해들은 이승훈도 마음이 상해 "정약용이 한창 천주교에 열심일 때
내가 세례를 해준 적이 있습니다"라고 답변한다.
이로써 매형과 처남 사이에 서로를 고발하는 기막힌 일이 벌어지고 만다.

수도 없다고 하면서 형(정약종)이 죽음을 피할 수 없다면 오직 한 죽음만이 있을 뿐이라고 대답했다. 아울러 자기에게는 잘못된 형(病兄)이 한 분 있지만, 형제 사이라는 천륜은 애초에 무거운 것이니 어떻게 자기 혼자 선하다 하겠느냐며 함께 죽여주기를 바란다고 했다. 공소장의 범죄 내용은 전혀 사실이 아니며, 천주교와는 일찍이 관계를 끊고 형님을 선도하려 했으나 끝내 듣지 않아 이에 이르렀다고 결론을 맺었다.

다산의 법정 진술은 입에서 입으로 전해지면서 세간에 널리 퍼졌다. 형을 변호하자면 진실을 속이는 셈이니 이는 임금께 거짓을 아뢰는 것이다. 이같이 곤란한 처지에 놓였지만 정약용은 그야말로 훌륭하고 모범적인 답변을 했다는 칭찬이 자자했다.

훗날 매천(梅泉) 황현(黃玹: 1855~1910)은 그의 유명한 저서 『매천야록』에서 "임금을 어떻게 속이겠는가. 임금을 속여서는 안 된다. 형님의 죄상을 어떻게 증언하겠는가. 형님을 증언할 수는 없다"(君可欺乎 君不可欺也 兄可證乎 兄不可證也)는 답변을 인용했다. 거기서 그는 보통 사람이라면 답변하기 어려운 대목을 명쾌하게 답변했노라면서 사리에 밝은 다산만이 답할 수 있는 역사적 명언이라고 기록했다.

다산은 서른여섯이 되던 1797년 6월 모함받던 천주교 문제에 대해 그 전말을 소상하게 설명하는 상소를 정조에게 올린다. 수천을 넘어 만 자에 가까운 장문의 글이다. 이름하여 「변방사동부승지소」라는 상소인데, 흔히 「변방소」(辨謗疏) 또는 「자명소」(自明疏)라고 불린다. 즉 '비방을 벗어나려는 상소' 또는 '스스로 설명해 올리는 상소'라는 뜻이다.

다산은 젊은 시절에 서양사설(西洋邪說)에 관한 글을 읽고 한때 흔연열모(欣然悅慕)하여 여러 사람들에게 과장해서 자랑했다고 한다. 그때는 스물세 살의 젊은 시절이었다. 그 무렵 일종의 유행이 있었으니 천문(天文), 역상(曆象)을 말할 수 있고, 농정(農政), 수리(水利) 기구나 측량, 추험의 법 등을 말할 수 있으면 일반 시속에서도 박식한 사람이라는 지칭을 듣던 때라고 했다. 그래서 넓게 알고 신기한 것을 좋아하는 성벽으로 제법 몰두했다. 하지만 그 뒤 과거공부에 바쁘고 제사 지내지 않는 다는 설이 나올 뿐더러 신해사옥 이후로 나라에서 심하게 금하는 일이라는 것을 깨닫고는 완전히 천주교에서 손을 씻고 마음도 끊었다는 내용이다.

이가환의 답변 내용이나 다산이 기록한 「정헌이가환묘지명」의 주장이 일치하는 점으로 볼 때 그가 신자였다는 증거는 없다. 하지만 심한 고문에 못 이겨 판서 벼슬까지 지낸 사람이 사교의 교주라는 지목을 받았으니 죽어 마땅하다고 답변하자 이를 자백으로 인정하여 죽음을 당하고 만다. 이승훈은 신빙성 없는 답변으로 말을 자주 바꾸다가 결국 다시 정학(正學)으로 돌아왔으며 배교했노라고 선언하지만 끝내 사형을 면치 못한다.

그 재판에서 정약종, 최창현, 최필공, 홍교만, 김백순, 김건순 등은 당당하게 천주교가 사학이 아님을 주장하면서 죽어도 배교하지 않겠노라고 말하고는 떳떳하게 순교한다.

정약용은 장기로, 정약전은 신지도로

다산에 대한 재판 결과를 알아보자. 재판의 위관(委官: 재판장)인 영중추부사(전 영의정) 이병모(李秉模)는 2월 10일부터 시작해 2월 25일에 끝난 국문 결과를 임금에게 보고한다.

정약전, 정약용에게 애초에 물들고 잘못 빠져들어간 것을 범죄로 논한다면 역시 애석하게 여길 것이 없지만, 중간에 사(邪)를 버리고 정(正)으로 돌아왔던 문제를 그들 자신의 입으로 밝히고 있습니다. 뿐만 아니라 정약종에게서 압수한 문서 가운데 사당(邪黨)들과 오간 편지에서 "자네 아우(정약용)가 알지 못하도록 하게나"라는 말이 나오며, 약종 자신이 썼던 글에도 "형(정약전)과 아우(정약용)와 더불어 함께 천주님을 믿을 수 없음은 나의 죄악이 아닐 수 없다"고 했습니다. 이 점으로 보면, 다른 죄수들과는 구별되는 면이 있습니다. 사형 다음의 형벌(유배형)을 시행하여 관대한 은전에 해롭지 않도록 하소서.

•『순조실록』, 신유년 2월 25일조

이러한 보고를 받은 국왕은 아래와 같은 판결문을 다음날 실록에 싣고 있다.

죄인 정약전, 정약용은 바로 정약종의 형과 아우 사이다. 애초에 우리 나라에 사서(邪書)가 들어오자 읽어보고 좋은 것으로 여기지 않음은 아니었으나, 중년에 스스로 깨닫고 다시는 더러움에 물들지 않으려는 뜻이 예전에 올린 상소문과 이번에 국문을 받을 때 상세히 드러나 있다. 차마 형에 대한 증언을 할 수 없다고는 했지만, 정약종의 문서 가운데 그들 서로 간에 주고받았던 편지 속에서 정약용이 알게 되는 것을 경계하고 있으니, 평소 집안에서도 금지하고 경계했던 것을 증험할 수 있다. 다만 최초에 물들었던 것으로 세상에서 지목을 받게 되었으니 약전, 약용은 사형 다음의 형벌을 적용하여 죽음은 면해주어 약전은 강진현 신지도로, 약용은 장기현으로 정배(定配)한다.

•『순조실록』, 신유년 2월 26일조

정확하게 실체적인 진실을 발견한 심문과 답변이자 올바른 재판 결과다. 그러나 개전의 정이 뚜렷하고 과거의 잘못을 뉘우치는 정약용에게 18년의 긴긴 유배생활을 강요한 것은 지나치게 가혹한 처벌이 아니었을까. 여기에는 정약용과 더 나아가 신서파를 겨냥한 정치적 음모와 빗나간 당쟁의 후유증이 녹아 있음이리라.

가야 할 길 세 갈래로 갈렸네

돌모루 이별

　돌모루라는 마을을 한자로는 '석우촌'(石隅村)이라고 한다. 석우촌은 남대문 남쪽 3리 지점에 있는 마을이다. 「석우촌재숭례문남삼리」(石隅村在崇禮門南三里)라는 다산의 글에 보이듯, 남대문에서 남쪽으로 1,300여 미터 정도의 거리이니, 지금의 교통표지판에 나오는 돌모루 거리 부근이다. 아마 원효로 입구 신광여고가 있는 부근이라 생각된다. 상전벽해로 바뀐 지금, 정확한 지점은 알아낼 방법이 없다.
　1801년 2월 25일 재판장으로부터 재판 결과를 보고받은 국왕은 26일 확정 판결을 내렸다. 잘못을 뉘우쳤고 다시 천주교에 관계하지 않았던 점은 인정받았으나, 다만 최초에 더러움에 물들었던 것으로 세상에서 지목을 받았다는 죄목 때문에 사형에서 일등 감형해 멀고 먼 변방이나 낙도로 귀양을 보낸다는 판결이었다.
　유배형을 선고받은 다산과 그의 형 정약전은 2월 27일 초저녁에 감옥에서 풀려나 다음날 아침 다산은 경상도의 장기현, 정약전은 강진현의 신지도로 유배살이를 떠나야 했다. 2월 28일의 이른 아침이었다. 그러나 천주교 신자임을 부인하지 않았고, 천주교가 사교(邪敎)가 아니라 정학(正學)이라고 주장하며, 자신이 했던 일을 숨기지 않고 정정당당하게 사실대로 답변한 다산의 셋째형 정약종(1760~1801)은 판결문이 확정된 2월 26일 서울의 서소문 밖 형장에서 장렬하게 순교를 했다. 다산의 매형 이승훈도 죽음을 당했고, 정약종의 큰아들이자 다산의 조카인 철상(哲祥)도 아버지와 함께 순교해 다산의 집안은 그야말로 파탄에 이르는 줄초상이 난 셈이다.

2월 28일 새벽, 정약종의 형 약전과 아우 약용은 동포 형제인 약종과 매형 이승훈의 시신을 돌볼 겨를도 없이 금부도사(형벌 집행관)들의 명령에 따라 귀양길에 오른다. 정약전은 호남으로 가기 위해 동작나루 쪽으로 향해야 했고, 다산은 경상도로 떠나기 위해 돌모루를 지나 한강나루를 건너야 했다.

쓸쓸하고 처량한 돌모루마을	蕭颯石隅村
가야 할 앞길 세 갈래로 갈렸네.	前作三叉岐
서로 장난치며 울어대는 두 마리 말	二馬鳴相戲
갈 곳 몰라 그러는 듯싶어라.	似不知所之
한 마리는 남쪽으로 가야 할 말	一馬將東馳
한 마리는 동쪽으로 달릴 말이라오.	一馬且南征
숙부님들 머리 수염 하얗게 세고	諸父皓須髮
큰형님 두 뺨엔 눈물이 그렁그렁	大兄涕交頤
젊은이들이야 다시 서로 만나겠으나	壯者且相待
노인들 일이야 누가 알 수 있겠나.	耆耋誰得知
잠깐만 더 조금만 더 머뭇거리다	斯須復斯須
해가 이미 서산에 기울려 하네.	白日已西敧
가자꾸나, 다시는 돌아보지 말고	行矣勿復顧
마지못해 다시 만날 기약을 남기면서.	黽勉留前期

• 「돌모루 이별」(石隅別)

다산은 이 이별시를 짓고 자세한 설명도 함께 기록했다.

순조 1년인 신유년(1801) 1월 28일 나는 고향마을 소내(苕川)에 있다가 화란이 일어날 기미를 알아 서울로 들어와 명례방(지금의 명동)에 있었다. 2월 8일 사헌부의 공소장이 발부되고 이튿날 새벽 감옥에 갇혔다. 27일 초저녁에 임금의 은혜를 입고 감옥에서 풀려나와 장기현으로 유배를 떠나야 했다. 그 다음날 길을 떠나는데 여러 숙부님들과 형님들은 돌모루마을에 이르러 서로 이별했다.

　사람이 살아가다 갑자기 불운에 빠지는 일은 그리 흔치 않다. 한 집안이 완전히 뒤집힌 상태, 무슨 슬픔을 토로할 정황이 있다고 유배가는 사람을 송별까지 하랴. 그러나 사람의 정이란 그렇지 않다. 죽은 사람도 극진하게 장례를 치러야 하거늘, 멀쩡하게 살아 있는 조카나 아우를 어찌하랴. 백발이 성성한 숙부들이 뒤따라 나오며 송별해주고, 큰형인 정약현(丁若鉉: 1751~1821)도 송별의 행렬에 함께했다. 이들은 나이가 많기 때문에 한강을 건널 수는 없어 이곳 돌모루에서 헤어져야 했다. 헤어짐을 슬퍼하는 듯 망아지들도 슬피 울고, 머리 허연 노인인 숙부님들과 맏형도 두 눈에 눈물이 엉겨 제대로 말도 못하는 지경. 젊은이들이야 그래도 다시 만날 희망이라도 있지만, 노인들은 다시 뵐 기약도 없다. 그래서 그들의 눈에서는 그칠 줄 모르는 눈물이 펑펑 쏟아지고 말았다.
　다산의 예언대로 숙부인 정재운(丁載運: 1739~1816)과 정재진(丁載進: 1740~1812)은 끝내 다산의 해배를 보지 못하고 세상을 떠났으며, 나이 어린 조카이자 정약전의 아들인 정학초(丁學樵: 1791~1807)까지 일찍 세상을 떠나 돌모루의 이별이 영원한 이별이 되고 말았다.

모랫들 이별

동쪽 하늘에 샛별이 떠오르자	明星出東方
하인배들 서로 부르며 떠들썩하네.	僕夫喧相呼

산바람이 가랑비 흩날려	山風吹小雨
헤어지기 섭섭하여 머뭇거리듯하는구나.	似欲相躑躅
서성거린들 무슨 소용 있으랴.	躑躅復何益
끝내 이 이별 어쩔 수 없는 것을.	此別終難無
옷자락 떨치고 길을 떠나서	拂衣前就道
가물가물 벌판 넘고 내를 건넌다.	杳杳川原踰
얼굴빛이야 안 그런 체해 보지만	顔色雖壯厲
마음이야 난들 어찌 다르랴.	中心寧獨殊
고개 들어 날아가는 새를 보니	仰天視征鳥
오르락내리락 짝지어 날고 있네.	頡頏飛與俱
어미소는 음매하며 송아지를 돌아보고	牛鳴顧其犢
암탉도 구구구 제 새끼 부르는구나.	鷄呴呼其雛

• 「모랫들 이별」(沙坪別)

  어른들과는 한강을 넘기 전의 돌모루 마을에서 헤어지고 차마 헤어질 수 없던 아내와 아들들은 한강나루에서 한강을 건너 모랫들마을까지 따라왔다. 다산의 기록에 "모랫들에서 아내와 아들을 이별했는데 한강 남쪽에 있는 마을이다"라고 했으니, 정확한 장소야 알 수 없지만 반포대교 건너 강남 성모병원이 있는 중간쯤으로 추측할 수 있다. 그곳은 이미 서울에서 벗어난 당시의 광주(廣州) 땅이니, 바로 거기가 가족들과 이별해야 하는 장소였다.

  어미소도 송아지를 예뻐할 자유가 있고, 암탉도 병아리를 품에 안을 자유가 있건만, 사랑하는 아내와 자식들을 품에 안으며 사랑할 자유를 빼앗긴 비통함과 사람의 가슴을 에는 서러움을 토로하고 있다. 자신의 힘으로는 어찌할 방법이 없어 헤어지기 섭섭한 이별을 재촉해야만 했던 다산의 아픈 마음이 오늘 우리의 가슴에도 와닿는다.

  여기서 일로 남행, 2월 그믐날은 경기도 죽산(竹山: 안성지역)에서 묵고 3월 1일은 가흥(可興: 충북 중원군에 있는 마을)에서 묵은 후, 2일에는 부모님 묘소가 있는 충주의 하담(荷潭)에 도착해 성묘하고 나서 한바탕 통한의 눈물을 뿌렸다.

아버님 어머님, 죄인의 몸으로 떠납니다

아홉 살의 어린 나이에 다산은 어머니를 여의었다. 노령의 나이에 어머니를 잃어도 슬프게 마련인데, 어린 나이에 잃게 되니 평생 동안 잊을 수 없었을 것이다. 뒷날 아버지의 벼슬 위계에 따라 숙인(淑人: 종3품 벼슬아치의 부인 위계)에 증직(贈職)되었던 어머니 해남 윤씨는 고산(孤山) 윤선도(尹善道)의 후손이자 조선 삼재의 한 분인 공재(恭齋) 윤두서(尹斗緖)의 손녀다. 다산의 어머니는 선산이 있던 충주 서쪽 20리 지점의 가차산면 하담이라는 곳에 묻혔다. 아버지는 여러 벼슬을 거쳐 진주(晉州) 목사(牧使)를 역임하다 임지에서 예순셋의 나이로 세상을 떠났다. 그해 다산은 서른한 살 장년의 나이로 옥당(玉堂)에 들어가는 명예를 얻어, 홍문관(弘文館) 수찬(修撰)의 벼슬에 있었다. 여러 형님들과 함께 진주로 가서 치상(治喪)하고 뒤에 어머니 묘소와 합장하여 부모님 묘소는 하담에 있었다. 그때 유배가던 길목에 대해 다산은 아들에게 보낸 편지에 자상하게 설명했다.

나는 길 떠난 후 나날이 몸과 기운이 좋아지고 있다. 그믐날은 죽산에서 잠을 자고 초하룻날에는 가흥에서 묵었고 이제 막 아버님 묘소에 도착해서 걷잡을 수 없는 눈물을 한바탕 뿌렸구나. 귀양을 보내도 아버님 묘소가 있는 곳을 지나게 해주시니 어딘들 임금의 은혜가 미치지 않는 곳이 있겠느냐. 감사하고 감사할 뿐이다(1801년 3월 2일 하담에 도착해서 쓰다).

- 『유배지에서 보낸 편지』

억울한 귀양살이를 하러 가는 길에도 부모님 묘소를 지나는 길로 가게 해주셨다고 임금님의 은혜에 감사한다고 한 내용은 조선왕조 벼슬아치들의 충성심인가. 생각하면 딱한 노릇이다. 독배를 마시면서도 임금이 있는 북쪽을 향해 큰절을 올리던 옛날 충신들의 일을 떠올려보면 이해할 수 있는 대목이다.

아버님이여 아시나요 모르시나요	父兮知不知
어머님께선 아십니까 모르십니까.	母兮知不知
집안이 갑자기 무너져버려	家門欻傾覆
죽고 살아남는 이 지경이 되었어요.	死生今如斯
이 목숨 비록 부지는 했지만	殘喘雖得保
몸뚱이 아깝게도 이미 이지러졌습니다.	大質嗟已虧
아이들 낳아 부모님 기뻐하시며	兒生父母悅
부지런히 붙잡아 기르셨지요.	育鞠勤攜持
하늘 같은 그 은혜 꼭 갚으려 했더니	謂當報天顯
깎아버림 당할 줄 생각이나 했겠습니까.	豈意招芟夷
이 세상 사람 대부분	幾令世間人
다시는 아들 낳았다 기뻐하지 않겠네요.	不復賀生兒

• 「하담의 이별」(荷潭別)

비통한 노래다. 아들, 사위, 손자가 참수를 당하고 두 아들은 귀양길에 오른 불행한 자식들의 실정을 고해 바치며, 아들 낳는 기쁨도 없어지리라는 비탄 속에는 쓰라린 다산의 슬픔이 서려 있다. 다시 부모님 묘소에 성묘할 기회가 있으리라는 기약도 없는 죄인의 몸, 만감이 느껴지는 그런 순간, 눈물을 뿌리면서 억울함을 달래야 했다.

고향마을에서 성묘를 다닐 때에는 남한강을 따라 뱃길을 이용했으나, 지금은 육로로 귀양가면서 우연히 찾은 부모님 묘소, 성묘할 기회라도 있었으니 얼마나 다행인가. 그래서 임금님 은혜에 감사한 마음을 토로했을 게다. 여기서 출발하여 장기현 유배지로 가는 길, 충주의 탄금대를 지나고 새재를 넘을 터다.

「돌모루 이별」「모랫들 이별」「하담의 이별」이라는 이 삼별시는 다산 일생에서 가장 비참하던 시절의 노래로「밤남정 주막집의 이별」과 함께 이별을 주제로 한 대표적인 시다. 그가 겪은 아픔이 얼마나 컸는지, 여과 없이 읊은 내용이라 글을 시작하는 서두에 기술해보았다. 다산이 이룩한 위대한 업적을 살피기에 앞서 그의 힘난했던 인생과 함께 이를 극복해나가는 과정을 알아보기 위해서다. 범인(凡人)이라면 자신의 인생 목표를 잃은 채 좌절과 한탄 속에 묻혀 지냈을 법한 크나큰 시련이었지만, 결국 그는 실학사상을 집대성한 우람한 사상가로 다시 일어선다.

다산의 일생에서 가장 어려웠던 때가 바로 그의 나이 마흔에 맞은 신유년이었다. 두 차례나 감옥에 갇히고 국청에 나가 국문을 받아야 했고 경상도와 전라도의 가장 먼 변방으로 귀양살이를 옮겨다닌 때가 그해였다. 생이별과 사이별이 번갈아 오갔던 극한의 슬픔, 죽어간 혈육과 나눈 사별도 끔찍했거니와 국청에서 당한 모진 고문으로 허리를 똑바로 펴지 못하고 공포증에 시달려야 했으니 "몸뚱이 아깝게도 이미 이지러졌습니다"라고 부모님 묘소 앞에서 고백한 것은 이를 의미하는 것이다.

박해의 역사적 의미

신유년의 종교재판

다산 형제가 밤남정에서 슬픈 이별가를 불러야 했고, 다산이 아내와 자식들과 모랫들에서 처절한 이별을 했던 이유는, 신유년의 재판에서 천주교 서적을 읽고 거기에 빠지고 다른 사람들에게 과장해서 교리의 훌륭함을 칭찬했다는 죄 때문이다. 우리는 앞서 그들의 참담한 이별에 함께 슬퍼하면서 신유년 재판의 공소장과 판결문을 통해 사건의 대략을 살펴보았다. 그러나 이는 다산 일생에서 가장 결정적인 사건이자 역사적으로도 매우 중대한 사안이기 때문에 자초지종에 대한 충분한 설명이 있어야 할 것이다.

이제 200년이 지난 역사의 한 장을 기록을 통해서 사실을 알아볼 수밖에 없지만, 그 재판 기록을 글자 그대로 모두 믿을 수는 없다. 기록에 대한 평가는 관점에 따라 다를 수도 있다. 우리가 젊은 시절에 유신독재 시절을 당해 투옥되고 재판을 받으며 벌어졌던 일들을 생각하면 금방 유추가 가능하다. 무서운 고문 때문에 사실과 다른 허위자백을 한 일이 한두 번이 아니었다. 어떤 경우 독심을 품고 가혹한 고문에도 굴하지 않고 끝까지 사실을 토로하지 않아 죄에서 벗어날 수도 있었다. 공모하고 협동해서 했던 일도 증거만 잡히지 않으면 단독 범행으로 끝까지 버텨내 공모자를 구제해주기도 하지만, 고문을 이겨내지 못해 아무 관계도 없는 사람까지 끌어들여 가혹한 처벌을 받게 했던 경우도 없지 않았다.

성호 이익의 초상.
"나의 미래에 대한 큰 꿈은 대부분 성호 선생을 따라 사숙했던 데서 깨달음을 얻었다."
다산 정약용 위로 조선의 실학사(實學史)에서 가장 중요한 인물이 바로 성호 이익이다.

200년 전의 신유사옥의 자료인 『신유추안 급 국안』(辛酉推案及鞫案)이라는 자료를 읽다 보면 우리의 젊은 시절 심문과 취조를 받던 기억이 역력하여 실소를 금치 못할 때가 많다.

신유사옥은 고약한 사건이다. 조선 후기에 봉건왕조의 교조적인 지도이념인 유교, 즉 성리학이라는 학문과 사상으로는 역사를 통째로 담을 수 없다는 여러 징후들이 나타났다. 서양의 종교이자 사상인 천주교와 교리가 중국을 통해 유입되면서 역사의 변동성과 사회의 운동성이 새롭게 감지되기 시작했다. 이러한 시대와 역사의 변혁기를 제대로 포착하고 가장 발빠르게 파악했던 일군의 학자들이 다름 아닌 남인 계열 가운데 신서파(信西派)였다.

탐관오리들의 부정부패는 날로 극악해지고 기득권층이자 특권층인 몇몇 벌열(閥閱)은 계속해서 권력과 부를 장악하기 위해 수단과 방법을 가리지 않고 패악의 정치현실을 노정하고 있었다. 다산이 태어난 해인 1762년 5월, 한 나라의 왕위를 계승할 세자의 지위이자 임금을 대신해 대리청정까지 하던 사도세자가, 친아버지 영조에 의해 뒤주에 갇혀 갈증과 기아에 시달리다 끝내 목숨을 잃은 '임오사건'(壬午事件)만 보더라도 어떤 시대였는지 짐작할 수 있다.

이런 시대에 성호 이익의 학문을 계승한 일파, 이른바 성호의 좌파(左派) 가운데 일부 학자들이 자생적으로 천주교 교리를 연구하다가 신앙운동으로까지 확대 진행된 일은 역사의 변혁을 가장 실감케 하는 일대 사건이 아닐 수 없다. 성호 이익의 문하는 두 갈래의 학파로 나뉜다(이우성 교수의 학설). 녹암(鹿菴) 권철신(權哲身: 1736~1801), 이가환 등 후배 그룹이 좌파, 신후담(愼後聃: 1702~61), 안정복(安鼎福: 1712~91) 등 선배 그룹이 우파다. 그런데 이들 후배 그룹의 사회변혁 논리가 서양사상과 천주교를 접하면서 피할 수 없는 역사와 문명의 충돌을 일으키니, 그 충돌의 대표적인 실례가 다름 아닌 신유박해다.

이 역사의 소용돌이 속에는 노론, 소론, 남인의 끝없는 당쟁이 깊이 자리하며, 더구나 사도세자 사건 이후 확대 재생산된 시파와 벽파의 투쟁까지 복잡하게 얽혀 있다. 이런 와중에 첨단의 수준에 오른 개혁 사상가들은 사교 신봉자라는 역적죄로 처벌을 받게 된 것이다.

신유박해의 발단은 여러 가지 원인에서 찾을 수 있다. 그 가운데 성호 이익의 서학(西學) 소개와 이해도 불행한 역사를 발단시키는 중요한 모티프라 할 수 있다. 성호가 특히 서양의 과학사상에 깊은 관심을 갖고 매우 긍정적인 평가를 내린 점은 후배 학자들에게 큰 영향을 끼쳤다. 성호의 「발천주실의」(跋天主實義)는 신앙에 대한 부정적인 견해를 분명하게 피력하긴 했지만, 그 논리에는 상당히 긍정적인 요소가 있음을 인정했다. 우파의 선배 학자들은 부정적인 측면을 강조해 서학의 반대에 철저한 입장이었으나, 권철신, 이가환, 이벽, 이승훈 등의 좌파 계열 후배 학자들은 긍정적인 측면에 더 매료되어 서학 수용의 신서파 그룹을 형성하기에 이른다.

천진암 주어사의 강학회

초창기 천주교 신앙운동에 공이 큰 신서파 학자는 광암(曠菴) 이벽(李檗: 1754~86)이다. 이른바 서학이라는 학문을 본격적으로 연구했던 이벽은 천주교연구에 더욱 힘을 기울여 자발적인 신앙의 길에 접어든다. 다산의 기록에 명시된 기해년(1779)의 천진암(天眞菴) 주어사(走魚寺)의 강학회(講學會)를 천주교 교리연구와 신앙집회로 보는 『조선순교사비망기』(朝鮮殉敎史備忘記)를 증거로 제시하기도 하는데, 그 기록만으로는 사실로 믿기 어렵다.

이벽이 언제부터 본격적인 교리연구에 힘을 기울였는지를 기록으로 확인하기는 어렵다. 그러나 1783년 겨울 이승훈에게 북경의 천주교 성당에 가서 중국에 파견된 서양의 신부를 만나 입교하고 교리서를 얻어 오도록 권유했던 점으로 보면, 이미 그전에 일어났던 일임을 확인할 수

한국 천주교 발상지라 불리는 천진암의 옛터.
경기도 광주시 퇴촌면에 자리하고 있다.

는 있다. 그렇다고 1779년 기해년에 벌써 천주교 서적을 연구하고 신앙 집회를 열었다는 주장에 나는 동의할 수 없다.

만천(蔓川) 이승훈(李承薰)의 아버지 이동욱(李東郁)은 북경으로 가는 동지사(冬至使) 서장관(書狀官)의 직책으로 1783년 10월 14일 서울을 떠난다. 이벽의 권유로 이승훈은 그 동지사의 일행으로 아버지를 따라 북경으로 간다. 그해 12월 21일 북경에 도착한 이승훈은 이벽의 부탁으로 북경의 북당(北堂)을 찾아가 신부를 만나며 천주교에 입교한다. 그 당시 북경에는 동서남북 네 곳에 하나씩 성당이 있었다. 그 가운데 동당·남당은 포르투갈계의 예수회, 서당은 로마 교황청 파견 선교회, 북당은 프랑스계의 예수회가 관할했다.

이승훈은 필담(筆談)으로 천주교 교리를 가르쳐주기를 청했고 열심히 배웠다고 한다. 40여 일 동안 북경에 머물며 북당의 그라몽(중국 이름 양동재梁棟材) 신부의 인정을 받아 베드로라는 세례명으로 세례를 받고 귀국한다. 서울에 도착한 날이 1784년 3월 24일이다. 이승훈은 이벽과 함께 북경에서 얻어온 천주교 관계서적들을 연구하고, 이벽은 이승훈의 영세를 받아 천주교에 입교한다.

경기도 광주 출신으로, 대대로 무반(武班)으로 이름이 높던 이벽의 집안이었으나, 이벽은 무반으로 출세하기를 포기하고 천주교연구에 전념하고 그 전교에 모든 노력을 경주했다. 서울의 수표교에 집을 마련해 본격적으로 전교 활동에 나섰다는 내용이 다산의 기록에 나온다. 이벽은 누님의 시댁에 전교하기 위해 노력한다. 이승훈이 귀국한 지 20여 일이 지난 1784년 4월 14일, 이벽은 누님의 제사를 지내러 광주군 마재에 있는 다산 집안을 찾아갔다. 4월 15일 제사를 마치고 마재에서 서울로 귀경하던 배 안에서 정약전·약용 두 형제는 이벽에게서 천주교 관계서적을 얻어 최초로 읽어보게 된다.

갑진년(1784) 4월 15일 큰형수의 제사를 지내고 우리 형제(약전·

약용)와 이벽이 함께 배를 타고 물결을 따라 천천히 내려오는 배 안에서 천지 조화의 시초, 사람과 신, 삶과 죽음의 이치들을 듣고 황홀함과 놀라움과 의아심을 이기지 못했는데, 마치 『장자』(莊子)에 나오는 하늘의 강이 멀고 멀어 끝이 없다는 것과 비슷했다. 서울에 온 뒤로 이벽을 따라다니며 『실의』(實義: 천주실의)와 『칠극』(七克) 등 여러 권의 책을 읽고 흔연하게 그쪽으로 기울기 시작했다. 그러나 그때는 제사를 지내지 말아야 한다는 말이 없었으며, 신해년(1791년 진산사건) 겨울 이후로 나라에서 금하는 일이 더욱 엄중해지자 입장의 차이가 드디어 구별되었다.

- 「선중씨정약전묘지명」(先仲氏丁若銓墓誌銘)

이어지는 순교, 순교

다산 형제가 이벽을 통해 천주교에 마음을 기울이던 과정에 대한 설명이다. 이른바 신해박해(辛亥迫害)라고 알려진 1791년의 사건은 전라도 진산(珍山)에 살던 진사 윤지충(尹持忠)과 그의 외종사촌 권상연(權尙然)이 신주를 불사르고 제사를 지내지 않은 사실이 발견되어 참수를 당해 죽은 사건이다. 윤지충은 바로 다산의 외사촌형이다. 윤지충, 권상연의 순교로 인해 천주교에 대한 금압(禁壓)이 심해졌으니, 그때부터 약전 · 약용 등은 천주교와 손을 끊고 관계하지 않았다는 이야기다.

이벽의 전교 활동이 더욱 활발해지면서 천주교의 세력도 확장되어갔다. 이가환도 이벽에게서 천주교 관계서적을 얻어 읽어보았다. 1784년 9월에는 당대의 학자로 명망이 높던 권철신 · 일신 형제가 살고 있는 경기도 여주의 감호(鑑湖)로 이벽이 찾아가 열흘 가량 머무르고, 마침내 권일신은 이벽의 설교에 동의해 입교한다. 안정복의 사위 권일신의 입교는 큰 반향이었다. 아마 그때 권철신도 관계서적은 대부분 읽었을 것이다. 이벽, 이승훈, 권일신이 적극적으로 전교 활동에 나서면서 충청도

1785년 명례방(명동)에 있는 역관 김범우의 집에서 미사를 드리는 광경.
당시 김범우의 집에서 발각된 이 사건을 을사추조 적발사건이라 하는데,
이때는 김범우 한 사람만 처벌받았다.

내포(內浦)지방의 이존창(李存昌: 1752~1801), 전주의 유항검(柳恒儉), 서울의 김범우(金範禹) 등 신자들이 늘어나게 되었다.

마침내 1785년 봄, 당시의 서울 명례방에 살던 역관(譯官) 김범우의 집에서 이승훈, 이벽, 권일신, 정약전, 정약용 등이 모여 신앙집회를 열었다. 바로 이 집회가 발각되어 최초로 천주교 탄압의 역사가 시작되었다. 이때가 을사년(乙巳年)이어서 이 사건을 '을사추조 적발사건'이라 하는데, 형조(刑曹)에 적발되어 김범우만 체포되어 장살당하는 첫번째 순교사건이 일어났다.

1787년인 정미년에는 이승훈, 정약용 등이 성균관이 있던 반촌(泮村)에서 천주교공부를 하다 발각된 '정미반회사건'(丁未泮會事件)이 있었고, 1791년 신해년에는 진산사건이 있었다. 신해박해는 윤지충, 권상연의 순교로 끝나지 않고 권일신, 이승훈 등도 붙잡혀 탄압을 받았다. 권일신은 감옥에서 나와 귀양가던 중 반성문을 썼지만 고문의 후유증으로 도중에 목숨을 잃었고, 평택 현감의 지위까지 올랐던 이승훈은 벼슬을 박탈당하고 감옥에 갇혔으나 배교한다는 조건으로 석방되었다. 그러나 1795년 주문모 신부의 밀입국 사건이 터지자 이승훈은 다시 충청도 예산(禮山)으로 귀양을 갔다.

『신유추안』을 보면 다산의 형인 정약종(丁若鍾)의 확고한 신념과 철저한 신앙심에 큰 감동을 느끼지 않을 수 없다. 애초에 정약종은 형 약전과 아우 약용과 함께 천주교 서적을 보지 않았다. 그 자신의 정확한 답변에 따르면, 그는 병오년인 1786년 3월에 둘째형인 정약전을 통해 천주교 서적을 읽었으며, 혼자서 책을 통해 교리를 터득하고 신앙심을 지니게 되었다고 했다. 그 점으로 보면 그 전해에 일어난 김범우 집의 집회에는 참여했다고 말할 수 없다. 따라서 집회에 정약종이 참여했다는 천주교 관계기록은 다시 검토할 필요가 있다.

조선 최초의 천주교 교리연구자 이벽은 1785년 명례방 김범우 집안의 신앙집회가 발각된 이후 아버지 이부만(李溥萬)의 강력한 반대에 부딪혀 고민 끝에 배교의 글을 쓰기도 했다. 그는 불행하게도 1786년 유행하던 페스트로 서른둘이라는 젊은 나이에 세상을 뜨고 말았다. 그러나 그가 천주교 전교에 쏟은 노력과 열정은 대단했다. 이벽의 권유로 맨 먼저 천주교에 입교하여 영세를 받고 천주교 관계자료를 가지고 북경에서 귀국한 이승훈의 공로도 크다. 하지만 조선에 자생적으로 천주교 신앙운동이 전개되는 과정에서 이벽이 가장 큰 역할을 했던 점은 분명히 인정받아야 한다.

가톨릭 역사의 입장에서 볼 때, 아시아의 변방 조선에서 진행되었던 자생적 신앙운동이 빠르게 확산된 것은 전 세계적으로 유례가 없는 자랑스런 일이지만, 위에서 언급했던 여러 사건이 쌓이면서 동시에 신유박해의 무서운 탄압도 차곡차곡 진행되어갔다. 더구나 정약종이 이벽의 뒤를 이어 천주교 교리를 연구하고 전파하기 시작한 일은 다산 집안을 엄습하는 박해를 피할 수 없는 상황으로 이끌고 갔다.

혹독한 고문, 생명의 중대한 위협, 가족의 극심한 반대, 당시 사회의 관행에 정면으로 맞서는 제사 폐지 문제 등은 그들의 신앙운동을 가로막는 장애였던 것도 사실이다. 그래서 한때 배교도 하고, 반성문을 발표하기도 했으나, 이들이 이룩한 신앙운동의 조직과 교리연구의 불씨는 꺼지지 않았다. 오히려 수많은 순교자들이 기꺼이 목숨을 바친 결과 끝내 신앙의 자유를 얻어내는 역사적 승리의 길을 열었다.

이벽, 이승훈, 권일신, 정약종 등의 초기 천주교 지도자들은 다산과 떼려야 뗄 수 없는 인간관계가 있던 사람들이다. 권철신, 이가환 등도 다산에게는 선배 학자들로 어울리지 않을 수가 없었다. 더구나 조카사위인 황사영의 등장은 신유박해에서 다산이 결코 벗어날 수 없음을 예고한다. 정약종과 황사영의 장렬한 순교, 그것만으로도 다산은 무사할 수가 없었다.

아우구스티노 정약종의 순교

천주교는 사학이 아니다

1801년 2월 10일부터 신유박해의 국청 재판이 열려 2월 25일 판결문이 작성되고, 26일 국왕의 재가를 얻자마자 그날로 형이 집행되었다. 한국 천주교 초창기 6명의 대표적 인물인 베드로 이승훈, 아우구스티노 정약종, 토마스 최필공(崔必恭), 프란체스코 사베리오 홍교만(洪敎萬), 루가 홍낙민(洪樂敏), 요한 최창현(崔昌顯) 등이 서소문 밖의 형장에서 참수형을 당해 순교하기에 이른다.

1784년 3월 24일 이승훈이 북경에서 귀국한 이래 이벽의 눈부신 활동으로 교리연구자들이 확산되고 있었다. 『신유추안』에 나오는 최창현의 답변을 보자.

나는 초묵동(草墨洞)에서 아버지를 따라 약국 일을 보는 사람이다. 갑진년(1784) 겨울에 이벽을 통해서 천주교 책을 보았다. 이벽의 말이 "이 책의 내용은 모두 도리(道理)에 합당하다"고 했는데 나 역시 그렇게 생각했다. 그 책 내용에는 십계명이 있었다. 정약전, 정약용, 소아과 의원 김종순(金宗淳), 최인길(崔仁吉), 권일신과 그의 아우가 있었으며, 이가환의 생질 신여권(申與權) 등과 함께 공부했다.

그러다가 신해박해 이후에는 흩어져서 서로 만나지 못했으나, 무오년

(1798) 무렵부터는 정약용의 형인 약종과 상종했다. 정약종이 여러 차례 찾아왔으며 안동(安洞)에 살던 손경윤(孫敬允)과 관정동(館井洞)에 살던 손경욱(孫敬郁) 형제와 서문 밖에 살던 김계완(金啓完) 등이 함께 공부하던 사람들이었다고 최창현은 답변했다. 그러면서 가장 존경하는 사람이 누구냐고 묻자, 가장 존경하는 사람은 권일신, 정약종, 이존창이라고 답변했다. 최초의 천주교 선전자는 이벽이며, 이벽은 이승훈에게서 책을 얻어보고 그렇게 되었으리라고 설명했다. 권일신은 신해박해 때에 이미 세상을 떠났으니, 국문받던 당시에 가장 존경받던 사람은 정약종과 이존창임이 분명하다.

그러나 최창현은 20년 동안 사학(邪學)에 빠진 일이 후회막급하다고 답하며 이제는 이른바 천주와 야소(예수)를 원수나 이적(夷狄), 짐승으로 여기고 낳아주신 부모님을 잘 섬기면서 평민으로 살아가겠다고 답변했다. 물론 마음에 없는 답변이었을 것이다.

최필공의 답변은 명확하다. "나는 이미 죽기로 결심했다"면서 단호한 입장이었다. 그는 이어 "일반적인 동향으로 천주학은 유식한 선비들이나 일반인 가운데서도 조금 지각이 있는 사람들이 배우는 학문"이라면서 자신은 절대로 마음을 바꿀 수 없노라고 확실하게 답변했다. 그때 최필공의 나이 쉰여덟이었다.

당시 마흔둘이던 정약종의 답변을 보자.

"나는 본디 이 학문을 정학(正學)으로 알고 있지 사학임은 알지 못한다. 압수된 서적들은 모두 우리 집에서 나온 것이 분명하다. 누가 교주(敎主)냐고 묻는데, 나는 문자를 상당히 해독하고 있기 때문에 특별히 스승에게서 배운 바가 없다. 누가 소굴이고 무리들은 누구인가에 대해서도 나는 문을 닫고 홀로 거처하기 때문에 고해 바칠 만한 사람이 없다."

그러면서 자신이 직접 책을 베끼고 스스로 해석해서 교주나 함께하는 도당(徒黨)이 없다고 하면서 "내가 만약 사학으로 여겼다면 어떻게 감히 그런 일을 하겠느냐"고 말한다. 또한 천주교야말로 대공지정(大公至正: 매우 공정하고 지극히 바름)하고 지극히 진실한 도리라는 것을 알기 때문에 몇 년 전 나라에서 금지한 이후에도 애초부터 종교를 바꾸려는 마음이 없었으니 비록 어떠한 형벌을 받더라도 조금도 후회하지 않겠노라고 결연한 의지를 보였다.

계속되는 질문에 대한 답변이 너무도 당당하여 신앙의 힘이 저렇듯 무서우며 죽음에 대한 두려움을 그토록 멋지게 떨쳐버릴 수 있을까 생각되어 마음이 숙연해진다. 천주님을 섬기는 방법이나 형식을 묻자, "저는 하느님의 뜻을 받들어 열심히 섬기는 일을 하므로 특별히 정해놓은 곳이 없이 어느 곳에서라도 섬긴다"고 하여 특정 지역이나 장소가 따로 없음을 말했다. 그렇다면 편지에 나오는 신부(神父)라는 칭호는 누구에게 하는 호칭이냐고 묻자 "서양과 중국에는 신부가 있으나 조선에는 신부가 없다"면서 답변을 거부한다. 다시 질문하기를 "너는 이미 천주학은 진실한 학문이라고 말했는데 무엇 때문에 사실대로 답변하지 않느냐?"고 하자 정약종은 "비록 진실된 학문이지만 죽으려면 혼자 죽지 왜 남을 끌고들어가겠느냐"며 다른 사람은 일절 거명하지 않았다.

심문관이 다시 "너의 공부가 이미 죽음을 두려워하지 않는데 무엇이 두렵다고 다른 사람은 말하지 않는 건가?"라고 물었다. 이에 대해 정약종은 다시 단호하게 대답했다.

살기를 좋아하고 죽기를 싫어함은 인간의 보편적인 마음인데 왜 죽음이 두렵지 않으리요. 그렇다 하더라도 의리를 배반해서까지 살아남는 일은 하지 않겠다. 천주는 바로 하늘과 땅의 큰 군왕이고 크고 큰 아버님(大父)이다. 천주를 섬기는 도리를 알지 못하는 것이 바로 천지의 죄인이니 살아 있어도 죽은 것만 못하다. 그런 이유로 천주교도들을 나라에서 바른 도(道)의 현인(賢人)으로 인정하여 벼슬을 주고 상을 준다면 왜 이름을 알려주지 않겠는가. 그러나 지금은 이름만 부르면 바로 살육의 형벌을 시행하는데 왜 이름을 부르겠는가.

심문관이 다시 최창현을 아느냐고 묻자 "모른다"고 답변했다. "백목(白木)으로 휘장을 제작해서 가져왔던 사람이 최창현이 아니고 누구냐"고 물으니 그때에야 "다시 생각해보니 과연 아는 사람이다. 그분은 천주학을 함께 공부하는 사람이다. 더 이상은 아는 바 없다"면서 알아서 처리하라고 입을 다물었다.

우리는 죽음을 두려워하지 않는다

그때 정약종의 천주교 전도 일기가 압수되어 있었다. 그는 일기에 기록된 것에 대해 일일이 답변하지 않을 수 없었다. 정약종은 일기에 기록된 대로 1786년 3월 둘째형 정약전에게서 천주학을 배웠음을 시인하고 그때 둘째형이 가르쳐주기는 했어도 자신은 지금까지 거기에 탐닉해 있으나, 둘째형은 근래에 천주학 공부를 하지 않는다고 설명했다. 또 일기에 선조들에게 제사를 지내고 묘소에 성묘를 가고, 아버지 상(喪)을 당해 혼백(魂帛)을 만들고 제상을 차리는 일이 모두 죄악이자 허물이라고 기록한 부분이나, 국가에 대해서도 차마 할 수 없는 말까지 했는데 무슨 까닭이냐고 묻자, 그런 죄는 이미 아는 일이고 지금이야 후회되지만 만번 죽어도 애석하게 여기지 않겠다면서 죽여달라고 청했다. 이렇게 신앙심이 확고했던 정약종은 장렬한 순교를 맞았다.

정약종은 1786년부터 본격적으로 천주교 교리연구에 몰입하고 전교활동에 힘써 혁혁한 업적을 남긴다. 한글로 된 교리서인 『주교요지』(主敎要旨)라는 두 권의 책을 저술했고, 『성교전서』(聖敎全書)의 저작에 착수했으나 미완으로 끝났다고 천주교측의 자료는 전한다. 당시의 신자들에게서 가장 존경받던 소수의 지도자 가운데 정약종처럼 죽음에 대한 일화가 많은 사람도 드물다. 대역부도(大逆不道: 역적 가운데서도 최고

다산의 셋째형인 정약종의 묘소.
"당신들은 우리를 비웃지 마시오. 사람이 세상에 태어나 천주를 위해 죽는 것은
당연히 행할 일이오. 대심판 때 우리의 슬픈 울음은 진정한 즐거움으로 변할 것이요,
당신네의 기쁜 웃음은 진정한 고통으로 변할 것이니 웃지 마시오."

의 역적)죄로 극형을 선고받고 서소문 밖 형장으로 끌려가던 정약종의 모습을 「황사영백서」는 상세히 전하고 있다.

끌려가던 길거리에 모인 군중들에게 그가 큰 소리로 외친 절규는 이러하다. "당신들은 우리를 비웃지 마시오. 사람이 세상에 태어나 천주를 위해 죽는 것은 당연히 행할 일이오. 대심판(인간이 죽은 뒤에 하느님의 심판을 받아 상과 벌을 받는 일) 때 우리의 슬픈 울음은 진정한 즐거움으로 변할 것이요, 당신네의 기쁜 웃음은 진정한 고통으로 변할 것이니 웃지 마시오"라고 했습니다. 그리고 처형당할 때 구경꾼들을 둘러보며 "당신들은 두려워 마시오. 이것은 당연히 행해야 할 일이니 겁내지 말고 이를 본받아 이 뒤에 이렇게 하시오"라고 했습니다. 칼로 한 번 찍으니 그의 머리와 목이 반쯤 잘렸는데도 그는 벌떡 일어나 앉아서 손을 크게 벌려 십자(十字) 성호를 긋고 조용히 다시 엎드렸습니다. 그는 최도마(崔多默, 최필공)와 함께 처형을 당했으니 그때 그의 나이는 마흔둘이었습니다.

대단한 장면이다. 인간의 목숨이란 간단한 물건이 아니다. 정약종 스스로가 이미 말했던 것처럼, 살기를 좋아하고 죽기를 싫어하는 것이 인지상정이다. 죽음 앞에 그렇게 당당할 수가 있을까. 무서운 신앙의 힘으로 여기지 않을 수 없다. 이 기록은 그들이 처형당하기 전에 이미 충청도 제천 배론(舟論)의 토굴 속에 숨어 있던 황사영이 기록한 것이다. 이들이 처형된 사실을 몰랐던 황사영은 상당한 시간이 흐른 뒤에 동료 신자들을 보내 정탐으로 들은 소식을 기록했을 것이다. 얼마나 사실에 가까우며 과장하지 않았는지는 알 수 없으나 『신유추안』의 답변으로 유추할 수 있듯이, 큰 차이 없는 사실일 것이다.

정약종의 가족으로는 미망인과 세 자녀가 있었다. 큰아들 철상은 아버지의 뒤를 따라 1801년 4월 2일에 순교했고, 둘째아들 하상(夏祥)은 혁혁한 전교 활동을 하다가 1839년 8월 15일 기해박해 때에, 미망인 유소사(柳김史)는 같은해 10월 18일에, 딸인 동정녀 정혜(情惠)는 11월 24일 각각 순교했다는 기록이 있다. 한 가문의 멸망이면서 한국 천주교회사의 위대한 순교 열전(列傳)임이 분명하다. 이러한 순교의 뜨거운 신앙운동이 자생적 천주교 발상의 큰 뿌리와 밑거름이 되었음은 역사가 증명해주는 일이다.

형제의 다른 길

「황사영백서」에서는 정약용을 목숨이 두려워 천주교를 배교한 사람으로 기록했다. 신유박해 때부터 정약용은 잡히지 않은 황사영을 '원수'로 여긴다고 말했고, 조동섭·김종교(金宗敎)·최창현·김백순·홍교만 등 당시의 주요 천주교 관계자들의 이름을 자신의 입으로 직접 거명하기도 했다. 천주교에서 마음을 끊고 손을 뗐다는 말을 믿게 하려는 뜻에서였는지 거침없이 자신이 아는 인물들을 전부 말했다. 그러나 죄 없이 감옥에 갇힌 사람에 대해서는 반드시 무고하다는 증거까지 제시해 석방될 수 있도록 도움을 주었던 것도 사실이다. 홍헌영(洪獻英), 유이환(俞理煥) 등 아무 관계없는 사람에 대해 온갖 설명을 다해 그들을 석방시켰던 사실이 「사암연보」에 상세히 기록되어 있다.

다산이 국청의 답변에서 이승훈의 사람됨을 말하는 부분이 있다. 백다(伯多: 베드로)가 이승훈의 세례명임도 밝히고 권일신의 세례명이 사비에(沙勿)임도 밝히고 있다. 이승훈에 대해 "한마디로 말해서 일정한 주견이 없는 사람이다"라고 답해 믿지 못할 사람으로 평가했다. 황사영에 대해 묻자 "죽이더라도 변하지 않을 사람"이라고 답해 신앙심이 무척 깊은 사람이라 평했다. 그는 자신의 세례명인 약망(若望: 요한)에 대해 묻자 자기 집안에는 그런 사람이 없다고 명확히 부인했다. 당시 압수된 서적이나 편지 등이 자기 집안 것이 분명하여 정약종은 모두 자신의 것이라고 시인했으나, 다산은 모르는 것이라고 딱 잡아 부인했다.

말 한마디에 목숨이 달린 지엄한 국청, 거기서 목숨을 두려워하지 않을 사람이 누가 있으랴. 가능한 한 했던 일을 줄이고 사건을 축소하려는 것이 당연할 것이다.

신유박해의 중요한 발단은 아무래도 이승훈이 일으켰다. 그가 북경에 가서 세례를 받고 천주교 관계 성물, 성구, 서적 등을 가져왔던 일이 계기가 된 것이다. 그래서 손위매형이지만 곱게 여기지 못하고 불쾌한 답변을 한 것이다. 이승훈에 대한 다산의 답변을 전해들은 이승훈도 마음이 상해 이렇게 말했다.

"그렇다면 나도 할말이 있소. 정약용이 한창 천주교에 열심일 때 내가 세례를 준 적이 있습니다."

가혹한 고문은 인간의 정상적인 판단을 흐리게 하는가. 매형과 처남 사이에 서로를 고발하는 기막힌 일이 벌어졌다. 신유박해의 처참상은 바로 여기에 있다. 이가환과 이승훈, 신여권도 삼촌과 조카 사이로, 서로의 약점을 말해야 하는 비극을 겪는다. 그러나 그러한 절박한 순간에도 정약종은 끝내 탈 잡힐 말 한마디 하지 않고 정정당당하게, 정말로 진실한 신앙인으로 깨끗하게 순교에 임했다.

배교한 다산, 위대한 신앙인 정약종, 이들 형제의 길은 달랐으나 다산은 살아서 뛰어난 실학의 집대성자가 되었고, 정약종은 위대한 신앙운동의 선구자가 되었다. 회갑을 맞아 다산은 둘째형 정약전의 일대기를 쓰면서 마지막 구절에 "오호라, 골육이 서로 싸워 자기의 몸과 이름을 보존한 것과, 순순하게 받아들여 엎어지고 뒤집혀서라도 천륜에 부끄림 없게 했음이 어찌 같을 것인가. 뒷세상에 그 마음을 알아줄 사람이 반드시 있을 것이다"(「선중씨정약전묘지명」)라고 하여 자기 형제들에 대한 평가를 후세의 역사에 맡겼다. 두 살 터울의 형과 아우가 서로 다른 길을 가야만 했던 비극, 이 비극이야말로 역사발전의 진통이 아니었을까.

시파와 벽파

황사영백서

　황사영(黃嗣永: 1775~1801)은 대단한 선비였다. 문과에 급제해 당당히 벼슬길에 올랐으나 스물아홉의 나이로 요절한 황석범(黃錫範: 1747~75)의 유복자로 태어났다. 당색은 남인 시파다. 천재적인 두뇌의 소유자로 열여섯 살의 나이에 진사 시험에 합격해 세상에 이름을 날리기도 했다. 그는 다산의 맏형인 정약현의 딸 마리아 명련(命連)과 결혼해 처가에 드나들며 당대의 신앙인이자 처삼촌 되는 정약종과 상종하면서 천주교 교리를 배우게 되었다. 좋은 가문, 좋은 신분 태생으로 진사에 올라 잘만 하면 미래가 보장되는 위치에 있었지만, 그는 일찍이 세속의 욕심을 버리고 천주님에게 귀의하여 하느님의 복음을 세상에 전파하는 책무를 맡으며 살아가기로 작정한 열렬한 천주교 신자였다. 그는 1795년 4월에 조선사람으로 변장하여 밀입국한 중국인 주문모(周文謨: 1752~1801) 신부와 상종하면서 황사영은 알렉산데르라는 교명으로 세례를 받았다.

　황사영은 신유년 천주교 박해의 전말과 향후 조선의 천주교 재건을 위한 방책을 흰 비단에 적어 북경의 주교에게 보내려고 했다. 이것이 그 유명한 「황사영백서」다. 이 백서는 길이 62센티미터, 너비 38센티미터의 명주 비단에 단정한 해서체로 또박또박 쓴 1만 3,484자(일설에는 121줄 1만 3,310자로 되어 있음)의 길고 긴 편지다. 122줄로 평균 110

자 정도의 깨알 같은 글씨로 되어 있다.

열여섯 살의 소년이 진사과에 급제하자 당시 글을 좋아하던 정조는 합격자 면담 때 황사영의 손목을 잡아주며 답안지 내용을 칭찬해 마지 않았다. 당시의 풍습에 따라 옥과 같은 임금의 손이 잡아준 손목을 더럽히지 않으려고 붉은 비단으로 감고 다니며 아무도 만지지 못하게 했을 정도로 촉망받던 소년이었다.

이렇게 뛰어난 문사(文士)이던 황사영이 「황사영백서」를 통해 분석한 당시의 정치세력 판도를 알아보자.

이 나라의 사대부들은 200년 전(선조 8년의 동서분당)부터 당파가 생겨서 서로 대립했습니다. 남인, 노론, 소론, 소북(小北)의 4색 당파가 있었으니, 정조대왕 말년에 남인이 다시 두 파로 갈렸습니다. 그 한 파가 이가환, 정약용, 이승훈, 홍낙민 등 몇몇 사람인데, 이전에 그들은 모두 천주교를 믿었으나 목숨이 아까워 배교했습니다. 그들은 겉으로 천주교(聖敎)를 혹독하게 박해하는 일을 했으나 마음에는 아직 죽은 믿음(死信)이 있었습니다. 그러나 같은 무리가 적어 세력은 외롭고 위태로웠습니다. 그리고 또 다른 한 파는 홍의호(洪義浩), 목만중(睦萬中) 등 진심으로 천주교를 해치는 사람들인데, 10년 이래 이들 양쪽은 서로 깊은 원한을 품고 있었습니다. 노론도 역시 두 파(시·벽)로 나뉘었는데 시파는 모두 임금의 뜻을 받들어 선왕(정조)의 심복 신하가 되었고, 벽파는 모두 당론을 고수하여(당의 이익만 추구) 임금의 뜻에 항거하여 시파와는 원수처럼 지냈는데, 벽파는 당원이 많아 세력이 크므로 정조대왕도 두려워했고, 근래에 와서는 온 나라가 그들의 말에 귀를 기울였습니다.

말하자면 황사영의 정세분석이다. 남인이 두 파로 나뉘었다 함은 신서파(信西派)와 공서파(攻西派)로 나뉘어 서로 공격함을 말하고, 노론도 시파와 벽파로 갈라져 서로 다툰다는 설명이다. 종래의 당색이던 노론, 소론, 남인, 소북(북인에서 갈라짐)의 판도가 바뀌어 그전과는 다른 양상이었다. 전체적으로는 사도세자(思悼世子: 1735~62)의 폐위와 아사(餓死)를 동정하고 영조의 처분을 못마땅하게 여기던 홍봉한(사도세자의 장인, 정조의 외조부)을 중심으로 한 시파와, 이와는 반대로 사도세자의 비행을 공격하고 영조의 입장을 지지하던 김구주(영조의 계비인 정순왕후의 친정오빠) 등의 벽파로 갈라져 격렬하게 대립하는 양상이었다.

황사영의 분석대로 대체로 남인은 시파에 속하고 노론은 벽파에 속해 있었으나, 남인에도 시·벽에 관계하지 않는 중도파나 벽파가 있었고, 노론에도 중도파나 시파가 있었지만 대체로 그렇다는 것이다. 소론이나 소북에는 시파가 많았으나 벽파에 가담한 사람도 있었다. 문제는 영조 때나 정조 중기까지만 해도 탕평책의 효과로 큰 파당 싸움이 없었으나 정조 말엽 시파 자체의 남인 계열이 신서, 공서의 양 파로 갈리면서 세력 판도가 기울었다. 공서파는 결국 벽파를 돕는 역할을 하게 되어 벽파의 세력이 확대되어갔다.

정조의 죽음으로 궁지에 몰리는 시파

큰 세력으로 시파는 북당(北黨), 벽파는 남당(南黨)이라 부르기도 했으니, 이는 홍봉한의 집이 북촌의 안동(安洞: 지금의 안국동)에 있었고 김구주의 집이 남쪽인 이현(泥峴: 진고개)에 있었기 때문이다. 북당, 남당의 시절만 해도 서로의 세력이 균형을 이루어 소강 상태였지만, 정조 말엽 정치적으로 결정적인 변수가 등장한다. 정조의 재위 24년 가운데 23년 동안 조정에 나와 영의정의 지위까지 오르며 신서파를 보호해주던 당대의 명재상 번암(樊巖) 채제공(蔡濟恭)이 1799년 1월에 세상을 뜨면서 신서파의 세력이 크게 약화된 것이다. 더구나 그 다음해인 1800년 6

월 재위 24년이던 정조대왕까지 갑자기 운명하여 정치의 세력 판도는 완전히 뒤바뀌고 만다.

　채제공과 정조가 신서파를 옹호해주던 시절에는 그나마 벽파와 공서파가 합세하여 펼치는 공세를 어느 정도는 막을 수 있었다. 이승훈이 북경에서 영세를 받고 천주교 관계서적과 물건을 가지고 들어온 1784년 3월 이후, 천주교 서적을 보고 교리를 연구하던 사람들의 거의 대부분은 채제공과 같은 당파인 남인 시파의 양반계급이 대부분이었다. 이들이 몇 차례 사고를 저질렀지만 큰 무리 없이 해결된 것은 강력한 옹호자들이 있어서였다. 1785년 명례방의 김범우 집에서 발각된 을사추조 적발사건에서도 김범우 한 사람만 처벌받았고, 1787년 반촌(泮村)에서 있었던 신자들의 모임 정미반회사건도 그런대로 수습이 되었으며, 1791년 진산사건이나 신해박해에서도 대대적인 검거선풍이나 대탄압을 막을 수 있었다.

　그러나 정조의 뒤를 이어 열한 살의 어린 나이로 순조가 왕위에 오르자 절대적인 왕권이 수렴청정하던 대왕대비 정순왕후에게 넘어간다. 정순대비 김씨는 충청도 서산(瑞山) 출신의 김한구(金漢耉)의 딸로 1745년에 태어났다. 1759년(영조 35) 정조가 세손(世孫)으로 세워지던 바로 그해에 열네 살 소녀의 몸으로 예순세 살인 영조의 계비로 궁궐에 들어온다. 궁중에 들어온 정순왕후는 영조의 사랑을 독차지하면서 여러 가지 흉계와 음모를 꾸미기 시작한다. 특히 사도세자와는 사사건건 마찰을 빚었다. 김한구의 큰아들이자 정순왕후의 오빠인 김구주와 사촌오빠인 김관주(金觀柱) 등은 벽파의 중심인물로, 김구주는 정조 초년에 혹독한 형벌로 이미 세상을 떠나 사실상 집안은 이미 파탄나 있던 처지였다. 김구주는 정조가 세손일 때부터 돌보던 세손의 외조부 홍봉한 일당(시파)을 축출하고자 상소를 올린 일로 정조의 미움을 사 사형 언도를 받고 감형되어 흑산도에서 9년이나 귀양을 살았고 다시 감형되었으나 나주에서 오래지 않아 죽었다.

조선 제22대 왕 정조가 그린 「파초도」.
사도세자의 아들인 정조는 학문에 조예가 깊었을 뿐만 아니라 글씨, 그림에도 능했다.

신유박해의 정치적 의도

정순대비는 궁중의 최고 어른으로 정조 재위 24년 동안 항상 시파에 대해 독한 눈초리로 앙심을 품고 기회를 노리고 있었다. 그러던 참에 국가의 권력이 통째로 그녀의 손 안으로 들어갔으니 어떻게 판세가 돌아가겠는가. 얄밉던 시파를 축출할 절호의 기회를 찾고 있었음은 인지상정이다. 이런 정세를 황사영은 정확히 기록했다.

나이 어린 순조를 정순왕후가 수렴청정했습니다. 정순대비는 정조의 계조모요, 본디 벽파 출신입니다. 그녀의 친정은 정조에게 폐가를 당했던 터입니다. 그 때문에 대왕대비는 여러 해 동안 원한을 품고 있었지만 이를 풀 길이 없었는데, 뜻밖에 정권을 잡게 되자 마침내 벽파와 손을 잡고 독한 성미를 멋대로 부려, 경신년(1800) 11월 정조대왕의 장례가 끝나자마자 시파 사람들을 모조리 몰아내어 조정을 절반이나 비우게 했습니다. 더구나 천주교를 박해해오던 악당들은 벽파와 서로 연락을 취해왔는데 세상이 크게 변하는 것을 보자 요란스럽게 들고일어나서 일을 크게 저지를 기세를 보였습니다.

당시의 상황을 천주교 신자의 입장에서 관찰한 기록이다. 신유박해의 원인을 완전히 당쟁 차원으로만 보고 있다. 천주교 자체의 허물에서 기인된 것이 아니라 벽파의 세력이 시파의 세력을 소탕하기 위해서 정략적으로 박해를 가했다는 것이다. 시파를 소탕한다면 명분이 없으므로 천주교를 사학(邪學), 사교(邪敎)로 보고 척사위정(斥邪衛正)의 차원, 즉 사교를 배척하여 정학(正學)인 유교를 보위한다는 명분으로 박해를 가했다는 것이다.

이 점에 대해서는 다산의 기록도 대체로 동의하며, 실제로도 그러한 측면이 없었던 것은 아니다. 그러나 당시의 정치체제나 일반적인 사회

풍습으로 볼 때, 유교의 기본 논리조차 부인하고 조상의 제사를 폐하며 천주학에 몰두하는 문제는 당시의 국가와 사회를 유지하는 쪽에서 보면 그냥 두고 볼 수만은 없었을 것이다. 하지만 다음해인 순조 원년이자 신유박해가 일어난 1801년 1월 10일에 정순대비가 발표한 사학 금지 교서에서 신자들을 역률(逆律)로 처벌하거나 오가작통(五家作統)의 법 취지를 살려 씨를 말려야 한다는 가혹한 국법을 발동한 것은 분명히 사학을 금지한다기보다는 다른 목적이 개재되어 있음도 부인할 수 없다.

신유년 정초에 시파나 신서파는 모두 정부에서 축출되고 노론 벽파인 이병모, 김관주, 심환지(沈煥之) 등이 요직에 올랐다. 정조대왕의 재위 시절 제대로 대접을 받지 못하던 정순대비 측근들과 그들에게 미쁨을 받으려던 공서파 일당은 특히 정조의 사랑을 받았던 이가환(공조 판서)과 정약용(신서파의 중심 인물)만은 기필코 제거하려고 온갖 공작을 꾸몄다. 이는 다산이 기록한 자료에도 충분히 설명되어 있다. 당시 홍희운(洪羲運: 낙안樂安의 바꾼 이름)이라는 공서파의 과격파가 "천 사람을 죽이고도 정약용을 죽이지 않으면 아무 소용이 없다"(「자찬묘지명」)고 말했던 것을 보면 분명히 정치적인 의도가 있음을 알 수 있다.

그해 겨울의 대옥사

「황사영백서」는 천주교 자료로서는 엄청난 가치가 있는 자료다. 황사영의 신앙심에 놀라지 않을 수 없고 그 투철한 순교에 감동받지 않을 사람이 없다. 그러나 당시의 정권이나 일반인이 받아들이기 힘든 문제점이 여럿 있는 것도 사실이다. 무너진 교회를 재건하기 위해서 북경의 외국인 신부에게 권고하는 내용을 살펴보면 극히 비현실적인 면이 많다. 천주교 교세를 확장하기 위한 경제원조 요청, 북경 성당과 조선 천주교 신도와의 연락, 로마 교황의 간곡한 메시지, 조선이라는 나라의 감호책,

서양 함선의 무력시위 요청, 즉 무력을 통해서 종교를 개방하라는 요청 등은 주권국가의 정부를 무시한 발상이었기에 신자가 아닌 모든 사람들은 그 백서를 흉서(凶書)로 여기지 않을 수 없었다.

신유박해가 시작되자 그해 2월 10일부터 은신하던 황사영은 삼청동으로 피신했다. 피신이 어렵자 동대문 안의 송재기(宋再紀) 교우의 집으로 옮겼다가 10일 이내로 체포하라는 밀령이 떨어졌다는 소식을 듣고 본격적인 망명의 길을 걷는다. 텁수룩한 수염을 모두 깎고 최설애(崔雪愛) 교우가 만들어준 상복으로 갈아입고 상제(喪制)의 모습으로 피신하여 충청도의 제천에서 약 25리 떨어진 배론의 토굴에 숨는다. 이곳에서 숨어 지내며 정탐하는 교우를 통해 바깥 소식을 접하며 백서를 작성한다. 그는 중국에 밝고 여행 경험이 풍부한 교우 황심(黃沁)과 옥천희(玉千禧) 두 신자에게 부탁해 북경의 구베아 주교에게 이 편지를 전달하려고 했다.

그런데 불행히도 옥천희는 그해 7월(일설에는 9월) 중국에서 들어오다 검문에 걸려 체포되고, 9월 15일 황심까지 포도청에 체포되고 만다. 고문을 견디다 못한 황심이 9월 26일 황사영의 도피처를 실토하여, 9월 29일 황사영은 배론의 토굴에서 포졸에게 체포된다. 그렇게 심혈을 기울여 작성한 백서, 비단에 쓴 편지는 천주교 탄압의 빌미만 제공해 동옥(冬獄)이라는 또 다른 대옥사를 가져온다. 봄에 못 죽인 사학도를 모두 죽이자는 공서파의 공작에 따라 정약전·약용 형제는 강진의 신지도와 경상도의 장기현에서 다시 압송되고 수많은 사람들이 감옥에 또 갇힌다.

그때 압송되어 국문을 받던 다산은 황사영을 역적이라 호칭하며 백서를 흉서라고 부른다. 천주교 신자 황사영과 그를 도와 백서를 작성했던 교우들의 뜨거운 신앙심이야 종교적인 면으로는 대단히 칭찬받을 일이지만, 그 백서의 여파로 가중된 탄압이나 교인들의 몰살, 금압 등으로 보면 다른 평가도 가능하다고 여겨진다.

1801년 11월 5일 황사영은 대역부도의 죄명으로 능지처참이라는 극형에 처해졌으니, 그때 그의 나이 꽃다운 스물일곱이었다. 그의 가산은 모두 몰수당하고 유복자를 키워 큰학자로 길러준 어머니 이윤혜는 거제도로, 아내 정명련은 제주도로, 그리고 두 살바기 아들은 추자도로 귀양가서 가정이 산산조각난다. 다산과 정약전도 유배지가 바뀌어 강진과 흑산도로 옮겨 돌아올 기약 없는 귀양살이에 들어간다(이정린, 『황사영백서연구』, 일조각, 1999). 이러한 정치상황과 신앙운동의 충돌로 신유박해는 처참해졌고, 다산의 삶도 역경으로 이어졌다.

2
내 의지를 밝히다

"소년 시절 서울에 노닐 때
교제하는 수준이 낮지 않았다.
속기 벗은 운치가 있기만 하면
충분히 속마음을 통했네.
힘껏 공맹의 학문으로 돌아와
두 번 다시 시속에 맞음 묻지 않았네."

■「내 의지를 밝히다」

피어린 역사의 땅 마재에서 태어나다

한강 상류의 빼어난 명당마을

다산 정약용은 영조 38년인 1762년 6월 16일 사시(巳時)에 당시의 행정구역으로는 경기도 광주군 초부면(草阜面) 마현리(馬峴里)에서 태어났다. 그곳의 현재 행정구역은 경기도 남양주시 조안면(鳥安面) 능내리(陵內里) 마현마을이다. 마현의 현(峴)이 '재'이기 때문에 마재라고도 하는 이 마을은 다산의 유명세만큼이나 불리는 이름이 아주 많다.

다산 자신이 많이 사용한 명칭은 두 가지 정도 된다. 시문(詩文)에 가장 자주 사용하던 이름은 '소천'(苕川)이다. 그곳의 본디 이름이 소내여서 우천(牛川)이라고 썼는데 다산은 고아한 단어로 바꾸어 소 우(牛)자 대신 소(苕)라는 글자를 사용했다. 소내 다음으로는 '열상'(洌上)이라는 이름이다. 한강의 옛이름이 열수(洌水)이므로, 한강의 상류에 있는 마을이라는 뜻으로 '열상'이라 한 것이다. 소내 못지않게 자주 사용하던 이름이다. '열수'라는 명칭을 매우 좋아했는지 성과 이름 앞에 열수를 넣어 사용하도록 아들에게 편지를 보내기까지 했다. 자신의 호를 '열초'(洌樵)라고 쓴 경우도 많았다. 한강 가에서 나무하는 사람이라는 의미였을 것이다. 만년에는 많은 글에서 열상노인이라고 자신을 지칭했으니 한강 상류의 늙은이라는 뜻이다.

일반 사람들도 소내에 대한 명칭을 아주 다양하게 사용했다. 다산과 오랫동안 학문논쟁을 벌였던 사람 가운데 문산(文山) 이재의(李載毅:

1772~1839)가 있다. 다산이 다산초당에서 유배살이를 할 때부터 만나기 시작해 수많은 편지와 시를 주고받았던 이재의는 자신과 다산의 만남을 자세히 적어놓았는데, 그는 소내를 세 가지로 사용했다. 가장 많이 쓰인 호칭은 '두릉'(斗陵)이다. 그곳이 능내(陵內)라고 불리는데다, 산자락 이름이 두척(斗尺)이기 때문에 두와 능을 합해 붙인 이름일 것이다. 다산을 두릉노인이라고 부르면서 때로는 마현이나 열상으로 부르기도 했다.

다산과 가까운 곳에 살면서 만년에 많은 경학논쟁을 벌인 석천(石泉) 신작(申綽)은 소내(牛川)와 소내(苕川)로 사용할 때가 많았다. "일전에 소내(牛川)의 정 승지가 지나가다 들렀다"고 사용한 뒤부터 대체로 다산의 뜻에 따른 듯 소(苕)라 쓰고, 시어에서는 두릉이라고도 했다.

다산이 살던 마을의 뒷산 이름이 유산(酉山)이어서 자신을 유산노인으로 호칭하며 그 마을까지 '유산'이라 부르는데, 뒷날 다산의 큰아들 학연도 자신의 호를 유산이라 했다. 다산의 5대조인 정시윤(丁時潤: 1646~1713)이 그곳에 터를 잡았는데, 그의 호가 두호(斗湖)여서 어떤 경우에는 마을 이름을 두호로 사용하기도 했다. 1801년의 기록인 『신유추안』에는 다산이 살던 마을을 '두현'(斗峴)이라고 했다. "광주 두현 정 생원가"(廣州斗峴丁生員家)라는 구절이 있으니, 두릉의 '두'와 마현의 '현'을 합한 이름일 것이다. 마재, 마현, 능내, 두릉, 두현, 두호, 열상, 유산 등 여러 이름으로 불리지만, 아주 유명한 마을이라서 어느 것 하나만 불러도 바로 다산의 마을임을 알 수 있다.

이는 다산의 명성에 비례하여 마을의 명성도 그만큼 높다는 뜻이다. 그렇다면 그 유명한 마을은 어떤 곳이며 언제 생겼을까. 춘천 쪽에서 흘러오는 북한강과 충주 쪽에서 흘러오는 남한강이 합해지는 양수리(兩水里) 일대의 풍광은 참으로 아름답다. 예전에는 광주군이었으며 지금은 남양주시로 소속이 바뀐 곳, 다산의 말대로 수향(水鄕)인 소내는 풍수지리설에서도 빼놓지 않고 거론되는 명당의 마을이다. 다산 집안이 그곳에 터를 잡고 살게 되는 경위를 다산이 자세히 기록해두었다.

다산의 고향 마현과 한강의 풍광을 그린 「두강승유도」(斗江勝遊圖).
제주목 안핵사 겸 찰리사 이건필(李建弼)의 그림.

8대 옥당 집안이 둥지를 틀다

다산의 5대조인 정시윤은 인조 말엽에 태어나 숙종 말엽까지 살았던 사람으로, 당쟁이 치열해지던 무렵 벼슬에 뜻을 버리고 낙향해 살아갈 곳을 찾던 중 오늘의 소내를 점지했다고 한다. 정시윤은 혁혁한 명문가에서 태어났다.

> 조선왕조의 이름 있는 선비 집안에서는 홍문관의 벼슬아치로 선발되는 것을 지극히 영예롭게 여겼다. 그런데 연달아 8대에 이어져 그 집안의 전유물처럼 여겼음은 오직 공의 집안뿐이다.
> • 채제공, 「정시윤묘갈명」, 『번암집』

8대째 연달아 홍문관인 옥당에 들어간 벼슬아치를 배출해내어 채제공이 8대 옥당 집으로 칭찬해준 내용인데, 다산 자신도 집안 자랑을 할 때는 항상 8대 옥당 집안이라고 일컬었다. 조선시대에 들어와 최초로 벼슬하여 승문원(承文院) 교리(校理)를 역임한 정자급(丁子伋)부터 참판 정수강, 판서 정옥형, 좌찬성 정응두, 대사헌 정윤복, 관찰사 정호선, 교리 정언벽, 참의 정시윤에 이르도록 모두 홍문관에 뽑힌 것이다.

정시윤은 당대의 학자이자 육촌형인 정시한(丁時翰: 1625~1707)에게 수학하여 글 잘한다는 명성이 높았다. 그는 진사과에 급제하자 바로 벼슬길에 올라 금정(金井) 찰방(察訪), 감찰(監察), 현감(縣監) 등을 지내다 문과에 급제해 요직에 오른다. 옥당을 거쳐 순천 부사, 길주 목사, 병조 참의, 영월 부사를 역임하고 '두호정사(斗湖亭舍)'에서 한가롭게 세월을 보냈다고 한다. 그런데 이 두호정사가 바로 다산이 태어난 두호라는 마을에 있던 정자이니, 두호강 기슭에 지은 '임청정(臨淸亭: 맑은 물에 임해서 시를 짓는다)과 같은 건물이다. 마을의 터와 내력을 다산의 기록에서 살펴보자.

수종사에서 바라본 양수리의 모습.
춘천 쪽에서 흘러오는 북한강과 충주 쪽에서 흘러오는 남한강이 합해지는
양수리 일대는 풍수지리설에서도 빼놓지 않고 거론되는 명당마을이다.

100년 전만 해도 소양강(춘천에서 흘러나온다)이 고랑(皐狼) 아래에 이르러 동쪽으로 남주(藍州)의 북쪽을 지나 남강(南江)으로 들어갔다. 그러므로 남강은 물살이 빠르고 거세어 곧장 서쪽으로 흘러 반고(盤皐: 요즘의 고수부지) 아래서 합해졌다. 따라서 홍수만 나면 반고가 물에 잠겨 사람들이 그곳에서 살지 못했다. 그 뒤에는 소양강이 아래로 부암(凫巖)의 남쪽에 이르러 비로소 남강과 만나 남강의 거센 물살을 밀어내 물리쳤다. 물은 귀음(歸陰: 소내의 강 건너 마을)의 강기슭을 지나 석호(石湖)의 동쪽에 이르러서야 꺾여 서쪽을 향하게 되므로, 이때 반고가 우뚝 솟아 촌락이 형성됐다. 이러한 연유가 소내라는 마을이 생긴 역사다. 숙종 만년에 우리 5대조 병조 참의 정시윤 공께서 양곡 방출을 강력히 권하는 상소를 했는데, 이 때문에 임금의 노여움을 사서 벼슬에서 물러났다. 이때 한강의 물줄기를 따라 노년에 지낼 만한 곳을 구하다가, 소내 위쪽에 이르렀다. 거기서 반고를 발견했다. 반고의 주인이 있는가를 물어보니 주인이 없다고 했다.

산 아래 사는 백성들을 찾아가서 "이 반고는 하늘이 우리에게 준 것이다. 그렇다고 그냥 차지할 수는 없다. 그대들이 먼저 살았으니 그대들이 바로 주인이다"라고 말하고는 말다래(가죽으로 만들어 말 타는 사람에게 진흙이 튀어오지 못하게 막는 장식)를 벗겨주고 그 땅을 얻었다. 땅의 형세를 보니, 동쪽에는 두 물이 새로 모여서 여울물이 잔잔하지 않으며, 서쪽에는 골짜기 입구가 새로 갈라져서 바람이 모이지 않았다. 이에 반고의 지면을 셋으로 나누니, 그 가운데 3분의 2는 서쪽이어서 거기에 정자를 짓고 '임청정'(臨淸亭)이라는 편액을 써서 걸었다. 이는 아마 도연명(陶淵明)의「귀거래사」의 뜻을 취한 것으로 보인다. 정자 앞에 괴송을 많이 심었으니, 나무가 늙어서 마치 용이 도사리고 호랑이가 쭈그리고 앉은 것과 같으며, 거북이 움츠리고 학이 목을 길게 뺀 것같이 아주 기이한 모습이었다. 공께는 세 아들이 있었으니 동쪽에는 큰아들이 살고 서쪽에는 둘째아들이 살고 막내에게는 이 정자를 주었고, 마을 뒷산인 유산(酉山) 아래에는 조그마한 집을 지어서 서자(庶子)가 살게 했다.

• 「임청정기」(臨淸亭記)

그 서종 고조의 집이 바로 다산이 살던 집이었고 오늘날 '여유당'이 있는 곳이다.

이렇게 해서 역사에 길이 남을 마현, 소내, 마재, 두릉, 능내, 두현, 유산, 열상이라는 많은 이름을 가진 마을이 생겨났고, 이 마을이 생겨서 희대의 실학자, 철학자, 학자, 경세가, 대문호 정약용이 탄생하게 되는 것이다. 그곳 소내는 다산의 증조할아버지 형제가 목마 타고 뛰놀던 마을이고, 다산의 할아버지 4형제, 다산의 아버지 3형제, 다산의 4형제가 목마 타며 배를 타고 즐겁게 생활했던 마을이다. 다산의 큰형수의 남동생 이벽이 누나 집을 찾아오느라 수시로 들렀던 곳이요, 다산의 매형 이승훈이 처가로 찾았고, 다산의 조카사위인 황사영이 장인, 장모를 찾아오던 마을이다.

소내는 한국 천주교의 초창기 거물들이 모두 모여들던 역사적인 마을임이 분명하다. 이곳은 초기 천주교의 명도회(明道會) 회장이던 정약종이 태어나 혼과 사상을 키운 곳이자, 정약현과는 친사돈 간이던 순교자 홍낙민이 사돈집을 찾아오던 곳이다. 그러니 마재야말로 서설(西說), 서학(西學), 서교(西敎), 서서(西書), 천주교, 천주학, 사교(邪敎)라고 일컬어지던 가톨릭으로 인해 피어린 역사가 진행된 현장이 되지 않을 수가 없었다.

사도세자가 죽은 해에 태어나다

다산의 고조할아버지는 두 아들을 낳았으니 정항신(丁恒愼: 1691~1733)과 정필신(丁必愼)이다. 다산의 증조할아버지 정항신은 젊어서 진사과에 급제하지만 남인들이 세를 펴지 못하던 때라 벼슬에는 오르지 못하고 마흔세 살에 일찍 타계했다. 슬하에 네 아들을 두었으니 큰아들 정지해(丁志諧: 1712~56)가 다산의 할아버지다. 정지해는 마흔다섯의 나이로 세상을 떠나 벼슬에는 오르지 못했다. 다산의 할아버지 묘소가 충주 가차산면 하담(荷潭)에 있고 부모님의 묘소도 거기에 있어 다산의 선산이 되었다. 선산으로 가는 성묫길은 아름다운 남한강 뱃길로, 뒷날 이에 관한 많은 시작품이 나왔다.

정지해는 다산의 아버지 3형제를 두었는데 큰아들 정재원이 다산의 아버지다. 다산의 5대조 정시윤과 종고조 정도복 이후로는 벼슬에 오르지 못하다가 영조가 세상을 뜨고 정조가 왕위에 올라 세도가 바뀌면서 시파이던 다산 집안에 벼슬길이 열린다. 당대의 이름난 정승이던 채제공이 힘을 쓰면서 정재원도 관직에 오른다. 채제공과 정재원은 같은 시색(時色)으로 매우 가까운 사이였다. 다산이 태어난 1762년에 서른셋의 나이로 생원과(生員科)에 합격한 다산의 아버지는 경기도의 연천(漣川) 현감, 전라도의 화순(和順) 현감, 경상도의 예천(醴泉) 군수, 울산 도호부사, 진주(晉州) 목사 등을 지내고 진주의 임소에서 예순세 살에 세상을 떠났다. 다산의 중부(仲父) 정재운은 자신의 중부에게 입양되었고 진사과에 장원하여 여러 고을의 원님을 지내고 교하(交河) 군수에 이른다. 세월이 그 집안에 벼슬자리를 얻을 만한 기회를 주고 있었다. 그러나 소내에서 문과 급제를 한 것은 다산과 정약전에 이르러서야 이루어졌다.

이러한 가문의 배경을 업고 소내라는 역사적인 마을에서 다산은 태어났다. 그런데 소내라는 곳은 천주교와 끈끈한 인연을 맺고 있다. 태어난 때도 시파, 벽파의 싸움이 시작되던 때였다. 채제공이 중심이 된 채당(蔡黨)의 한 멤버가 바로 정재원이었고, 다산의 집안은 바로 시파였다.

다산이 태어난 임오년 5월 13일에는 영조의 아들로 세자에 책봉되어 임금의 대리청정을 맡아보던 사도세자가 폐세자가 되어 뒤주에 갇히는 사건이 일어났다. 뒤주에 갇혀 비참하게 죽음을 맞은 사도세자의 사건은 조선 후기의 정치사를 요동치게 만든 대형 사건이었다. 이 사건으로 시파와 벽파의 싸움이 배태되어 혈투가 계속되었고, 이 혈투의 연장선상에서 신유사옥의 대화란도 발발했다.

다산은 사도세자가 뒤주 속에서 죽은 다음달인 6월 16일에 태어났다. 신방(新榜) 진사로 이름을 날리며 하급직의 벼슬에 오른 다산의 아버지는 그런 끔찍한 사건에 넋을 잃어 벼슬할 뜻을 버리고 고향에 돌아와 농사를 짓기로 마음을 굳혔다. 그 무렵 다산이 태어나자 아버지는 다산의 이름을 '귀농'(歸農)이라고 지었다. 농사짓는 일로 돌아가겠다는 뜻이었으리라.

자라던 시대와 생활하던 환경은 한 인간의 운명을 크게 좌우한다. 사도세자가 죽은 다음달에 태어나고 남인 시파의 가계를 이어 서교와 끈끈한 인연을 맺게 되는 광주군 능내리 마재에서 다산이 태어난 것을 그저 예사로 생각할 일은 아니다.

한 인간의 운명은 역시 자신의 뜻만으로는 움직일 수 없나 보다. 다산 같은 불굴의 대철인도 그것만은 마음대로 할 수가 없어서 시파와 벽파의 싸움에 늘 시달려야 했고, 서교·서학이라는 천주교 문제 때문에 파란만장한 인생을 살아갈 수밖에 없었다. 시파이기 때문에 아버지의 죽음을 한없이 애달파하던 정조의 지우(知遇)를 입어 승승장구 벼슬길이 트이기도 했지만, 숱한 고초를 겪기도 했다. 천주학으로 인해 서양사상을 섭렵해 다산 사상의 폭이 넓어진 긍정적인 면도 있지만, 반대로 쓰라린 유배생활을 해야 했다. 고난의 생활이 계속되어 불행하긴 했지만, 벼슬을 그만두고 긴긴 세월을 학문에 몰두할 수 있어 위대한 학문을 이루기도 했다. 이것이야말로 인생의 비태(否泰)다. 인생의 행과 불행, 한 인간의 운명, 누가 작위적으로 움직일 수 있으랴.

일곱 살에 시를 지은 천재소년

실학을 꽃피운 마을

　다산의 삶이 파란만장했듯이 태어난 마을의 이름도 여러 가지라고 앞에서 살펴보았다. 우선 군계가 바뀌어 광주(廣州)에서 양주(楊州)로 바뀌고 면의 이름도 자주 바뀌었다.
　광주군 시절에는 초부(草阜)로, 양주군 시절에는 와부(瓦阜)로, 다시 와부읍으로 승격되었고 그후 조안면(鳥安面)으로 분리되었다. 마재, 마현이라 부르게 된 것은 강 건너 분원(分院)으로 말을 타고 가던 길목이어서 그렇게 불렀다. 능안, 능내라고 부르는 까닭은 그곳에 조선 초기에 이름 높았던 서원부원군(西原府院君) 한확(韓確)의 묘소가 능처럼 우람하게 치장되어 있었기 때문이라고 한다. 이 이야기는 근래에 남양주문화원에서 간행한 『우리 고장 남양주』라는 책자에 대강 기술되어 있다. 행정구역의 공식 명칭은 능내리로 굳어졌다. 그러나 다산은 마을 뒷산에 철마(鐵馬)가 있었다는 전설이 있어서 마재라고 불렀다고 했으니 다산의 주장이 더 근거가 있을 것 같다. 다산은 자신의 호를 철마산초(鐵馬山樵)라고 부르기도 했다.
　다산이 태어난 마재, 소내. 강반(江畔)인 이 마을은 다산이 태어나서 살고 마지막 숨을 거둔 곳이다. 조선 후기 역사의 서광이던 실학이라는 학문이 완성된 마을, 다산이 태어나 자라고 연구하고 사색하며 수많은 저서들을 정리하고 보관했던 이 마을은 이 나라 민족사에서 길이 기념

해야 할 마을임이 분명하다. 이미 언급한 대로 본디 소내(牛川)였지만 다산 때의 기록에 소내(苕川)로 나온 것을 볼 때, 다산이 소 우(牛) 대신 초, 소(苕)로 발음되는 글자로 바꾸어 사용했을 거라고 생각된다. 성호 이익의 기록에도 분명히 '광주우천장'(廣州牛川庄)이라는 호칭이 있고(「독행정공묘갈명」篤行丁公墓碣銘, 『성호전집』星湖全集), 번암 채제공이 두호정사로 기록했음은 그간의 사정을 설명하기에 충분하다.

소내와 다산은 떼어놓고 이야기할 수가 없다. 선택의 여지 없이 다산은 부모님의 고향이 거기였기에 그곳에서 태어날 수밖에 없었다. 명문으로 8대 옥당 집안인 아버지의 핏줄과 고산 윤선도, 공재 윤두서의 혈맥을 타고난 어머니 해남 윤씨의 영특함을 이어받아서인지, 약용은 어려서부터 매우 영리하여 문자를 잘 알았다(「자찬묘지명」). 태어난 다음 해에 완두창(豌豆瘡: 완두콩 모양의 종기)을 앓았지만 무사했다. 다산은 우리 나이로 네 살 때에 천자문(千字文)을 아버지에게서 배웠다. 매우 영특하여 하나를 배우면 여럿을 알 정도로 이해가 빨랐다고 한다.

다산 집안으로 스며드는 천주교의 물줄기

다시 벼슬을 시작한 아버지는 다산이 여섯 살 때에 고향에서 멀지 않은 경기도 연천고을의 원님으로 나갔다. 다산의 어머니가 살아 계셨고, 큰형은 이미 결혼을 해서 형수 등과 함께 온 가족이 아버지의 임소에 따라가 생활하던 시절의 일화가 다산의 기록에 나온다.

약용이 어렸을 때 부모님을 따라 연천현으로 간 적이 있는데, 그때 일이 아직도 기억나는 것이 있다. 지금은 돌아가셨지만 그때는 살아 계셨던 어머님께서 술 담그고 장 달이던 여가에 형수와 저포(樗蒲: 옛날 놀이 가운데 나뭇가지로 하는 도박의 일종)놀이를 하시느라 삼이야 육이야 하며 즐거움이 화락하기만 했다. 몇 년 뒤에 어머니께서 세

다산이 태어나서 살고 마지막 숨을 거둔 생가.
오늘날 능내리라고 불리는 이 마을은 역사에 길이 남을 마현, 소내,
마재, 두릉, 능내, 두현, 유산, 열상이라는 여러 이름을 가지고 있었는데,
이곳에서 희대의 실학자이자 대문호인 정약용이 탄생했다.

상을 버리시니, 약용은 그때 겨우 아홉 살이었다. 머리에 이와 서캐가 득실거리고 때가 얼굴에 더덕더덕 붙어 있었다. 형수가 날마다 힘들여 씻기고 빗질해주었다. 그러나 약용은 늘 흔들어대며 벗어나려고만 하면서 형수에게로 가려 하지 않았다. 형수는 빗과 세숫대야를 들고 따라와서 어루만져주며 씻으라고 사정하곤 했다. 달아나면 붙잡기도 하고 울면 조롱하기도 했다. 꾸짖고 놀려대는 소리가 뒤섞여 떠들썩하니 온 집안이 한바탕 웃고 식구들 모두가 약용을 밉살스럽게 여겼다.

- 「구수공인이씨묘지명」(丘嫂恭人李氏墓誌銘)

어머니도 없는 개구쟁이 시동생을 보살펴주던 형수의 옛일을 회상하면서 다산은 자신의 망나니 시절을 떠올렸다. 다산의 큰형님 정약현의 첫째부인이자 천주교로 유명했던 이벽의 누님인 큰형수 이씨의 일대기를 쓰면서 기록한 내용이다. 여섯 살의 개구쟁이 다산이, 한 고을 원님인 아버지 슬하에서 어머니까지 계실 때 온 가족들과 함께 어리광을 부리고 즐겁게 지냈던 한때의 추억이었으니, 아마 다산 일생에서 가장 행복했던 시절이 아니었을까 생각된다. 천주교 때문에 화란을 당한 다산의 집안은 이 큰형수와 무관하지 않다. 이벽은 큰형수의 친정아우로, 누님 집을 드나들면서 다산 형제와 친한 친구가 되었다.

큰형수가 세상을 떠난 몇 년 뒤인 1784년 4월 15일에 제사를 지내기 위해 다산 형제들이 모였는데 이벽이 찾아왔다. 제사를 마치고 함께 서울로 가던 그날 두미협(팔당댐 근처의 협곡)을 지나던 서울행 배 안에서 정약전, 약용 형제가 이벽과 함께 천주교 서적을 읽은 일, 여기서 다산 집안의 신유사옥이 배태되었다. 또 큰형수의 사위들인 황사영, 홍재영(洪梓榮) 등은 뒷날 유명한 천주교 신자로 순교를 하게 된다.

다산을 그렇게 보살펴주었던 형수, 얄미운 짓을 얄밉게 여기지 않고 어머니 없는 어린 시동생을 그처럼 관대하게 도와주었던 형수, 그 형수의 계통에서 그렇게 큰 화란이 싹트고 있었음을 어느 누가 상상이나 했을까. 세상일이란 아무도 예측할 수 없는 것. 그러나 다산은 형수의 아름다운 인품과 훌륭한 여인의 덕을 빠짐없이 기록해 어린 개구쟁이를 보살펴준 공에 확실한 보답을 했다.

"형수는 태도와 성품이 헌걸차서 우뚝하기가 장부와 같고, 시시하고 자잘한 일에는 관심이 없었다. 그러나 어머니가 돌아가시고 아버지께서 벼슬살이를 하지 못해 집안 살림은 더욱 쓸쓸해지고, 제사 지낼 제수나 고기, 곡식 따위를 대기도 어려운 형편이었다. 그런 살림을 형수가 혼자서 꾸려가자니 얼마나 힘들었겠는가. 팔찌나 비녀 등의 패물을 모두 팔아서 사용하고, 홑옷으로 겨울을 지내기도 했으나 가족들은 잘 알지도 못했다"고 형수의 덕을 칭찬했다. "차츰 형편이 나아져 끼니를 이어나갈 만한데 형수가 미처 누리지 못하니 슬픈 일이다"라며 애석한 마음을 토로했다. 그러면서 참으로 아름다운 명(銘)으로 형수의 일생을 칭찬했다.

> 시어머니 섬기기 쉽지 않은 거지.
> 계모인 시어머니는 더욱 어렵네.
> 시아버지 섬기기 쉽지 않거니
> 아내 없는 시아버지는 더욱 어려워.
> 시동생 보살피기 쉽지 않나니
> 어머니 없는 시동생 더욱 어렵네.
> 이 모든 일을 유감없이 잘했으니
> 이게 바로 형수의 너그러움일세.
> • 「구수공인이씨묘지명」

집안에 글 잘하는 사람이 있다는 게 얼마나 큰 복인가. 서른한 살의 젊디젊은 나이에 세상을 떠난 이름없는 한 아낙네의 일생을 이렇게 멋

있게 표현할 수 있는 시동생을 두었으니 이 또한 얼마나 큰 복인가. 계모이던 시어머니, 홀아비인 시아버지, 어머니 없는 어린 시동생이 어려운 처지의 형편에도 여전히 시댁 식구를 섬기고 보살펴준 공을 잊지 않고 아름다운 문장으로 칭찬했으니, 정말로 유감없이 표현한 넉넉한 글솜씨다. 비록 다산의 문집에 실려 있으면서도 크게 빛을 본 글은 아니지만, 형수를 위해서 시동생이 쓴 글로는 결코 잊혀지지 않을 글로 두고두고 거론될 것이 분명하다.

여섯 살 무렵의 개구쟁이 시절 이야기를 하느라 이야기가 너무 길어졌다. 그러다 보니 큰형수의 행적을 매듭짓지 못했다. 형수는 경주 이씨, 이조 참판을 지내고 문학으로 명성이 높은 이정형(李廷馨)의 후손이다. 할아버지는 무과에 합격한 뒤 전라 병마절도사(兵馬節度使)를 지낸 이달(李鏈)이라는 기골이 장대한 사람이었다. 아버지 이부만은 선비로 이름이 높았으며, 그의 자녀들도 유명하다. 형수의 아우인 이격(李格)은 무과에 급제하여 여러 곳의 수군절도사를 지냈고, 그 아래 아우 이벽은 세상에 널리 알려진 한국 천주교 초창기 교리 전파의 공로가 크다.

외증조할아버지 윤두서를 빼다박은 다산

다산이 본격적으로 공부를 시작한 것은 아버지가 연천 현감으로 있을 무렵이었다. 다산의 덕성이나 사람됨의 그릇이 크고 넉넉한 것, 경서(經書)의 학문을 정밀하고 세밀하게 연구한 점은 대부분 아버지의 가르침 때문이었다고 하는데, 아버지는 이 무렵부터 마음먹고 다산의 공부를 지도했던 것으로 보인다. 기록에 나오는 다산의 시는 일곱 살 때부터다.

작은 산이 큰 산을 가렸네.　　　　　　　　　　　小山蔽大山
멀고 가까움의 지세가 다른 탓이지.　　　　　　　遠近地不同

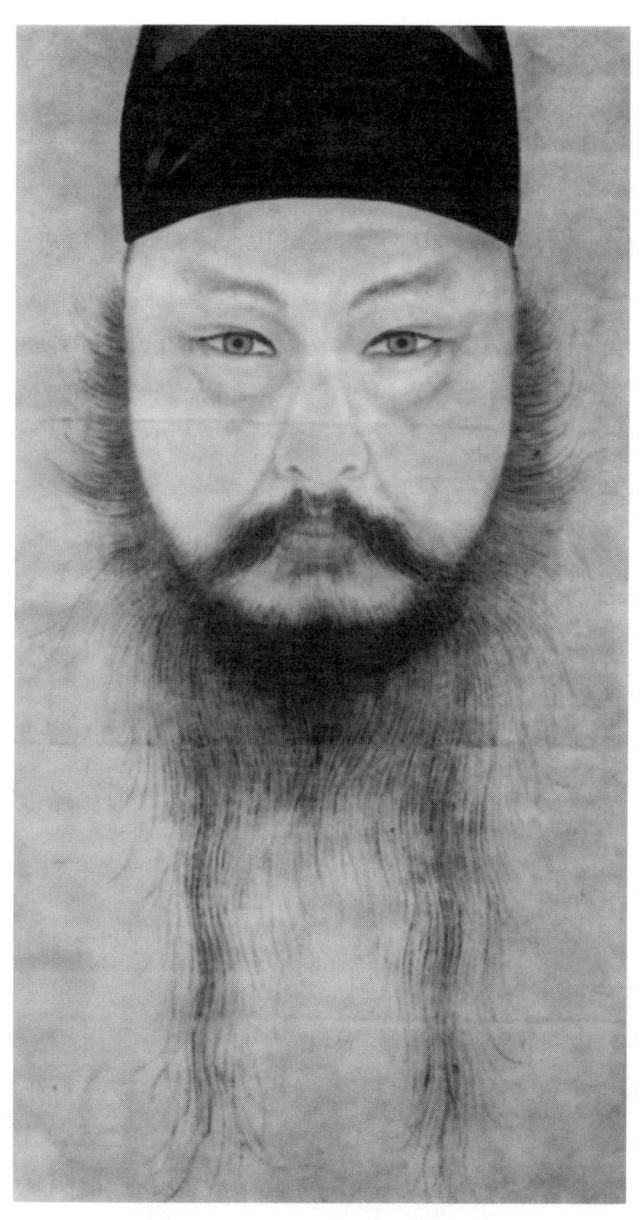

공재 자화상. 공재 윤두서는 다산의 외증조부다. 다산의 얼굴 모습과 수염이 윤두서를 많이 닮았다. 다산이 일찍이 문인들에게 말하기를, "나의 정분(精分)은 외가에서 받은 것이 많다"고 했다.

다섯 글자로 된 두 구절의 시를 본 아버지는 깜짝 놀라며 자신의 느낌을 말해주었다.

"분수(分數)와 소장(消長)에 밝으니 역법(曆法)이나 산수(算數)에 능통하리라."

먼 산과 가까운 산의 지세를 판단한 어린 약용도 기특하지만, 아들의 분별력을 읽어낸 아버지의 판단도 훌륭했다. 과연 다산이 수리의 분별력이 탁월하고, 역사와 사회의 변동성인 침체와 성장(成長)의 논리에 밝았음은 뒷날 그의 학문업적에서 드러난다. 역법이나 산수에 능통했기에 그는 자연과학의 훌륭한 업적을 제대로 원용하여 한강의 배다리를 설계하고 수원의 화성(華城)을 축조하는 토목공학의 논리를 활용할 수 있었던 것이다.

다산은 어린 시절 마마를 순조롭게 치러 얼굴에 한 점의 흉터도 없지만, 유독 오른쪽 눈썹에 조그마한 흉터가 있었다 한다. 이 흉터로 눈썹이 세 개로 나뉘어 자신의 호를 '삼미자'(三眉子 : 세 눈썹쟁이)라고 했는데, 열 살 미만에 지은 글들을 모아 『삼미집』(三眉集)이라는 문집을 만들었다. 그 문집을 본 문인이나 선비들은 감탄하며 다산을 칭찬하지 않는 이가 없었으며, 반드시 그가 크게 성공할 것으로 보았다.

"널리 배우고 옛것을 좋아했던 사람"이란 학자에게 바치는 매우 아름다운 말이다. 박학호고(博學好古)했던 공재 윤두서는 다산의 외증조할아버지다. 공재의 집안에는 고산 윤선도 이후의 장서가 많이 보관되어 있었다. 그 책들은 대개 경제실용(經濟實用)에 관한 것이었다. 세상을 경륜하며 나라를 건져낼 실학관계 서적이라는 뜻이니, 실학자 다산이 태어난 환경은 역시 여느 사람과는 달랐다.

공재는 겸재(謙齋) 정선, 현재(玄齋) 심사정 등과 함께 조선의 3대 화가인 '삼재'로 알려져 있다. 그의 그림은 특히 인물화로 이름이 높은데, 그 가운데서도 자화상이 지금까지 전해지며 놀라운 솜씨를 자랑한다. 공재의 자화상은 다산의 집안에서도 볼 수 있었다. 그런데 이 그림을 본 사람들은 누구나 다산의 얼굴 모습이나 머리털, 수염까지도 공재의 자화상을 닮았다고 했다고 한다. 그래서 뒷날 다산은 주변 사람들(문인들)에게 "나의 정기나 성분은 대부분 외가에서 물려받았다"고 말한다. 8대 옥당 집안인 친가의 핏줄도 만만하지 않은데, 고산과 공재로 이어지는 외가의 핏줄에 더 자부심을 가졌던 게 아니었나 하는 생각이 든다. 다산은 외가를 늘 자랑스럽게 여기며 "우리 고산 선생", "우리 공재 선생"이라는 표현을 아끼지 않았다.

다산의 나이 열 살 무렵부터 아버지는 벼슬에 나가지 않고 집에서 아들을 가르치는 일에 전념했다. 다산은 옛날 경전이나 역사책의 문체를 그대로 모방해 글짓기 연습을 했는데, 영특한데다 부지런하기까지 해서 1년 동안 지은 저서를 쌓아놓고 보니 자신의 키만큼이나 되는 양이었다고 한다.

열세 살 때에는 두시(杜詩)를 공부했다. 두보(杜甫)의 시를 차운(次韻)하여 시를 짓는 연습을 하는데, 두보의 시를 깊이 이해한 내용의 시들이 수백 수에 이르렀다. 아버지의 주변 사람들 가운데 다산의 시를 보고 크게 칭찬하지 않는 이가 없었다고 한다. 그때 벌써 다산은 문인으로서 학자로서 기본이 닦인 상태였다. 이런 모든 것들이 아버지의 교육으로 이루어졌으니, 아버지의 학문 수준이 어느 정도인지 짐작할 수 있다.

10대에 뜻을 세우고

열다섯에 서울의 명문가 홍씨 집안에 장가들다

다산의 일생은 파란만장했다. 평탄한 삶을 산 사람이라도 일흔다섯의 긴 생애였다면 여러 곡절이 있게 마련인데, 다산의 일생에는 구분할 사항이 많다. 이 책에서는 편의상 유년시절, 젊은 시절, 벼슬하던 시절, 귀양살이 시절, 해배 후 세상을 마칠 때까지의 다섯 단계로 구분해 설명하기로 한다.

우리는 앞에서 다산의 유년시절을 대강 살폈다. 그 시절에 빼놓을 수 없는 이야기가 또 있다. 열두 살에 아버지가 새로 맞아들인 서모(庶母) 김씨 슬하에서 자랄 때의 일이다. 스무 살의 나이로 시집온 서모는 다산을 잘 돌봐주었다. 그때 다산의 머리에는 이와 서캐가 들끓었고 부스럼이나 종기가 곧잘 생겼다. 그럴 때마다 서모는 손수 빗질을 해주고 고름이나 피를 닦아주었다. 속옷, 바지, 적삼, 버선을 빨고 꿰매는 수고 역시 서모가 담당해 열다섯 살에 다산이 장가간 뒤에야 그런 일들에서 손을 놓을 수 있었다. 다산은 모든 형제 가운데 자신이 서모의 정을 가장 많이 받았노라고 옛날을 회상했다(「서모김씨묘지명」庶母金氏墓誌銘).

이러한 서모의 정을 잊지 못해 다산은 귀양이 풀리자, 귀양살이 도중에 세상을 떠난 서모의 일대기에 해당하는 간단한 묘지명을 기록해 정을 토로했다. 귀양살이를 하는 중에 갖추지 못한 예를 차리려고 서모의 묘소를 이장해 편안한 곳에 다시 모시기도 했다.

다산은 열다섯 살이 되던 해인 1776년 2월 15일에 관례(冠禮: 요즘의 성인식)를 치르고 16일에 한양으로 올라와 장가를 든다. 처가는 서울의 회현방(會賢坊: 지금의 회현동)에 사는 풍산 홍씨 집안이며, 규수는 무과 출신으로 승지(承旨)를 역임하고 여러 곳의 병마절도사를 지낸 홍화보(洪和輔: 1726~91)의 딸이었다. 홍씨 집안은 대대로 고관대작을 배출한 서울의 명문 집안으로 남인 계열에 속했다. 장인 홍화보는 무인이어서 장수로서의 뛰어난 지략과 용맹도 있고 병법에도 밝았지만, 승지 벼슬을 지낼 정도로 문한(文翰)에도 수준 높았던 사람이었다. 그의 외동딸을 아내로 맞음으로써 다산에게 본격적인 서울 출입의 길이 열렸다.

다산이 언젠가 말했던 것처럼 서울과 시골은 여러 가지 면에서 큰 차이가 있다. 요즘처럼 정보가 빠르고 교통이 편리한 때에도 서울과 시골의 문화는 상당한 차이가 있는데, 당시의 어둡던 정보나 불편한 교통사정으로 보면 요즘보다 훨씬 큰 차이가 있을 수밖에 없었다. 다산은 아들에게 주는 교훈적인 편지에서 다음과 같이 말한다.

중국의 개명된 문화는 보편화되어 아무리 궁벽한 시골이나 먼 변두리 마을에 살더라도 성인이나 현인이 되는 데 방해받을 일이 없으나, 우리 나라는 그렇지 못해서 서울 문 밖에서 몇십 리만 떨어져도 태곳적처럼 원시사회인데 하물며 멀고 먼 시골임에랴. 무릇 사대부 집안의 법도는 벼슬길에 높이 올라 권세를 날릴 때에는 급히 산비탈에 셋집을 내어 살면서라도 처사(處士)의 본색을 잃지 말아야 한다. 그러나 만약 벼슬길이 끊어지면 빨리 서울 가까이에 살면서 문화(文華)의 안목을 잃지 않도록 해야 한다. 도시 한복판으로 들어가서 살아야 한다.

• 『유배지에서 보낸 편지』

도시와 시골은 현격한 문화의 차이가 있으니 가능한 한 서울 가까이 또는 서울 한복판에서 살아야 한다고 아들들을 훈계했던 점으로 보면, 그의 열다섯 살 초봄부터 시작된 서울 나들이는 다산의 안목과 식견을 넓히는 데 큰 도움이 되었을 것이 분명하다.

처가의 동네는 회현방. 글자 그대로 어진 이들이 모여 산다는 회현은 소내의 시골 마을과는 이웃부터가 달랐다. 결혼한 날짜는 1776년 2월 22일로 복사꽃이 활짝 핀 봄날이었다. 바로 그 다음부터 처가 쪽의 젊은 이들과 어울리며 술을 마시고 시를 지은 기록이 나온다. 장인 홍화보의 사촌형제 가운데 판서를 지낸 홍수보(洪秀輔)가 있고 그 아들에 인호(仁浩), 의호(義浩) 등이 있다. 그 가운데 다산보다 아홉 살 손위인 홍인호는 육촌처남으로 그때 이미 진사로서 이름이 나 있었다.

다산은 그때만 해도 남인계이던 처족들과 사이좋게 어울리며 명문 집안의 서울 풍속을 익혔다. 그러나 홍인호·의호는 모두 문과에 합격해 큰 벼슬에 오르고 뒷날 공서파에 가담해 다산을 몹시 괴롭히게 된다.

부인 홍씨는 시집올 때 다산보다 한 살 위인 열여섯이었다. 그 무렵 아버지 정재원은 다시 벼슬길에 올라 호조(戶曹) 좌랑(佐郞)으로 서울에다 집을 세내어 살았다. 다산은 아버지가 계신 곳과 처가를 드나들며 서울의 이모저모를 익히는 행복한 나날을 보냈을 것이다.

20대 초반의 패기만만한 젊은 선비들인 이승훈과 이벽, 이름을 펄펄 날리던 이 남인계 소장들과 어울리며 미래를 설계하고 새로운 세상을 맞이할 꿈에 부풀던 시절이었다.

관례를 올리고 결혼해서 성인이 되었으므로 그 동안 아명으로 부르던 귀농이란 이름은 약용(若鏞)이란 관명(冠名)으로 바뀌었다. 곧이어 미용(美庸), 용보(頌甫)라는 자를 얻었고, 사암(俟菴)이라는 호로 불린다. 다산(茶山)이라는 호는 다산초당에서 귀양을 산 뒤에 남들이 붙인 호다.

성호 이익의 저서를 읽고

1776년은 정권이 바뀐 해다. 역대 조선왕조 임금 가운데 가장 긴 52년 동안 집권했던 영조대왕이 세상을 떠나고, 학자임금 정조대왕이 임금의 자리에 오른 해다. 뭔가 변화가 예견되고 새로운 흐름이 있을 법한 그 시절, 다산은 남인 계열의 선배나 동료들과 어울리면서 꿈을 키우고 마음을 가다듬었을 것이다.

이가환(李家煥)은 다산보다 스무 살 위의 대선배로 장안에 문명을 날리고 있었는데, 그는 일세의 대학자 성호 이익의 종손이다. 성호 가문의 학문적인 분위기에서 닦고 익힌 이가환의 학문 수준은 다산에 비해 벌써 훨씬 높았다. 정조대왕이 재위 원년을 맞은 해(1777)가 다산이 결혼한 다음해인 열여섯 살 때였다. 다산의 연보인 「사암연보」에 그 당시 일로 특기할 만한 사항은 바로 성호 이익의 저서들을 읽었다는 사실이다.

성호 이익의 유고를 처음으로 보았다. 당시에 온 세상의 후학들이 성호 선생의 학문을 이어가려고 하지 않은 사람이 없었다. 그래서 다산도 성호의 학문을 준칙으로 삼았다. 자식들이나 조카들에게 항상 말하기를 "나의 미래에 대한 큰 꿈은 대부분 성호 선생을 따라 사숙했던 데서 깨달음을 얻었다"고 했다.

다산보다 위로 조선의 실학사에서 가장 혁혁한 공을 올린 이는 성호였다. 그가 반계 유형원의 학문을 이어받아 실학사상의 기틀과 체계를 세웠음은 널리 알려진 사실이다. 열여섯 살의 재기발랄한 다산, 그 시절에 성호의 학문을 만날 수 있었던 것은 대단한 충격이자 큰 자극이었다고 다산은 말했다.

조선 후기 실학의 개척자 반계 유형원이 지은 『반계수록』.
이 책에는 현실 개혁이론이 담겨 있는데,
성호 이익은 유형원의 영향을 받아 실학사상의 기틀과 체계를 세웠다.

이때 서울에는 이가환이 문학으로 일세에 이름을 떨치고 있었고, 자형인 이승훈도 역시 몸을 가다듬고 학문에 힘쓰고 있었다. 그런데 이들은 성호 이익 선생의 학문을 이어받아 진작하고 있었다. 약용도 성호의 유저를 얻어 읽어보고는 흔연히 학문을 해야겠다고 마음먹었다.

• 「자찬묘지명」

이 같은 다산의 각오는 변하지 않아, 성호(星湖)라는 큰 호수를 다산이라는 더 큰 바다에 모두 담아 실학을 집대성한 인물로 우뚝 서게 된다.

다산이 15일에 성인식을 마치고 16일 고향마을 소내를 떠나 막내삼촌과 함께 장가들기 위해 서울로 향하던 배 위에서 읊었던 시를 읽어보자.

아침 햇살에 산은 맑고도 멀어	旭日山晴遠
봄바람이 강물에 일렁거린다.	春風水動搖
회전할 기슭 만나 처음으로 키를 굴리나	岸迴初轉柁
여울 빨라 노 소리 들리지 않네.	湍駛不鳴橈
옅푸른 물 위에 사촛잎은 떠 있고	淺碧浮莎葉
노오란 버들가지에 햇빛이 비친다.	微黃着柳條
차츰차츰 서울이 가까워지니	漸看京闕近
삼각산 높고 크게 우뚝 솟았네.	三角鬱岧嶤

• 「봄날 계부님과 배를 타고 서울로 오며」(春日陪季父乘舟赴漢陽)

2월 16일, 온 천지에 꽃이 만발하여 마음이 일렁이던 때, 신혼의 꿈을 안고 서울로 가던 다산의 청순한 마음이 그대로 표현되었다. 맑은 봄날의 경치에 한강물은 출렁이고, 서울이 가까워지자 눈에 들어오는 삼각산이 너무 높아 시골 소년의 겁먹은 모습까지 보이는 시다. 다산은 자신의 어린 시절과 젊은 시절에 대해 "어려서는 머리가 영특했고 자라서는 학문을 좋아했다"(「자찬묘지명」)고 하여 젊은 시절에 학문을 좋아해 열정을 바친 점을 생애의 자랑으로 기술했다.

아버지를 따라 전라도 화순으로

열여섯 살의 가을이다. 임금의 자리에 올라 재위 원년을 맞이한 정조는 인재를 발굴해 적소에 배치하려는 노력을 기울였다. 호조 좌랑에서 제용감(濟用監) 판관(判官)으로 옮겼던 다산의 아버지가 전라도 화순 현감으로 고을살이를 나가게 되었는데, 경기도 연천 현감을 지낸 지 10년 만의 일이다. 지금도 시장, 군수의 직위는 모두가 원하는 자리인데, 그때의 현감(고을의 사또나리)이란 자리도 마찬가지였다. 현감은 그 고을에 관한 한 입법, 사법, 행정의 모든 권한을 한 손에 지니고 있어 조그마한 나라의 군주와도 같았다.

다산이 『목민심서』에서 한 나라의 임금의 역할과 시골의 고을 수령의 입장은 같다고 했다.

"수령은 제후(諸侯)와 같다. 만백성을 주재하니 하루에 만기(萬機)를 처리한다. 그 정도야 약하지만 본질은 다름이 없다. 천하 국가를 다스리는 자와 비록 크고 작음은 다르나 처지는 실로 같은 것이다."

바로 전해에 결혼한 다산은 아내를 데리고 아버지를 따라 고향마을인 소내로 온다. 고향의 친척, 가족들과 이별을 고하기 위해서였다. 그들이 아버지의 부임지인 전라도 화순으로 떠날 때는 초겨울인 10월이었다.

신관 사또의 부임행차는 간단하지 않다. 말을 타고 가마를 탄 화려한 행렬이 이어진다. 정확한 기록은 없지만 다산이 읊었던 시를 보면 곧바로 화순으로 떠난 것이 아니라, 경기도 광주의 소내에서 출발해 강원도 원주(原州) 쪽으로 향하는 남한강 뱃길을 이용한 것으로 보인다. 이는 원주를 거쳐 어머니 묘소가 있는 충주의 하담을 찾아가 지은 시에서 확인할 수 있다.

서글퍼라 시쪽으로 돌아온 배	惆悵西歸櫂
어느 새 7년 세월 까마득해라.	微茫已七年
이제는 검은 관을 드높이 쓰고	緇冠今突爾
화려한 일산까지 펄펄 날리네.	華蓋獨翩然
세월이 지난 풀 위엔 첫눈이 얽혔고	宿草纏初雪
저녁 연기는 삼나무를 감싸고 있네.	高樅冪暮煙
둥지에 든 새들이 짹짹거리니	啁啾有棲雀
흐르는 눈물방울 어찌 거두리.	那禁涕漣漣

- 「하담에 머물다」(宿荷潭)

아홉 살 어린 나이에 어머니를 여읜 후 그로부터 7년이 지난 열여섯 살에 장가든 어른이 되어 양반의 갓을 높이 쓰고 묘소를 찾은 광경을 다산은 이 시에서 제대로 그려냈다. 아버지가 신관 사또로 부임하는 길이니 화려한 일산은 당연한 치장이다. 둥지에 깃들인 새들의 짹짹거리는 울음소리를 듣고, 어머니 품에 안기지 못하는 서러움에 젖어 그리운 사모(思母)의 정에 눈물 흘리는 다산의 애틋한 마음이 따사롭다.

남도의 경관을 시로 읊으며

동림사의 독서생활

어머니 묘소에 성묘하고 충주에서 청주를 거쳐 공주에 이른다. 거기서 전주와 담양을 경유하여 목적지 화순에 도착한다. 결혼한 성인이지만 아직 열여섯 살밖에 안 된 소년 정약용. 벌써 성호 이익의 유저까지 읽어 학문의 기초가 닦인 시절, 아내와 형제들과 함께 아버지 임지인 화순에 왔다. 특히 다산은 둘째형 약전과 함께 과거를 위해 열심히 공부한다.

화순은 그렇게 생소한 곳이 아니다. 화순에서 그리 멀지 않은 곳이 해남인데, 해남은 바로 다산 어머니의 고향인 외가의 고을이다. 경기도 태생인 다산은 서울에서 개명된 문물에 접하고 나서 새로 시작한 호남 땅의 생활로 넉넉한 마음의 여유를 갖게 되었다. 신관 사또의 자제로 글 잘하고 시 잘 짓는 소장 문사(文士)는 아름다운 남도의 경관에 마음을 기울이고 그곳의 선비들과 어울리면서 명승지를 관람하며 글짓고 시 쓰기를 게을리하지 않았다.

쓸쓸하고 고요한 대숲 속 집에	蕭寥竹裏館
시골 사람 찾아오니 너무나 기뻐	頗喜野人來
쾌활한 선비 이제야 만났으니	快士如今見
이제부터 관가 문 열어두련다.	官門自此開

진지하게 6경(六經)을 토론하면서 淋漓譚六籍
때때로 석 잔 술 기울인다오. 牢落倒三杯
기쁘게 망년우(忘年友)를 맺고 好結忘年契
더욱 넓게 흉금 트고 지내리라. 襟期賴漸恢
- 「금소당조익현진사」(琴嘯堂曹翊鉉進士)

  금소당은 화순현의 동헌 본채에 딸린 자제들의 거소라고 설명이 되어 있다. 그때 화순에는 글 잘하고 호걸스러운 진사 조익현이라는 선비가 있었다. 조익현은 다산보다 스물여섯 살이나 손위인 대선배이나, 둘은 나이를 따지지 않고 친구가 되어 경서를 토론하고 세상을 논하면서 시를 짓고 술을 마셨다. 함께 무등산에도 오르며 즐겁고 기쁘게 지냈다. 먼 훗날에도 그들은 편지를 나누며 우정을 잊지 않았고 먼저 세상을 떠난 조 진사의 일대기를 다산은 「묘표」라는 이름으로 글을 짓기도 했다.

  화순생활에서 가장 뜻깊었던 일은 화순읍에서 북쪽으로 5리쯤 떨어져 있는 동림사(東林寺)에서 둘째형과 함께 독서하던 것이었다. 화순으로 내려온 다음해의 겨울이니 다산의 나이 열일곱, 정약전의 나이 스물하나였던 젊은 시절이다. 그때 다산은 『맹자』(孟子)를 읽고 약전은 『서경』(書經)을 읽으며 40일 동안 공부에 몰두했다.

무등산 남쪽엔 절이 많은데, 瑞陽多修院
그 중에 동림사가 가장 그윽하고 아담해. 東林特幽爽
산골짜기 이 흥취 사랑스러워 愛玆林壑趣
잠시나마 조석 문안 멈춰두었네. 暫辭晨昏養

좌우로 둘러보니 세상 번뇌 사라지고 顧眄散塵煩
절문에 들자 맑은 생각 일어나네. 入門發淸想

젊은 시절 재주만 믿고 있다간	英年恃才氣
나이 들면 대부분 바보스럽지.	及老多鹵莽
이를 경계해 느리거나 소홀히 말자꾸나	戒之勿虛徐
가는 세월 참으로 허무하거니.	逝景眞一妄

• 「독서동림사」(讀書東林寺)

사또 자제로 한가한 놀이나 즐기다가 세월을 보내는 것을 경계해 아버지 모시는 일을 멈추고 산 속의 절간에 들어와 열심히 독서하던 시절의 이야기를 시로 읊었다. 「동림사독서기」(東林寺讀書記)라는 글도 그때 썼던 산문인데 내용은 비슷하다. 열일곱 살 소년의 문장이나 시로서는 매우 격조가 높다. 회갑을 맞은 해에 동림사에서 독서하던 시절을 회상한 글은 매우 의미가 깊다.

옛날 무술년(다산의 나이 열일곱, 둘째형의 나이 스물하나) 겨울 아버지께서 화순 현감으로 계실 때인데 나와 둘째형은 동림사에서 독서했다. 40일 만에 나는 『맹자』한 질을 모두 읽었다. 미묘한 말과 뜻에 허락해주심이 많기도 했다. 얼음물로 세수를 하고 이를 닦으며 눈 내리는 밤에 잠을 못 이루고 토론을 계속했는데 요순시대의 이상사회를 이룩하는 데 대한 이야기들이었다.

• 「선중씨정약전묘지명」

꿈 많은 두 형제가 눈 내리는 산사의 깊은 밤에 잠을 이루지 못하고 이상사회 건설에 대해 끝없이 토론을 벌이던 모습이 생생하게 떠오르는 대목이다.

뒷날 훌륭한 경학자(經學者)로 경서연구에 대해 탁월한 견해를 피력해 230권이 넘는 방대한 경서 연구서를 저술한 다산은 그때부터 탁견을 내놓았다. "미묘한 말과 뜻에 허락해주심이 많기도 했다"는 말에 주의

동림사 옛터 입구에 세워진 다산 정약용 선생 독서기비.
화순 출신의 강동원 씨가 혼자 힘으로 세웠다.

를 기울여야 한다. 『맹자』의 「양혜왕」(梁惠王) 하편의 제4장을 해석하면서 옛날의 주(註)나 주자(朱子)의 주를 모두 인정하지 않고 새로운 방법으로 해석해서 둘째형의 의견을 물었더니 정약전은 동생 다산의 탁견에 즉시 동의하면서 무릎을 치고 칭찬을 했다(『맹자요의』孟子要義). 이때 해석한 새로운 내용으로 다산은 「양혜왕」 하편의 제4장을 새롭게 해석해 『맹자요의』라는 『맹자』 연구서에 그러한 사연까지 적어서 생생하게 기록했다. 창의적인 해석으로 6경 4서를 통째로 다시 해석했던 발단의 한 대목을 여기서 발견할 수 있다. 얼마나 조숙했던 학자의 모습인가.

선승 연담 유일과 만나다

화순생활에서 놓쳐서는 안 될 사항 가운데 하나는 당대의 큰선승이자 학승이던 연담(蓮潭) 유일(有一: 1720~99)과 만난 일이다. 다산은 뒷날 강진에서 유배생활을 하면서 많은 승려들과 어울리며 차를 마시고 시를 지으며 유교와 불교가 어울리는 아름다운 경지에 이른다. 가장 절친했던 승려는 혜장(惠藏)선사로, 혜장의 스승이 바로 유일스님이다.

유일스님은 본디 화순 출신으로 여러 곳에서 도를 닦고 제자들에게 강설을 했는데, 그 무렵 고향인 화순을 찾아왔다. 다산은 그를 만나 훌륭한 도승의 높은 덕에 감복했다. 33년 동안 산문(山門) 밖을 나오지 않고 불도만 닦은 그의 탁월한 법력(法歷)에 놀라 큰학승과의 만남을 아주 재미있게 묘사하는 시를 짓기도 했다.

그런 우연이 어디 있을까. 그때 유일스님은 예순 살쯤 되었고 다산은 열일곱 살이었다. 혜장은 어떤 노승들이 설법을 해도 귀담아듣지 않았지만 유일스님의 설법만은 열심히 귀기울여 들었다. 그러니 그때 유일스님을 알아보았던 다산이나, 뒷날 유일스님의 높은 불법을 알아본 혜장의 안목이 일치했다는 것을 말하지 않을 수 없다.

아암(혜장)은 여러 스승들을 따라 불경을 배울 때 비록 머리를 숙이고 설법을 듣기는 하나 문밖으로 나와서는 입 속에서 문득 토해내는 소리가 있었으니 "예끼순!"(咥)이었다. "예끼순!"이라 함은 비웃는 말이었다. 오직 연담 유일스님이 손수 기록해준 것이나 설법으로 말해 준 것에 대해서만은 "예끼순!"이라는 말을 하지 않았다.

• 「아암혜장탑명」(兒菴惠藏塔銘)

그때 우연히 만난 유일스님과의 해후는 뒷날 그렇게 가깝게 지내던 아암스님과의 교유로 발전되었으니, 인생의 인연이란 그렇게 재미있는 법이다. 다산은 유일스님을 초야에 묻혀 지내는 영웅호걸로 여겼다. "물아(物我)를 벗어나면 천도(天道)를 얻지, 유가와 묵가가 다툴 게 뭐가 있으랴"(物淨斯得天儒墨何須爭)라고 읊으며 유교, 불교, 묵가 등이 물욕에서 벗어나면 모두 도를 얻을 수 있다고 생각해 종교 박해를 의미없는 주장으로 여기는 견해를 피력하기도 했다.

화순생활은 너무도 즐거웠다.

소태동 골짜기 어귀 작은 시내 흐르니	蘇台谷口小溪長
희디흰 은어떼들 두세 치가 넘는구나.	白白銀魚數寸強
삼태기 통발 종다래끼 그물을 쳐서	雜取罾䈤與筌箸
아전들과 어부 되어 잡아봐도 좋겠구나.	好敎掾吏作漁郎

• 「봄날 화순에서」(春日烏城雜詩)

오성(烏城)은 화순의 옛 이름이다. 이 시는 봄날 화순에서 노닐던 때에 지은 시다. 소태동은 광주광역시와 화순군의 경계를 이루는 마을인데, 그 골짜기를 흐르는 시내에 두세 치만한 은어가 뛰논다고 읊었다. 지금은 상상도 할 수 없는 일이니 은어가 뛰놀던 그때를 그리워하지 않을 수 없다.

다산은 또 친구들과 어울려서 전라도 경관 가운데서도 온 나라에 이름이 높은 화순 동복(同福)의 적벽강(赤壁江)과 물염정(勿染亭)의 아름다운 경치를 보기 위해 구경을 간다. 그리고 그곳에서 아름다운 시 한 수를 짓는다.

가을 모래 위 오솔길이 또렷이 나 있는데	歷歷秋沙細逕分
동구 밖엔 푸르스름히 구름이 피어날 듯.	洞門靑翠欲生雲
강물은 새벽이 잠겨 연짓빛인데	溪潭曉浸臙脂色
비 갠 돌벼랑에선 비단무늬 흔들린다.	石壁晴搖錦繡文
수령의 한가한 놀이에 누가 흥취 느끼랴	刺史燕游誰得趣
시골 사람 무리지어 밭 갈고 낚시하네.	野人耕釣自成群
특별히 사랑스러운 산수가 외진 곳에 있어	獨憐山水安孤僻
명성이 퍼져 세상에 알려지지 않았네.	不放名聲與世聞

• 「적벽강 물염정」(遊赤壁亭子)

이 아름다운 적벽강 상류에 조선시대의 선비 송정순(宋庭筍: 1521~84)이 물염정을 지었다. 다산은 물염정에서 노닐던 기행문도 지었는데 그 글 역시 문장 솜씨를 자랑하는 아름다운 글이다. 다산의 글솜씨는 그때부터 완숙하게 농익어갔다.

광주 무등산에 올라

다산은 그 시절, 광주의 명산이자 호남의 산 무등산에 올라 시도 짓고 기행문도 쓴다. 그때의 무등산은 서석산(瑞石山)이라고도 불렸다. 서석산에 올라가며 쓴 기행문도 좋지만 그때 지은 시는 더욱 좋다.

무등산은 뭇 사람 우러러보는 곳	瑞石衆所仰

동림사 입구에 있는 고목.
오랜 세월 한자리에 서서 역사의 흐름을 지켜본 이 나무는 다산을 기억할 것이다.

산꼭대기 험준한 곳엔 해묵은 눈이 있다.	厄屭有古雪
태곳적의 모습을 고치지 않아	不改渾沌形
본디대로 쌓여 있어 의연하구나.	眞積致峻巚
여러 산들 모두 섬세하고 정교하여	諸山騁纖巧
깎고 새긴 듯 뼈마디 드러났네.	刻削露骨節
오르려 할 때는 길도 없어 멀고 멀더니	將登邈無階
멀리 걸어오니 낮게 느껴지네.	及遠知卑列
모난 행실 쉽게 노출되지만	僻行皭易顯
지극한 덕 깊어서 분별하기 어렵네.	至德闇難別

• 「무등산에 올라서」(登瑞石山)

  기기묘묘한 산들이야 많아서 겉모습은 멋지게 보이지만, 따지고 보면 큰 느낌을 갖기 어려운데, 무등산은 너무 지극한 덕을 지닌 산이기에 쉽게 분별해 산의 비중을 설명하기 어렵다는 것을 발견한 다산의 지혜가 훌륭하다. 무등(無等)이라는 산 이름 자체가 그렇다. 너무 높은 경지의 산이라서 어떻게 등급을 매길 수 없는 산, 함부로 표현할 수 없다는 이름인데, 다산의 젊은 안목에도 그렇게 보인 점이 바로 무등산이 지닌 후덕한 모습이리라.

  광주를 포함해 7개 군에 걸쳐 있는 무등산, 그 산은 의기(義氣)로 뭉친 산이다.

  우뚝한 모습은 마치 거인(巨人)과 위사(偉士)가 말하지도 웃지도 아니하고 조정에 앉아 비록 움직이는 자취는 볼 수 없으나 그의 공화(功化)는 사물에 널리 미치는 것과 같다.

• 「무등산에서 노닐다」(遊瑞石山記)

이 표현에서 보이는 것과 같이 말없는 무등산은 얼마나 훌륭한 역사를 태동시켰던가. 이 나라 현대사에 중요한 획을 그은 5·18 광주민주화운동, 무등산이 낳은 역사의 큰 아들 때문에 군사독재가 물러가게 되었다. 말없는 무등산의 공화로 역사는 바른 방향으로 흐르고 있다. 뛰어난 다산의 관찰력이 보인다.

다산은 열일곱 살의 한 해를 온전히 화순에서 지내고, 열여덟 살이 되던 초봄에 과거공부를 위해서 둘째형 정약전과 함께 고향으로 올라간다. 이때 광주(光州)를 거쳐 가면서 지금은 사라져버린 경양(景陽)방죽을 구경한다(광주의 대표 저수지였던 경양방죽은 1970년대에 매립되었으며, 오늘날 광주시청이 있는 곳이다). 그 드넓은 저수지 덕택에 광주의 들에 물을 주어 농사를 제대로 짓는다는 설명이 그때의 시에 표현되어 있다.

갑자기 고향마을 이르고 보니	忽已到鄕里
문 앞에서 봄물이 흘러가누나.	門前春水流
기쁜 듯 약초밭 다다라 보니	欣然臨藥塢
예전처럼 고깃배 눈에 보이네.	依舊見漁舟
꽃들이 어우러져 산집은 고요하고	花煖林廬靜
솔가지 늘어진 들길은 그윽하다.	松垂野徑幽
남녘 땅 수천 리를 노닐었으나	南遊數千里
어디서 이런 언덕 찾아보리요.	何處得玆丘

• 「소내 집에 돌아오다」(還苕川居)

고향으로 돌아온 다산은 이때부터 과거 과목에 해당하는 온갖 종류의 책을 읽으며 습작에 열중한 결과 그해 겨울에 승보시(陞補試)에 합격한다. 그 뒤 다시 광주를 거쳐 화순으로 내려오는데, 광주를 지나던 때에 지은 시가 멋지다.

광주를 지날 때마다	每過光州府
오래도록 생각되는 정충신(鄭忠信) 장군.	長懷鄭錦南
신분은 구종직(丘從直)처럼 미천했으나	地如從直劣
재주는 이순신과도 견줄 만했네.	才比舜臣堪
웅장한 무등산이여,	雄哉瑞石山
정기 모아 기특한 사내 탄생시켰네.	亭毒出奇男

- 「다시 광주를 지나며」(重過光州)

세종 때에 천민 출신으로 무과에 올라 공조 판서, 좌찬성에 이른 위인 구종직처럼 천민 출신의 정충신 장군. 그는 뛰어난 지략으로 행주산성 싸움에서 권율 장군을 도왔고 무과에 급제한 뒤 인조 때는 이괄의 난(1624)에 혁혁한 전공을 세워 일등공신에 올랐다. 그는 통인(通引)이라는 광주목의 천한 신분이었으나 무등산의 정기를 타고나 그런 훌륭한 지위에 올랐다. 그가 금남군(錦南君)의 군봉을 받아 지금 광주의 관통로는 금남로가 되었고, 충무공(忠武公)이라는 시호를 받아 광주 출신의 대표 인물 가운데 한 사람으로 꼽힌다. 역시 다산의 안목은 높다.

새로운 것을 알고 싶다

동림사의 독서기비

　10대 말의 꽃다운 시절, 사또의 자제로 화순 관아와 산사를 오가며 즐겁게 지내던 시절이 다 지나고, 떠나야 할 시간이 왔다. 아버지가 경상도의 예천 군수로 전임된 것이다. 경자년(1780) 2월 어느 봄날 열아홉 살인 다산은 장인 홍화보가 경상우도 병마절도사로 재직 중인 진주를 거쳐 예천으로 가려고 아내와 함께 길을 떠났다. 그는 특히 진사 조익현과 헤어지는 것을 무척 애석해했다.

　얼마 전만 해도 화순에서는 다산의 흔적을 찾을 길이 없었다. 그 부분에 대해 이야기해줄 사람도 없었다. 더구나 동림사라는 절까지 없어져 폐허로 변한 지 오래다. 곁에 있던 만연사(萬淵寺)가 초라하게 남아 있지만, 동림사의 터조차도 모르고 지냈다. 그러다가 몇 년 전 화순 출신의 강동원(姜東元)이 다산과 동림사의 깊은 인연에 대해 듣더니 그 자리에서 "세상을 경륜할 다산의 꿈이 싹튼 곳이 동림사인데, 비록 절은 없어졌지만 흔적만이라도 남겨야 한다"고 제의했다. 그는 거금을 희사해 동림사터 입구에 '다산 정약용 선생 동림사 독서기비'라는 커다란 비를 세웠다. 다산이 직접 지은 「동림사독서기」 원문과 역문을 함께 새기고 내력을 간단히 기록해, 이제는 훌륭한 기념비로 남게 되었다. 역문과 설명은 내가 단 것이다. 아마 다산이 머물렀던 곳 가운데 '다산초당'을 제외하고는 최초로 세운 비일 것이다.

동림사 옛터.
"무등산 남쪽엔 절이 많은데 그 중에 동림사가 가장 그윽하고 아담해
산골짜기 이 흥취 사랑스러워 잠시나마 조석 문안 멈춰두었네.
좌우로 둘러보니 세상 번뇌 사라지고 절문에 들자 맑은 생각 일어나네."

진주에서 논개를 기리다

진주라 천릿길, 푸른 물 남강이 흐르고 헌걸찬 촉석루가 우람하게 서 있는 유서 깊은 도시 진주. 경상우도의 병영(兵營)이 있던 곳, 병마절도사로 위세당당한 장인이 계신 처가를 찾는 기분으로 아내와 함께 다산은 진주를 찾아간다. 화순에서 동복, 동복에서 광양(光陽), 거기서 하동(河東)의 두치진(豆卮津)을 거쳐 진주에 이른다. 진주는 임진왜란 때 군·관·민이 장렬하게 산화한 의로운 고장이다. 김천일, 최경회, 고종후 등 세 장수가 조국을 위해 목숨을 초개같이 던진 곳이면서, 의로운 여인 논개(論介)가 왜장을 껴안고 남강에 투신했던, 강낭콩보다 더 푸르고 진한 의혼과 '의암'(義巖)이 있는 곳이다.

다산의 장인 홍화보는 새로 병마절도사로 부임해 퇴락한 논개의 사당인 '의기사'(義妓祠)를 중수(重修)하고 글 잘하는 사위 다산에게 기(記)를 짓게 했다. 다산은 글솜씨를 자랑하듯, 유려한 문장으로 「진주의기사기」(晋州義妓祠記)를 지었다. 다산이 시와 문의 실력을 마음껏 자랑할 수 있는 기회였다. 사당을 중수한 기념 연회에서 다산은 기생들의 칼춤을 보며 찬란한 시를 짓는다.

너 이제 젊은 나이로 기예 절묘하니	汝今靑年技絶妙
옛날 일컫던 여중 호걸 이제야 보았노라.	古稱女俠今乃覩
몇 사람이나 너 때문에 애간장 녹였을까	幾人由汝枉斷腸
미칠 것 같은 분위기 벌써 장막 안에 차누나.	已道狂風吹幕府

• 「진주 기생의 칼춤」(舞劍篇贈美人)

칼춤 추는 기생의 아름다운 몸매와 동작까지를 그림처럼 그린 다산의 시, 이때 벌써 그의 시재(詩才)는 한껏 최고 수준에 올라 있었다.

느린 박자에 따라 사뿐사뿐 종종걸음	纖纖細步應疏節
처연히 가다가는 기쁜 듯 돌아오네.	去如怊悵來如喜
나는 선녀처럼 살짝 내려앉으니	翩然下坐若飛仙
발밑에선 번쩍번쩍 가을 연꽃 피어난다.	脚底閃閃生秋蓮

 한시의 멋진 표현을 달리 번역할 방법도 없게 아름다운 묘사들이 문학적인 긴장을 고조시켜주니 대단한 작품이다. 송재소 교수는 "젊을 때부터 사물을 보는 눈이 정확하고 날카로웠음을 알 수 있다"며 이 시를 예로 들었다. 「진주의기사기」도 그냥 지나칠 수 없는 유려한 산문이다.

 임진왜란이 일어나 왜병들이 진주성을 함락했을 때 '의랑'(義娘)이라는 기생이 있었으니, 왜놈의 대장에게 끌려서 강 한가운데 바위 위에서 맞잡고 춤을 추었다. 춤이 한창 어우러지자 왜장을 껴안고 강물에 투신하여 죽었다. 이곳이 바로 그의 사당이다. 아아! 얼마나 열렬하고 어진 부인이냐.
 • 「진주의기사기」

 한 놈의 왜장을 섬멸함으로써 촉석루 세 장수의 치욕을 다 씻을 수야 없겠지만, 그 일이라도 없었다면 어찌 분을 삭일 수 있겠느냐는 대목에서, 논개의 장함이 살아난다. 『목민심서』에서 또한 세 장수가 읊은 "물결이 마르지 않으니 혼도 죽지 않으리"(波不竭兮魂不死)라는 시구를 인용한 다산은 세 장수와 논개의 불멸의 의혼을 다시 한 번 칭찬했다. 장인의 배려로 배 위에서 선유를 즐기고 아름다운 강산을 구경하기도 했지만, 진주여행의 첫번째 소득은 역시 촉석루에서 임진왜란 때에 죽어간 수많은 전사자들을 떠올리며 애국심을 키웠던 것이라는 생각을 하게 한다.
 아버지 정재원은 화순 현감에서 예천 군수로 승진해 봄에서 겨울까지

논개가 왜장을 껴안고 순절한 의암.
강낭콩보다 더 푸르고 진한 의혼이 깃들인 곳이다.

다산이 장인 홍화보의 권유로 지은 「진주의기사기」.
"물결이 마르지 않으니 혼도 죽지 않으리."

지내다가, 암행어사의 탄핵으로 벼슬을 그만두고 고향으로 돌아오고 말았다. 그 동안 다산은 관아에 있던 협수룩한 반학정(伴鶴亭)에서 경상도 선비들과 시와 술을 즐기며 세월을 보냈다. 겨울에 고향으로 돌아와서는 가족들과 함께 또 어머니 묘소가 있는 충주의 하담에 들러 성묘를 했다.

남쪽고을 아름다운 산천에 즐겼더니	南郡山川美
동녘의 산소에는 계절이 바뀌었네.	東阡歲月移
예고 없이 새며느리 데리고 오니	却將新婦至
괜스레 마을 사람들 슬프게 했네.	空惹里人悲
소나무 아래 온 사람 누구냐 물어	松下來誰問
잔디 위에 함께 앉아 기다렸네.	莎邊坐共遲
흩날리는 눈송이 옷을 적시니	飛飛點衣雪
돌아가신 경인년 같아 슬퍼만지네.	悽愴似庚寅

• 「하담에 도착하여」(到荷潭)

아홉 살의 어린 나이에 어머니를 여읜 일이 생각나 슬픈 마음이 일어난다는 다산의 효심이 느껴진다. 1781년은 다산의 나이 스무 살, 벼슬에서 벗어난 아버지가 고향 소내에 계시자, 다산은 고향과 서울을 오가며 본격적으로 과거공부에 몰두한다. 그해 여름 소내에서 지내면서 읊은 아름다운 시 한 편을 보자.

비 갠 뒤 모랫둑 넘치던 물 줄어드니	雨歇沙堤落漲痕
무너진 잔디 누운 버들 뿌리 모두 드러났네.	崩沙臥柳露全根
종다래끼 손에 들고 이웃 노인 따라 나가	試携笭箵隨隣叟
물고기 잡느라 해 저문 줄 모르네.	罾取魚兒到日昏

• 「여름날 고향에서」(夏日苕川雜詩)

한 폭의 여름날 시골의 풍경화다. 여유와 한가함이 있고 비 갠 들녘의 모습이 그대로 눈에 들어온다.

자신의 의지를 밝히다

1782년은 다산의 나이 스물한 살. 이해 봄 2월에 처음으로 서울에 집을 사서 살게 된다. 다산의 설명에 따르면, 선혜창(宣惠倉)이 숭례문 안에 있으므로 그곳을 창동(倉洞)이라 불렀고, 그곳에 우물 두 개가 나란히 있어 형제샘(兄弟泉)이라 불렀다. 집은 남쪽에 있고 사립문은 북쪽으로 향해 있었다. 그곳에 집을 사서 살면서 집의 이름을 '체천정사'(棣泉精舍)라 부르기로 했다. '체'(棣)라는 글자가 형과 아우를 상징하는 글자라 그렇게 붙였을 것이다.

10대 말에 호남과 영남의 강산을 유람하고 오가면서 충청도도 여러 곳을 지나갔으니 삼남지방과 거주하던 서울과 경기도까지 모두 답사한 셈이다. 이제 나이도 청년기에 접어들었고, 소원대로 서울에 집도 마련했다. 새로운 마음과 자세로 출발하는 의지의 표명이 있어야 했다. 그 시가 다름 아닌 「내 의지를 밝히다」(述志)다.

소년 시절 서울에 노닐 때	弱歲游王京
교제하는 수준이 낮지 않았다.	結交不自卑
속기 벗은 운치가 있기만 하면	但有拔俗韻
충분히 속마음을 통했네.	斯足通心期
힘껏 공맹의 학문으로 돌아와	戮力返洙泗
두 번 다시 시속에 맞음 묻지 않았네.	不復問時宜
예의는 잠시나마 새로웠으나	禮義雖暫新
탓 듣고 후회할 일 여기서부터 나왔네.	尤悔亦由玆
지닌 뜻 확고하지 않다면	秉志不堅確

가는 이 길 어찌 순탄하리요.	此路寧坦夷
중도에 가는 길 바꿔버려	常恐中途改
길이 뭇 사람의 비웃음 받을까 걱정이네.	永爲衆所嗤
슬프다, 우리나라 사람들	嗟哉我邦人
주머니 속에 갇혀서 사는 듯	辟如處囊中
삼면은 바다로 에워싸였고	三方繞圓海
북방은 높고 큰 산이 굽이쳐 있네.	北方繝高崧
사지 삭신 언제나 움츠려서	四體常拳曲
기상과 큰 뜻 어떻게 채워보리.	氣志何由充
성현은 만 리 밖에 있는데	聖賢在萬里
누가 이 몽매함 열어줄까.	誰能豁此蒙
머리 들어 인간 세상 바라보아도	擧頭望人間
보이는 사람 없고 정신은 흐리멍덩	見鮮情瞳曨
남의 것 모방하기에 급급해	汲汲爲慕倣
정밀하게 숙달함을 가릴 겨를 없구나.	未暇揀精工
뭇 바보들이 천치 같은 한 사람 받들고	衆愚捧一癡
왁자지껄 모두 함께 받들게 하네.	啿哈令共崇
순박한 옛 풍속을 지녔던	未若檀君世
단군의 세상만도 못한 것 같네.	質朴有古風

당파싸움은 너무 미워

 한편으론 조숙해 보이고, 다른 한편으로는 기존의 사회와 현상과 학문을 깡그리 무시하면서 자만심에 차 있는 것으로 보이는 것이 사실이다. 두 수로 된 이 긴 시는 한 줄 한 줄 정확히 음미할 필요가 있다. 이 시는 자신이 75년 평생 동안 끌고 갔던 삶의 의지가 담겨 있기도 하고,

실학자 성호 이익의 목판본 문집인 『성호집』.
그는 이 책에서 실사구시적인 견해를 가지고 현실 문제와 개혁정책에 대해 폭넓은 이론을 전개했다.

당시의 사회 풍토와 학문 경향에 단호한 거부를 선언하는 일대의 성명서이기도 하다. 성호 이익 학파의 좌파에 속하는 진보주의자 다산의 모습과 그의 사상 경향이 고스란히 담겨 있다. 일생을 어떻게 살아가고 어떤 방향으로 학문의 물줄기를 돌려야 하는가를 명확하게 표현하고 있다.

먼저 이가환, 이벽, 이승훈 등 당대의 진보적 인사들과 서울에서 교제하면서 속마음을 털어놓고 어울려 지냈다는 이야기부터 시작된다. 당파나 따지고 주자학에 얽매이고 가문이나 신분을 말하는 세속의 사람과는 어울릴 수 없다는 내면의 발로다. 우선 주자학에서 벗어나 본질적인 공맹의 기본 유교인 수사학(洙泗學)으로 돌이켜야 한다는 선언이다. 그의 평생 동안의 경학연구는 주자학에서 벗어나려는 노력인데, 그런 의지가 벌써 그 시절에 마음 속에 자리잡고 있었음을 보여준다.

다산은 예견했다. 주자학에서 벗어나 새로운 경학체계로 학문의 방향을 잡고 실질적인 학문인 실학으로 학풍을 정립하면 후회할 일이 생길 것이라는 것을. 그러나 절대로 중도에 바꾸지 않고 끝까지 가겠다는 약속을 든든하게 하고 있다.

두번째 시는 더욱 가혹한 표현이다. 주머니 속에 갇힌 듯 무지몽매한 조선 사람들, 기상과 뜻을 펴지 못하고 움츠린 모습이 너무도 불쌍하다. 진짜 성현인 공자나 맹자는 저 멀리 있는데, 보통 수준도 아닌 시시한 학자를 최상으로 존경하며 패거리 학파나 만들고 당파로 갈려 싸움질이나 하는 꼴들이 너무도 밉다. 그저 외국 것만 너무 숭상하면서 자기 자신을 상실한 채 살아가는 모습이 처량하다. 순박했던 단군 시대의 미풍양속도 모두 사라져 야박하기 그지없는 세상, 바보 같은 스승 하나를 종주(宗主)로 모시고 떠드는 모습을 너무 불쌍하게 여기는 그의 심정을 그대로 표현했다.

다산은 그때 조선사회가 안고 있는 문제점과 학계에 노출된 문제점을 정확하게 파악했다. 그 문제들을 그대로 두어서는 안 된다는 강한 개혁 의지가 시에 분명하게 드러나 있다. 바꾸고 고치자던 그의 평생의 슬로

건이 이미 그때 세워졌음을 말해주는 것이다.

고치고 바꾸기 위해서는 힘이 있어야 하고 알아야 한다. 다산은 열심히 공부하고 연구해서 스물두 살이 되던 해 초봄에 진사과에 합격해서 학자임금 정조대왕과 첫 대면을 하는 영광을 안는다. 높은 지위에 오르고 높은 수준의 학문에 이르러야 자신의 야망인 고치고 바꾸는 일을 실행할 수 있다고 믿었기 때문에 그는 끝까지 과거공부에 매달리고 고관대작들과 사귀는 일도 소홀히 하지 않았다. 정약전 · 약종 형님들이 다산의 출세욕을 못마땅하게 여겼다는 기록도 있다. 출세를 위한 출세욕이 아니라 세상을 바꾸고 싶은 간절한 욕구가 있었기 때문에 다산은 지위를 얻기 위해 게으를 수가 없었다.

진보 노선, 변혁의 방향, 세속적인 만족과는 다른 한 단계 높은 새로운 추구, 그러한 변화 욕구는 진사과에 합격하고도 다른 새로움에 마음을 기울일 수밖에 없었다. 새로운 것을 알아내고 뭔가 색다른 것을 얻어내려는 욕구, 거기서 다산은 서학(西學)에 깊이 빠지게 된다.

스물여덟에 문과에 합격

정조대왕과의 첫 만남

 욕구를 충족하기에는 부족한 진사과 합격이었지만, 그래도 명예는 대단한 것이다. 예전부터 전해오는 말이 있다. 시골에 살면서 양반으로 행세할 수 있는 세 가지 조건이 있는데, 첫째는 진사시험 합격증 한 장, 둘째는 벼 100석 정도의 수확, 셋째는 2남 1녀의 자녀를 두어야 한다는 것이다. 진사시험이란 과거와는 달라서 합격한다고 벼슬이 주어지는 것은 아니다. 어찌 보면 명예일 뿐인데도 진사과에 합격하는 것은 가문의 큰 영광이자 출셋길이 열리는 단초가 된다. 명예와 재산, 그리고 후손이 제대로 번성해야만 양반 노릇을 할 수 있다는 뜻이다.
 스물두 살의 젊은 나이에 좋은 성적으로 진사과에 합격한 다산은 그로 인해 정조대왕과 만날 수 있었고, 성균관에 들어가 하고 싶은 공부를 마음껏 하면서 궁중의 귀중도서들을 열람할 수 있었다. 전국의 선비들과 교제하면서 마음껏 시 짓고 글짓는 재주를 자랑할 수 있었다. 합격했다는 소식을 들은 다산은 기쁨을 담은 시를 지었으며, 임금을 알현한 기쁨도 시로 읊어서 자랑스러움을 숨기지 않았다. 합격 잔치를 베풀려고 아버지를 모시고 고향 소내로 가는 나루에서 함께 가기를 원하던 목만중 좌랑(뒷날 공서파로 무서운 역할을 하게 된다)을 만나 고향에 가서 훌륭한 잔치를 베풀었음을 다산은 기록으로 남겼다. 당시 광주군의 원님이 악대(樂隊)까지 보내 잔치가 더 거창해졌다고 한다.

마을에서는 칭찬하는 떠들썩한 소리	村巷傳呼數
안방에서도 얼굴빛 환해졌네.	閨門動色新

시골마을 사람들의 칭찬하는 소리도 높지만, 오랫동안 과거공부를 뒷바라지하느라 묵묵히 일만 하던 아내가 기쁨을 감추지 못했다는 대목이 한껏 마음에 와닿는다. 신방 진사로 고향에서 잔치를 마친 다산은 고향마을 인근의 강산을 구경하며 한가한 시간을 보냈다. 소내에서 가까운 운길산(雲吉山)에 올라 시를 짓고 가까이 있는 수종사(水鐘寺)에서 잠을 자면서 절간의 고요한 정경에 마음을 기울이며 시를 짓기도 했다.

고운 햇살 옷깃에 비쳐 밝은데	麗景明衣袖
옅은 그림자 먼 밭에 떠 있다.	輕陰汎遠田
배에서 내리니 자유로워 기분 좋고	舍舟欣散漫
골짜기에 들어서니 그윽하여 즐겁구나.	入谷愛幽娟
바위 풀 교묘하게 단장했고	巖卉施妝巧
산 버섯 둥글게 불끈 솟아나왔네.	山茸發怒專
아스라한 강변에 어촌 보이고	漁村生迴渚
위태로운 산머리엔 절간이 붙어 있다.	僧院寄危巓
생각이 밝아지니 사물이 경쾌하게 여겨지고	慮澹須輕物
몸이 높아지니 신선이 멀지 않구나.	身高未遠仙
안타까움은 뜻 같은 길손이 없어	惜無同志客
현묘한 도 찾는 토론 못함이로다.	談討溯微玄

　•「봄날 수종사에서 노닐다」(春日游水鐘寺)

신라 때 창건되었다는 수종사에 오르면 남한강과 북한강의 물이 합쳐지는 두물머리가 내려다보인다. 고향집에서 가장 가까운 수종사를 다산은 자주 찾았는데, 이때「봄날 수종사에서 노닐다」(遊水鐘寺記)란 글도 지었다. 20대 초반에 접어든 다산의 글솜씨가 잘 보이는 글들이다.

이후 다산은 합격 소식을 알리기 위해 충주의 하담에 있던 선산으로 성묘차 떠났다.

슬프고 애처로운 하담의 나무들이여	悽愴荷潭樹
봄바람에 절로 꽃이 피었구나.	春風自放花
땅은 외져도 길은 나 있어	地偏猶有路
발길이 닿으니 집에 온 듯하여라.	人到每如家
전에는 죽마 타고 놀던 이곳에	竹馬他年戲
남포 입은 오늘은 화려하다네.	藍袍此日華
묘 둘레 방황하나 누가 나 반겨주리	彷徨竟誰愛
우뚝 서서 눈물만 흘리네.	佇立涕橫斜

• 「하담에 도착해서」(到荷潭)

성호 선생의 옛집을 찾아서

남빛 도포를 입은 스물두 살의 청년, 어머니께 진사과에 합격한 소식을 전하고 싶지만 반겨줄 어머니는 말이 없으니 우뚝 서서 눈물만 흘린다는 시에서 어머니 생각이 간절한 다산의 모습이 그려진다. 뒷날 귀양살이를 떠나며 부모님 묘소에 들렀을 때와는 다른 모습이다. 남색 도포는 생원진사과에 합격한 사람들이 성균관에서 공부할 때 입는 옷으로, 그들의 신분을 나타낸다.

아마 이 여행길은 아버지를 모시고 함께 다닌 것으로 보이는데, 충주 하담에서 성묘를 마치고 진천(鎭川)을 거쳐 안산(安山)의 선산에 이르면서 도중에 친척이나 친지를 찾아뵙고 인사를 올리기도 했다. 경기도 안산에는 충주 하담에 있는 산소의 윗대 선조들을 모신 선산이 있었다. 선산에 성묘를 마친 다산은 모처럼 큰 소원 하나를 이룬다. 학문의 큰스승으로 모시고 마음 속으로 숭앙해 마지않던 성호 이익의 옛집과 묘소가 다산의 선산에서 멀지 않은 곳에 있었다. 다산은 성호 이익의 옛집을 찾아간다.

도맥(道脈)이 뒤늦게 우리나라에서 시작되니	道脈晚始東
설총이 맨 먼저 그 길을 여셨다.	薛聰啓其先
면면히 이어져 포은, 목은에 이르러서	傳流逮圃牧
충의(忠義)의 정신까지 부족함 없이 발휘했네.	忠義濟孤偏
퇴계 나오셔 주자의 오묘함까지 펴 보이고	退翁發閫奧
천 년 만에 그 도통 가장 크게 이었네.	千載得宗傳
6경에도 다른 해석 없게 되자	六經無異訓
모두가 다함께 어진 이로 받들었네.	百家共推賢
맑은 기운이 모두 동관(潼關)으로 모여들어	淑氣聚潼關
활짝 핀 문운(文運)이 섬천(剡川)에 빛났다오.	昭文耀剡川
지향하는 뜻은 공맹(孔孟)에 가까웠고	指趣近耶阜
주내고 해석함은 마융, 정현이었어라.	箋釋接融玄
어리석고 가리운 것들 한 가닥 활짝 벗겨	蒙蔀豁一線
깊이 잠긴 자물쇠를 열어젖혔네.	扃鑰抽深堅
어리석은 우리네 지극한 뜻 헤아리지 못하나	至意愚莫測
미묘하고 깊게 도체(道體)는 움직인다네.	運動微且淵

•「성호 선생의 옛집을 지나며」(過剡村李先生舊宅)

성호 선생, 평생 동안 사숙하며 살았던 스승이다. 성호는 숙종 때 큰 벼슬을 지낸, 이름 높은 선비 매산(梅山) 이하진(李夏鎭)의 막내아들이다. 당쟁에 쫓겨 이하진이 평안도 벽동군(碧潼郡)에서 귀양살이를 하던 중 성호가 태어났다. 그는 성호가 어릴 때 귀양에서 풀리지 못하고 그곳에서 세상을 뜨고 말았다. 다산은 시에서 벽동군을 동관으로 표시했으며, 섬천·섬촌·섬계 등의 이름은 성호가 살던 안산의 마을을 뜻한다.

성호는 다산이 태어난 다음해인 1763년 여든세 살의 일기로 세상을 떠났다. 열여섯 나이에 성호가 남기고 간 저술을 읽고 학문을 해야 한다는 각오를 굳혔던 다산. 진사시험에 합격해 선조들의 산소에 성묘차 안산을 찾은 길에 노학자가 일생 동안 학문에만 정열을 바치다 세상을 떠난 옛집을 돌아보며 깊은 상념에 잠겼을 것이다. 아직 성호 학문의 깊은 뜻을 이해하지 못한다는 겸손의 의미가 담겨 있지만, 미묘하고 깊은 도체(道體)를 제대로 탐색해내겠다는 자신의 의지를 넌지시 표명했다.

다산은 이해 여름에 회현동의 재산루(在山樓) 밑으로 집을 옮기고 누산정사(樓山精舍)라는 이름을 지었다. 이곳에서 큰아들 정학연(丁學淵)이 9월 12일에 태어났다. 아들의 백일을 맞아 다산은 아버지가 된 뿌듯한 마음으로 시를 지었다. 그는 그 시에서 우연의 일치에 대해 감탄의 뜻을 감추지 못했다. 바로 다산이 태어나던 그해 다산의 아버지 정재원이 진사과에 합격했는데, 마찬가지로 다산이 진사과에 합격한 그해에 학연이 태어났으니 길한 조짐이 틀림없다고 다산은 매우 기뻐했다. 선대의 아름다운 가풍을 제대로 이어가라는 뜻으로 아이 때 이름을 무장(武牂)이라 짓고, 애칭으로 무아(武兒)라 부르기도 했다. 정학연은 학가(學稼)로도 불렸으며, 뒷날의 호는 이미 말한 대로 소내마을의 뒷산 이름인 유산(酉山)이었다.

진사과에 합격하고, 성호의 옛집을 찾아 숭모의 마음을 아뢰고, 첫아들까지 얻어 스물두 살의 한 해 동안은 기쁨이 가득했다. 그러나 해가 바뀐 스물세 살의 갑진년(1784), 이해야말로 다산의 일생에서 가장 큰 사단(事端)이 있던 해다.

이해 봄에 다산은 이승훈 등이 주관하던 향사례(鄕射禮)에 참여했다. 서대문 밖 교외에서 열린 이 모임에 참석한 사람은 100여 명에 이르렀다. 향사례란 선비들이 모여 예를 갖추고 상무(尙武)의 뜻으로 활쏘기를

김홍도의 「북일영도」.
1784년 다산은 이승훈이 주관한 향사례에 참여했는데,
이때부터 성호 좌파 계열의 학자들이 모이기 시작했던 것으로 보고 있다.

겸하는 모임인데, 위당 정인보(鄭寅普)는 신흥단체 활동으로 보았다. 이 가환, 이승훈, 정약용 등 이른바 성호의 좌파 계열 학자들이 모여들기 시작했다는 의미다. 남인 계열의 선비들이 상당한 세력으로 활동하는 정치 풍토가 조성되어가고 있음을 보여주는 예다.

다정한 벗 이벽을 잃고

1784년 3월에는 이승훈이 영세를 받고 북경에서 귀국하여 본격적으로 천주교가 번지기 시작했다. 같은해 4월 15일 다산은 형수의 4주기 제사를 마치고 서울로 가는 배를 타고 오던 중, 형수의 친정아우인 이벽에게서 천주교 관계서적을 받아 읽게 되고 천주교에 대한 이야기를 듣는다. 책을 읽은 사실, 뒤에 이벽과 상종하면서 더 많은 책을 읽고 서교인 천주교에 마음을 기울인 일, 이것이야말로 다산 일생에서 맞이한 가장 큰 사건 가운데 하나였다.

다산 자신의 기록에 따르더라도 천주교에 깊이 빠졌던 것이 사실이고 스스로 "일찍이 마음 속으로 좋아하여 사모했고, 이를 남들에게 거론하면서 자랑했습니다"(「변방사동부승지소」)라고 말했다. "서울에 들어와 이벽을 따르며, 『천주실의』와 『칠극』 등의 책을 보고 비로소 흔연스럽게 그쪽으로 기울어졌다"(「선중씨정약전묘지명」)고 고백하기도 했다.

『신유추안』의 기록에 이승훈이 다산에게 세례를 해주었다고 답변한 내용으로 보면 세례명이 있었던 것도 사실일 것이다. 그러나 다산은 서학이란 천주교에 그치지 않고 천문, 역상, 농정, 수리, 측량 등을 포함하는 흥미 있는 분야여서 이문(異聞)을 넓히려는 뜻에서 더욱 관심을 갖게 되었노라고, 서양의 과학사상에 마음을 기울인 점도 빼놓지 않고 이야기했다. 이처럼 천주교와 연관해 그가 서양 과학에 눈을 떴던 점은 그의 실학사상의 크기와 넓이의 확대에 큰 영향을 미친 것으로 파악된다. 천주교로 인한 가혹한 탄압은 그에게 큰 불행이었지만 과학사상을 습득해 학문의 영역이 확대되고 더 진보적일 수 있던 점은 다행한 일이었다. 서학에 열심이던 그 시절 그는 성균관과 궁중을 출입하면서 과거공부에도 힘을 쏟았다. 이해에 다산은 다정한 벗 이벽을 떠나보내는 슬픔을 겪는다.

신선 같은 학이 인간에 내려왔나	仙鶴下人間
높고 우뚝한 풍채 절로 드러났네.	軒然見風神
날개깃 새하얗기 눈과 같아서	羽翮皎如雪
닭이며 따오기들 꺼리고 성냈겠지.	鷄鶩生嫌嗔
울음소리 높은 하늘에 일렁였고	鳴聲動九霄
맑고 고와 속세를 벗어났노라.	嘹亮出風塵
가을 바람 타고 문득 날아가버리니	乘秋忽飛去
괜스레 바둥거리는 사람들 슬프게 한다.	悵恨空勞人

• 「이벽의 죽음」(友人李德操輓詞)

임금에게 올릴 『중용』에 관한 답변서를 함께 마련했던 뛰어난 유학자 이벽(그의 자가 덕조德操다)! 그렇게 열성으로 천주교의 교리를 연구하고 그토록 열심히 전도에 임했던 이벽! 그는 다산 형제들에게 천주교를 전도하고 서른둘의 젊은 나이에 학처럼 높은 하늘로 올라가버리고 말았다. 그때만 해도 다산 자신이 천주교에 관계하던 때여서 더욱 신선과 같다고까지 이벽을 미화했을 것이다. 뒷날의 참혹한 화란은 아직 생각지 못하고 마냥 천주교에 빠져 있었나 보다.

스물다섯 살 때인 병오년(1786) 7월 29일에 둘째아들 학유(學游)가 회현동의 동쪽 방에서 태어났다. 아명은 문장(文牂)인데 학포(學圃)라고도 불렀다.

다산은 둘째아들의 백일을 맞아서도 기쁨에 넘치는 시를 지었다. 이

다산의 벗이자 형수의 아우였던 이벽의 묘소.
조선 최초의 천주교 교리연구자 이벽은 1785년에 일어난 을사추조 적발사건에서 발각된 이후
아버지 이부만의 강력한 반대에 부딪혀 고민 끝에 배교의 글을 쓴다.
그러나 불행하게도 1786년 유행하던 페스트로 서른둘이라는 젊은 나이로 세상을 뜨고 말았다.

무렵에는 자주 과거의 예비시험에 합격했는데 번번이 높은 점수에 올라 임금에게서 좋은 서책이나 물품들을 하사받았으며, 큰 재상감으로 칭찬받곤 했다. 스물여섯 살에는 고향집에서 멀지 않은 곳에 농장을 마련해 문암장(門巖莊)이라고 했다. 생계대책으로 농장을 마련해 양식 걱정을 덜려는 의도였을 것이다. 과거 합격이 가까워오는 듯, 반시(泮試)에서 자주 수석을 차지했다.

마침내 문과에 합격

스물여덟 살이 되던 1789년 1월 27일, 마침내 다산은 문과에 급제했다. 갑과(甲科) 차석으로 합격했으나 장원이 탈락하여 수석합격이나 마찬가지였다. 이 얼마나 오래도록 바라던 일이며, 얼마나 고대하던 합격의 소식인가. 다산은 환호작약하며 시를 지었다.

임금 앞에서 보는 시험 몇 차례 응시	屢應臨軒試
마침내 포의 벗는 영광을 얻었네.	終紆釋褐榮
하늘이 이룩하는 조화 깊기도 하여	上天深造化
미물의 생성에 후하게 주었구려.	微物厚生成
둔하고 졸렬해 임무 수행 어렵겠지만	鈍拙難充使
공정과 청렴으로 정성 바치기 원하노라.	公廉願效誠
격려를 아끼지 않으신 임금님 말씀에	玉音多激勵
그런대로 노친의 마음 위로되셨네.	頗慰老親情

• 「문과시험에 합격하고 나서」

다산의 5대조 할아버지 정시윤이 서울에서 벼슬하다가 저 광주의 마재로 이사간 이후, 마재에서는 처음 듣는 과거 합격 소식이었다. 가문의 영광이자 마을이 빛나는 일이었다. 이제 다산의 벼슬살이는 어떻게 전개될 것인가. 마침 아버지가 울산 도호부사로 발령이 난 때여서, 나라에서 과거 합격자에게 주는 역마(驛馬)를 타고 아버지를 충주까지 배웅했다. 그곳의 어머니 묘소에 가서 과거에 합격한 소식을 보고드릴 겸 해서였다.

말머리 검은 망사 일산 씌우고	馬頭玄縠蓋
머리 위엔 빛나는 꽃비녀라네.	頭上綵花簪
어머님 생전에 빌고 빌던 일	慈母當年祝
어린 아들의 오늘의 마음이었네.	嬰孩此日心
세월이 아득해 꿈에도 드문 어머니	邈焉稀夢寐
얼굴이며 목소리 기억하기 어렵네.	無復憶容音
꾀꼬리 봄바람 따라	黃鳥春風至
숲에서 날며 울어대노라.	飛鳴自繞林

• 「하담에 도착해서」(次荷潭)

꾀꼬리 울음으로 자신의 눈물을 대신한 다산, 과거에 합격한 영광을 바칠 어머니가 계시지 않은 안타까움이 꾀꼬리 소리에 울려퍼지고 있다. 기쁠 때나 슬플 때나 언제나 찾아오는 어머니 묘소. 진사 합격 때와 과거 합격 때의 성묘는 뒷날 장기현으로 귀양살이 떠나던 날과는 너무나 달랐다. 과거 합격을 알리는 어머니 묘소의 성묘로 공부하던 젊은 시절은 끝났다.

3
세상살이 구불구불 위험해지네

"게으른 천성대로 놀면서 지내려 했더니
기대 밖의 벼슬에 임명되었네.
갈수록 거미줄이 친친 얽히어
재갈 물린 말 신세 면하지 못하리.
친하던 벗들 뒤얽혀 멀어져만 가고
세상살이 구불구불 위험해지네.
힘없는 새처럼 성분대로 따르며 살지
억지로 힘쓴들 무엇이 되겠느냐."

■「성균관 직강으로 부임하며」

정조와의 만남

임금의 극진한 총애가 고난의 발단이 되니

스물두 살에 진사과에 합격해 정조의 깊은 관심의 대상이던 다산, 이제 6년 만에 문과에 합격해 임금과 함께 나라를 다스리는 일에 참여하는 벼슬길이 열리게 되었다. 문과 합격의 그날이 있기까지는 숱한 사연이 있었다.

다산은 스물세 살 여름에 정조의 80여 조목으로 된 『중용』의 질문에 답변을 올린 뒤 임금의 두터운 신임을 받게 되었다. 특히 이기론(理氣論)과 사칠론(四七論)에 대해 당시의 성균관 생도들은 대부분 퇴계 이황의 학설이 옳다고 답변했는데, 다산은 율곡 이이의 학설이 옳다고 답변했다. 성균관 안에서 다산을 비판하는 말들이 빗발치게 일어났지만, 정조는 다산의 손을 들어주면서 그의 학문이 높은 수준이라고 치하해주었다.

"그가 아뢴 강의 내용은 일반적인 세속의 흐름을 벗어나 오직 마음으로 이를 헤아렸으므로, 견해가 명확할 뿐만 아니라 공정한 마음도 귀하게 여길 만하다. 그러니 이 답변을 첫째로 삼는다."

「사암연보」에는 이때부터 정조가 본격적으로 다산을 인정해 강의 때마다 높은 점수를 주기 시작했다고 기록되어 있다. 이해 6월에 올린 답안에 높은 점수를 맞아 종이와 붓을 하사받고, 다음해 2월에는 종이를 상품으로 받았으며, 같은달 27일에는 종이와 붓을 상품으로 받았다. 그해 4월에도 종이와 붓을 받았고, 12월에는 계속 제1위를 차지하면서 『대전통편』(大典通編)이라는 법전을 하사받기에 이른다. 스물여섯 살 1월에는 『팔자백선』(八子百選)을 상품으로 받았으며, 3월에는 답안지의 내용이 매우 좋다고 임금이 부채로 무릎을 치며 칭찬해 마지않으며 글귀를 크게 소리내어 읽기까지 했다. 정조는 『국조보감』(國朝寶鑑)과 하얀 종이 100장을 내려주며 문 앞까지 안고 가라고 했다. 그러고는 문 밖의 궁중 나졸들에게 안아다 주도록 했으니 구경하는 사람들이 영화롭게 여기지 않은 이가 없었다. 정조는 다산을 아낌없이 칭찬하고 온갖 애정을 쏟았다.

그해 8월에도 정조는 다산에게 수석의 점수를 주었다. 다산과 정조의 대화는 이렇게 이어진다.

"『팔자백선』을 받았는가?"

"받았습니다."

"『대전통편』을 받았는가?"

"예, 받았습니다."

"『국조보감』을 받았는가?"

"예, 받았습니다."

"그렇다면 근래에 나라에서 발간한 책은 모두 받았으니 이제는 줄 것이 없구나."

정조는 그러면 술이나 마시라고 권하고는 승지를 시켜 다른 책을 또 내려주었는데 뒤에 보니 『병학통』(兵學通)이라는 병법에 관한 책이었다. 대단히 영광스러운 일이 아닐 수 없었다.

남이 잘되는 것을 시기함은 인지상정이다. 이렇게 벼슬하기 전부터 임금의 총애가 지극했으니 다산이 겪게 되는 뒷날의 고난은 거기서부터 싹텄다고 할 수 있다. 위당 정인보는 "주우(主遇)는 화태(禍胎)였다"고 단정적으로 말했다. 임금의 지우를 입음이 바로 화란의 모태였다는 뜻이다. 대과에 급제하는 과정에서 임금의 총애를 받을 수 있었던 까닭은

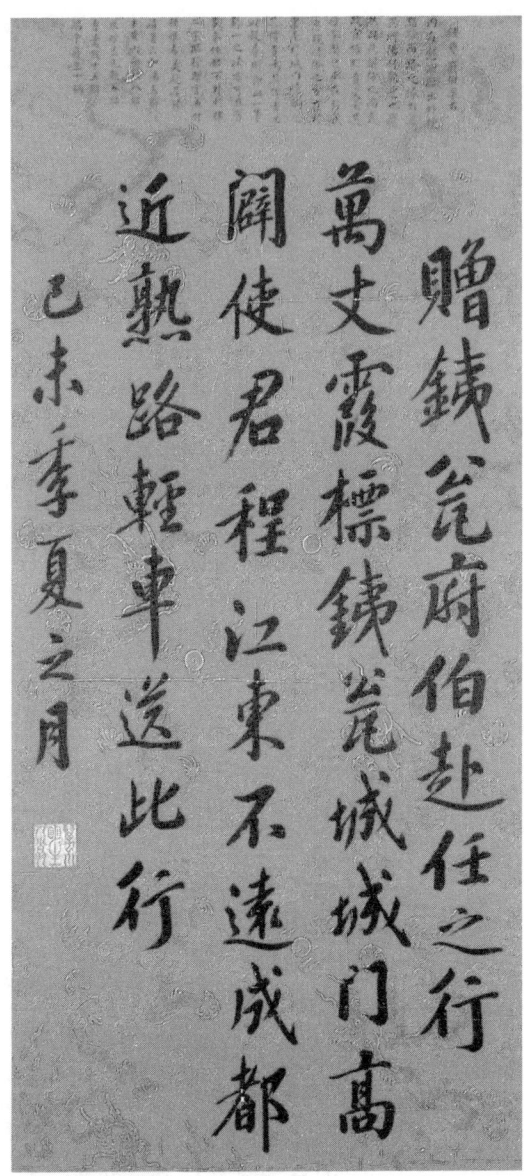

강계 부사에게 써준 정조의 시.
정조는 다산의 시를 읽을 때마다 '기재'(奇才)라고 칭찬했다.
다산은 시파였기 때문에 정조의 지우(知遇)를 입어 승승장구 벼슬길이 트이기도 했지만, 그로 인해 많은 고초를 겪기도 했다.

그의 뛰어난 천재성에도 있었지만, 다산이 엄청난 노력을 했기 때문이기도 하다. 다산은 수많은 책을 읽고 제자백가(諸子百家)의 서적을 섭렵하며 온갖 노력을 경주했다. 이미 그 시절에 다산의 학문은 수준 높은 체계가 서 있었고 상당한 경지에 이른 것으로 보인다. 그래서 정조는 칭찬을 아끼지 않았을 것이다.

스물여덟 살 1월에 과거에 급제하고 3월에 탐화랑(探花郞: 전시에서 3등으로 합격한 사람)의 예로 7품 벼슬인 희릉 직장이라는 첫 벼슬을 받고, 바로 이어서 초계문신(抄啓文臣: 글재주가 높은 신진 벼슬아치에게 주던 명예로운 직책)이 된다. 이때 정조가 내려준 과제물에 답한 내용이 『대학강의』(大學講義)다.

5월에는 부사직(副司直)으로 옮기고 6월에는 가주서(假注書)에 임명되었다. 이 무렵에도 다산은 문신(文臣)들에게 보이는 시험에서 다섯 차례나 수석할 정도로 이름을 날렸다.

이해 8월에는 경상도 울산 도호부사인 아버지에게 인사를 올리려고 영남으로 향했다. 서울에서 남한산성을 거쳐 장호원에 이르고, 장호원을 지나 새재를 넘어갔다. 다산은 가는 곳마다 아름다운 경치에 감탄하며 시를 짓는다. 경상도 땅에 이르러 비안(比安), 군위(軍威), 신녕(新寧), 영천(永川)을 거쳐 경주(慶州)에 도착한다. 경주에서 옛날을 회고하는 시를 읊는다.

포석정 앞의 물기운 향기로운데	鮑石亭前水氣香
신라의 백성들 아직도 경애왕 이야기.	遺民尙說景哀王
천 겹의 기마병 노래판을 포위하니	天重鐵騎圍歌席
한 무리의 무희들 치마폭이 어지러웠네.	一隊花袍亂舞裳
궁궐로 가는 길 푸른 풀 몇 차례 돋았던고.	輦路幾回芳草綠
황폐한 성 여전한데 저문 구름 노랗네.	荒城依舊暮雲黃
붉은 누각 위에 달이 밝은 오늘은	只今明月紅樓上

목메이게 들리는 옥피리 소리뿐이라네.　　　　嗚咽唯聞玉笛揚

　•「경주를 회고하며」(鷄林懷古)

　황성 옛터에 달빛만 고요하다는 노랫가락처럼 처량한 신라의 달밤이 떠오르는 시다. 다산은 울산에서 아버지를 뵙고 함께 근처 명승지를 찾아 시를 지으며 즐기다가 바로 상경해야 했다. 내각(內閣)의 문신(文臣)으로서 바쁜 일정 때문에 열흘 안에 귀임하라는 명령을 받아 오래 노닐 수가 없었다. 경상북도 영천에 있는 은해사(銀海寺)에서 아버지와 지내다 다산은 안동 쪽으로, 아버지는 울산으로 떠났다. 다산은 의흥(義興)과 의성(義城)을 거쳐 안동에 이른다. 고려 공민왕 때 지었다는 안동 영호루(映湖樓)에 올라선 다산은 안동 읍내를 굽어보며 시를 짓는다.

하회마을 고택이야 어디멘지 알겠으나　　　　河回故宅知何處
시대 바뀌어 쓸쓸하니 한번 더 슬퍼지네.　　　異代蕭條一恨然

　이 마지막 구절은 선조 때의 저 유명한 정승 서애 유성룡의 시대가 바뀌어, 세력이 약해진 하회마을 풍산 유씨들이 옛날만큼 영화를 누리지 못하는 것과 남인 세력이 약해진 것을 애통해하는 내용이어서 여러 가지 뜻을 시사해주고 있다. 다산은 영천의 줄포(茁浦)에 사는 친족들을 찾아보고 순흥과 단양 사이의 새재를 넘어 단양 땅에 이른다. 이곳에서 아름다운 단양팔경을 구경하며 칠언절구 다섯 수를 짓는다.

세 겹의 기묘한 봉우리 반공에 꽂혔는데　　　三疊奇峯挿半天
옛날에는 고관의 깃발과 일산이 훨훨 날았으렷다.　雲旗雨蓋昔翩翩
신선 한번 떠난 뒤 소식이 없는데　　　　　　仙人一去無消息
푸른 절벽 붉은 벼랑 저문 연기뿐이다.　　　　翠壁丹崖只暮煙

경북 안동에 있는 영호루.
"하회마을 고택이야 어디멘지 알겠으나 시대 바뀌어 쓸쓸하니 한번 더 슬퍼지네."

아름다운 경치를 읊는 다산의 시 솜씨가 뛰어나다. 잠시나마 세상일에서 떠나 절경에 푹 빠진 다산의 마음이 정말로 한가롭다. 단양을 떠나 청풍(淸風)고을의 한벽루(寒碧樓)를 거친 다산은 곧바로 상경한다.

이번 안동 여행에서는 당시 산림(山林)의 큰학자로 이름이 높던 이진동(李鎭東)의 문제를 해결했다. 무고를 당해 붙잡으면 죽인다는 소리를 듣고 봉화군 유곡리(酉谷: 닭실)의 권씨 집안에 이진동이 숨어 있다는 소식을 들은 다산은 그곳까지 찾아가 그를 위험한 분위기에서 구제하는 조치를 취했다. 불의를 보고 견디지 못하는 그의 일면이 여기서도 드러나고 있다.

열흘 동안의 해미 유배

이해 겨울에 한강에 배다리(舟橋)를 놓는 역사(役事)가 있었는데, 다산은 그 공법을 설명하는 글을 올려 일이 제대로 이루어지도록 조치를 다했다. 벼슬살이의 하위 직급에서 가장 명예로운 직책은 한림(翰林) 벼슬이다. 다산은 과거에 합격한 다음해인 스물아홉 살 2월에 6명이 정원인 한림회권(翰林會圈)에 뽑히는 영광을 안았다. 그는 곧바로 예문관(藝文館) 검열(檢閱)에 임명되었다. 세상에서 모두 우러러보는 한림학사가 된 것이다. 그러나 어떤 간관(諫官)이 한림 선발에 문제가 있다고 지적해 일이 벌어졌다. 남인 쪽에서 많은 한림이 배출되었다는 간관의 지적에 다산이 사의를 표하고 관청에 출근하지 않자 임금의 뜻에 순종하지 않았다는 이유로 충청도 예산과 인접해 있는 해미현으로 유배가라는 명령을 받았는데, 이것이 최초의 유배다. 열흘 만에 해배 명령이 내려 돌아왔지만 충청도의 내포지방을 여행하는 경험을 얻었다.

돌아오는 길에 온양(溫陽)에서 피부병을 치료해보려고 온천에 들른 다산은 그곳 온천탕의 주인에게서 옛날 사도세자가 온천에 다녀간 일화를 듣는다. 그때 사도세자가 타고 왔던 말들이 마부의 잘못으로 참외밭

해미읍성의 진남문. 다산은 1790년 한림회권에 뽑혀 예문관 검열에 임명되었으나,
남인 쪽에서 많은 한림이 배출되었다는 지적을 듣고는 사의를 표했다.
그러자 임금의 뜻에 순종하지 않았다고 해서 해미현으로 유배를 가게 되는데, 이것이 최초의 유배다.

으로 들어가 참외가 많이 망가졌는데 그것을 들은 사도세자가 참외밭 주인에게 후한 보상을 해주어 세자에 대한 칭찬이 자자했다고 한다. 또 사도세자가 기념으로 홰나무 한 그루를 심었는데 지금 돌보는 사람이 없어 제대로 자라지 못한다고 했다. 이야기를 들은 다산은 그 나무를 잘 보살피도록 조치를 취했다.

5월에 다시 한림이 되고 7월에는 사간원 정언(正言)이 되었다가 9월에는 사헌부의 지평(持平)으로 옮긴다.

다산이 지평으로서 훈련원의 무과(武科)를 감찰할 기회가 있었다. 무과는 서울의 장신(將臣) 가문 자제들에게 특혜가 주어져 시골 출신은 제아무리 무술이 뛰어나고 능력이 있어도 합격하기가 매우 어려웠다. 다산은 응시자의 출신을 따지지 않고 능력 위주로 합격자를 선발해 그 어느 때보다 시골 출신의 합격자가 많이 나왔다. 어떤 일을 맡더라도 합리성을 추구하고 공정한 방법으로 일을 처리하는 그의 면모를 볼 수 있는 예다.

초계문신에 뽑히다

이 무렵 글 잘하고 학문을 좋아하는 정조대왕은 규장각 제도를 신설해 유능한 문신들이 계속 학문에 전념할 수 있도록 배려했다. 특히 3년 동안 특별교육을 시키는 초계문신 제도를 실시했는데 다산도 여기에 들었다. 초계문신은 한 달에 한 번 정도 글을 짓는 시험을 치르는데, 그때마다 다산은 언제나 상위 등급에 올라 상품을 하사받는 영광을 누렸다.

임금은 때로 초계문신들에게 경서(經書)를 강독하는 시험도 보게 했다. 하루는 『논어』에 대한 강독이 있었다.

강독이 있기 전날 밤 내각의 아전이 종이 한 장을 보여주면서 내일 강독할 장(章)이라고 일러주었다. 다산이 강독할 장을 미리 알려주는 법이 있을 수 있느냐고 반문하니, 아전은 임금의 명령이니 걱정할 것 없다고 답변했다. 그러나 다산은 그것만을 믿지 않고 『논어』 전편을 암송했다. 다음날 다산이 강해야 할 장을 보니 그것은 어제 일러준 장이 아니고 다른 부분이었다. 다행히 다산은 『논어』 전편을 암송했기에 무리가 없었다.

다산의 재주와 노력하는 모습을 시험하려는 임금의 배려는 그런 정도였다. 전날 밤에 예시해준 것만 암송했다면 큰 낭패를 보았을 텐데 성실한 다산은 이에 따르지 않고 전편을 다 외워 정조를 놀라게 했다. 더구나 『시경』 800여 조목에 대한 물음의 답변은 너무 훌륭해서 정조가 "백가(百家)의 학설을 두루 인용해 내용이 무궁하다. 참으로 평소에 쌓은 학문이 넓고 깊지 않았다면 어떻게 이런 정도가 되겠는가" 하고 칭찬했으니, 다산의 공부가 얼마나 깊은 경지에 이르렀는지를 알 수 있다. 다산은 이런 이야기들을 「사암연보」에 상세히 기록해두었다.

스물아홉 살에 본 12월 각과의 시험에서도 높은 점수를 받아 말과 표범 가죽을 상으로 받았다. 다음해 5월에는 사간원의 정언으로, 10월에는 다시 지평으로 옮겼다.

이렇게 임금한테서 자주 칭찬을 받고, 학문이 깊어질수록 시기하는 사람도 늘고 그를 해치려는 무리들이 패거리를 지어 비방하기 시작했다. 진사과에 합격했던 시절만 해도 가깝게 지내던 목만중, 이기경(李基慶), 홍낙안 등도 공격의 칼을 갈고 있었다.

그해 겨울 마침내 올 것이 오고야 말았다. 전라도 진산에 살던 다산의 외사촌형인 윤지충이 어머니 상을 당해 신주를 불사르고 제사를 지내지 않았으며, 그의 외종인 권상연도 마찬가지로 제사를 거두어버렸다. 이 일이 알려지는 바람에 윤지충, 권상연은 지체 없이 체포되어 순교했다(진산사건). 일은 여기서 그치지 않고 권일신, 이승훈 등도 붙잡혀 탄압을 받았으며, 국가는 본격적으로 천주교를 사교로 매도해 엄하게 금지하는 조치를 취했다.

여기서부터 신유박해까지 10년 동안 공서파는 다산을 비롯한 진보적 지식인인 신서파를 공격할 빌미를 계속 찾아냈다. 신서파는 계속 수세에 몰리는 국면이었다. 다산의 벼슬살이 10년은 천주교 문제에서 결코 자유롭지 못한 채 반대파의 공격의 표적이 되었다.

수원 화성을 축조하다

친구의 배반, 신유박해의 서곡

다산이 진사시에 합격한 그해 가을에 정약전도 진사시에 합격하나, 그는 과거공부에는 그다지 마음을 기울이지 않았다. 정약전은 "대과는 내 뜻이 아니다"라면서 이벽을 따라 다른 문제에 관심을 가졌고, 특히 서양의 수리학(數理學) 등에 마음을 기울였다. 그러던 어느 날 문득 "과거에 합격하지 않으면 임금을 섬길 수가 없다" 하고는 시험공부에 몰두하더니, 다산이 과거에 합격한 다음해인 1790년 여름 순조의 탄생을 경축하는 과거에 응시해 서른셋의 나이로 합격했다.

바로 이어 6월에는 아버지 정재원이 환갑을 맞았다. 다산은 울산에서 올라온 아버지의 회갑연을 베풀며 자랑스러운 집안의 화목을 다졌다.

그러나 신해년인 다음해에 일어난 진산사건은 이들 형제에게 들이닥치는 불길한 징조의 시작이었다. 다산과 같은 남인 계열로 가까운 친구이던 이기경(1756~1819)이 가장 앞장서서 다산 일파를 공격했다. 한때는 함께 어울려 과거공부도 하고, 천주교 서적까지 함께 읽었던 이기경이다. 일찍이 진사시에 합격하고 다산과 같은 과거에 합격한 동방(同榜) 친구, 모두가 그를 외면할 때에도 다산만은 "친구란 한번 친구 삼았던 것 자체를 놓아버려서는 안 된다"며 가까이 지냈건만, 이기경은 끝내 우정을 저버리고 천주교에 관계된 모든 사람을 싸잡아 사당(邪黨)이라고 공격했다. 그는 뒷날 사당을 물리치고 정도(正道)를 보위해야 한다는 글

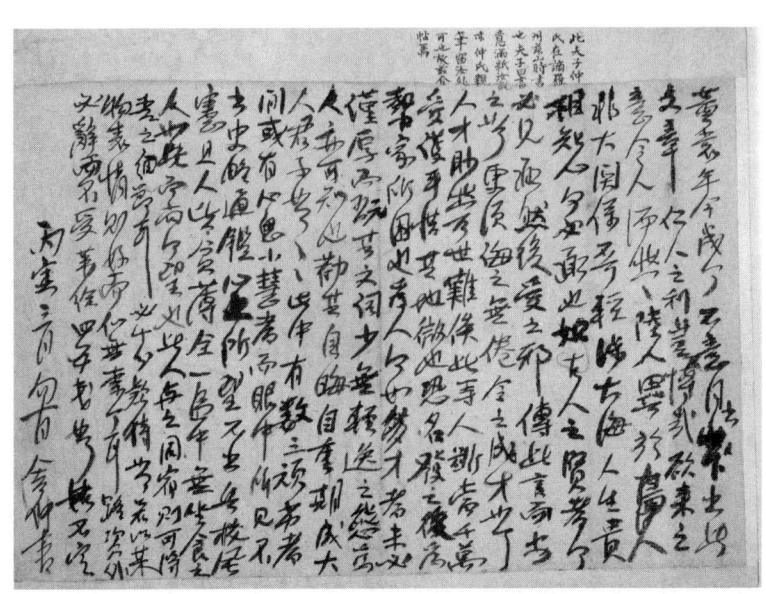

다산의 둘째형 정약전의 친필 편지.
정약전의 친필은 아직까지 세상에 알려지지 않았으나, 이번에 처음 발견되었다.
정약전이 아우 다산에게 보낸 편지로 다산의 제자 황상에 대한 이야기가 주된 내용이다.
1806년 3월에 썼다는 기록이 보인다.

들을 모아 『벽위편』(闢衛編)을 엮어냈다. 천주교인을 물리쳐야 한다는 주장을 담은 이 책은 한국 천주교 초창기의 역사를 알려주는 중요한 자료다.

진산사건을 빌미삼아 목만중, 이기경, 홍낙안 등이 정승 채제공에게 편지를 보냈다.

"총명하고 재주 있는 벼슬아치와 유생들 10명 가운데 일고여덟 명 모두 서교에 빠져 있으니 황건적(黃巾賊), 백련교(白蓮敎)와 같은 난리가 일어날 것입니다."

이제 신서파에 대한 공서파의 공격이 본격적으로 시작된 셈이다. 정조와 채제공의 두둔 아래 신서파의 세력이 확대되고 성호 이익의 후학들이 보란 듯이 요직으로 들어가자, 이에 위협을 느낀 공서파가 신서파를 몰아내기 위한 모략으로 투서를 했다고 다산은 생각했다.

세 사람은 장악원(掌樂院)으로 불려들어가 허실을 조사받았으니, 이른바 '장악원 조사사건'이 바로 그것이다. 조사 결과 큰 사단이 아닌 것으로 판명되자 이기경은 집상(執喪) 중인데도 상소를 올려 공정한 조사가 아니라고 헐뜯었다. 이에 정조가 노해 이기경을 변방으로 유배시켰다.

이 유배 결정이 또 다른 사단을 불러올지도 모른다고 생각한 다산은 백방으로 뛰어 이기경이 해배되도록 했고, 옛 친구의 정을 생각해 이기경이 유배살이하는 동안 그의 집안을 도와주기도 했다. 그러나 유배에서 풀려 돌아온 이기경은 끝내 신유박해를 일으키는 주모자가 된다.

학문의 스승 아버지의 별세

1792년은 다산이 서른한 살이 되는 해다. 3월 22일 홍문관록(弘文館錄)에 뽑혔으며 28일에는 홍문관 수찬(修撰)이 되었다. 홍문관록이란 홍문관의 교리, 수찬 등의 벼슬아치를 뽑을 때의 제1차 후보자 선임기록이며 도당회권(都堂會圈)이란 홍문관의 교리, 수찬들을 뽑을 때의 제2차 후보자 선임 과정을 말한다. 그야말로 녹(祿)을 트는 과정이다. 벼슬아치들이 가장 영예롭게 여기는 한림학사와 홍문관 교리, 드디어 다산은 한림원과 옥당에 들어가는 영예를 안았다. 이제 관리로서의 앞길이 훤히 열린 것이다. 다산의 집안은 8대에 걸쳐 연달아 옥당에 들어간 명문 집안이다. 그러한 가문의 명예를 다산이 회복한 것이다. 반대파가 다산이 홍문관에 들어가는 것을 막으려 했으나 정조는 단호하게 물리쳤다. "옥당은 정씨(丁氏) 가문에서 대대로 물려온 곳이니, 정약용도 홍문관록에서 뺄 수 없지 않느냐."

아무리 높은 벼슬을 했다고 해도 녹을 튼 경우냐, 아니면 녹을 트지 못한 벼슬이냐로 벼슬의 가치를 따지는데, 녹을 터야만 가문까지 빛내는 벼슬살이가 된다. 이 일은 다산 개인에게도 영광스러운 일이었지만 정씨 가문의 명예이기도 했다.

울산 도호부사로 있는 다산의 아버지 정재원은 경술년(1790) 초봄에 진주 목사로 승진되어 발령을 받았다. 다산은 겨를을 얻어 진주에 있는 아버지 임소로 근친을 갔다. 진주는 장인 홍화보가 경상우도 병마절도사로 재임하던 곳이어서 전에도 찾아온 적이 있다. 이번에는 문과에 급제한 신진 벼슬아치 자격으로 목사인 아버지를 찾아가 인사드리고, 다시 촉석루에 올랐다가 서울로 왔다.

다산이 옥당에 들어가 한창 이름을 날리던 무렵인 임자년(1792) 4월 9일에 아버지가 세상을 뜨고 말았다. 어린 시절부터 다산에게 글을 가르쳐주고 경서(經書)와 사서(史書)를 가르쳐주어 다산에게 학문의 기초를 튼튼하게 심어준 아버지의 별세였다.

나의 선친께서 조정의 지우를 받아 두 고을의 현감, 한 군의 군수, 한 부의 도호부사, 한 주의 목사를 지냈는데 모두 치적이 있었다. 비록 약용과 같은 불초한 사람으로서도 그분을 따르며 배워서 다소간

진주 남강에 있는 촉석루.
다산은 장인 홍화보가 경상우도 병마절도사로 재임 중일 때와 문과에 급제한 후
진주 목사인 아버지께 인사드리기 위해 다시 한 번 진주를 찾는다.

들은 것이 있었고, 보아서 다소간 깨달았던 것도 있으며, 물러나 이를 시험해봄으로써 다소간 체득한 것들이 있었다.

• 『목민심서』, 「서문」

아버지께서 다섯 고을의 수령을 지냈던 덕에 고을 다스리는 일을 보고 듣고 배워서 얻은 바가 있어 『목민심서』의 저술에 도움을 받았다는 이야기 가운데 한 대목이다.

홍문관 수찬으로 임금과 마주앉아 국사를 긴밀하게 논의하느라 바쁠 때, 다산은 아버지가 위독하다는 소식을 듣고 형제들과 급히 진주로 달려갔다. 전라도 운봉현(雲峯縣)에 이르렀을 무렵, 다산은 아버지가 끝내 운명했다는 소식을 듣고 울며불며 진주에 도착했다. 그곳에서 한 달이 지나 영구(靈柩)를 모시고 선영이 있는 충주의 하담으로 와서 장례를 마치고, 고향인 마현으로 돌아와 여막(廬幕)을 짓고 형제들과 함께 거처했다. 전해오는 소식에 따르면 임금이 수시로 다산의 안부를 묻고, 장례는 제대로 치렀으며, 그 밖의 다른 일은 무사한지 등에 대해 관심 있게 자주 물었다고 한다.

다산의 시집을 보면 슬픔에 겨웠던 탓인지 거상 기간에는 시가 보이지 않는데, 옛날 선비들에게는 당연한 일이었다. 거상 중에는 경서나 예서(禮書)를 읽는 것이 일반적이었다.

겨울부터 정조대왕은 고향에서 거려(居廬)하는 다산을 그냥 놓아두지 않고 여러 가지 일을 시키곤 했다. 그 가운데 하나가 수원 화성을 쌓는 규제(規制)를 지어올리라는 분부였다.

평범한 사고방식으로는 성을 쌓을 수 없다

다산은 스물여덟의 나이로 과거에 합격한 뒤 임금의 명령에 따라 배다리 역사(役事)에 대한 규제를 올려 큰 공을 세웠다. 임금은 이 일을 기억

수원 화성은 다산이 직접 설계하여 쌓은 성이다.
그는 역법이나 산수에 능통했기에 자연과학의 훌륭한 업적을 제대로 원용해 한강의 배다리를 설계하고 수원 화성을 축조하는 토목공학의 논리를 개발할 수 있었다.

다산이 창안한 거중기. 이 편리한 기계 덕분에 일반 인민을 동원하지 않고도
임금 노동자인 모군(募軍)만으로 성을 건설하여
수원 화성을 축조하는 데 4만 냥의 비용을 절감했다.

하고 성 쌓는 규제를 올리라고 명령했다. 다산은 중국의 윤경(尹耕)이 지은 『보약』(堡約)이라는 책과 서애 유성룡이 지은 『성설』(城設)이라는 책을 참고해 가장 좋은 방법의 성제를 기술하여 임금에게 바쳤다. 임금은 이어 궁중에 비장해둔 중국 책 『도서집성』(圖書集成)과 『기기도설』(奇器圖說)을 다산에게 내려보내 무거운 물건을 끌고 가고 위로 올리는 방법에 대한 설명서를 보내라고 지시했다.

다산은 정조대왕에게 「기중가도설」(起重架圖設)을 지어 바쳤다. 도르래나 수레바퀴 등을 이용해 무겁고 큰 물건을 편하게 옮기거나 위로 올릴 수 있는 방법을 창안해낸 것이다.

「기중가도설」에서 다산은 다음과 같이 설명하고 있다.

성은 돌로 쌓아야 한다. 재료는 돌뿐이다. 그런데 돌을 구하는 것이 어려운 것이 아니라, 돌을 들어올리고 운반하는 데에 힘과 재정을 모두 소모한다. 반드시 기구(器具)를 만들어 편리하게 사용해야 한다. 지금 옛 사람이 남겨준 뜻을 이어받고 새 제도를 참고하여 기중소가(起重小架)를 만들어 화성의 성 쌓는 일에 쓰게 하니, 축적된 지식을 감추지 않고 공력(工力)을 들여 둥근 바퀴와 나선형 바퀴를 만들어 서로 밀어주고 끌어주게 하면 어린아이 한 팔의 힘으로도 수만 근이나 되는 무거운 물건을 들어올릴 수 있을 것이다. 이는 절대로 평범한 사고방식으로는 생각조차 할 수 없는 일이다.

활차(滑車)를 사용하여 매우 무거운 물건을 움직일 때 반드시 녹로가(轆轤架)를 사용하면 그 힘을 갑절로 낼 수 있다. 가령 이곳에 바퀴가 네 개씩 달린 활차가 서로 마주보고 있다고 생각해보자. 이 경우에 40근의 힘으로 1,000근이나 되는 무게를 능히 움직일 수 있다.

여기에다 녹로가를 더 설치하는데, 녹로 손잡이의 굵기를 녹로 기둥 지름의 10분의 1 비례로 만든다면, 40근의 힘으로 2만 5,000근의 무게를 움직일 수 있다.
- 「기중총설」(起重總說)

현대 토목공사나 건축공사에서 활용하는 기구의 원리를 다산은 그때 이미 체득했다. 실학자 다산의 면모가 제대로 드러나는 이론이다. 이처럼 매우 과학적이고 치밀한 이론을 전개해 성 쌓는 역사에서 힘을 덜 들이고 재정을 절감할 수 있는 여러 가지 방법을 강구했으니, 그러한 이론가, 그러한 공학자에게 정조대왕은 얼마나 애착을 가졌겠는가. 다산의 이론에 따라 성을 짓고 나서 임금이 "다행히 거중기를 이용하여 경비 4만 냥이 절약되었다"고 했다니, 상중에 있던 다산의 과학연구 결과가 국가에 큰 혜택을 준 셈이다.

정조시대를 조선시대의 문예부흥 시대라고 말한다. 이 시기에 다른 어떤 시기보다 높은 수준의 문화가 창출되었다. 화성은 정조시대의 문화유산 가운데 대표적인 상징물이다. 그런데 세계문화유산으로도 기록된 화성은 바로 다산의 학문적 업적의 결과물이라고도 할 수 있다.

1793년 4월, 아버지가 세상을 떠난 지도 벌써 1년, 소상(小祥)을 마친 다산 형제들은 연복(練服)으로 갈아입었다. 이 무렵 화성(華城) 유수(留守)로 있던 채제공이 영의정으로 승진해 조정으로 들어왔다. 남인 시파의 세가 커지는 조짐이다.

채제공은 조정으로 들어오자마자 지난 1762년에 사도세자가 죽음에 이르도록 참소한 사람들(벽파)에 대해 준엄한 처벌을 주장하는 상소를 올린다. 당연히 정조는 시파 쪽을 두둔한다. 1794년 서른세 살의 다산은 6월에 아버지의 삼년복을 모두 마치고 벼슬에 다시 오른다.

법의 적용은 임금의 측근부터 시작해야 한다

암행어사로 민정을 살피다

아버지의 탈상을 마친 다산이 1794년 7월 23일 성균관 직강(直講: 정5품)에 임명되어 성균관에 들어가며 지은 시가 있다.

게으른 천성대로 놀면서 지내려 했더니	放棄從吾懶
기대 밖의 벼슬에 임명되었네.	甄收異所期
갈수록 거미줄이 친친 얽히어	故多蛛布網
재갈 물린 말 신세 면하지 못하리.	未免馬銜羈
친하던 벗들 뒤얽혀 멀어져만 가고	錯落親交遠
세상살이 구불구불 위험해지네.	迂回世道危
힘없는 새처럼 성분대로 따르며 살지	肯翹共順性
억지로 힘쓴들 무엇이 되겠느냐.	黽勉竟何爲

• 「성균관 직강으로 부임하며」(除國子直講赴官)

영예로운 직책의 벼슬살이가 다시 시작되었지만, 친했던 친구들이 등을 돌리고, 이일 저일로 트집을 잡는다. 앞길에 위험한 징조가 드리워져 있다. 시파·벽파의 싸움이 좀처럼 가라앉지 않아 화색(禍色)이 감돈다. 정5품의 낮지 않은 벼슬에 오르고도 무엇인가 불안한 속내를 떨구지 못하고 있다.

이 무렵 다산은 평생 동안 어울려 지낼 친구들과 접촉할 기회가 늘어난다. 좌랑인 남고(南皐) 윤지범(尹持範: 1752~1821)과 자주 어울리며 시를 지은 기록이 보인다. 윤지범은 진산사건을 일으킨 윤지충과 가까운 집안이어서 진산사건 이후부터는 이름을 규범(奎範)으로 개명했다. 그는 다산보다 열 살 위의 외가 육촌형이 되는 사람이다. 도사(都事)로 있던 이유수(李儒修: 1758~1822)와도 친하게 지냈으며, 헌납(獻納)으로 있던 한치응(韓致應: 1760~1824)이나 윤지눌(尹持訥: 1762~1815, 뒤에 규응奎應으로 개명) 등과도 자주 어울렸다.

이해 10월 27일 다산은 홍문관 교리에 임명된다. 홍문관 학사(學士)라는 명예로운 지위에 오른 것이다. 역시 임금은 다산을 중용하려던 뜻을 굽히지 않고 기회만 있으면 요직을 내려주었다. 다산은 28일 홍문관에 부임했는데 그 다음날 바로 임금이 계시는 성정각(誠正閣)으로 불려가 경기도 암행어사 발령을 받았다.

이해에는 흉년이 들어 백성들의 생활이 매우 어려웠다. 정조는 경기도의 각 읍에 암행어사 10명을 파견하고 적간(摘奸) 사관(史官)까지 여러 명 보내 수령들의 잘잘못을 규찰하고 백성들의 괴로움을 살피게 했다. 그 10명 가운데 한 사람으로 다산은 경기도 북부지방의 네 고을을 암행하라는 밀명을 받았다. 들어갈 때는 양주(楊州)고을을 거쳐 들어가고 나올 때는 파주군으로 나오도록 명령이 났는데, 담당 고을은 적성(積城: 지금의 파주시), 마전(麻田: 지금은 이북), 연천(漣川: 지금의 연천군), 삭녕(朔寧: 지금은 이북) 등 네 지역이었다.

암행어사는 권세와 위엄이 크고 높아 산천초목도 벌벌 떤다는 무서운 벼슬아치다. 마패 하나 쥐고 나아가 "어사 출도!"라고 외치면 세상이 움츠러든다. 사나이라면 한번쯤 그런 지위에 올라 임금의 권한을 대신해 세상을 바로잡아보겠다는 소망을 갖게 마련이다.

임금이 암행을 떠나는 어사들에게 내린 지시문과 다산이 암행을 마치고 돌아와 임금에게 올린 보고문을 읽어보자. 임금은 암행어사들에게 간곡하게 당부했다.

　수령의 잘잘못을 조사하고 민간인의 고통을 찾아내는 것이 암행어사의 직책이다. 수의(繡衣)를 입도록 한 것은 총애를 나타내는 것이며, 부절(斧節)을 들린 것은 위엄을 높여준 것인데, 요즈음 간혹 각 도를 암행하는 인물 가운데 직위에 적합하지 못한 사람이 있다. 이것을 어찌 그 인물에게만 책임을 지우겠는가. 조정에서 인재를 잘 가려내지 못한 책임이 있다. 그러나 직위에 적합하지 못하다 하여 이들을 파견하지 않는다면, 구중궁궐에 있는 내가 무슨 수로 백성들을 살펴보겠는가. 더구나 지금 서울을 중심으로 천 리 지역에 흉년이 들었음에랴. 국가의 혜택이 아래까지 미치지 못하고 민폐가 상부에 알려지지 않아, 마을의 개조차 길들여지지 않고 산이나 물가의 기러기들이 모여들 지경이면, 백성들이 간절히 바라는 것은 오직 어사이고, 관리가 힐끔힐끔 쳐다보며 두려워하는 것도 오직 어사이며, 나라에서 권선징악하는 데에도 역시 오직 어사의 말만 신임하고 따르게 마련이다. 이 때문에 너희들을 각 고을에 나누어 임명하는 조치를 내리게 되었다. 너희들은 직책을 신중히 수행하되 관청, 시장, 촌락 사이에 출몰하면서 세밀하게 민정(民情)을 주워모아 조정으로 돌아올 때 하나하나 조목별로 열거해 아뢰어라.

　암행어사에 적합한 인물을 제대로 선발하여 임금이 당부하고 지시한 대로 업무를 제대로만 수행한다면, 백성들의 고통이 상당히 줄어들고 흉년을 극복할 길이 열릴 수도 있건만, 그렇지 못한 경우가 더 많아 백성들은 언제나 고달프고 배고팠다.
　다산은 임명장을 받은 다음날 곧바로 현장으로 들어가 샅샅이 민정을 살피고 11월 15일 임금에게 복명서를 올린다.

신(臣)은 10월 29일 임금님의 지시대로 경기도 암행어사에 임명되었습니다. 삼가 엎드려 생각건대, 신은 본디 재주와 식견이 없는데다 경력마저 모자라는 사람으로, 외람스럽게도 무거운 임무를 받아 일을 그르칠까 겁이 난 나머지, 오직 앞길의 평탄과 험난 따위를 가리지 않고 변변치 못한 충성을 다하는 것으로써 만분의 1이나마 임금님의 은혜에 보답하고자 즉시 강촌(江村)으로 나왔습니다. 그리고 다음날 길을 떠났는데, 신이 명을 받은 것은 두어 고을에 지나지 않았으므로, 마땅히 정신을 쏟아 잘 살펴서 지극하신 뜻을 저버리지 않으려고 했습니다. 먼저 적성에서 삭녕에 이르기까지 마을 구석구석을 드나들며 천민들 사이에 신분을 감추고 각별히 염탐하여 확실한 사실을 얻어내서는 혹 출도하여 샅샅이 조사하기도 하고, 혹 자취를 숨기고 다시 살펴본 다음에 해당 고을 수령의 옳고 그른 일에 대해 소상하게 열거해서 논했고, 지나가던 각 읍의 실태에 대해서도 빠짐없이 들어서 논했으며, 암행 조건 가운데 연천의 민폐에 관한 일은 별도로 원단(原單) 이외의 별지에 기록하여 임금님이 읽으시도록 대비했습니다.

다산은 설명서를 첨부하여 각 고을의 수령에 대해 자세히 보고했다. 사리에 밝고, 가난한 백성의 입장에 서서 잘잘못을 따지는 다산은 암행어사의 임무를 훌륭하게 수행했다.

다산은 적성 현감 이세윤(李世胤)에 대해 논했다.

이세윤은 다스리는 일을 순후하고 신중하게 하고 몸가짐을 소탈하게 하며, 재판하는 일을 결단할 때는 비록 강직한 면이 부족하지만, 백성들을 어루만져 보살펴주는 일은 부지런했습니다. 가정 형편을 조사하는 호구조사에는 한 차례 더 하는 수고를 꺼리지 않음으로써, 처음에는 착오가 있더라도 끝내는 바로잡혔으며, 흉년에 조세를 감면해주는 일로 말하면 자신의 재량으로 결(結)에 대한 조세를 삭감하고,

다산이 쓴 편짓글.

많이 주는 곳에서 덜어내 적게 주는 것에 보탰습니다. 환곡을 받으면서 잉여분을 사사로이 취했다는 것에 대해서는 사용처가 사사롭지 않아 용서했습니다.

이처럼 적성 현감을 잘못이 없는 수령으로 평가했다. 잘하는 수령에 대해 아낌없는 찬사를 보내는 점도 역시 다산다운 판단이다. 마전 군수에게는 더 훌륭한 찬사를 보냈다.

마전 군수 남이범(南履範)은 재판에서 심리를 강직하고 분명하게 하며, 일처리는 근본과 지엽을 종합하여 면밀하게 합니다. 간사한 무리를 죄 주고 도태시키니 백성들은 통쾌하다 일컫고, 창고지기를 곤장으로 다스렸으니 되(升)와 말(斗)을 간혹 함부로 한 것을 먼저 간파했던 것이며, 납세를 거부하는 부잣집 무리에게 조세의 상납을 독촉하여 흉년이 들어도 두렵지 않게 되고, 피폐하고 가난한 백성을 제대로 조사해 실상에 합치하도록 조치했습니다. 징병의 인원 수가 자주 주민 수보다 과다하므로 그러한 묵은 폐단을 제거하고, 잘 까불게 하여 미리 새봄의 식량을 걱정하는 등, 부임한 지 2년 만에 정치가 제대로 이룩되고 법이 정착되었으니, 이런 유능한 솜씨가 이렇게 말(斗)만큼 작은 고을에서 일하고 있는 것이 아까울 뿐입니다.

탐관오리들을 준엄하게 비판

연천 현감 이가운(李可運)과 삭녕 군수 박종주(朴宗柱)도 큰 잘못 없이 백성들의 신임을 받고 있는 수령으로 평가했다. 그러나 연천의 전 현감 김양직(金養直)과 삭녕의 전 군수 강명길(康命吉)의 탐학스런 행위를 발견하여 혹독한 비판을 가했다.

전 현감 김양직은 5년을 벼슬살이하면서 온갖 나쁜 짓을 다 했습니다. 정신상태가 흐리멍덩한데다 술까지 마시며 탐관오리짓을 일삼고 첩까지 거느리는 등 허다한 범법 사실을 끊임없이 저질러 사람마다 지적하고 있습니다.

이렇듯 다산은 김양직이 지은 죄악상을 낱낱이 고발했다. 환곡 3,500석에 대한 사용(私用), 551석의 사용처가 분명하지 않은 점, 미수한 곡식 2,100석을 허위로 올려두고 속여서 보고한 점, 직책을 팔아 자신을 살찌우느라 신역(身役)을 무수히 면제해주고, 종을 풀어주고 돈을 요구하는 등 죄가 끝이 없다고 했다.
　삭녕의 전 군수 강명길에 대해서도 다산은 강하게 비판하고 강력한 처벌을 요구했다.

노년기의 탐욕이 끝이 없고, 야비하고 인색함이 매우 극심한 자로서, 백성의 소송사건이나 관청의 사무에는 머리를 저으며 관여하지 않고, 식사비용이나 봉급을 후려쳐서 차지하고 함부로 거두며, 표절사(表節祠)라는 사당에 계산해야 할 곡식을 부자들에게서 강제로 징수하고 화전민에게 너무 과중한 세금을 걷고, 향임(鄕任)인 군수의 보좌인들에게는 뇌물의 문을 열어놓았으며, 군수직을 마치고 퇴임하던 귀향길의 짐이 어찌나 많은지 운반하기 어려울 정도였습니다.

그러나 세상일이란 그렇게 간단하지 않다. 강명길은 왕가의 질병을 돌보는 궁중의 어의(御醫) 출신으로 권세가 막강했고, 김양직도 임금 가족의 묏자리를 잡는 지사(地師) 출신이라 왕실과의 끈을 이용해 세력을 부렸다. 그래서인지 암행어사의 강력한 처벌 요구에도 대신들이 가로막아 제대로 처벌되지 않았다. 다산은 다시 상소를 올려 더 강력한 주장을 편다.

대신이 강명길과 김양직을 처벌해서는 안 된다는 상주를 했다고 들었습니다. 신은 정말 지극히 의아스러움을 금치 못하겠습니다. 강명길은 어의, 김양직은 지사였습니다. 만약 그들이 범한 것이 신이 논한 것처럼 부정한 재물을 탐하지 않고 가혹하리만큼 과중한 세금을 걷지 않았다면, 그들의 공을 생각해 죄를 용서하는 것을 용인하겠습니다. 그런데 지금 이 두 사람이 범한 죄악은 수령이라는 제도가 생긴 이래 들어본 적도 없었을 만큼의 큰 죄악입니다. 대저 법의 적용은 마땅히 임금의 측근들에게서부터 시작해야 합니다. 신은 생각건대, 이 두 사람을 국가의 사법기관으로 하여금 의법처리하게 해서 민생을 소중하게 여기고 국법을 존엄하게 해주시면 다행이겠습니다.

이렇듯 다산은 임금 측근에 있는 권세가들의 잘못을 징치해야 한다고 강력히 주장했다. "법의 적용은 임금의 측근부터 시작해야 한다"와 "민생을 소중하게 여기고 국법을 존엄하게 해야 한다"는 다산의 경세(經世) 논리가 여기서 분명히 드러나고 있다.

눈밝고 귀밝은 암행어사

서용보와 다산의 끈질긴 악연

권력과 세력을 등에 업고 온갖 부정과 부패를 저지르는 패악의 벼슬아치들이 우리가 살아가는 이 개명한 시대에도 들끓고 있는데, 법을 적용하여 잘못한 사람을 징치하려면 의당 임금의 측근 실세들부터 시작해야 한다고 갈파한 다산의 주장은 두고두고 음미할 만한 가치가 있다. 궁중의 어의나 왕실의 지사가 임금의 최측근인데 그들을 치죄해야 한다고 주장하는 젊은 암행어사의 당당한 기개가 아름답다.

암행어사 보고서를 올릴 때부터 정조의 어머니 혜경궁 홍씨의 병환을 돌보던 강명길과 사도세자의 묘소를 수원의 화성으로 옮길 때 지사였던 김양직은 임금의 총애를 받는 사람이라서 처벌받지 않을 거라는 얘기들이 있었지만, 다산의 강력한 요구로 끝내 무거운 처벌을 받고 말았다.

암행어사는 중국의 한(漢)나라 때는 직지사(直指使)라고 호칭하여 부정과 부패를 파헤치는 상징적인 벼슬아치였다. 다산보다 앞선 세대의 유명한 암행어사로는 우리가 잘 알고 있는 박문수(朴文秀: 1691~1756)가 있다. 다산이 태어나기 6년 전에 세상을 떠난 어사 박문수의 뒤를 어사 정약용이 이은 셈이다.

옛말에 호사다마(好事多魔)라는 말이 있다. 좋은 일에는 무언가 탈이 따른다는 뜻이다. 서른세 살 젊은 암행어사 다산도 지나치게 깨끗한 업무수행 때문에 탈이 생겨 일생 동안 마가 끼는 불행을 맞는다.

「사암연보」와 자신의 자서전인 「자찬묘지명」(집중본)에 각각 나오는 내용인데, 이때 서씨 정승의 집안 사람으로 마전(麻田)에 사는 사람이 있었다. 그가 꾀를 부려서 마전 향교(鄕校) 터를 정승의 집에 바쳐 묘지로 삼고자 땅이 불길하다는 소문을 내고 고을의 유림들을 협박해 향교의 명륜당(明倫堂)을 헐고 옮기려 했다. 다산이 이 사실을 적발하여 곧바로 그자를 체포해 처벌했다고 한다(그 동안 이 서씨 정승을 서용보라고 했으나 당시 서용보는 정승의 지위에 있지 않았으니 서용보로 단언한 것은 잘못이다. 『다산산문선』의 주가 애초에 잘못된 것이다).

이 서 정승과 친척이 되는 서용보(徐龍輔: 1757~1824)는 당시 경기도 관찰사로 근무했다(서용보는 순조 즉위년인 1800년에 우의정이 된다). 그런데 이 서용보가 탐학을 부리고 있음을 다산이 탐지해 문제삼았다. 서울에서 수원 화성까지 이어진 강변의 일곱 개 읍에서 관청 곡식을 팔면서 지나치게 값을 비싸게 매기고는 이 돈은 금천(衿川)의 도로를 보수할 비용이라 값싸게 팔 수 없다고 했다. 사정이 이러하니 힘없는 백성들은 원망하면서 임금을 탓할 수밖에 없었다. 그때 임금은 자신의 아버지 묘소가 있는 화성에 자주 성묘하러 다녔는데, 과천을 통해서 행차를 했지 금천 방향으로는 다니지 않았다. 그런데도 서용보가 임금의 행차를 핑계로 금천의 도로 보수비를 높게 책정하여 받아낸다는 것이다.

아무것도 모르는 백성들은 "괴롭고 괴롭구나, 화성이여. 과천으로도 길이 있는데 왜 하필이면 금천으로 지나는고?" 하며 나랏님 욕을 했다. 다산이 암행을 마치고 난 뒤에 이 사실을 임금에게 자세히 보고했다.

정순대비와 순조의 신임이 두터웠던 서용보는 노론 벽파로 신유사옥 때는 우의정이라는 높은 벼슬에 올라, 다산을 재판할 때 결정적인 역할을 한다. 인생의 운명이란 알다가도 모를 일이다. 암행어사에게서 자신의 잘못을 지적당한 서용보는 그때의 앙심을 끝까지 품고 다산이 하는 일마다 방해를 놓고 불리하게 처리했다. 영의정이란 최고의 지위까지

화성능행도 8폭 병풍 가운데 정조의 어가가 시흥행궁 앞에 다다른 모습.
1795년 화성능행도는 정조가 부모의 회갑을 맞이해 화성에서 베푼 잔치에 관련된
행사를 8폭 병풍에 담은 기록화다.

오른 서용보는 마지막까지 다산의 앞길을 가로막았다. 다산의 자서전 광중본(壙中本)에 이런 내용이 자세히 적혀 있다.

1801년 봄 신유사옥이 일어나 다산 3형제가 모두 체포되어 국청의 신문을 받고 정약종은 참수당했으며, 약전·약용은 귀양지로 떠났다. 실제로 모든 대신들이 두 형제는 석방하자고 했지만 유독 서용보가 강력히 반대하여 유배령이 내려졌다. 다산이 암행어사 시절 서용보의 잘못을 지적했던 뼈아픈 과거를 잊지 않고 다산에게 복수한 것이다.

1803년 강진에서 유배사는 정약용을 풀어주라는 정순대비의 명령이 떨어졌으나 정승인 서용보가 반대해서 해배되지 못했다고 한다. 1810년에 아들 학연이 나라에 억울함을 호소해 해배 명령이 내려졌으나 사헌부의 반대로 실현되지 못했으며, 그 뒤 서용보가 벼슬에서 물러난 무인년(1818)에야 마침내 다산은 해배되어 고향으로 돌아올 수 있었다. 서용보는 은퇴하여 다산의 고향 근처에서 지냈는데, 해배된 다산에게 사람을 보내 위로의 뜻을 자주 전했다고 한다.

얼마 후 서용보는 영의정으로 발탁되어 다시 조정으로 들어갔다. 해배 다음해인 1819년 겨울에 조정에서 다산을 사면복권하여 백성을 위해 다시 등용하자는 논의가 일어나 그것이 실현될 무렵, 끝내 서용보가 가로막아 그렇게 되지 못했다고 한다. 무서운 악연, 용서받지 못할 앙심, 인간만이 저지르는 이러한 패악스런 행태 때문에 역사의 비극은 끊이지 않고 계속되나 보다.

1819년 겨울이면 다산의 나이 쉰여덟이다. 숱한 책을 쓰고 학문적으로나 인격적으로 완숙해진 다산이 다시 조정으로 들어와 백성을 위한 정책을 펼 수 있었다면 조선 후기의 세상은 어떻게 되었을까. 역사에 '만약'이라는 단어란 없다지만, 서용보의 방해가 없었다면 다산의 생애는 완전히 다른 방향으로 바뀌었을 것이다. 여기서도 운명의 비태(否泰)란 알 수 없는 거라는 탄식이 나온다.

지난봄에 꾸어 먹은 환자가 닷 말이라

30대 초의 젊은 나이에 경기 북부 일고여덟 개 군의 민가와 산야를 돌아본 경험은 다산의 일생에 매우 큰 영향을 미쳤다. 높은 재주와 뛰어난 기억력의 소유자 다산은 이 무렵 수많은 시를 짓는다. 피폐한 농촌의 실상을 민완기자처럼 샅샅이 살피고 돌아온 다산은 보고 듣고 느낀 사실을 유려한 필치와 예민한 감각으로 생생하게 재현했다.

암행어사로 적성군의 어떤 마을에 이르러 가난에 찌든 농촌의 피폐상이 너무 기가 막혀 쏟아낸 시를 읽어보자.

시냇가 허물어진 집 뚝배기처럼 누웠는데	臨溪破屋如甕盆
겨울 바람에 이엉 걷혀 서까래만 들쭉날쭉.	北風捲茅椽齾齾
묵은 재에 눈 덮여 아궁이는 썰렁하고	舊灰和雪竈口冷
어레미처럼 뚫린 벽에 별빛이 비쳐든다.	壞壁透星篩眼豁
집 안에 있는 물건 몹시도 쓸쓸하니	室中所有太蕭條
몽땅 팔아도 7, 8푼이 안 되겠네.	變賣不抵錢七八
개꼬리 같은 조이삭 세 줄기 걸려 있고	尨尾三條山粟穎
닭창자 같은 마른 고추 한 꿰미 놓여 있다.	鷄心一串番椒辣
깨진 항아리 뚫려 새는 곳 헝겊으로 발라 막고	破罌布糊敝穿漏
떨어져나갈 시렁대는 새끼줄로 얽어맸다.	庋架索縛防墜脫
놋수저는 지난번에 이장에게 빼앗기고	銅匙舊遭里正攘
무쇠솥은 엊그제 옆집 부자가 앗아갔다.	鐵鍋新被鄰豪奪
검푸르고 해진 무명이불 한 채뿐이라서	靑綿敝衾只一領
부부유별 따지는 건 마땅치도 않구나.	夫婦有別論非達
어린것들 입힌 적삼 어깨 팔뚝 나와 있으니	兒穉穿襦露肩肘
태어나서 바지 버선 입어보지 못했으리.	生來不著袴與襪
큰아이는 다섯 살에 기병으로 올라 있고	大兒五歲騎兵簽

작은애도 세 살에 군적에 묶여 있다.	小兒三歲軍官括
두 아이 군포세로 500푼 바치고 나니	兩兒歲貢錢五百
빨리 죽기나 바랄 판에 옷이 다 무엇이랴.	願渠速死況衣褐
갓난강아지 세 마리 애들과 함께 자는데	狗生三子兒共宿
호랑이 밤마다 울 밖에서 으르렁대네.	豹虎夜夜籬邊喝
남편은 산에 가 나무하고 아내는 방아품 팔러 가니	郎去山樵婦傭舂
대낮에도 사립문 닫혀 분위기 비통쿠나.	白晝掩門氣慘怛
아침 점심 다 굶다가 밤에 돌아와 밥을 짓고	晝闕再食夜還炊
여름에는 늘 솜누더기 겨울엔 삼베적삼 걸친다.	夏每一裘冬必葛
들냉이 싹도 깊이 박혀 땅 녹기를 기다리고	野薺苗沈待地融
이웃집 술 익어야 지게미나마 얻어먹지.	村篘糟出須酒醱
지난봄에 꾸어 먹은 환자(환곡)가 닷 말이라	餉米前春食五斗
이 때문에 금년은 정말 못살겠구나.	此事今年定未活
나졸들 문밖에 들이닥칠까 겁날 뿐	只怕邏卒到門扉
관가 곤장 맞을 일일랑 걱정도 하지 않네.	不愁縣閣受笞撻
아아! 이런 집들이 온 천지에 가득한데	嗚呼此屋滿天地
구중궁궐 깊고 깊어 어찌 모두 살펴보랴.	九重如海那盡察
직지사란 벼슬은 한(漢)나라 때 벼슬	直指使者漢時官
고을 수령도 마음대로 처벌했지.	吏二千石專黜殺
폐단의 근원 본디 어지러워 바로잡히지 않고	幣源亂本棼未正
공수, 황패 다시 나와도 뿌리뽑기 어려우리.	龔黃復起難自拔
먼 옛날 정협의 「유민도」 본받아	遠摹鄭俠流民圖
애오라지 시 한 편 베껴 가지고 임금님께 돌아갈까.	聊寫新詩歸紫闥

• 「적성촌에서」(奉旨廉察到積城村舍作)

다산의 시 맛을 제대로 보여준다. 가난한 18세기 말엽, 조선의 참담한 농촌의 실정이 실제인 듯 묘사되어 있다. 불쌍한 백성들에 대한 다산의 따뜻한 애정이 무럭무럭 솟아난다. 그 동안 풍광을 읊고 자연을 관조하던 다산의 시는 면모를 일신하여 사회의 비리와 구조악에 눈을 뜨면서 투철한 문제의식을 보여주는 사회시로 변한다. 한나라 때의 유능한 수령 공수(龔遂), 황패(黃霸) 같은 이가 나와도 치유할 방법이 없는 폐단에 다산은 낙담한다. 집 떠나는 백성들의 처참한 실상을 글로는 아뢸 길이 없어 유랑하는 백성들의 군상을 그림으로 그려 임금에게 바친 송(宋)나라의 고을 원님 정협(鄭俠)의 일을 인용한 부분에 이르면 그의 탄식과 낙망이 절실하다. 백성의 실상을 나라에 알려 그들의 문제를 해결할 방법을 강구해야 한다는 의무감이 다산의 가슴에는 일생 동안 도사리고 있었다. 시는 「유민도」(流民圖) 성격을 지녀야 참다운 시라는 시관(詩觀)을 다산은 가졌고, 대체로 그의 시는 그러한 경향의 사회시, 비판시가 많다.

여느 사람들은 낙척되거나 실세(失勢)의 지위로 떨어져야만 남의 아픔과 비애에 동정심을 발휘하게 되는데, 암행어사라는 한창 잘나가던 시절에 약자 편에 서서 그들의 처지로 마음을 돌리는 다산의 문학정신은 그 누구보다 탁월하다.

다산은 감옥이나 유배지에서 수많은 시를 짓는데, 역시 그의 문학정신이자 작가정신은 이 시의 경향에서 크게 벗어나지 않는다. 그의 사실주의 문학, 그의 현실고발 문학, 그런 전체적인 의미가 이 시에 담겨 있다.

경기도 북부 지방의 몇몇 고을을 암행한 그의 경험, 그것은 다산에게 큰 충격을 준 사건이었다. 그 다음해인 1795년의 작품으로 알려진 「굶주리는 백성들의 노래」(飢民詩)는 그의 대표적인 시 가운데 하나인데, 바로 전해인 암행어사 시절에 목격한 충격에서 벗어나지 못한 상태에서 지은 것으로 보인다. 이 무렵은 정치적으로 여러 가지 복잡한 사건들이 일어나 정국이 혼란스러웠는데, 다산은 사회 전체의 구조악에 관심을 기울였다. 다산은 임금이 조금 잘하고, 신하 몇이 잘하고, 수령 몇이 잘

한다고 해서 해결될 세상이 아니며, 근본적이고 구조적인 변화와 개혁이 없다고 생각했다.

공서파, 공격의 활줄을 당기다

1795년인 을묘년은 정조대왕의 아버지 사도세자가 살아 있으면 회갑을 맞는 해다. 생전에 효도를 하지 못한 정조는 그것을 원통하게 여기면서 돌아가신 사도세자를 위하는 일에는 온갖 정성을 다했다. 양주에 있던 아버지 묘소를 수원으로 옮기고 화성을 새로 쌓아 신도시를 건설하는 등 아버지를 위하는 일에는 못할 것이 없을 정도였다.

정조는 채제공, 이가환, 정약용 등을 그의 옆에 두고 그들에게 중요한 일을 맡겨 시파의 영향력이 커졌다. 새해가 시작되자 다산은 정3품 당상관으로 승진해 통정대부 동부승지에 임명되었고, 이가환은 공조 판서에 임명됨으로써 정경(正卿)의 위계에 올랐다.

이해 4월에 중국인 주문모(周文謨: 1752~1801) 신부가 복장을 위장하고 국내로 들어와 몰래 숨어서 천주교를 전교하다가 발각되는 사건이 있었다. 주문모는 피신하여 체포하지 못했지만 그를 국내로 맞아들인 지황(池璜), 윤유일(尹有一: 1760~95)과 그를 집에 숨겨주었던 최인길 등 세 사람은 체포되어 장살당하고 말았다.

이 일을 기회로 삼아 공서파가 들고일어났다. 천주교 문제는 정치의 정면으로 부상했다. 더구나 남인 시파이자 신서파가 판서와 승지의 지위에 오르자, 세력이 확대되는 것을 감지한 반대파는 공격의 활줄을 강하게 당기기 시작했다.

반대당이 날마다 유언비어를 퍼뜨리다

주문모 신부의 입국으로 달라지는 운명

신유사옥이 일어난 해가 다산의 생애에서 가장 불행하고 복잡한 해였다면, 그에 버금가는 해가 을묘년이다. 다산 자신의 기록부터 보자.

을묘년의 봄은 우리 정조대왕께서 임금에 오른 19년째 되는 해다. 간신(奸臣 : 정동준)을 이미 처벌하고 나라의 기강이 다시 바르게 되자, 임금께서 인정문에 납시어 모든 신하들의 하례를 받으시는데, 발음이 홍종(洪鐘)과 같고 노여움은 천둥 번개와 같이 말씀하시기를 "너희 조정에서 벼슬하는 백관은 모두 나의 고유(誥)를 들어라. 내가 오늘 소인을 물리치고 군자를 나오게 하여, 황천조종(皇天祖宗)의 보살핌을 이으려 하노라. 나는 오늘 착함과 악함을 분명하게 분별하여 백성들의 뜻을 크게 안정시키노라"고 하시자 뭇 신하들이 두려워 엎드린 채 엄숙히 입을 닫고 큰 호령을 공손하게 듣고만 있었다. 이때 판중추부사 채제공을 기용해 좌의정으로 삼고, 동부승지 신 정약용을 앞으로 나와서 받아쓰게 명하시고는 전 대사성 이가환을 발탁하여 공조 판서로 삼으니, 이에 안팎의 분위기가 흡족하여 훌륭한 인재들이 모두 진출하는 것으로 생각할 정도였다.

• 「정헌이가환묘지명」

다산은 세력 판도의 변화를 이렇게 기록해두었다. 또 임금이 이가환과 자신을 조용한 곳으로 불러 아버지가 묻혀 있는 화성의 도시계획에 대해 말하고 두 사람이 책임지고 그 일을 처리하여 완성하라는 명령을 했다고 했다. 그해 가을에는 진산 현감으로 있던 복암(茯菴) 이기양(李基讓: 1744~1802)까지 불러올려 급제시키고 옥당의 벼슬을 주었으니 빛나던 치세의 한때였다고 다산은 기록하고 있다.

그후 5년이 지난 기미년(1799)에 채제공이 세상을 뜨고 그 다음해에 정조대왕이 훙거한다. 그리고 다음해에 신유사옥이 일어나는 것이다. 다산은 하늘과 땅이 뒤집히는 난리가 일어났다고 기록했다.

이렇게 행과 불행이 뒤바뀌는 요인의 한복판에는 앞에서 언급한 주문모 신부가 조선으로 밀입국한 천주교 문제가 놓여 있었다. 주문모 신부가 조선으로 들어오기까지는 이승훈, 정약종 등의 계획적인 노력이 있었다. 1789년 밀사로 윤유일이 동지사를 따라 북경에 들어가 구베아 신부에게 교리를 문의하는 서신을 전달하고, 1793년에는 지황과 함께 3차로 북경에 들어가 신부 파견을 요청하고 이듬해에 주문모 신부를 영입하는 데 성공했다.

주 신부는 구베아 신부의 명으로 사도직을 수행하기 위해 조선에 온다. 중국과 조선의 국경 지역인 변문(邊門)에는 그를 영접할 신도 지황과 윤유일이 대기하고 있었다. 주 신부는 처음에는 압록강의 얼음이 녹아 건너지 못하고 만주 일대를 전교하고 다니다가 12월이 되어 압록강이 얼어붙자 입국할 수 있었다. 그는 지황과 윤유일의 안내에 따라 한국 옷으로 갈아입고 머리를 조선식으로 꾸몄다. 성을 이씨로 고치고 역부(驛夫) 차림새로 1794년 12월 23일 의주의 관문을 넘었다. 그후 12일 만인 1795년 1월 초에 서울에 무사히 도착했다. 정부의 천주교 탄압이 혹독했지만 신도들의 도움으로 주 신부는 북촌(지금의 가회동 지역)에 살던 역관 최인길의 집에 머무르면서 조선말을 배우는 한편, 그해 6월까지 열심히 전교 활동을 했다.

그러던 중 입교한 지 얼마 되지 않은 진사 한영익(韓永益)의 밀고로 주 신부의 입국과 전교 활동이 탄로나는 바람에 여신도 강완숙(姜完淑)의 집으로 피했다. 대신 주 신부로 변장한 최인길이 지황, 윤유일과 함께 체포되어 순교한다. 주 신부는 열성신자 강완숙의 도움으로 5년이 넘도록 조선의 곳곳에서 전교 활동을 펼칠 수 있었다.

주 신부는 평신도인 정약종, 황사영, 홍익만 등의 집을 여러 차례 방문했고, 강완숙의 기지로 왕손 은언군(恩彦君: 영조의 손자이자 사도세자의 아들, 정조의 서제庶弟)의 부인 송씨와 며느리 신씨 등을 경희궁으로 몰래 찾아가 입교시키고 세례까지 해주었다. 주 신부는 충청도와 전라도의 전주까지 밀행하면서 복음을 전파했다. 천주교 쪽의 기록에 따르면, 주 신부가 입국할 무렵에 겨우 3,000여 명에 지나지 않았던 신도가 5년 후에는 1만여 명으로 늘어났다.

신도들이 순교하는데 나만 무사할 수는 없다

1795년 5월 12일 최인길, 지황, 윤유일이 장살당하면서 세상은 시끄러워졌다. 신유사옥 때까지 전교 활동에 열심이던 주문모 신부는 신도들이 수없이 순교하는데 자신만 무사할 수는 없다고 여기고, 1801년 3월 12일 의금부에 스스로 찾아가 자수했다. 「황사영백서」에는 이렇게 기록되어 있다.

주 신부가 바로 의금부에 들어가니 이졸(吏卒)들이 놀라 누구냐고 물었습니다. 그는 "나 역시 천주님의 가르침을 받는 사람이오. 듣자 하니 조정에서 그것을 엄중히 금하고 죄 없는 사람들을 많이 죽인다고 하니, 살아 있는 것이 아무런 도움이 되지 않겠기에 죽여달라고 청하러 왔소"라고 대답했습니다. 이졸들이 그를 붙들어 관원 앞에 데려가 그가 신부임을 알자 마침내 옥에 가두고, 단지 양쪽 발에 족쇄만

채우고는 고문과 문초를 하지는 않았습니다.

4월 13일 주 신부는 한강 가의 새남터에서 참수당했으니 이때 그의 나이 마흔아홉 살이었다. 주 신부가 자수하면서 천주교 문제는 더욱 확대되어 왕실의 송씨, 신씨 부인 등이 입교한 사실이 드러나 3월 17일 사약을 받고 죽었으며, 이때 귀양가 있던 강화도의 은언군도 연좌에 걸려 함께 사약을 받고 죽어야 했다.

다시 1795년의 을묘년으로 돌아가자. 다산의 기록부터 보자.

여름 4월에 중국의 소주(蘇州) 사람 주문모가 변복을 하고 들어와 북악산 아래 숨어살면서 서교를 몰래 전파했다. 진사 한영익이 그걸 알아내 이석(李晳: 이벽의 형)에게 말하여 나도 그 이야기를 들었다. 이석이 채제공에게 알리자 채제공이 임금에게 은밀히 아뢰고는 포도대장 조규진(趙奎鎭)에게 체포하라고 명령했다. 주문모는 놓쳐버리고 최인길, 윤유일 등 세 사람을 붙잡아 장살해버렸다(당시 천주교 쪽의 기록에는 최인길은 주문모 신부의 소재를 알면서도 끝까지 불지 않고 죽음을 택했다고 되어 있다).

목만중 등이 선동을 하고 뜬소문을 퍼뜨려서 이 사건을 트집 잡아 착한 무리들을 완전히 구렁텅이에 빠뜨리려 하고는 음험하게 박장설(朴長卨: 공서파)을 사주하여 상소를 올리게 했다. 상소문에서 이가환을 무고했으니, 내용인즉 "정약전이 경술년의 회시 때 지은 책문(策文)의 답변에 5행을 4행으로 했는데도 이가환이 뽑아서 회원(會元: 회시의 수석)으로 했다"는 내용이었다. 임금이 대책문을 읽어보시고 무고임을 살피신 후 박장설을 육지의 변두리로 유배시켰다. 그러나 악당들이 유언비어를 날마다 퍼뜨리니 당시의 재상, 세력 있는 집안에서 이런 일을 귀에 익게 들어서 말하기를 "주문모 사건에는 이가환 등이 참으로 밑바탕이니 죄를 주지 않으면 안 된다"고들 했다. 임금이 괴로워하시다 가을에는 이가환을 충주 목사로 좌천하고 나를 금정 찰방으로 좌천하여 임명하고 이승훈을 예산현으로 유배시켰다.

• 「자찬묘지명」

그간의 사정을 짐작할 수 있는 내용이다. 이가환은 공조 판서에서 충주 목사로, 정약용은 우부승지에서 금정 찰방으로 떨어지는 턱없는 좌천이니 유배살이나 다름없는 발령이었다.

금정도(金井道)는 본디 충청도 홍주목(洪州牧) 소속의 역원(驛院)이 있던 곳이다. 홍주읍에서 남쪽으로 40리 지점에 있다. 다산이 그곳으로 외보(外補)되던 때도 홍주목 소속이었다. 그러나 현재는 충청도 청양군(靑陽郡) 지역의 땅이다. 금정은 샘의 이름으로, 옛날 백제 왕이 그 물을 마셨다는 전설이 있다. 찰방이란 종6품에 해당하는 일종의 지방관으로 정해진 지역을 다스리고 역원을 관리하던 직책이다.

동부승지에서 2월 17일에는 병조 참의로 옮겼으며 3월 20일에는 우부승지로 발령이 났다. 4월에는 규영부(奎瀛府)에서 책을 교정하는 업무를 곧바로 정지당하는 조치를 받았다. 「사암연보」의 기록에 따르면 이는 일종의 악당들이 헛소문을 선동해 모함하고 헐뜯고 간사한 꾀를 썼기 때문이라고 했다. 다산은 이때부터 가슴 속에 우울하고 불안한 심정이 있었고, 그후로는 책을 교정하는 임무를 다시 맡지 못했다.

1795년 1월 초 동부승지라는 당상관에 오른 뒤부터 4월에 책을 교정하는 업무가 정지되기 직전까지 임금이 다산에게 보여준 총애는 더할 수 없이 융숭했다. 병조 참의에 임명되었던 것도, 임금이 2월에 사도세자와 혜경궁 홍씨의 회갑을 맞아 현륭원(顯隆園)으로 성묘를 갈 때 다산에게 호종(護從)을 시키기 위해서였다.

임금은 어머니 홍씨와 서매(庶妹)인 두 군주(郡主)까지 데리고 가는 거대한 행차를 가졌다. 다산은 가장 가까이서 임금을 모셨으며 연회가 열릴 때마다 시를 짓고 글을 지어 펄펄 나는 경지에 오른 문장을 선보였

경기도 화성군 태안면 안녕리에 있는 현륭원.
사도세자와 그의 부인 혜경궁 홍씨가 묻힌 능이다.
후에 사도세자를 장조로 추존하고부터 '융릉'이 되었다.

고, 정조는 이런 과정을 통해 다산을 중용하려던 뜻을 더욱 굳혔다.

임금의 사랑은 깊고도 깊건만

수원 행차를 마친 뒤에는 임금이 경모궁(景慕宮)을 참배했다. 경모궁은 사도세자의 신위(神位)를 모신 별도의 궁이다. 이 경모궁 행차가 있기 전날 밤 11시에 임금은 다산에게 글제를 내려주며 새벽 5시까지 100자의 운(韻)을 단 시를 지어올리라는 하명을 내렸다. 운자(韻字)만 100자라 하면 시 한 짝이 7자 두 줄이니, 글자 수만 해도 1,400자가 되는 그야말로 장문의 시다. 글자를 그냥 쓰기만 해도 쉽지 않은 일인데 여섯 시간 동안 시의 율격에 맞게 창작해서 종이에 옮겨 쓰는 일이란 범인(凡人)들로서는 불가능한 일이다. 그러나 다산은 임금의 하명을 시간 내에 훌륭히 마쳤다. 시를 올리자 임금의 논평이 나왔다.

어젯밤 군호(軍號)의 일로 말미암아 시험삼아 백운(百韻) 배율(排律)을 지어 올리도록 했는데, 그때는 2고(鼓)가 지났고 제목도 분명치 않았다. 승지를 통해 더 자세한 것을 물어왔기에 "인물은 한(漢)나라 장안(長安)시대의 사람이고 내용은 활쏘기다"라고만 적어주고 그에 관한 고사를 널리 찾아 지어 새벽 대궐문을 열 때까지 시축(詩軸)을 바치게 했다. 대궐문을 열자마자 시축이 먼저 올라왔는데, 문장이 원만하고 구절이 매끄러운데다 경구(警句)도 꽤 많았다. 이서구(李書九), 신기(申耆), 한만유(韓晩裕) 같은 사람들이 지은 「장안 저자 위의 술집에서 잠들었네」라는 제목의 백구(百句) 고시(古詩) 같은 것은 기한이 충분했으므로 특별히 말할 것도 없고, 황기천(黃基天)이 1경(更) 사이에 지은 백구부(百句賦)는 사람들의 입에 오르내렸으며, 윤행임(尹行恁)이 지은 백구(百句)의 표(表)와 세 편의 책(策)은 더운 여름 한밤중 8각(刻) 동안에 일필휘지함으로써 규장각이 크게 빛났다. 오늘이 사람의 글짓는 솜씨가 신속하기는 시부(詩賦)를 짓는 것보다 빠른 듯하고, 짓는 과정도 표책(表策)을 짓는 것보다 못하지 아니하니, 이만큼 실력과 재주를 가진 사람은 참으로 보기 드물다.

반열(班列)에 있던 여러 문신들도 비평을 하여 올리자 임금은 다산에게 큰 사슴가죽 한 벌을 하사했다.

규장각 제학 심환지는 이렇게 평했다.

"문장이 활달하기는 구름이 퍼지고 물이 흐르는 것과 같고, 짜임새가 정교하기는 올을 다듬고 비단을 짜놓은 것과 같으니, 이러한 사람을 두고 이른바 문원(文苑)의 기재(奇才)라 하겠다."

예문관 제학 이병정(李秉鼎)의 평을 보자.

"반 밤 사이에 100구의 배율을 지었는데도 생각을 굴린 것은 맛이 있고 운을 맞춘 것도 구차하지 않으니, 쉽지 않은 일이다."

홍문관 제학 민종현(閔鐘顯)의 평은 이렇다.

"문장의 화려함은 넘쳐흐르고 음운은 쟁쟁하다. 온종일 읊조리며 지었다 하더라도 오히려 가작(佳作)이라 할 만한데 하물며 몇 시간 만에 지은 것임에랴."

군주로서 최고의 문장가이던 정조의 평은 말할 것도 없고, 당대의 문호인 심환지, 이병정, 민종현의 극찬은 예사로운 일이 아니다. 심환지는 뒷날 영의정에 올라 다산을 탄압한 벽파의 중심인물이기도 하다. 「사암연보」에는 "이때에 임금이 다산에게 관각(館閣: 홍문관, 규장각)의 일을 맡기려고 일부러 먼저 그런 시험을 보인 것"이라고 기록되어 있다.

이 시를 올린 이후 다산은 중요한 궁중 잔치마다 참여해 융숭한 대접을 받았고, 시나 글을 지을 때마다 임금의 칭찬은 최상의 수준이었다. 이 무렵 임금의 명으로 화성의 제도와 현황을 정리한 『정리통고』(整理通攷)를 지어 올렸다.

「사암연보」에 "그 무렵 임금께서 바야흐로 다산을 크게 기용하려던 순간이었다"는 대목이 있듯이, 곧 재상에 오르고 더 큰 임무를 맡아 실력을 제대로 발휘하려던 때인데, 주문모 신부의 입국으로 상황이 달라지고 말았다. 다산은 그 모든 영화를 뒤로 한 채 금정역으로 떠나야 했다. 그 무렵 금정역에 소속된 역졸들은 대부분 서교를 학습하고 있었다고 한다. 정조는 다산에게 그곳에 가서 그들을 잘 교화시키라고 그곳으로 보낸다는 훈시까지 했다고 한다.

백성의 고난을 그냥 두고 볼 수는 없다

여유로운 시골의 벼슬살이

1795년 7월 26일 금정 찰방 발령장을 받고 동작나루를 건너가 금정역에서 지내다가 그해 12월 23일 금정역을 떠나 다시 서울로 오던 날까지 다산은 꼬박 5개월을 그곳에서 생활했다. 유배살이나 다름없는 좌천이나 그래도 조그만 지역의 지방장관으로 상당한 권한을 행사했다. 서교에 감염된 역졸들을 타일러 제사 지내는 일을 소홀히 하지 않도록 하고, 유교 원리에 맞는 생활을 권고하여 큰 효과를 보았다는 증빙자료들이 있다.

다른 사람들 글에도 다산이 서교의 주모자들을 불러 설득하고 유교로 돌아오도록 시책을 폈던 것으로 확인된다. 이런 점으로 보더라도 신해년 진산사건 이후 국금(國禁)이 심해지자 천주교에서 손을 떼고 "마침내 마음을 끊었다"는 그의 말을 의심할 필요는 없을 것 같다. 그는 자서전에서 '척사계'(斥邪契: 천주교를 배척하는 계)까지 만들어 사학에 감염된 사람들이 사학을 배척하도록 노력했다고 주장했다.

그때 충주 목사로 좌천되어 떠났던 이가환도 충주지방의 천주교 신자나 학습자들에게 가혹한 탄압을 가할 정도로 그들을 정학으로 복귀시키는 노력을 기울였다는 기록이 있다. 그래도 서울의 공서파나 노론의 벽파는 함께 손을 잡고 다산, 이가환, 이승훈을 구제할 수 없는 사교 감염자로 낙인찍어 온갖 비방을 멈추지 않았다. 아무튼 다른 사람은 자세히 알 수 없으나 다산의 기록으로 보면 그는 너무도 억울한 누명을 쓰고 벗어날 길 없는 구렁텅이로 빠져들어가고 있었다.

동작나루를 건너 수원 화성에 도착한 다산은 그곳에서 임금을 모시고 화려한 잔치를 벌여 멋진 시를 짓던 옛날을 회상하며 수심에 잠겼다. 마음을 추스린 그는 계속 남쪽으로 향해 평택을 지나 금정역에 도착한다. 초가을의 따가운 태양빛이 비추던 한가한 시골의 들판, 한창 벼가 익어가던 내포평야 일대는 황금물결로 넘실대고 있었으리라. 서울의 궁궐에서 보내던 바쁘던 시절에 비하면 얼마나 한가하고 여유로운 세월인가. 임금의 불호령에 따르며 시와 글을 짓느라 골머리를 앓던 일도 이제는 끝났다. 조용하고 편하다.

역무(驛務)를 잠깐 보고 나면 시간이 많이 남는다. 다산은 내포지방 일대의 남인 고가(古家)의 후예들과 어울리기 시작했다. 한창 세월이 좋던 숙종, 경종 때만 해도 그 지역에는 남인들이 상당한 세력으로 영향을 미쳤지만, 이제 몰락한 남인의 후예들은 산야에 은거하며 학문을 익히고 행실을 닦는 처지였다. 다산은 진사 신종수(申宗洙)를 만나서 시를 짓고, 채홍규(蔡弘逵)라는 선비를 만나 마음을 나누었으며, 방산(方山) 마을에 숨어 사는 큰선비 이도명(李道溟)이라는 노인을 뵙기도 했다. 그리고 당대의 학자이자 예학(禮學)의 대가인 목재(木齋) 이삼환(李森煥: 1729~1813)을 찾아가 인사를 올린다. 이삼환은 다산과 그처럼 가깝던 이가환의 육촌형이요 성호 이익의 종손이다. 또 호가 북계(北溪)이고 진사이던 윤취협(尹就協)과 어울리며 많은 시를 짓는다. 난생처음 부여(扶餘)에 들러 백제의 옛날을 회상하면서 아름다운 시 한 편을 짓기도 했다.

강기슭 가로막는 철옹성만 보았기에	惟看鐵甕橫江岸
많은 전선들이 바다 건너올 것 안 믿었네.	不信雲帆度海波
술잔 잡아 계백 장군께 제사드리고픈데	欲把殘杯酹階伯

안개에 가린 낡은 사당 등나무만 얽혔네.　　　荒祠煙雨暗藤蘿

• 「부여를 회고하며」(扶餘懷古)

삼천 궁녀들이 흩날려간 낙화암 이야기가 등장하고 의자왕이 술잔치를 벌여놓고 즐기던 이야기도 등장한다. 장수들이 전쟁에 패하자 주인 잃은 말들이 북악(北嶽)에 있는 오함사(烏含寺)에 들어가 며칠 동안 울면서 절간을 돌다가 죽었다는 전설을 살려낸 마지막 구절은 망해버린 나라의 옛 도읍지에 와서 느끼는 애처로운 심정을 그대로 반영한 빼어난 작품이다.

오함이란 절 옛 왕조 절간으로 끝이 나　　　烏含已作前朝寺
석양 바람 향해 나그네 말이 슬피 우네.　　客馬悲鳴向晚風

들어가서 울어댈 절간이 없자, 저녁 무렵 불어대는 바람을 향해 나그네의 말이 슬피 운다는 구절에 시인의 솜씨가 멋지게 드러나 있다.

다산은 금정역에서 지내는 동안 대작 가운데 하나인 사회시 한 편을 남긴다. 그곳에 가서 사귄 오국진(吳國鎭: 자 맹화孟華)과 권기(權夔: 자 요신堯臣)라는 친구들과 함께 지내다가 그들이 전해준 그쪽 지방의 환곡(還穀)정책이 너무 썩었다는 이야기를 듣고, 살아갈 방법이 없는 백성들의 슬픈 사연을 그림처럼 그려낸 시다. 암행어사 시절 적성현에서 지었던 시나, 「굶주린 백성들의 노래」 계열에 속하는 시다. 경기도 적성현이나 충청도 공주지방이나 농촌의 피폐한 현실과 백성들의 참상은 크게 다를 바 없었다.

남은 것은 조그만 송아지 한 마리　　　　所餘喩短犢
차가운 귀뚜라미가 서로 위안되네.　　　　相弔有寒蛬
초가에 뛰노는 건 여우와 토끼　　　　　　白屋狐兼兎

고관집 붉은 문에는 청룡 같은 말.	朱門馬似龍
촌가에는 겨울 지낼 쌀도 없는데	村糧無卒歲
관가 창고는 무난히 겨울 나네.	官凜利經冬

끝부분에는 백성의 실상을 그림으로 그려 바쳤던 송나라 정협의 고사를 그대로 인용했다. 이 시에는 슬픈 백성들의 모습을 차마 그냥 두고 보지 못하던 다산의 인간에 대한 따뜻한 애정이 담겨 있다.

암행어사 직책을 마친 뒤 서울로 돌아온 을묘년 초봄에 읊은 「굶주린 백성들의 노래」도 비슷한 성격에 비슷한 내용의 시다. 시 제목이 말해주듯 다산 사회시의 뛰어난 작품으로 널리 알려진 세 편으로 이루어진 장문의 시다.

인생이 풀이냐 나무냐	人生若草木
물이랑 흙으로만 살아갈거나.	水土延其支
힘껏 일해도 초목만 먹고살라니	俛焉食地毛
콩과 조 그걸 먹어야 하는데.	菽粟乃其宜
콩과 조 귀하기 보배 같으니	菽粟如珠玉
혈액과 생기가 어떻게 기름질쏘냐.	榮衛何由滋
야윈 목은 구부러져 따오기 모습	槁項頩鵠形
병든 살결 주름져 닭살이라네.	病肉縐鷄皮
우물 있어도 새벽물 긷지 않고	有井不晨汲
땔감 있어도 저녁밥 짓지 않네.	有薪不夜炊
부모 자식 사이도 보전하지 못하는데	骨肉不相保
길 가는 남을 어떻게 동정하리요.	行路那足悲
어려운 삶에 착한 본성 잃어버려	生理梏天仁
굶주리고 병든 사람 웃으며 보네.	談笑見尫羸

이리저리 앞뒷집에 돌아다니나	宛轉之四隣
마을 풍속 본디가 이러했으랴.	里俗本如斯
부러워라 저 들판 참새떼들은	羨彼野田雀
잎 떨어진 가지에 앉아 벌레를 쪼네.	啄蟲坐枯枝
고관집엔 술과 고기 많기도 하여	朱門多酒肉
이름난 기생 맞아 풍악 울린다.	絲管邀名姬

• 「굶주린 백성들의 노래」

 영양실조에 걸린 백성들의 모습, 닭살처럼 거친 모습도 안쓰럽지만, 샘물이 있고 땔감이 있어도 양식이 떨어져 밥을 짓지 못하는 형편은 얼마나 안타까운 일인가. 그렇지만 고관들 집에는 술과 고기가 넘치고 기생들 맞이해 풍악을 울린다는 대목에서는, 관과 민의 대립된 실상이 극명하게 드러난다.
 특히 이 시에 대해 당대의 대문호인 이가환과 윤규범 등이 극찬을 아끼지 않은 시평(詩評)까지 부기하고 있어, 당시에 그 시가 일으킨 반향이 어떠했나를 알게 해준다.
 이가환의 평을 보자.
 "찬란할사 당나라 때의 큰시인 원결(元結)처럼 시의 기운이 드넓고 거침없도다. 어조가 격렬하다가 갑자기 가라앉았다 하며 종횡으로 리듬이 오르락내리락했으나 맺은 말은 완곡하면서 엄숙하다. 몽둥이로 때리고 욕설로 꾸짖는 것보다 아프고 쓰라리다. 말하는 사람에게 죄가 없고 듣는 사람은 경계해야 할 것이다."
 당대의 사백(詞伯) 남고 윤규범은 "정협이 그려 바친 「유민도」와 견줄 수 있다"고 평했다.
 이가환과 윤규범은 다산의 시작(詩作) 의도를 명확하게 꿰뚫어보고 세상 사람들의 마음을 감동시킬 수 있는 시라고 평했다. "나라를 근심하고 백성을 사랑하는 마음이 없이 지은 시는 시가 아니다"(不憂國愛民

열여섯 살에 성호가 남긴 저서를 보고 학문을 하겠다고 결심했던 다산이
그로부터 18년이 지난 후에 성호의 유저를 간행하기 위한 학술대회를
이곳 봉곡사에서 열게 된다.

非詩也)라는 다산의 시관(詩觀)이 그대로 드러난 작품이어서 자주 거론되는 시 가운데 하나다. 『목민심서』에서도 이 시를 인용해 관리들의 착취를 비판하고 있다.

학술대회를 통한 성호와의 만남

다시 금정역으로 돌아가자. 비록 낮은 찰방의 지위였으나 다산은 여유로운 시간을 헛되이 보내지 않고 역사적인 작업을 하나 이룩했다. 그것은 바로 금정역에서 멀지 않은 충청도 온양(溫陽)에 있는 봉곡사(鳳谷寺)에서 다산이 평생 동안 숭앙했던 성호 이익을 만난 것이다. 살아 있는 성호가 아니라 책을 통해서 성호와 대화하는 기회를 가진 것이다. 열여섯 살에 성호가 남긴 저서를 보고 학문을 하겠다고 결심했던 다산, 이제 성호의 유저를 간행하기 위한 학술대회를 개최한다.

1795년 음력 10월 하순 서암(西巖)의 봉곡사에서 목재 이삼환 선생을 모시고 성호의 유저를 교정했다. 이때 이웃 고을에서 모여든 선비들이 많았으니 그들은 각기 시 한 편씩을 지었다. 모인 사람은 이광교(李廣敎: 자 문달 文達, 승지 수일의 손자), 이재위(李載威: 자 사옥 嗣玉, 교리 효성의 아우), 강이인(姜履寅: 자 사빈 士賓, 삼휴당 세구의 현손), 이유석(李儒錫: 자 여앙 汝昂, 승지 일운의 아들), 심로(沈潞: 자 중심 仲深, 이조판서 액의 현손), 오국진(吳國鎭: 자 맹화 孟華, 우의정 시수의 현손), 강이중(姜履中: 자 용민 用民, 이인의 재종동생), 권기(權夔: 자 요신 堯臣, 대제학 유의 현손), 강이오(姜履五: 자 백휘 伯徽, 교리 침의 조카), 이명환(李鳴煥: 자 패겸 佩謙, 삼환의 아우) 등이었다.

이삼환과 다산까지 합하면 총 13명의 학자들이 모였다. 남인의 유명한 집안 후예들이 대거 운집해 성호학에 대한 세미나를 개최한 셈인데, 그것도 하루이틀이 아니라 10월 26일부터 11월 5일까지 장장 열흘 동안 함께 자고 먹으며 진지한 토론을 계속했다. 일을 하다 쉴 때는 자신들의 포부와 뜻을 나타내는 시를 짓기도 했다. 목재 이삼환을 강장(講長: 좌장)으로 모시고 성리학, 정전제도, 옛날의 예(禮) 등에 대해 문답을 주고받으며 성호의 『가례질서』(家禮疾書)를 교정하는 일을 마쳤다.

봉곡사에서 보낸 열흘, 그때의 자초지종을 다산은 「서암강학기」(西巖講學記)라는 제목으로 소상하게 정리해놓았다.

1795년 10월 24일 나는 금정역을 출발하여 예산(禮山)의 감사(坎舍: 이삼환이 살던 곳)로 갔다. 26일에는 한곡(寒谷)에 이르러 이광교를 방문하고 10리를 걸어가 소송령(疎松嶺)을 넘었다. 거기서 10리를 더 오니 바로 온양의 서암에 있는 봉곡사였다. 그 다음날이 되어, 목재께서 도착하시고 이에 가까운 고을의 여러 벗들이 차례차례 모여들었다. 봉곡사는 온양의 서쪽에 있다(구온양으로 생각하면 합치된다). 남쪽에는 광덕산(廣德山)이요, 서쪽에는 천방산(千方山)이다. 산이 높은데다 첩첩이 쌓인 봉우리에 우거진 숲, 깊은 골짜기가 그윽하고 오묘하여 구경할 만했다. 새벽마다 일어나 여러 벗들과 함께 개울물로 나가서 얼음을 두들겨 물을 움켜쥐어 얼굴을 씻고 양치질을 했다. 저녁이 되면 여러 벗들과 함께 산등성이로 올라가 산보하면서 주변을 바라보았다. 안개와 구름이 뒤엉키면 산기운이 더욱 아름다웠다. 낮이면 여러 벗들과 『가례질서』를 깨끗이 정서했다. 그것은 목재 선생이 손수 교정하신 것이다. 밤이면 여러 벗들과 더불어 학문을 강(講)하며 도(道)를 논했다. 더러는 목재께서 질문하시면 여러 사람 중에서 대답하고, 더러는 여러 사람 중에서 질문하면 목재께서 분석하여 답해주셨다. 이렇게 보낸 날이 열흘 동안이었으니 아주 즐거웠다. 목

다산이 걸었던 봉곡사 입구의 솔밭길.
서른네 살이던 다산은 성호 이익의 종손인 당시 예순일곱 살의 대학자
이삼환에게 편지를 보내 다음과 같이 설득한다.
"성호 이익 선생의 유문이 지금에 와 없어지고 전해지게 하지 못함은
후학들의 허물입니다. 시작이 없고야 언제 이루어지겠습니까?"
마침내 두 사람은 온양의 봉곡사에서 만나기로 했다.
그후 봉곡사는 소장 남인 학자들이 모여 성호학 세미나를 처음 연 역사적인 장소가 되었다.

재와 여러 사람들이 묻고 대답했던 것을 간략하게 줄여서 아래에 적는다.

그때 좌장이던 예순일곱 살의 대학자 이삼환은 「봉곡사교서기」(鳳谷寺校書記)라는 글에서 그때의 일을 객관적인 입장에서 상세히 기록해 학회의 결과를 평가했다.

내 벗 정미용(丁美庸: 미용은 다산의 자) 군은 승지 벼슬에서 금정역의 찰방으로 임무를 맡고 오자, 비장한 마음으로 (성호 이익) 선생의 저서를 수정하는 일을 자기의 책임으로 여겼다. 나에게 편지를 보내 "선생의 유문이 지금에 와 없어지고 전해지게 하지 못함은 후학들의 허물입니다. 시작이 없고야 언제 이루어지겠습니까?"라 말하고 마침내 온양의 봉곡사에서 만나기로 약속했다. 먼저 『가례질서』부터 시작하여 교정을 보아나갔다. 차례가 문란한 것은 바르게 하고, 글자나 획수가 잘못된 것은 고쳐가면서 내용을 요약하고 범례를 정하며 줄거리를 들추어내고 조목을 늘어놓아 한 권의 완전무결한 책으로 완성해놓았다. 다른 나머지 전서(全書)들은 내년쯤 교정하기로 기약하면서 일을 마쳤으니 매우 성대한 일이었다.

나는 주자학에 만족하지 못한다

유용한 학문으로 요순의 시대를 만들자

목재의 봉곡사 학회 결과평은 이어진다.

"오호라, 하늘이 우리 유학(斯文)을 없어지지 않게 함이로다. 성호 선생의 학문이 뒷날 세상에 크게 밝혀진다면 오늘의 이 일이 발단이 된다고 어찌 말하지 않을 수 있으랴."

그는 성호의 학문이 세상에 알려질 단서를 다산이 만들었다는 평가를 내렸다. 그때 다산이 목재에게 보낸 편지를 보면, 정서하기 위한 종이를 포함해 모든 경비는 자신이 부담한다는 기록이 있다.

강학회가 한창 진행 중이던 11월 1일, 그들은 각자 시 한 편씩을 지어 자신의 포부와 이상을 토로하며 다짐과 결의를 표명했다. 그 시들이 「서암강학기」에 모두 수록되어 있다. 다산이 지은 「봉곡사술지시서」(鳳谷寺述志詩序)라는 글에서, 목재를 통해 성호학에 입문하고, 성호를 거쳐 주자학을 통과해 공맹의 본질적인 유학을 공부하여 요순(堯舜)의 이상사회를 실현하는 일에 온몸을 바치자고 결연히 맹세하기에 이르렀다는 내용이 있다. 진취적인 공부에 방해받지 말자느니, 본질적인 공부에 혼탁함이 없도록 노력하자느니, 유용한 학문(有用之學: 실학實學)에 힘써 요순의 세상을 만들자는 내용도 있으니, 그들의 결의가 대단했음을 알 수 있다. 10대 때 요순의 이상사회를 이룩하겠다던 다산의 다짐이 더욱 굳어지고 있음을 보여준다.

봉곡사 현판. 예순일곱 살의 대학자 이삼환은 봉곡사 학회를 다음과 같이 평했다.
"오호라, 하늘이 우리 유학(斯文)을 없어지지 않게 함이로다.
성호 선생의 학문이 뒷날 세상에 크게 밝혀진다면 오늘의 이 일이 발단이 된다고
어찌 말하지 않을 수 있으랴."

이즈음이면 벌써 다산 학문은 어떤 목적과 목표가 분명히 정해져 있었고, 주자학에 만족하지 못하고 공맹의 본원에 들어가 요순의 세상을 실현할 새로운 이론을 추구하고 있었다. 기존의 학문논리나 학계의 동향에 만족하지 못하는 남인계 신진학자들의 의욕을 살필 수 있다.

이때 함께했던 다산의 동료들은 모두 다산의 의욕과 견해에 동조했지만, 성호의 문인이자 종손자인 이삼환은 역시 성호의 우파 계열이어서 다산의 생각과는 많은 차이를 보이고 있다. 주자학의 테두리를 크게 벗어나지 못하던 목재는 인(仁), 의(義), 예(禮), 지(智)를 모두 이(理)로 보고 사람 마음에 잠복해 있다는 주자설과 같은 주장을 폈지만, 다산은 그런 이론에 동의하지 않고, 관념적인 이(理)가 아니라 행사(行事)로 나타나는 행위라고 여기면서 목재와는 전혀 다른 해석을 내렸다.

측은(惻隱)한 마음이 행위로 나타나면 인(仁)이 되고, 수오(羞惡)의 마음이 행위로 나타나면 의(義)가 되며, 사양(辭讓)의 마음이 행위로 나타나면 예(禮)가 되고, 시비(是非)의 마음이 행위로 나타나면 지(智)가 되는 것인데 인, 의, 예, 지를 사람의 마음 속에 숨어 있는 이(理)로 본다면 말이 성립되지 않는다고 다산은 반대의 뜻을 분명히 했다.

이 점이야말로 바로 다산이 동양사상을 수천 년에 달하는 관념의 깊은 늪에서 건져내 행동의 실천논리로 변이시킨 창의적인 견해다. 다산 경학의 중심논리들이 이미 그 시절에 확고히 성립되었음을 알 수 있다. 그는 뒷날 유배지에서 이 논리로 주자의 경전해석을 재해석하여 232권의 경학연구서를 저술한다.

또 퇴계와 율곡의 이기론, 중국 고대의 토지제도인 정전제(井田制), 심성론(心性論), 『시경』에 대해서도 수많은 질문과 답변이 오갔던 그 모임은 그야말로 실학사상이 자연스럽게 분출되는 자리였다.

그 시절 다산이 매일 기록했던 「금정일록」(金井日錄)이 전해지는데, 그 기록은 다산의 「서암강학기」 「봉곡사술지시서」 등과 완전무결하게 일치해 그때 일정이나 세미나의 내용을 더 명확하게 확인시켜준다.

金井日錄

乙卯七月

廿六日被 嚴旨除金井察訪申時發行歷拜右相至靑坡過李判書家煥敍別行二十里宿僧房店
先是朴長卨疏斥鄰白並論仲氏對策以五行爲四行
聖上觀覽臨軒功令知其誣捏狀下敎晰十行勤懇
旣而泮儒封章並及凡弟爲鄰白傳法沙門
批責其不公旣而有是命其二恩一威罔非至敎也是日錦白補忠州敎使李兄䕺禮山
傳曰未決之策卽
丁鏞事也渠若目無見非聖之書豈有悖經之說無

다산이 매일 기록했던 「금정일록」.
이 일기의 내용은 다산의 「서암강학기」「봉곡사술지시서」 등과 완전히 일치한다.

봉곡사는 충남 아산시 송악면 유곡리의 심심산골에 있는 조그마한 절이다. 이제는 세상의 어느 누구도 기억해주지 않는 곳이다. 주지스님조차 200년 전에 이 절에서 성대한 강학회가 열렸다는 사실을 듣지 못했다니, 새삼 세월의 무상함을 실감한다.

이곳은 바로 실학의 개척자요, 실학사상의 모체가 되었던 철학자이자 경세가인 성호의 학문적인 업적을 전수하고 발양하기 위해 다산이 성호학 세미나를 열었던 역사적인 현장이자, 그 지역의 소장 남인 학자들이 모여 새로운 세상을 열자고 단합대회를 열었던 수련회 장소다. 성호를 통해 실학사상을 정립하고, 그 논리를 통해 압제와 탄압, 착취와 수탈의 깊은 수렁에 빠진 조선사회를 개혁해야 한다는 결의가 다산의 글에 보인다. 봉곡사에서 성호와 다산의 만남은 정말 역사적으로 큰 의미가 있다.

아름답게 빛나는 성호 선생님,	郁郁星湖子
정성되고 밝으신 글 속에서 뚜렷하네.	誠明著炳文
우주에 가득할 근심 있었기에	瀰漫愁曠際
넓고 크지만 섬세함도 보이네.	芒忽見纖分
하찮은 내 인생 태어나기 뒤늦어	眇末吾生晚
큰 도를 터득하기 까마득하네.	微茫大道聞
다행스럽게도 끼친 혜택에 젖을 수 있었지만	幸能沾膏澤
별과 구름 보지 못해 안타까워라.	惜未覩星雲
보배로운 유서에 미치는 향기 가득하니	寶藏饒遺馥
어진 은혜로 사라짐을 막았네.	仁恩實救焚
한 분 노선생(老先生)에게 그 규범 남아	典刑餘一老
연세나 도덕 일반에서 뛰어나셨네.	齒德迥千群
도 없어짐이 노년의 한탄이라면	道喪窮年歎
벗 찾아왔으니 늘그막 기쁨이로세.	朋來暮境欣

성호 선생 책 교정하는 일 울적함 막아주니	校書酬耿結
책상자 지고 온 고생 기쁘기만 하도다.	負笈喜辛勤
오히려 어둠을 파헤치는 편안함 있는데	猶有安冥擿
부질없이 늙어만 가랴.	徒然到白紛
어진 벗님네들이여, 함께 힘쓰며	勖哉良友輩
조석으로 이곳에서 잘도 보내세.	於此送朝曛

• 「성호 선생 유적」(十一月十一日於西巖鳳谷寺)

학회를 연 보람을 크게 느끼는 가운데 오묘하고 깊은 성호학을 완전히 터득하고픈 소망이 담겨 있다. 성호를 뛰어넘어 더 큰 다산호를 이룩하겠다는 뜻도 넌지시 보인다. 봉곡사 집회에 대한 상세한 기록을 남겼기에, 우리가 집회에 참석이라도 한 듯 자세히 알 수 있으니 얼마나 다행인가. 이제라도 봉곡사에 학회 장소임을 알리는 표석을 세웠으면 좋겠다.

퇴계 이황과의 진지한 만남

다산은 금정역에서 퇴계 이황 선생을 진지하게 만났다. 퇴계의 서찰을 조목조목 읽으며 마음을 가라앉히고 평상심으로 돌아와 자신을 성찰하고 경계하는 반성문을 기록했는데, 이 글을 「도산사숙록」(陶山私淑錄)이라 한다.

을묘년(1795) 겨울에 나는 금정에 있었다. 마침 이웃 사람을 통해 『퇴계집』(退溪集) 반부(半部)를 얻었다. 매일 새벽에 일어나 세수를 마친 뒤 「어떤 사람에게 보낸 편지」 한 편을 읽고 나서야 아전들의 참알을 받았다. 낮에 이르러 그 의미를 부연해서 설명한 뜻을 한 조목씩 수록해 스스로 깨우치고 살폈다. 그리고 돌아와서 「도산사숙록」이라고 이름했다.

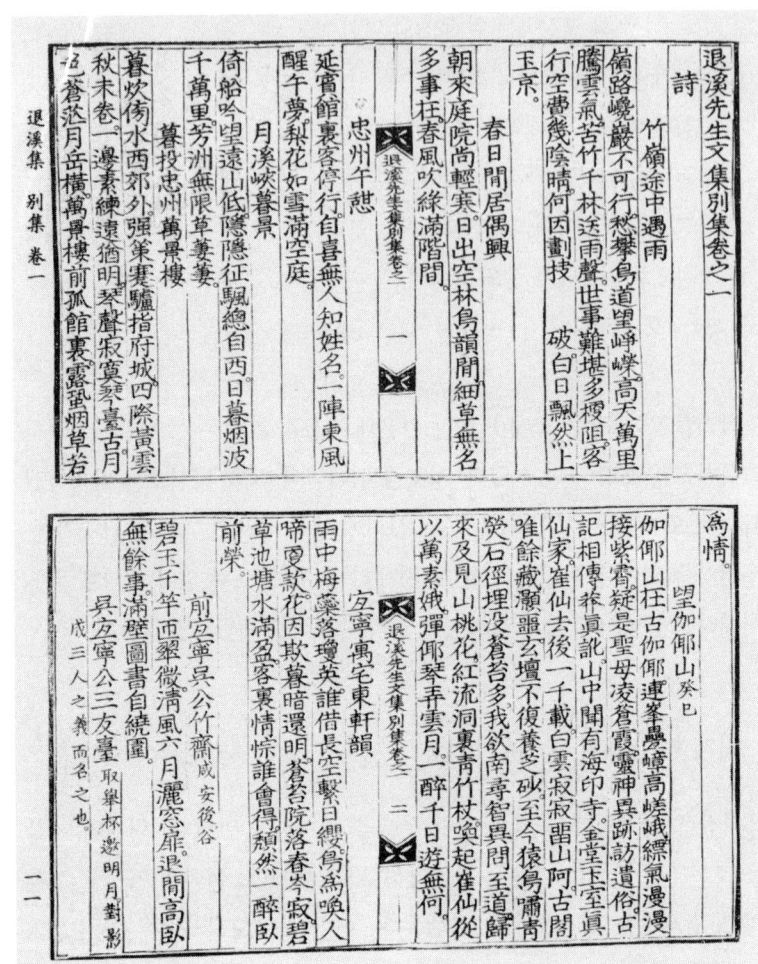

다산은 금정 찰방 시절에 『퇴계집』을 읽으며 마음을 가라앉혔다.
"그 깊은 의미와 넓은 범위는 진실로 후생 말류로서는 감히 엿보거나
헤아릴 수 있는 것이 아닌데, 이상스럽게도 정신이나 기운이 편안해지고
뜻이나 생각이 가라앉아 혈육과 근맥이 모두 안정됩니다."

글의 맨 앞에 프롤로그로 기록한 글이다. 이웃에게서 퇴계의 문집 절반 가량을 얻었는데 그 가운데 남에게 보낸 서찰을 주로 읽으면서 느낀 점을 기록했다는 것이다. 도산은 도산서원이 있던 지명이지만 여기서는 퇴계를 가리킨다.

매우 활동적이던 다산, 잠시도 그냥 있지 못하고 무엇인가를 해야만 직성이 풀리는 성격인데, 언제나 정(靜)적이면서도 경(敬)을 앞세운 퇴계의 깊은 사상을 진지하게 접하자, 거기에도 무한한 진리가 살아서 움직이고 있음을 느끼지 않을 수 없었나 보다. 퇴계의 서찰을 읽던 무렵 서울로 보낸 편지에 그때의 심경을 토로한 글이 있다.

저는 요즘 퇴계 선생이 남긴 책을 얻어 마음을 가라앉히고 차근차근 실마리를 찾듯 분석해봅니다. 그 깊은 의미와 넓은 범위는 진실로 후생(後生) 말류(末流)로서는 감히 엿보거나 헤아릴 수 있는 것이 아닌데, 이상스럽게도 정신이나 기운이 편안해지고 뜻이나 생각이 가라앉아 혈육과 근맥(筋脈)이 모두 안정됩니다. 안도감이 들면서 예전의 조폭스럽고 발월(發越)하던 기운이 점점 사라지니 이 한 부의 책이 이 사람의 병증에 맞는 약이 아닌가 생각됩니다.

「이계수에게 답함」(答李季受)이라고 쓴 편지다. 같은 남인으로 다산의 대선배인 참판 이익운(李益運: 1748~1817)의 자가 계수이니, 그에게 답한 편지다. 퇴계의 편지를 촘촘히 읽어가면서 그 동안 느끼지 못한 새로운 마음의 경험을 했기에 그러한 말을 했으리라. 어떤 구절을 읽고는 매우 기뻐서 눈물까지 흘렸다.

퇴계 선생이 남명 조식에게 답하는 편지에 다음과 같은 대목이 있다.
"보내온 편지에, '학자가 이름을 도적질하여 세상을 속인다'고 하신 말씀이 있는데, 그것은 고명한 그대만이 근심하는 내용은 아닙니다."

다산은 이 대목을 거듭거듭 읽으며 그 깊은 뜻을 발견하고는 감탄해 마지않는다. 남명의 말대로 학자가 이름을 훔쳐서 세상을 속인다는 말이야 옳다고 퇴계도 인정한다. 그러나 그러한 말로 모든 사람을 꾸짖는다면 선한 의도마저 꺾을 위험이 있다는 것을 퇴계는 경계했는데, 바로 이 대목에서 탄복하고 만 것이다.

"이 글을 여러 번 되풀이해서 읽고 나니 나도 모르게 기뻐서 뛰고 감탄하여 무릎을 치며 감격의 눈물을 펑펑 흘렸다. 이 글에는 은근하게 솔개가 날아 하늘에 이르고(鳶飛戾天) 물고기가 못에서 뛰는(魚躍于淵) 뜻이 있다."

군자의 덕은 나는 솔개와 뛰는 물고기에까지 미친다

솔개와 물고기의 이야기는 본디 『시경』(詩經)의 구절이다. 『중용』(中庸)에서 이 구절을 인용해 제대로 공부한 군자의 덕은 위로는 나는 새와 아래로는 뛰는 물고기에까지 미친다고 풀이했는데, 퇴계의 덕이 그런 정도라고 한 것이다.

이 부분의 이야기는 더 자세한 설명이 필요하다. 퇴계의 글에 어떤 뜻이 담겼기에 다산은 기뻐서 눈물까지 흘렸을까. "세상을 속이고 이름을 도적질한다"는 위선적인 학자들의 잘못된 점은 반드시 비판하는 것이 마땅하지만, 위선적이라는 비난이 무섭고 세상을 속이고 이름을 도적질한다는 비판을 두렵게만 여긴다면 공부하고 학문하는 일은 할 수 없을 게 아니냐는 퇴계의 반문(反問)이 다산의 가슴에 감동을 주었던 것이다. 참으로 진보하고 발전하기 위해서는 비난과 비판을 감수하면서라도 공부에 몰두할 수밖에 없어야 하고, 그러한 사람은 모두 포용하여 가르쳐주고 지도해주어야 한다는 퇴계의 논지가 다산을 감동시켰던 것이다.

먼 훗날 다산은 유배지에서 제자 정수칠(丁修七)에게 퇴계에게서 시사받은 그 뜻을 아주 자세하게 설명해주었다.

"위선적인 학문(僞學)이라는 호칭을 피했다면 정자나 주자도 그들의 도를 세우지 못했을 것이고, 명예를 구한다는 비방을 두려워했다면 백이나 숙제가 절개를 이루지 못했을 것이며, 곧다는 명예를 얻으려 한다는 혐의를 멀리했다면 급암(汲黯)과 주운(朱雲)도 간쟁하는 데 나아가지 못했을 것이다. 심지어 부모에게 효도하고 벼슬살이할 때 청렴하게 지낸 것을 경박한 무리들이 모두 명예를 구하려 하는 것이 아닌가 의심을 하니, 이러한 무리들을 위해 악을 따라야 할 것인가(「위반산정수칠증언」(爲盤山丁修七贈言)).”

이 글을 잘 음미해보면 다산이 퇴계의 뜻을 얼마나 깊이 이해하고 있었나를 정확하게 알 수 있다. 옳은 일이고 바른 일이라면 주위를 돌아보지 말고 직접 행동으로 옮기는 일이 중요하지 남의 비위를 맞추기 위해 착한 일이나 옳은 일을 주저해서는 안 된다는 다산의 행동지침을 분명하게 이해할 수 있는 대목이다. 지나친 결백성, 과도하게 남을 의식하는 태도는 합당하지 않다는 실사구시적인 태도라 할 수 있다.

퇴계의 편지를 통해 책을 읽으면서 느끼는 ‘맛’에 대한 깨달음이 컸음을 다산은 또 고백하고 있다.

이중구(李仲久: 이름은 담湛)에게 답하는 편지에 “단지 책을 보면서 맛(味覺)을 느끼게 되니 맹자의 육고기 맛에 대한 이야기가 참으로 나를 속이지 않음을 느꼈는데, 이런 뜻이 한해 한해 갈수록 더 깊어졌습니다. 이 때문에 공부를 갑자기 그만두지 못했을 뿐입니다”라 했다.

해가 갈수록 책을 읽으며 맛이 더 깊어져간다는 퇴계의 말에 다산은 한없는 부러움을 느낀다. 옛날 정자, 주자 같은 학자들이 ‘잠심완미’(潛心玩味), 즉 “마음을 가라앉혀 음미한다”는 말을 자주 사용했는데 이제야 퇴계를 통해서 맛을 아는 사람들끼리만 맛에 대한 이야기를 할 수 있는 경지임을 느끼게 되었다고 했다. 그래서 다산은 책과 공부를 통해서 느끼는 맛이 진짜 맛이나 재미이지 팔진미나 오제(五齊: 다섯 종류의 맛

있는 음식)가 맛이 있는 것이 아니고, 고관대작의 지위도 재미를 느끼게 하는 것이 아니라는 결론을 얻는다.

퇴계는 위의 편지에서 "내가 지은 「도산기」(陶山記)와 「도산잡영」(陶山雜詠)이라는 시를 그대가 읽으셨다는데 깊이 송구스럽습니다. 우스개 삼아 지었던 글이나 시인데 반드시 모두 이치에 맞지 않는 것입니다. 가벼운 짓을 한 허물은 이미 후회해도 소용없습니다"라고 썼는데, 이 대목을 읽고 다산은 가볍고 얕게 함부로 글쓰는 버릇을 깊이 반성했다.

"나는 평소에 병통이 있다. 무릇 생각하는 것이 있으면 글로 짓지 않을 수 없고, 지은 글이 있으면 남에게 보이지 않을 수 없다. 요즈음 와서 점검해보니 모두가 가볍고(輕) 얕은(淺) 짓이라는 두 글자 때문이다. 지금 선생의 말씀을 읽어보니 더욱 느끼는 바가 있다."

한가로움 속에서도 모든 일이 바쁘더니	閒裏翻看物物忙
그런 중에도 가는 세월 멈추게 못해.	就中無計駐年光
반평생 가시밭길 바람에서 어긋나	半生狼狽荊榛路
이 한 몸 싸움터에서 갈피 잡지 못했네.	七尺支離矢石場
만 가지 움직임 조용함만 못하고	萬動不如還一靜
뭇 향기 따르느니 외론 향기 지켜야 해.	衆香爭似守孤芳
도산이여! 퇴계물이여! 어디에 있는지	陶山退水知何處
아스라이 높은 풍모 끝없이 흠모하네.	緬邈高風起慕長

• 「퇴계의 유서를 읽으며」(讀退陶遺書)

바삐 살던 젊은 시절, 다산은 모처럼 시간을 내서 촘촘히 퇴계의 글을 읽으면서 깊은 성찰의 계기를 가졌던 것이다. 도산이여! 퇴계물(退水)이여!를 외치며 학문을 향한 그리움을 토로한 다산의 열정이 눈에 보이는 듯하다. 다산은 이 시를 남기고 7월에 도착했던 금정역을 뒤로 한 채 12월 23일 서울로 향했다.

죽란시사의 동지들

다시 서울로

참으로 동적이던 다산. 그러나 퇴계의 글을 읽으면서 "만 가지 움직임이 하나의 조용함만 못하다"는 시를 지어 동(動)에서 정(靜)으로 돌아가는 계기를 마련했다. 다산은 12월 20일자로 용양위(龍驤衛) 부사직(副司直)에 임명되어 23일 금정을 떠났다. 서울에 들어온 다산은 1796년의 새해를 맞으며 서른다섯 살이 되었다. 1월에 다산과 가까이 지내던 오사(五沙) 이정운(李鼎運)이 충청도 관찰사로 발령을 받았다. 이정운은 당시 승지로 있던 이익운의 친형으로, 남인계의 재신(宰臣)이었다.

정조는 다산을 등용할 구실을 찾고자 금정역 찰방으로 근무하던 때의 잘했던 일을 표창할 계획을 세우고 있었다. 다산이 금정역에 있으면서 초기 천주교 전파에 큰 공이 있던 이존창을 체포한 적이 있다. 이존창은 충청도 예산 출신의 농민학자로 권일신에 의해 천주교에 입교한 사람임을 이미 언급한 바 있다. 그는 가성직(假聖職) 제도가 통용될 즈음 신부가 되어 충청도 일대에 교세를 확장시킨 큰 공이 있다. 내포지방에서 활동해 '내포의 사도'라는 별칭까지 들었던 사람이다. 뒤에 가성직 제도가 교리에 어긋난다는 문제가 일어나자 윤유일에게 자금을 주어 주문모 신부를 영입하는 데 큰 역할을 하기도 한다.

이존창은 신해박해 당시 붙잡혔을 때는 모진 고문을 당하며 배교를 선언하고 홍산으로 이사가 숨어 살았다고 한다. 그러나 그는 곧 배교를 뉘우치고 다시 전교 활동에 앞장서 내포지방 일대를 천주교도가 가장 많은 곳으로 만들 정도로 큰 역할을 했다. 우리나라 최초의 신부인 김대건의 할머니가 바로 이존창의 조카딸이며 최양업(崔良業) 신부가 그의 생질의 손자가 되는 등, 이존창은 조선 후기 천주교 발전에 매우 공로가 큰 사람이다.

그렇게 열심히 전교에 힘쓰던 이존창은 다산이 금정역을 떠나기 얼마 전인 1795년 12월 다산에게 체포된다. 그는 천안으로 이송되어 그후 6년 동안 연금생활을 하던 중 1801년 신유박해 때 다시 체포되어 서울로 압송되고, 정약종과 함께 사형을 언도받고 공주 감영에서 처형된다.

정조는 다산이 서울로 들어오자, 이존창을 체포한 공로를 크게 선양하여 그의 벼슬길을 유리하게 만들려고 했다. 임금이 이익운에게 명을 내렸다.

"정약용이 계책을 써서 도적(사교도)을 잡았으니, 그 일은 없애버릴 수가 없는 일이다. 그의 체포 계략도 마땅히 드러내주어야 한다. 그대가 충청도 관찰사로 나가는 형에게 말해 근무지에 도착하거든 곧바로 그 연유와 상황을 자세히 갖추어 올리는 것이 좋겠다. 내가 의당 표창을 더해주고 발탁하여 쓰려고 하니, 장계(狀啓)는 모름지기 정약용과 상의하고 초안은 그대의 형이 가지고 가게 하라."

이익운 승지가 곧바로 와서 임금의 말씀을 전해주자, 다산은 극구 사양했다.

"은혜롭게도 염려해주심은 참으로 망극한 일이오나, 도적을 잡았다고 상을 받는 일은 천하에 크게 부끄러운 일입니다. 내가 초안을 잡을 수 없을 뿐만 아니라, 만약 그 일에 대한 보고서(장계)가 올라가는 날에는 내가 그대의 형님과 결연히 절교할 것입니다. 모름지기 내일 경연석상에서 이 점을 분명히 아뢰어주십시오."

이정운이 직접 편지를 보내 알아듣도록 타일렀으나, 다산은 장문의 답장을 보내 자신의 입장을 설명했다.

어제 제씨를 만나 엎드려 임금님의 말씀을 들었고 오늘 또 보내주신 편지를 받고 보니, 우러러 임금님의 뜻을 알게 되어 감격하여 흐르는 눈물을 억제할 수 없습니다. 보고서의 초안이야 왜 도와드리지 못하겠습니까마는, 다만 삼가 생각하옵건대, 선비가 자신을 곧바로 세우고 자기의 도를 행함에 있어 오직 사유(四維: 예, 의, 염, 치)가 중한 것이니, 진실로 이 가운데 하나라도 방심하여 소홀함이 있다면 비록 주공(周公)의 재주와 같은 아름다움이 있다 하더라도 거의 볼 만한 것이 없을 것입니다.

옛날 사람은 비바람으로 목욕을 하고 날아오는 돌이나 화살을 무릅쓰며 예측할 수 없는 지방으로 들어가 요행이 없는 위험한 모험을 하면서까지 적장의 목을 베고 기(旗)를 뽑아버려 천 리의 땅을 개척했다 하더라도 돌아와서는 조용히 지내며, 공을 자랑하거나 으스대지 아니하여 조금이라도 교만한 얼굴색을 지은 적이 없었습니다. 그들은 마음 속으로 '이것은 신하된 사람으로 마땅히 해야 할 직분이니 공으로 여길 만한 것이 못 된다'고 생각했기 때문입니다.

이존창이라는 사람은 명령을 피해다니는 하나의 백성에 지나지 않는 자입니다. 설령 이 백성이 비와 바람을 부르고 둔갑술을 부려 몸을 감추는 재주가 있어 오영(五營)의 병사들을 풀어서도 잡을 수 없는 자였는데 제가 낸 꾀와 계책으로 하루아침에 잡았다 하더라도 오히려 스스로 공으로 여길 수 없는 일이거늘, 하물며 이존창이란 자는 겨우 이름이나 바꾸고 자취나 감추어 이웃 고을에 숨어 있던 자인데 무슨 공이 있겠습니까. 이미 그가 은신하던 곳을 알았으니, 한 명의 포졸만 데리고도 결박하여 잡아오는 것이 독 안에 든 자라를 잡듯이 쉬운 일인데, 처음부터 염탐하는 방법에 참여하여 듣지 못한 저에게 무슨 공이 있겠습니까. 지금 이처럼 보잘것없는 일을 갖고 장황하게 늘어놓아 일세(一世)의 이목을 속임으로써 자신을 진출시키는 바탕으로 삼는다면 이 또한 잘못되고 군색한 일이 아니겠습니까. 차라리 불우하게 살다가 죽을지언정 이런 짓을 하고 싶지는 않습니다.

임금께서 이 몸에 은총을 내려주시려고 하신 지 오래되었습니다. 은총을 내리시는 데 급급하셔서 이처럼 지극히 어질고 친절한 말씀까지 있게 되었을 것이니, 가만히 생각해보건대 골수에 사무칩니다. 그러나 이 보잘것없는 몸의 미미한 지조 때문에 이와 같은 임금님의 은혜로운 뜻을 받을 수가 없으니, 죄는 만 번 죽어야 마땅하거늘 다시 무슨 말을 하겠습니까.

진실로 어르신께서 저의 이런 지극히 간절한 뜻을 생각해주지 않으시고 감영에 도착하자마자 장계를 올려 한 구절 반 글자라도 혹 저에게 공을 올려주는 말을 하신다면, 저는 즉각 상소를 하여 그대께서 사사로운 정에 따라 임금을 속였다는 잘못을 들어서 극렬히 논박할 것입니다. 이 지경에 이르면 앞으로 무슨 꼴이 되겠습니까. 저는 오직 만 리 밖의 외딴 곳으로 귀양갈 생각을 하고 있으니, 역시 양찰해주십시오. 위로는 임금의 명령을 어기고 아래로는 대감의 뜻을 저버렸으니 송구스러운 마음 금할 길이 없습니다.

이 깐깐한 선비의 태도에서 다산이라는 인간의 인품과 인격을 어느 정도 감지할 수 있다. 다산은 그쪽 지역 사람들끼리 척사계를 만들고 사교를 반대하는 자발적인 모임까지 권장하여 큰 공이 있던 것도 사실이다. 일반 사람은 벼슬길이 원만하게 풀리도록 작은 공도 크게 부풀려서 보고하게 마련인데, 큰 공을 세우고도 끝까지 공 치하받기를 거절했던 당당한 태도가 역시 다산다운 면모다.

관찰사가 올리는 장계는 끝내 이루어지지 않았지만, 다산의 후임으로 금정 찰방을 지내는 김이영(金履永)이 "정약용은 금정에 있을 때 성심으로 백성들을 깨우치고 거두어주었으며, 찰방 업무도 청렴하고 근신하는 태도로 임했습니다"라고 보고했다. 그리고 높은 벼슬에 있던 심환지가 아뢰기를 "정약용은 군복 문제로 인해 특명으로 벼슬을 박탈당한 뒤 오늘까지 풀리지 못했습니다. 그는 이제 임용시킬 때가 되었으며, 금정에 있을 때 일깨워 교화시킨 바가 많으니 청컨대 다시 거두어 쓰십시오"라고 했다. 그러자 임금도 "내포지방에 근무했던 찰방이 성심으로 교화시키고 거두어주어 괄목할 만한 효험이 있었다 하니, 특별히 중화척(中和尺)을 내리노라" 하면서 고급 자(尺)를 하사했다. 다산은 감격해 내려주신 시에 화답했고(2월 6일), 10월에 이르러서야 규영부에서 교서 일을 맡았다.

• 「사암연보」

초여름인 4월이 되자 다산은 서울을 벗어나 고향에 들르고, 모처럼 부모님이 누워 계신 충주 하담의 선산에 가서 성묘도 했다.

다산의 아버지는 임자년(1792) 초에 진주 목사로 있다가 서울에 와서 일을 보고 진주로 다시 내려가면서 동작나루를 건넜는데, 그곳에서 아버지와 이별한 것이 생시의 마지막 이별이었다. 아버지는 진주로 간 그해 4월에 세상을 떴다. 장사를 지내고 나서 아마 이때 처음으로 묘소를 찾은 것 같다.

동작나루에서 한 이별 역력한데	歷歷銅津別
이제 벌써 5년도 넘었네.	于今五載强
꿈 속에도 못 잊는 얼굴 모습	夢中猶面目
대상(大祥) 지나 몇 년이로세.	祥後又星霜
초목이야 봄 지나매 무성하온데	草木經春茂
강산은 예대로 유구하구나.	江山自古長
생각하면 아마도 황천에서도	常疑泉壤裏
아스라이 고향 땅 못 잊으시리.	迢遞戀桑鄕

눈물로 묘소 앞에 아뢰옵니다	灑涕墳前告
멀리멀리 찾아온 아들 자식이	言兒遠遠來
오늘밤은 법천에 묵을 것인데	法泉今夜宿
지난해에야 금정에서 왔습니다.	金井去年廻
시속의 사람들 말도 많은데	時俗猶饒舌
임금님은 유달리 인재 사랑하신답니다.	宸衷猶愛才
애달파라 마음 속의 하고픈 말씀	哀哀心內語
묘소 안으로 들리게 못하네.	終莫徹幽臺

• 「하담에 도착해서」(到荷潭)

국화가 피거들랑 모여서 시를 짓세

그 동안은 어머니 홀로 계시던 묘소, 이젠 부모님이 함께 계신다. 귀양살이나 다름없는 금정역 생활이어서 귀경한 뒤에야 보고차 묘소에 들렀던 듯싶다. 성못길은 남한강을 따라 뱃길을 이용했다. 가는 길은 단조로웠나 본데, 돌아오는 길에 시를 많이 지었다. 4월 14일 묘소를 참배하고 4월 16일 하담을 출발했는데, 원주의 법천(法泉)에 들러 해좌(海左) 정범조(丁範祖: 1723~1801)를 만난다. 해좌와 많은 시를 주고받고, 여주의 신륵사에 들러 절을 구경하고 이애(梨厓)라는 마을에서 비를 만나 하룻밤을 자야 했다. 다산은 그 무렵 실직(實職)에 있지 않아 비교적 한가로웠다. 10월에 규영부의 교서직을 맡을 때까지 친구들과 시동인(詩同人)을 결성해 세상을 논하고 시를 짓는 일로 세월을 낚고 있었다. 시동인의 명칭은 '죽란시사'(竹欄詩社)로, 동인 15명이 모였다.

상하 5천 년이나 되는 세월 속에서 하필이면 한 시대에 함께 살아간다는 것은 우연한 일이 아니다. 종횡으로 3만 리도 넘는 곳에서 게다가 한 나라에서 함께 살아간다는 것도 우연한 일이 아니다. 그러나 한

다산이 그린 산수화.
"초목이야 봄 지나매 무성하온데 강산은 예대로 유구하구나.
생각하면 아마도 황천에서도 아스라이 고향 땅 못 잊으시리."

시대, 한 나라에서 함께 살아간다 해도 연령상으로 차이가 있고, 사는 곳에 원근의 차이가 있어서 나와 채홍원(蔡弘遠: 채제공의 양자)은 시모임을 만들어 기쁨을 같이하자고 의논했다. 우리보다 네 살 더 많은 사람부터 네 살 적은 사람 사이에서 모두 15명을 찾았다. 이유수, 정약용 형제(정약전), 채홍원이다.
• 「죽란시사첩서」(竹欄詩社帖序)

이 서문만 읽어봐도 시동인 활동이 얼마나 낭만적이고 멋진 일인지를 알 수 있다. 같은 시대에 비슷한 나이, 가까운 거리에 살면서 비슷한 등급의 벼슬아치들이었다. 모임의 규약이 있다. 일단 정기 모임과 부정기 모임의 구별을 두었다. 정기 모임은 살구꽃이 피면 한 차례 모이고, 복숭아꽃이 피면 한 차례 모이고, 한여름에 참외가 익으면 한 차례 모이고, 서늘한 바람이 불어 서쪽 연못에 연꽃이 피면 구경하기 위해 한 차례 모이고, 국화가 피면 한 차례 모이며, 겨울에 큰 눈이 오면 한 차례 모이고, 세모에 화분의 매화가 피면 한 차례 모이는 것으로 하여 일곱 차례의 모임을 정해놓았다.

모일 때마다 술과 안주, 붓과 벼루를 준비해 술을 마시며 시가를 읊기로 했다. 부정기 모임으로는 득남을 한 경우, 고을살이를 나가는 사람이 있을 경우, 승진한 사람이 있을 경우, 아우나 아들이 과거에 합격할 경우라고 하여 네 가지 모임을 규정했다. 유사는 나이가 가장 어린 사람에서 시작해 가장 많은 사람까지 맡도록 했다. 대부분 죽란사(대나무 난간이 있는 집)인 다산 집에서 모이므로 모임의 이름을 '죽란시사'라 했다.

동인의 명단을 보면, 다산과 평생 동안 가까이했던 친구들이 대부분이다. 이유수, 홍시제(洪時濟), 이석하(李錫夏), 이치훈(李致薰), 이주석(李周奭), 한치응, 유원명(柳遠鳴), 심규로(沈奎魯), 윤지눌, 신성모(申星模), 한백원(韓百源), 이중련(李重蓮), 정약전, 정약용, 채홍원 등이다. 그 가운데서도 가장 자주 어울린 친구들은 사백(詞伯)으로 모시던 윤지범을 비롯해 윤지눌, 한치응, 이유수, 채홍원 등이었다. 풍류가 넘치는 이 멋진 시동인은 1796년 여름부터 다산이 1797년 윤6월 2일 곡산(谷山) 도호부사(都護府使)로 임명되기 전까지 대략 1년 3개월 동안 활발한 활동을 했던 것으로 보인다. 물론 그 뒤에도 가끔 모임을 가졌지만 그 시절이 가장 화려한 전성기였다.

명례방 대나무 난간집에 살며

국화는 가난한 선비의 식량이니

왜 다산이 살던 명례방의 집을 죽란사(竹欄舍), 대나무 난간집이라고 불렀을까. 다산 스스로 그 내력을 말한다.

나의 집이 명례방에 있었다. 명례방에는 높은 벼슬아치와 세력 있는 집안들이 많이 살아, 수레바퀴와 말발굽이 날마다 길에 이어져 달리고 있다. 그런데다 아침저녁으로 구경할 만한 연못이나 정원도 없었다. 그래서 우리 뜨락을 반 정도 할애하여 경계를 정하고, 여러 꽃과 과일나무 가운데 좋은 것을 구하여 화분에 심어 그곳을 채웠다.
왜류(倭榴)는 4본(本)이 있다. 줄기가 위로 곧게 뻗어 1장(丈)쯤 되고, 곁에 가지가 없으며 위가 쟁반같이 둥글게 생긴 것이 두 그루가 있다. 석류 가운데 꽃도 피면서 열매를 맺지 못하는 것을 화석류(花石榴)라고 하는데, 화석류는 1본이 있다.
매화는 2본이 있다. 세상 사람들이 숭상하는 것으로 말하면, 해묵은 복사나무나 살구나무 뿌리 가운데 썩어 뼈대만 남은 것을 취해다가 다듬어서 괴석처럼 만든 뒤에 매화는 겨우 조그마한 가지 하나를 옆에 붙여 심어놓고 이를 기이하게 여긴다. 그러나 나는 뿌리와 줄기가 견실하고 가지가 번성한 것을 좋게 여긴다. 그래야 좋은 꽃이 피기 때문이다.

치자나무는 2본이 있다. 본래부터 치자나무는 역시 드문 종류다. 산다(山茶: 동백)가 1본 있고, 금잔화(金盞花)와 은대화(銀臺花)가 4본 있는데 이 두 가지를 같은 화분에 심은 것도 하나 있다. 파초는 크기가 방석만한 것이 1본 있고, 벽오동은 2년생이 1본 있고, 만향(蔓香)이 1본, 국화는 여러 종류가 있는데 모두 18분(盆)이고 부용(芙蓉)이 1본이다. 그리고 대나무 중에서 서까래처럼 굵은 것을 구해 화단의 동북쪽을 가로질러 난간을 세웠다. 이는 이곳을 지나다니는 남녀 종들이 옷으로 꽃을 스치지 못하게 하기 위함인데, 이것이 이른바 대나무 난간이다.

언제나 공무에서 물러나와 건(巾)을 젖혀 쓰고 난간을 따라 걷기도 하고, 달 아래서 술을 마시고 시를 지으니, 고요한 산림과 과수원, 채소밭의 정취가 있어서 수레바퀴의 시끄러운 소음을 거의 잊어버렸다. 윤지범, 이유수, 한치응, 채홍원, 심규로, 윤지눌, 이중련 등 여러 사람이 날마다 이곳에 들러 취하도록 마셨는데, 이것이 이른바 '죽란시사'라는 것이다.

- 「죽란화목기」(竹欄花木記)

다산의 아름다운 취미, 그의 문화적인 감각이 고스란히 살아서 숨쉬는 듯하다. 삭막하기 그지없는 도시의 주택가, 더구나 요즘 같으면 고급 주택이 즐비하여 자동차 소리가 끊일 사이가 없는 그런 주택가를 수목과 화초가 우거진 전원 풍경으로 꾸며놓고 시와 술을 즐겼다는 그의 낭만적인 삶이 아름답다. 치자, 파초, 매화, 석류, 동백, 국화 등이 어우러져 아름다운 꽃동산을 이루고, 거기에 대나무로 난간을 만들어 화초를 보호하고, 주변에 마음과 뜻이 맞는 당대의 명사 문사들이 모여 노닐던 여유와 낭만이 부러울 정도다. 그런 운치 속에서 차마(車馬)의 시끄러움도 잊고 조용하게 시상을 키울 수 있었으리라.

국화가 18분이나 있었다는 데 주목해야 한다. 다산은 훗날 아들에게 보낸 편지에서 "너희들이 국화를 심었다고 들었는데 국화 한 이랑은 가난한 선비가 몇 달 동안 먹을 식량이 될 수도 있는 것이니 한낱 꽃구경에만 그치는 것이 아니다"라고 하여 완상용으로뿐만이 아니라 약용으로 쓰이는 국화의 효용을 잊지 말도록 당부하기도 한다. 그렇기 때문에 다산은 다른 꽃나무는 몇 그루만 심고 국화는 도시 한복판의 집에 18분이나 심어놓은 것이 아니었을까. 물론 시를 짓고 술을 마시는 죽란시사 모임에서는 꽃구경이 우선이었나 보다.

여러 꽃 가운데 국화의 특별히 뛰어난 점이 네 가지 있다. 늦게 피는 것이 하나이고, 오래도록 견디는 것이 하나이고, 향기로운 것이 하나이고, 고우면서도 화려하지 않고 깨끗하면서도 싸늘하지 않은 것이 하나다. 세상에서 국화 사랑하기로 이름나고 국화에 대한 취미를 안다고 자랑하는 사람도 이 네 가지를 좋아하는 것에 지나지 않는다.

나는 이 네 가지 외에 특별히 촛불 앞의 국화 그림자를 하나 더 추가했다. 밤이면 구경하려고 담장 벽을 쓸고 등잔불을 켜고 외롭게 그 가운데 앉아서 혼자서 즐겼다.

하루는 남고 윤지범을 찾아가 말했다.

"오늘 저녁 우리집에 와서 자면서 함께 국화를 구경합시다."

"국화가 아무리 아름답다 해도 어찌 밤에까지 구경할 수 있겠나?"

몸이 아파 사양한다고 했다.

"일단 구경만 한번 해보시오."

내가 굳이 청하여 함께 집으로 왔다. 저녁이 되어, 일부러 심부름하는 아이를 시켜 촛불을 국화 한 송이에 바싹 갖다 대게 하고는 남고를 끌고 가 보이면서 "기이하지 않습니까?" 하고 물었다. 남고는 자세히 들여다보더니 "그대의 말이 이상하군. 나는 기이한 줄 모르겠네" 했다. 그 말에 나도 동의했다.

한참 뒤에 아이를 시켜 다시 본래의 법식대로 했다. 이에 옷걸이,

책상 등 산만하고 들쭉날쭉한 물건을 치우고, 국화의 위치를 정돈하여 벽에서 약간 떨어지게 한 다음, 비추기 적당한 곳에다 촛불을 밝히게 했다. 그랬더니 기이한 무늬, 이상한 형태가 갑자기 벽에 가득했다.

그 가운데 가까운 것은 꽃과 잎이 서로 어울리고 가지와 곁가지가 정연해 마치 묵화를 펼쳐놓은 것 같고, 그 다음 것은 너울너울하고 어른어른하며 춤을 추듯이 하늘거려서 마치 달이 동녘에서 떠오를 때에 뜨락의 나뭇가지가 서쪽 담장에 걸리는 것과 같았다.

그 가운데 멀리 있는 것은 산만하고 흐릿하여 마치 가늘고 엷은 구름이나 놀과 같고, 사라져 없어지거나 소용돌이치는 것은 마치 질펀하게 요동 치는 파도와 같아, 번쩍번쩍 서로 엇비슷해서 그것을 어떻게 형용할 수 없었다. 그러자 남고가 크게 소리치며 뛸 듯이 기뻐하면서 손으로 무릎을 치며 감탄했다.

"기이하구나. 이거야말로 천하에 빼어난 구경거릴세."

감탄의 흥분이 가라앉자 술을 마셨고, 술이 취하자 서로 시를 읊으며 즐겼다. 그때 이유수, 한치응, 윤지눌도 함께 있었다.

• 「국영시서」(菊影詩序)

아름다운 꽃구경에도 근심이 서리고

국화 구경을 꽃구경 하는 데 그치지 않고 촛불을 밝혀 비치는 국화의 그림자를 구경하는 우아한 방법을 찾아낸 다산. 저 아름다운 동양의 묵화 한 폭을 구경하는 재미를 보면서 시와 술로 삶을 즐기던 '죽란시사'의 시동인회. 다산은 그러한 풍류 속에서 자신의 심성을 도야하고 함양하여 대성할 학자의 자질을 갖추어가고 있었다. 30대 중반으로 한창 피어오르는 감성으로 그 시절에 다산은 수많은 시를 지어낸다.

철은 가을인데 쌀은 도리어 귀하고	歲熟米還貴
가난한 집이라도 꽃은 더욱 많다네.	家貧花更多
가을빛 속에 꽃이 피어	花開秋色裏
다정한 사람들 밤에 서로 찾았지.	親識夜相過
술 따르며 시름조차 없애거니	酒瀉兼愁盡
시가 지어지면 즐거운 걸 어떻게 해.	詩成奈樂何
한치응은 꽤나 단아하더니만	韓生頗雅重
요즈음 와선 그 또한 열정으로 노래하네.	近日亦狂歌

기러기는 날고 날아 강남으로 돌아가는데	飛飛歸鴈向江洲
시원한 발 걷고 홀로 앉았자니 먼 시름 생겨나네.	獨捲寒簾生遠愁
귀밑머리 성글어지니 늙으려나봐	蓬鬢欲疏無乃老
국화는 피었으나 가는 가을 막지 못해	菊花雖發不禁秋
선비 이름으로 세상 그르치다 책조차 팽개치고	儒名誤世抛經卷
고향 꿈이 마음에 걸려 낚싯배 소식 묻네.	鄕夢關心問釣舟
식량을 준비하여 1년 계책이 서면	約略甁儲爲歲計
봄이 오면 가솔 데리고 양주로 내려가야지.	春來提挈下楊州

• 「동무들과 술마시며 활짝 핀 국화를 바라보다」(竹欄菊花盛開同數子夜飮)

천주교 문제로 충청도의 시골까지 좌천되었다가 다시 서울로 돌아왔지만 실직(實職)도 받지 못하고 술 마시며 시나 짓던 시절 그의 가슴에는 역시 한없는 근심이 서려 있다. 국화는 맨 나중 피는 꽃이라 꽃이 피었다고 봄이 아니니 가는 세월 막지 못하고, 추수하는 계절이건만 곡식도 많지 않은 어려운 형편, 고향으로 낙향할까 말까 술에 취해 시름을 잊는 다산의 모습이 그려진다.

학문의 산실 규장각

임금은 다산을 버리려 하지 않았다. 금정역에서 돌아온 지 10여 개월이 지난 1796년 10월 규영부에 들어와 책을 교정하는 일을 하라는 명령이 내려졌다. 갈고닦은 실력을 임금 앞에서 발휘할 수 있는 기회가 또 온 것이다. 당대의 문사이자 학자인 관료들과 능력을 겨루며 온갖 책을 교정하고 임금의 어려운 질문에 답변하는 일이다. 이 무렵의 「사암연보」에는 해박한 학식과 뛰어난 재주로 임금을 감탄시킨 여러 가지 일들이 상세히 기록되어 있다. 다산의 훌륭한 답변에 감탄한 정조는 쌀, 시탄(땔감), 꿩고기, 젓갈, 귤, 감 등과 향기로운 향수 등을 자주 하사했다. 금정역으로 떠난 뒤 1년이 훨씬 지나 만난 다산을 임금은 드러내놓고 아꼈다. 정조는 "필체가 매우 훌륭하게 변했소"라면서 글씨체까지도 칭찬해 마지않았다. 그러면서 궁중에 비장된 서적들을 마음대로 읽을 수 있도록 조치해주었다. 임금의 특별한 배려에 다산은 감격하면서도, 한편으로는 불안한 마음을 떨구지 못하고 있다. 임금의 특별대우에 대한 그의 글 한 편을 보자.

사람이 그 나라에 살면서 임금의 집에 들어가 빛나는 임금의 풍채를 가까이할 수 있다면 비록 청소하는 일을 맡아도 영광스러운데, 항차 궁중 내부에 비장된 책과 여러 임금들의 보배로운 문적을 가지고 문필에 종사한다면 말할 나위가 있겠는가. 또 그러한 일을 한다면 비록 이익이나 봉록(俸祿)이 없다 해도 영광스러운 일인데, 더구나 팔진미의 음식이나 오제의 귀한 음식까지 날마다 하사하시니 할말이 있겠는가.

병진년(1796) 겨울에 정약용, 이익진(李翼晋: 승지), 박제가(朴齊家: 검서관) 등이 임금의 부름을 받고 규영부에 들어가 『사기』를 교정했다. 임금은 궁중 도서실에 있는 『사기』의 여러 본(本)을 모두 내다

1776년경에 단원 김홍도가 그린 규장각의 전경.
정조는 학문과 문화를 정비하고 인재를 양성하기 위해 규장각을 열었다.

가 서로 차이가 나는 것은 가려 뽑아서 좋은 쪽을 취하라고 명했다. 글로 인해 주(註)를 찾고 주로 인해 백가(百家)의 서적을 찾아 하나라도 고증할 것이 있으면 바로 내려주기를 청했다. 이 때문에 궁중에 비장된 책을 넘겨다 볼 수 있었다. 저녁밥이 집에서 오면 어떤 때는 규장각 직원이 들러서 "오늘 저녁은 배불리 먹지 마시오"라고 하는 경우가 있다. 그러면 그날 밤에는 어김없이 임금께서 진귀한 음식을 내려주어 배불리 먹었으니, 영광됨이 특별하지 않은가.

아! 『사기』를 교정하는 것은 책을 위한 것이 아니다. 궁중에 여러 본이 갖추어져 있는데 무엇 때문에 교정하겠는가. 『사기』의 교정은 나라를 위함도 아니다. 글자 획수나 편방이 잘못되어 있다 해도 나라에 해가 될 것은 없다. 무엇 때문에 교정을 하겠는가. 『사기』를 교정하는 것은 신(臣)들을 위한 일이었다.

• 「규영부교서기」(奎瀛府校書記)

학문을 사랑하고 인재 양성에 온 정성을 기울인 정조대왕이 우수한 학사 문신들을 배려해준 은혜에 다산이 감복해 쓴 글이다. 책을 교정하는 일이 왜 나라를 위하고 책을 위한 일이 아니겠냐마는, 신하들을 아끼고 사랑하는 뜻에 감복해 신하들을 위해서 책을 교정한다고까지 다산은 말하고 있는 것이다. 규장각을 열어 학문과 문화를 정비하고 인재를 키워내던 정조의 뜻은, 결국 새로운 시대 문예부흥의 기틀을 쌓는 것이었다.

그렇게 사랑받던 다산은 초겨울에 규영부에 들어가 군복사(軍服事: 1795년 초봄 병조 참의가 되어 입직할 때 군복으로 정장하지 않아 벼슬의 내천內遷이 금지되었던 일) 사건 이후 12월 1일에는 병조 참의에 임명되고, 3일에는 우부승지에, 4일에는 좌부승지에 올랐다가 부호군(副護軍)으로 옮겨졌다.

서른다섯 다산의 한 해가 저물어간다. 이해에 지은 「유쾌한 노래」(不

亦快哉行) 20수가 널리 알려졌다. 그 마지막 시 한 수를 보자.

낯선 지방 귀양살이 대궐이 너무 그리워	異方遷謫戀觚稜
여관에서 잠못 이루고 등불만 토닥거린다.	旅館無眠獨剪燈
뜻밖에 해배의 기쁜 소식 전해듣고	忽聽金鷄傳喜報
집에서 보낸 편지 손으로 직접 봉투 뜯을 때	家書手自啓緘縢
또한 유쾌하지 않을쏘냐.	不亦快哉

사람이 살아가는 일상생활에서 순간순간 느껴지는 쾌감에 대한 이야기를 나열한 시인데, 만인이 공감할 쾌감을 다산은 열거하였다. 장마철에 푸른 하늘이 나타나는 순간, 막힌 물길을 삽으로 터 우레소리를 내며 물이 흐르는 때, 달이 뜨지 않아 어둑한 밤에 환한 달이 뜨는 순간, 모두가 유쾌한 순간 들인데 귀양살이와 인연이 깊은 다산은 해배의 순간을 또 유쾌한 때라고 설파했던 것이다.
역시 '시참' 같다.

4
자상하신 임금님 말씀에 절로 눈물 흐르네

"종종걸음치면서 궁전 뜰 내려설 때
자상하신 임금님 말씀에 절로 눈물 흐르네.
등생처럼 원해서 고을살이 감 아니요.
소송의 창주 부임과 같다네.
떠나는 짐에는 규장각의 책도 있고
궁중의 약원에서 준 환약이 있어 이별 시름 덜어주네
궁중에서 서쪽으로 300리 가면
가을 되어 서리 내리면 원님 방에서 꿈꾸리."

■ 「곡산 부임을 앞두고 궁전을 하직하며」

탁월한 서정시인

단옷날 형님들과 천진암에서 노닐다

해가 바뀌어 1797년, 다산은 서른여섯이 되었다. 그는 초봄부터 교서관(校書館)에 나아가 동료들과 함께 『춘추』(春秋)를 교정하고 『두시』(杜詩)를 교정하는 등 임금의 총애를 받으며 자신의 업무에 열중한다. 봄이 가고 여름이 오자 날씨는 더워지고 산야에는 녹음이 짙어갔다. 서울생활에 지친데다 고향의 아름다운 강산이 그리워 다산은 조정의 허락도 받지 않고 훌쩍 서울을 떠나 고향으로 달려간다. 기록된 날짜는 그해 5월 1일이다. 여름이 무르익어가던 무렵, 다산은 고향에 돌아와 형제들과 어울려 집 앞의 강에서 배를 타고 놀며 시를 짓고 고기를 잡는다. 강에서 실컷 즐기다가 불현듯 형제들과 함께 산사를 찾아 길을 떠난다.

정사년(1797) 여름에 나는 명례방에 있었다. 석류가 처음 꽃을 피우고 보슬비가 막 개어, 나는 소내에서 물고기 잡기에 가장 알맞은 때라는 생각을 했다. 제도상 대부(大夫)의 지위에 있는 사람은 휴가를 청해 허락을 받지 않고는 도성문을 나서지 못하게 되어 있다. 그러나 휴가를 얻기가 어려워 그대로 출발하여 소내로 갔다. 그 다음날 강에 그물을 쳐서 물고기를 잡았다. 크고 작은 고기가 거의 50여 마리나 되어, 조그만 배가 무게를 감당하지 못해 물 위에 뜬 부분이 겨우 몇 치에 지나지 않았다.

배를 옮겨 남자주에 정박시키고 즐겁게 한바탕 배불리 먹었다. 얼마 뒤 내가 말했다.

"옛날 진(晉)나라의 장한(張翰)이라는 사람은 고향인 강동(江東)의 농어(鱸魚)와 순채(蓴菜)를 말하며 벼슬을 버리고 고향으로 가버렸습니다. 물고기는 우리도 이미 맛을 보았고, 지금 산나물이 한창 향기로울 때인데 왜 천진암에 가서 노닐지 않겠습니까?"

이에 우리 형제 네 사람은 친지 서너 명과 함께 천진암으로 갔다. 산 속에 들어가자 초목은 벌써 울창했고, 여러 꽃들이 한창 피어 있어 꽃향기가 코를 찔렀다. 더구나 온갖 새들이 서로 울어대는 울음소리가 맑고 아름다웠다. 길을 걸으면서 한편으로는 새소리를 듣고 한편으로는 서로를 바라보면서 매우 즐거워했다.

절에 도착하여 술 한 잔에 시 한 수를 읊으면서 날을 보내다가 3일이 지나서야 돌아왔다. 이때 지은 시가 20여 수나 되었고, 먹은 산나물도 냉이, 고사리, 두릅 등 모두 5~6종이나 되었다.

• 「천진암에서 노닐다」(遊天眞菴記)

아름다운 산문이다. 그림과 같고 시와 같다. 저 유명한 장한은 중국 진나라 때의 유명한 벼슬아치이자 문인이다. 이름보다는 계응(季鷹)이라는 자로 더 많이 알려진 사람이다. 조정에서 벼슬하며 일하다가 농어 때가 다가오자 고향의 강에서 잡히는 농어 맛이 생각나고, 고향 뒷산에서 자라는 순채라는 나물이 생각나서 벼슬을 버린 채 고향인 송강(松江)으로 달려간 낭만적인 시인이다. 다산도 그런 고사가 생각나 모든 것을 그냥 두고 고향으로 돌아와 강에서는 물고기를 잡고 산 속 절에 들어가서는 산나물을 먹으며 시와 술로 며칠을 보낸 아름다운 여행 기록을 남겼다. 20여 수를 지었다고 했으나 시집에는 아홉 수만 실려 있다.

첩첩이 싸인 산 울창하고 오솔길 한 가닥인데   重巒蓊蔚一蹊微

다산이 휴가도 받지 않은 채 훌쩍 떠나 형제들과 노닐었던 천진암 계곡.
"바위산이 첩첩으로 절간을 둘러싸니 불경이며 향로며 깊고도 깊숙하다.
시냇가 풀, 청색 황색 녹색 뒤섞여 있고 산새들 백 가지 천 가지로 소리낸다."

짙푸른 녹음 샛노란 꽃이 석양빛을 희롱하네.	濃綠深黃弄晚暉
뽕잎에 살오르자 비둘기들 새끼치고	桑葉欲肥鳩正乳
보리이삭 돋아날 때 꿩은 어울려 나는구나.	麥芒初長雉交飛
봄이 옛길을 불태워 중 가는 길 모르겠고	春燒古棧迷僧徑
맑은 날 폭포수가 객의 옷에 뿌려진다.	晴瀑危橋濺客衣
깊은 곳에도 사람 사는 집이 있음을 알겠는 건	知有人家深處住
시내 너머 딸아이 돌아오라는 소리 들리기에.	隔溪聞喚女兒歸

양자봉 꼭대기엔 풀과 나무 무성하고	楊子峯頭草木蓁
흰 구름이 다 걷히자 푸른 산봉우리 겹겹이네.	白雲飛盡綠嶙峋
날다람쥐 나무 건너뛰어 꾀꼬리 먼저 날아가고	蒼鼬度樹鶯先避
표범이 숲 속을 나다니니 까치들이 어지럽게 깟깟거린다.	文豹行林鵲亂嗔
나물 캐는 아낙네 비탈길에서 때때로 만나고	磴路時逢挑菜女
절간 문에는 날마다 꽃구경 온 사람 보내네.	巖扉日送賞花人
흐르는 물에 발 씻는 것 무슨 뜻인지 알겠는가	臨流濯足知何意
일찍이 조선 천지 많은 티끌 밟아왔기 때문이다.	曾踏東華萬斛塵

바위산이 첩첩으로 절간을 둘러싸니	巖阿層疊抱祇林
불경이며 향로며 깊고도 깊숙하다.	經卷香爐深復深
시냇가 풀, 청색 황색 녹색 뒤섞여 있고	澗草雜靑黃綠色
산새들 백 가지 천 가지로 소리낸다.	山禽交十百千音
이벽이 독서했던 곳 아직도 있지만	李檗讀書猶有處
원공이 깃들였던 자취 아득하여 찾기 어렵네.	苑公棲跡杳難尋
풍류와 문채도 신령스러운 곳이어야 제격이지	風流文采須靈境
한나절은 잔 돌리고 한나절은 시 읊었네.	半日行桮半日吟

• 「단옷날 형님들과 천진암에서 노닐다」(端午日陪二兄遊天眞菴)

5월 1일 고향집에 내려와 배를 타고 물고기를 잡다가 순채 생각이 나서 천진암을 찾은 것이 5월 4일이니 다음날이 단옷날이다. 정말로 좋은 시절, 그 시절을 노래하는 시어들이 곱고 아름답다. 뽕잎, 보리이삭, 비둘기, 꿩, 폭포수, 딸아이, 흰 구름, 꾀꼬리, 표범, 까치, 아낙네, 꽃구경 등 단어마다 싱싱하고 곱지 않은 것이 없다. 세상에 대한 걱정과 백성들에 대한 애정, 자신의 미래와 나라의 장래에 대한 근심이 없었다면, 다산은 뛰어난 서정시인으로만 일생을 마쳤을 수도 있다. 아름답고 고운 경치를 이처럼 고운 시어로 이처럼 멋지게 묘사할 수 있는 이가 또 있을까. 다산은 진정 탁월한 서정시인임이 분명하다.

천주교 성지 천진암

　천진암은 지금의 광주시 퇴촌면에 있는 조그마한 절이다. 이제는 천주교 성지가 되었다. 한국 천주교 발상지라고 하여 거대한 성당의 터가 닦이고 온갖 기념비와 묘소들이 들어차 있다. 그러나 그때 다산이 찾은 천진암은 고향 근처에 있는 작은 절, 이름 그대로 작은 암자였다.
　기해년(1779) 겨울에 이곳에서 당대의 학자 권철신이 학문토론회를 개최한 적이 있다. 그리고 젊은 청년 이벽이 눈 속에 찾아와 함께 독서를 했던 추억도 있다. 이벽은 서른두 살의 나이로 1786년에 이미 세상을 떠났다. 다산과 그는 너무도 가까운 사이였다. 이곳에 오면 옛날 이벽이 글 읽던 곳이 있건만 그때 절을 지키던 도승(道僧) 원공(苑公)은 종적이 없어 찾을 길이 없다고 했다. 11년 전에 죽은 친구를 그리워하는 다산의 마음이 따뜻하다.
　천진암과 다산은 인연이 깊다. 둘째형인 정약전은 이미 기해년의 강학회에 참여해 천진암에서 생활한 적이 있고, 다산은 노년에도 친구나 가족과 가끔 천진암을 찾아와 쉬어가면서 시를 짓고 술을 마셨다. 천진암과 천주교의 발상지라는 문제는 뒤에 별도로 언급하기로 하고 남겨둔다.

다만 여러 글에서 이미 밝혔던 대로 다산의 기록을 통해서는 천진암에서 천주교가 창립되었다고 단정지을 수 없음은 이 글에서 분명히 밝혀두고 넘어간다.

5월 4일, 단오 전날 밤 천진암에서 묵으며 지은 「절간의 밤노래」(寺夕)를 더 읽어보자.

온갖 새들 모두 평온히 잠들었는데	百鳥眠皆穩
두견새만 외로이 슬피 우네.	悲鳴獨子規
기구하고 외로우니 짝인들 있으랴만	畸孤寧有匹
깃들여 쉴 가지조차 없나봐.	棲息苦無枝
지나간 봄바람이나 기억하면서	眇眇春風憶
어두운 밤 되면 두려움만 있겠지.	蒼蒼夜色疑
달이 지고 사람이 고이 잠들면	月沈人正睡
청아한 그런 뜻을 그 누가 알랴.	淸絕竟誰知

잠 못 이루는 밤, 자신의 뜻을 알아주듯 자규가 외롭게 울고 있는 정경을 의인화하여 멋들어지게 표현하고 있다. 고요한 절간의 밤이 생생하다. 옛말에 절에 가면 중 되고 싶고 글방에 가면 책 읽고 싶다는 말이 있다. 절에서 며칠을 보내다 보니 문득 영원히 거기서 머물고 싶은 마음도 들었으리라.

도도히 솟아나는 산 속에 살고픈 뜻은	滔滔丘壑志
그냥 놀기만 좋아해서가 아니라네.	不是愛娛游

「산중감회」(山中感懷)라는 시에서는 '청산에 살으리랏다'라는 옛 시인의 마음이 헤아려지기도 한다. 그러나 다산은 백성(民)과 나라(國)를 그냥 두고 볼 수가 없어 다시 서울로 돌아온다.

천진암 강학회 때 참가한 학자들이 마셨던 냉천.
천진암과 다산의 인연은 깊다. 1779년 겨울, 당대의 학자 권철신이 이곳에서 강학회를 열어
학문 토론회를 개최한 적이 있었는데, 이때 정약전도 강학회에 참여해 천진암에서 지냈다.
그리고 다산과 매우 가까운 사이였던 이벽이 눈 속에 찾아와 함께 독서를 했던 적도 있다.
다산은 노년에도 친구나 가족들과 가끔 천진암을 찾아가 시를 짓고 술을 마셨다.

반대파의 비방이 높아지다

서울에 이르자 임금의 배려는 더욱 세심하여 성균관 유생들이 시험을 치를 때 고시관이 되기도 한다. '대독관'(對讀官)이라는 직책인데, 그때 임금은 하급관료를 시켜 다산에게 주필(朱筆)을 잡도록 했다. "끝내 붉은 붓을 잡게 될 것이니, 오늘은 시험삼아 먼저 붓을 잡아보라"고 한 것이다. 본래의 규정대로라면 시험관이나 주문(主文)인 상시관(上試官)이 아니면 붉은 붓을 잡을 수 없고 등급을 매길 권한이 없는데, 다산은 임금의 명령으로 어쩔 수 없이 자격도 없으면서 등위를 매기는 시관의 역할을 했던 것이다. 다산을 곧 홍문관 제학에 임명할 것이니 미리 연습삼아 주필을 잡으라는 뜻이다. 이만하면 신하로서의 영예는 최고에 달한 셈이다.

임금의 총애와 신임이 두터워질수록 반대파의 비방은 더욱 심해졌다. 그해 6월 22일 동부승지(「사암연보」에는 좌부승지라고 되어 있으나 「자찬묘지명」과 「변방사동부승지소」에는 동부승지라고 기록됨)에 제수되었다. 다산은 이제야 기회가 왔다고 여기고 동부승지 벼슬을 사양한다고 상소를 올리면서, 자신이 그 동안 천주교 신자라는 비방과 모함을 받았던 전말을 상세히 써서 임금에게 올렸다. 3,000여 글자에 이르는 장문이자 명문이었다.

엎드려 생각건대, 나라의 두터운 은혜를 받은 것이 하늘처럼 끝이 없으니, 제가 어떻게 받았던 은혜를 모두 나열하여 기술할 수 있겠습니까. 엄격한 스승과 같이 가르쳐 기질을 변화시켜주셨고, 자애로운 아버지와 같이 기르시어 성명(性命)을 보전하게 하셨습니다. 그러나 전하께서 마음 속으로 생각하고 계신 점을 제가 오히려 알지 못한 점이 있으며, 혹 전하께서 잊고 계시지만 저는 유독 마음 속에 맺힌 것이 있습니다.

조용히 생각해보니 골수에 사무칩니다. 말을 하려고 하면 목이 메어 소리를 낼 수가 없고, 글을 쓰려고 하면 눈물이 가려 글을 만들 수가 없습니다. 돌아보건대 어떤 사람이 은혜를 이와 같이 받았겠습니까. 저는 본디 초야의 외롭고 한미한 사람으로, 부모의 음덕과 사우(師友)의 도움이 없었는데 다만 전하께서 교화시키고 양육해주시는 공에 힘입어 어린 나이에서 장년에 이르고, 천한 사람이 귀해졌습니다. 6년 동안 성균관 시험에 뽑히고, 3년 동안 내각의 시험에 뽑혀 외람되게 학사(學士)에 선발되고, 대부(大夫)의 품계에 올랐습니다.

무릇 식견이 조금 진보되고 작록(爵祿)을 엿보기에 이른 것은, 모두 우리 전하께서 지극한 가르침으로 도야시켜주시고, 지극한 뜻으로 다스려주셨기 때문입니다. 제가 비록 목석인들 차마 이 은혜를 저버릴 수 있겠습니까.

우리 전하께서 이미 한 번 용서해주셨고, 오랑캐가 된 것을 아시고는 화하(華夏)가 되게 할 것을 생각하시고, 짐승이 된 것을 아시고는 사람이 되게 할 것을 생각하셨으며, 죽게 된 것을 아시고는 살게 할 것을 생각하시어 돌봐주고 구원해주시느라 거듭 마음과 힘을 소비해 비호하고 용인해 회개하기를 바라시니, 우리 부모가 아니면 누가 이와 같이 하겠습니까.

저는 마땅히 간을 쪼개어 피를 내고 죽어 지하에 가서 이 은혜를 온 세상에 밝히고 이 마음을 만대에 드러내야 하는데도 불결함을 뒤집어쓰고 구차스럽게 생명을 탐하여 두려워서 몸둘 바를 모르고 조마조마한 마음으로 살고 있으니, 다시 무슨 말씀을 드리겠습니까.

- 「변방사동부승지소」

다산이 정조대왕한테 얼마나 많은 신임을 받았는지 충분히 짐작이 가는 대목이다. 지은 죄를 용서하고, 오랑캐에서 온전한 문명인으로, 짐승이 된 처지에서 사람으로, 죽음마저 면하게 해주신 임금. 그래서 다산은 간을 쪼개어 피를 쏟고 죽어야 마땅한 사람이라고 자인하고 있다. 일찍이 천주교에 물들었던 잘못을 그렇게 뉘우친 것이다.

　사도세자의 아들인 정조는 아버지의 억울한 죽음에 뿌리 깊은 원한을 품고 살았기에 사도세자의 죽음에 동정적이던 시파를 각별하게 생각지 않을 수 없었다. 더구나 역사의 변동성에 기민하게 대응하며 서양의 과학사상을 받아들이는 다산 일파를 자신의 진정한 우군으로 여기며 온갖 음해와 비방에도 정성을 다해 보살펴주었던 것이다.

진실을 밝힌 명상소문

저는 결코 천주교인이 아닙니다

다산의 긴긴 상소문은 계속된다. 자신과 천주교의 관계부터 숨김없이 실토한다.

저는 이른바 서양의 천주교에 대해 일찍이 그 책을 보았습니다. 그러나 그것을 보았다는 것이 어찌 바로 죄가 되겠습니까. 말을 박절하게 하지 않으려고 '책을 보았다' 했지 진실로 책만 보고 말았다면 어찌 바로 죄가 되겠습니까. 대개 일찍이 마음 속으로 기뻐하여 사모했고, 내용을 거론하며 남에게 자랑했습니다. 본원(本源)과 심술에, 기름이 스며들고 물이 젖어들며 뿌리가 박히고 가지가 얽히듯 해도 스스로 깨닫지 못했습니다. 대저 한번 이와 같이 되면, 이것은 맹자 문하의 묵자요, 정자 문하의 불교 선파(禪派)입니다. 대질(大質)이 훼손되고 본령이 그릇되었으니, 미혹에 빠짐이 깊고 옅은 것이나, 개과천선의 빠르고 늦은 것은 논할 것도 없습니다. 비록 그러하나 증자가 말하기를 "나는 정도(正道)만 얻고 죽으면 그만이다"라고 했는데, 저 또한 정도를 얻은 후에 죽고자 하오니, 한마디 말로써 스스로를 밝히지 않을 수 있겠습니까.

제가 천주교 책을 본 것은 대개 약관 스물의 초기였습니다. 그 무렵에는 원래 일종의 풍조가 있어, 천문과 역상을 말할 수 있는 사람이나, 농정이나 수리의 기구에 대해 말하고 측량과 추험(推驗)의 법을 말할 수 있는 사람을 세속에서는 서로 전하면서 해박하다고 했습니다. 저는 그때 어려서 속으로 그런 소리를 듣는 것을 몹시 바랐습니다. 그러나 성품이 경솔하여 무릇 어렵고 깊고 교묘하고 세밀한 것에 속하는 글은 본디 세심하게 연구하지 못했습니다.

그러므로 거친 찌꺼기의 영향에서는 끝내 얻은 것도 없이 도리어 죽고 사는 말들에 얽히고 극벌의 경계(克伐之誡)에 귀를 기울이고, 비뚤어지고 변박(辯博)한 글에 현혹되어 유교의 별파(別派)로 인식하고, 문원(文垣)의 기이한 감상(鑑賞)으로 보아 남과 담론할 때는 감추고 꺼리는 바가 없었고, 남들이 배척하는 것을 보면 부족하고 비루해서 그러리라 의심했으니, 본뜻을 따져보면 대체로 색다른 지식을 넓히고자 해서였습니다. 그러나 저는 영달에만 뜻을 기울이고 매달려서 성균관에 들어온 뒤로 오로지 뜻을 모아 공부한 것은 과거 과목이었습니다. 매달 보는 과제, 열흘마다 치르는 시험에 응시하기를 새매가 먹이를 집으려는 듯이 정신을 쏟았으니, 이런 점으로 보면 진실로 그쪽으로 기울일 그런 정신자세는 아니었습니다. 더구나 벼슬살이에 나간 뒤로야 어찌 정도가 아닌 방외(方外)의 글에 마음을 쓸 수가 있겠습니까.

해가 오래고 깊어갈수록 마침내 다시는 마음 속에 왕래하지 않아서 막연히 지나간 그림자처럼 느꼈는데, 어찌 그 명목을 한번 세워 청탁을 분별하지 못하고 고지식하게 지금껏 벗어나지 못했겠습니까. 헛된 명예만 좋아하다가 실재의 화(禍)를 받는다는 것은 저를 두고 이른 말입니다. 천주교 책 속에는 윤상(倫常)을 상하고 천리(天理)에 거슬리는 말이 진실로 이루 다 헤아릴 수 없이 많습니다. 감히 전하의 귀를 더럽힐 수 없으나, 제사를 폐하는 말에 이르러서는 제가 전에 그 책에서 본 적이 없습니다.

신해년(1791)에 불행하게도 진산사건이 일어났으니, 저는 이 일이 있었던 이래로 분개하고 마음이 아프고 쓰려 속으로 맹세하며 미워하기를 원수같이 하고 성토하기를 흉악한 역적같이 했습니다. 양심이 이미 회복되자 이치가 자명해졌으므로, 옛날에 일찍이 흠모한 것을 돌이켜 생각하니, 허황하고 괴이하며 망령되지 않은 것이 하나도 없었습니다. 거기에 나오는 죽는 것과 사는 것에 관한 말은 석가모니가 만든 공포령(恐怖令)이고, 이른바 극벌의 경계는 도가(道家)의 욕화(慾火)를 없애라는 것이며, 비뚤어지고 변박하다는 글은 패사(稗史) 소품(小品)의 지류 가운데 나머지에 지나지 않는 것입니다. 이 밖에도 하늘을 거역하고 귀신을 경멸하는 죄는 용서받을 수 없습니다.

제가 어찌 감히 털끝만큼이라도 속이고 숨기겠습니까. 제가 무서운 벌을 받아야 했던 때는 실제로 8~9년 전(정미반회사건, 즉 1787년 성균관 근처에서 천주교 서적을 읽을 무렵)인데 다행히 전하의 비호하심을 입어서 형벌을 면할 수 있었습니다. 죄가 있었지만 처벌받지 않아 무거운 짐을 등에 진 것 같았습니다. 이어 재작년 7월에 특별히 임금의 뜻을 받들고 금정 찰방으로 보직되었으나 오히려 늦은 것입니다. 왜 그렇게 가벼운 형벌을 주셨습니까.

더구나 제가 부임한 지방은 천주교가 아주 많이 퍼진 지방으로, 어리석은 백성들이 현혹되어 진실로 돌이킬 줄 모르는 무리가 많았습니다. 제가 관찰사에게 나아가 의논하여, 수색해서 체포할 방법을 강구해 숨은 자를 적발하고, 화와 복의 원리를 일깨워주어 그들이 의심하고 겁내는 것을 깨우쳐주고, 척사계를 만들어서 그들에게 제사 지내기를 권하고, 천주교를 믿는 여자를 잡아다가 그들에게 혼인하도록 권하고, 다시 한 고을의 착한 선비를 구해서 서로 더불어 질의하고 논란하여 성현의 글을 강론하게 했습니다(봉곡사에서 이삼환을 초청해 성호의 『가례질서』를 교정한 강학회를 말함).

이윽고 생각건대, 제가 한 일이 자못 진보가 있었으니, 스스로 다행스럽고 기쁘게 여깁니다. 이것이 누구의 은혜이겠습니까. 제가 스스로 생각하니, 평생의 큰 은혜가 금정으로 한 차례 다녀온 것보다 나은 것이 없다고 여겼는데, 일찍이 해가 바뀌기 전에 이미 용서를 받아 살아서 한강을 넘어와 편안히 성안에서 살게 되었으니, 살아서 여원이 없고 죽어도 여한이 없습니다.

저 천주교도들의 사설(邪說)이 일어나고 있음은, 장차 전하께서 깨끗이 물리치는 공을 드러나게 하려는 것입니다. 태양이 중천에 떠 있으니, 도깨비와 무지개는 진실로 국가의 걱정이 될 수 없습니다. 그러나 제 한 몸에 있어서는 이보다 더 큰일이 없습니다. 제가 어찌 입술을 태우고 발을 구르며 때에 맞춰 박멸해서, 이 세상에 그들의 종자를 남기지 못하도록 기도하지 않겠습니까. 주자가 노덕장(路德章)에게 경계하기를 "빨리 하늘을 원망하지 말며 남을 탓하지 말고, 그 속에서 저절로 없어지게 하여 늘그막의 절개를 구하라" 했으니, 제가 비록 부족하지만 이 말을 실천하겠습니다.

지금의 계획은 오직 경전연구에 온 마음을 기울여 만년의 보답을 도모하고, 벼슬길에서 종적을 멀리하여 스스로 뉘우치는 의리를 본받을 뿐입니다. 뻔뻔스런 얼굴로 머리를 쳐들고 승정원에 출입하는 것은 거듭 맑은 조정의 염치를 손상시키고, 나아가 한 세상의 공의(公議)를 불러일으키는 것이니, 저는 감히 나아갈 수 없습니다.

이에 감히 패초(牌招)를 따라 대궐에 나와 정성을 다해 글로 아뢰어서 우러러 임금님의 귀를 욕되게 하오니 엎드려 바라건대 성스럽고 자혜로우신 전하께서는 저의 정경을 헤아리시고 저의 간절한 충정을 살피시어 저의 직명(職名)을 바꾸시고, 곧 척출하시어 저로 하여금 잘못을 속죄하고 성분을 이루어서 천지를 생성하는 혜택을 마치게 하시는 것이 더없이 큰 소원입니다. 저는 하늘을 바라보고 임금님을 우러러보며, 격절하고 간곡한 기원을 감당할 수 없습니다.

비방을 받는 사실에 대해 변명하고 벼슬을 사양하는 내용이지만, 자신의 일을 해명하는 상소여서 「자명소」라고도 한다. 다산의 문장력과 박식함, 인격까지 한껏 발휘한 매우 유명한 상소다. 이 긴긴 상소문은 명쾌한 논리에 사리가 분명한 내용이다.

정조가 비답(批答)했다.

소를 자세히 살펴보니, 착한 마음의 싹이 마치 봄바람에 만물이 자라는 것 같다. 종이에 가득히 자신에 대하여 열거한 말은 듣는 이를 감동시킬 만하다. 너는 사양하지 말고 직책을 수행하라.

동부승지를 사양하지 말고 맡은 직책을 제대로 수행하라는 분부였다.

임금을 모시고 경전을 강론하는 자리에서 이만수(李晩秀), 이면긍(李勉兢) 같은 여러 신하들이 모두 상소의 광명함을 극찬했다. 임금은 교지를 내려 끝없이 칭찬하고, 경연의 신하들에게 "이후로 정약용은 허물이 없는 사람이 될 것이다"라고 공식으로 인정을 해주었다. 심환지 역시 경연석상에서 "상소문이 매우 좋고, 그의 심사(心思)도 광명스럽다"고 극찬했다.

이 글로 다산은 천주교 신자라는 누명에서 벗어났다. 『여유당전서보유』 제2권에 수록된 『함주일록』(含珠日錄)이라는 일기가 있다. 이 상소문을 올린 직후에 쓴 날짜별 일기인데, 상소 뒤의 동향에 대한 자세한 내용이 담겨 있다.

천주교 신자라는 누명에서 벗어나다

당시 다산의 처가로 육촌처남이던 홍인호가 좌승지로 있었고 대선배로 가까운 사이이던 이익운이 우승지로 있었는데, 이 두 사람은 상소문이 좋다고 칭찬하면서 조그마한 혐의로 사퇴하지 말고 근무하라고 권했다고 했다. 병조 참의 목만중이 상소문을 읽어보고는 다산을 격려했다.

"상소문이 과연 잘됐소. 그대의 심사가 광명하오."

含珠日錄卷之一
六月 丁巳午
二十日 恩除同副承旨時洪仁浩方以左承旨坐院余以姻嫌違牌宿觀象峴洪時溥宅夜二更
廿一日是日 聖上展拜 景慕宮政院請備員無批旣 還宮 命牌招臣詣待漏院金虎門外號上疏陳情大槩曰恩造與天罔極罪累無地自容敢陳湧泣之懇冀蒙 亦照之 恩事入啓 聖批曰省疏具悉善端之萌藹然如春噓物荁萠鋐旨列言足感聽爾其勿辭察職事 疏連時爲右承旨與洪

『여유당전서보유』 제2권에 수록된 『함주일록』(含珠日錄)에는
다산이 「변방사동부승지소」를 올린 뒤의 동향이 자세히 실려 있다.

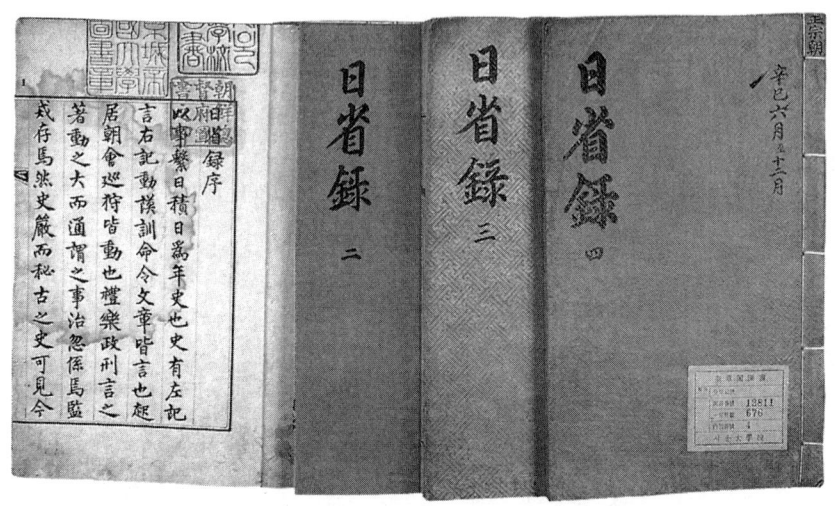

조선시대 역대 왕의 일기인 『일성록』.
정조가 임금이 되기 전인 1760년부터 쓰기 시작했는데, 정조가 즉위한 뒤 각신들이
임금의 동정과 언행을 기록해 1910년까지 150년 동안의 기록이 보존되어 있다.
이 『일성록』에 다산의 「변병사동부승지소」의 문장이 훌륭하다는 평이 전해진다.

직제학 이만수는 홍문관, 규장각에서 일해야 할 큰 문장가라고 칭찬했다.

"그대의 상소문을 어제 승정원에서 읽었는데 말마다 진실하고 절실하여 참으로 사람을 감동시키기에 충분했소. 그리고 문장의 살아 움직임도 근래에 보지 못했던 바니, 참으로 관각(館閣)의 큰 솜씨입니다."

이만수는 그날 승정원에 들어와 조복도 벗지 않은 상태로 먼저 다산의 상소문을 찾아 몇 줄을 큰 소리로 낭송하다가 무릎을 치면서 "천고(千古)의 명소(名疏)"라고 감탄했다. 이만수는 노론 벽파로 언제나 다산의 반대편에 있던 사람이다.

당대의 문장가 심상규(沈象奎)도 다산에게 "그대의 상소문은 과연 잘 지은 글이오. 내가 『일성록』(日省錄)에 올리면서 글자 한 자 줄이지 않고 그대로 올렸습니다" 했다 한다. 뒷날의 위대한 실학자 풍석(楓石) 서유구(徐有榘)도 "그대의 상소문은 매우 좋았습니다. 그래서 여론이 모두 칭찬하는 쪽입니다" 했다. 오태증(吳泰曾)도 "문장이 역시 사람을 감동시킨다"고 했고, 한만유, 성대중(成大中)도 "비록 이런 상소가 아니더라도 그대는 벌써 혐의를 벗은 지가 오래인데, 더구나 상소문이 나온 뒤에는 여론이 더 흡족하게 여깁니다"라고 했다.

일부 인사들이 말꼬리를 잡고 비판하기도 했지만 이번 상소로 다산은 분명하게 천주교로 인한 의심과 오해는 풀린 것으로 판정이 났다. 반대파인 벽파 쪽에서도 높은 평가를 내렸으니 다산의 신상 문제는 해결의 실마리가 풀린 셈이다.

처음에는 천주교를 유교의 별파로 여겼으며, 널리 알고 신기한 이론을 좋아하는 취미가 있어 그런 이상한 내용에 흥미를 느끼고 거기에 빠졌지만, 우선 제사를 지내지 않아야 한다는 대목에 이르러 경악을 금치 못해 손을 떼고 마음을 끊었다는 다산의 주장이 설득력 있게 받아들여졌다. 더구나 신해년 진산사건 이후 나라에서 엄히 금하자 완전히 거기서 벗어났다는 것이다. 금정역의 찰방으로 좌천을 가서도 주민들 사이에 척사계를 만들어 천주교를 추방하고 모든 주민들이 제사를 지내도록 독려했다는 다산의 주장에 사람들은 동의했다.

　신유박해 때 그가 당한 고통이나 오랜 귀양살이는 결국 시·벽의 정치적 파당 싸움과 크게 관계되는 것임을 부인할 수 없다. 다산 자신의 고백서이자 반성문인 「자명소」(「변방사동부승지소」)가 생생하게 존재하고, 어떤 기록에도 그가 천주교 신자였다는 반대파의 명확한 증거가 제시되지 않고 있다. 그런데 다만 외국인들의 기록만으로 그가 신자였다고 주장하는 것은 설득력을 잃을 수밖에 없다.

목민관이 되어 곡산으로 가다

세월이 가면 경이 곧다는 것이 밝혀지리라

다산의 문제는 1797년 6월 22일 장문의 상소를 올린 뒤 어느 정도 들 끓는 여론을 잠재울 수는 있었으나 정치적 이해 관계가 얽혔기 때문에 그렇게 쉽게 해결될 일은 아니었다. 결국 다음달인 윤6월이 왔다. 윤6월 2일에 임금의 특명으로 다산은 황해도의 곡산 도호부사로 발령이 났다. 떠나는 길에 임금이 불러 당부한 말을 들어보면 당시의 사정을 이해할 수 있다.

지난번 상소문은 문사(文詞)를 잘 구사했을 뿐만 아니라 마음 씀씀이도 빛나고 밝으니 참으로 우연스럽게 된 것이 아니다. 바로 한번 승진시켜 쓰려고 했는데, 의론(議論)이 들끓으니 왜들 그러는지 모르겠다. 한두 해쯤 늦어진다고 하여 해로울 것 없으니, 떠나거라. 앞으로 불러들일 테니 너무 슬퍼할 필요는 없다. 먼젓번 원은 치적이 없었으니 잘하도록 하라.
• 「사암연보」

군왕의 총애를 받는데다 채제공이 정승으로 있었건만, 천주교 문제가 잦아들지 않아 중앙에 있지 못하고 먼 오지로 떠나야 하는 신세가 되고 만 것이다. 「자찬묘지명」에는 "그때 세력을 잡은 자들 가운데 참소하고 질투하는 자들이 많아 임금의 뜻은 자신이 몇 년 외직에 근무하도록 하여 불길을 식히려 함이었다"고 적고 있다. 그때의 심경을 읊은 시가 있다.

종종걸음치면서 궁전 뜰 내려설 때	靑靴颯沓下螭頭
자상하신 임금님 말씀에 절로 눈물 흐르네.	天語諄諄涕自流
등생(滕生)처럼 원해서 고을살이 감 아니요.	不是滕生求浙郡
소송(蘇頌)의 창주(滄州) 부임과 같다네.	還如蘇頌赴滄州
떠나는 짐에는 규장각의 책도 있고	奎垣縹帙隨行李
궁중의 약원에서 준 환약이 있어 이별 시름 덜어주네.	內局金丸慰別愁
궁중에서 서쪽으로 300리 가면	西出石關三百里
가을 되어 서리 내리면 원님 방에서 꿈꾸리.	一秋霜月夢瓊樓

• 「곡산 부임을 앞두고 궁전을 하직하며」

한편으로는 착잡하지만, 한편으로는 시원섭섭한 외직의 보임이다. 모함과 비방에서 벗어나 시골로 가는 길이니 시원하고, 서울을 떠나는 외로움은 역시 섭섭하고 착잡했으리라. 시에 고사가 많아 설명이 필요하다.

송(宋)나라 때에 등원발(滕元發)이라는 아주 유능한 관리가 있었다. 신망이 매우 높았으나 왕안석의 신법을 반대하여 조정에 있기가 불편했다. 그래서 늙음을 핑계삼아 회남(淮南)의 외직으로 떠난 역사적 사실을 인용했다. 또 송나라의 소송은 임금의 신임도 두터웠고 대신들에게도 높은 대접을 받았으나 반대파의 요구로 본의 아니게 창주 지사(知事)로 나아갔다. 하직차 황제를 배알하니 황제가 "짐이 경을 안 지 오래인데 경을 발탁하여 등용하려고만 하면 꼭 무슨 일이 생겨 쓰지 못하게 되니 그것도 아마 운명인가 보오. 앞으로 세월이 가면 경이 곧다는 것이 자연히 밝혀질 것이오"라고 했다. 다산은 이 고사를 인용한 것이다. 다산과 소송의 운명은 왜 그렇게도 닮았는지, 고금의 역사는 이렇듯 반복되는 것인가.

그때 다산은 아직 『목민심서』를 저작하지 않았다. 그러나 이미 금정역이라는 조그마한 지역을 찰방이라는 지방관으로 다스린 경험이 있다. 뿐만 아니라 다산의 아버지는 두 군의 현감, 한 군의 군수, 한 군의 도호부사, 한 군의 목사를 지냈던 분으로, 그때마다 다산은 아버지를 수행하면서 고을 다스리는 법을 두루 익힌 바 있다. 비록 자원해서 가는 원님은 아니지만, 바야흐로 기회가 온 것은 사실이다. 그 동안 중앙의 요로에서 쌓은 경험, 두루 익힌 넉넉한 지식, 아버지에게서 보고 배운 목민술(牧民術), 이러한 것들을 본격적으로 종합해서 곡산(谷山)이라는 조그마한 군을 유토피아로 만들 생각을 했다. 이 곡산 고을의 치적에 대해 다산은 「자찬묘지명」과 「사암연보」에 자세하게 기술해놓았다. 후세에도 영원토록 부끄럼 없을 치적이라고 확신하면서 낱낱이 열거해 기록했던 것 같다. 1797년 윤6월 초부터 임무를 마치고 돌아온 1799년 4월 24일까지의 1년 11개월 가량, 햇수로는 3년, 그는 곡산에서 30대 후반의 왕성한 시절에 백성들을 사랑하는 자애로운 통치를 베풀었다.

황해도 곡산고을, 지금은 38선 이북의 북한 땅으로 우리의 머릿속에서 잊혀진 지역이다. 『신증동국여지승람』을 통해 곡산의 지세나 연혁을 알아보자. 곡산은 황해도의 북동쪽 맨 위에 있는 고을로 동쪽으로 92리에 함경도 안변부가 있고, 남쪽으로 45리 가면 신계현이 있고, 서쪽으로 34리 가면 수안군이 있고, 북쪽으로 93리 가면 평안도 성천부에 이른다. 서울과는 434리나 떨어진 지역이다. 다산의 300리는 시어에서 축약하여 사용한 말인 듯하다. 본디 십곡성(十谷城)이라는 이름이었으나 조선왕조를 연 태조의 둘째부인 신덕왕후 강씨(康氏)가 태어난 곳으로 태조 2년에 곡산 도호부로 개명했다. 태종 2년에는 지주사(知州事)로 강등해 부르다가 조선 후기 현종 10년 신덕왕후가 복위된 뒤에 곡산 도호부로 다시 승격된 아주 조그마한 고을이다. 조선 초기 왕자의 난이 일어나 강씨 소생들이 화를 당하고 강씨까지 강등되자 고을의 이름까지 강등되어 오랫동안 약세를 면치 못했던 비운의 고을이다.

다산은 서울을 출발하여 고려의 수도였던 송경(松京: 개성)에 들러 「송경회고」라는 시를 남긴다. 고려의 흥망성쇠를 회고해보니 괜스레 눈물이 흐른다는 시가 좋다.

송악산 올라 흥망의 자취 묻지를 말자	登臨莫問興亡跡
송도를 바라보면 절로 눈물 흐른다네.	西望松陽涕自流

망국의 역사적 사실에 슬퍼하지 않을 사람이 없지만, 송도를 처음 찾은 다산은 느낀 바가 많았으리라. 예전부터 글짓고 시 잘하던 선비로서 고려의 도읍지였던 송경을 방문한 후 글을 남긴 사람이 적지 않다. 유명한 작품들이 많지만, 대표적인 몇몇 작품은 지금까지도 인구(人口)에 회자(膾炙)되고 있다.

500년 도읍지를 필마로 돌아드니
산천은 의구하되 인걸은 간데없다.
어즈버 태평연월이 꿈이런가 하노라.

야은(野隱) 길재(吉再)는 고려의 유민(遺民)으로서 나라가 망한 슬픔을 실감나게 표현해 많은 사람들의 심금을 울렸다. 조선시대의 유명한 시인 석주(石洲) 권필(權韠)의 형이자 이름난 시인이던 권협(權韐)의 시를 보자.

눈 위에 비친 달빛 앞전 왕조의 빛깔	雪月前朝色
서리 머금은 종소리는 고국(故國)의 소리네.	霜鍾故國聲
남쪽 누각에 슬프고 외롭게 서 있노라니	南樓愁獨立

다산의 산수화.
"송악산 올라 흥망의 자취 묻지를 말자
송도를 바라보면 절로 눈물 흐른다네."

초라한 집에서 저문 연기 나더라. 殘閣暮煙生

• 『조야회통』(朝野會通)에서

다산의 「송경회고」도 이러한 유형의 시다. 한 구절을 인용했지만 긴긴 시에는 망해버린 나라의 도읍지를 지나는 감회가 서려 있다.

솔로몬의 재판

송경을 지나 곡산 땅에 도착하자 신관사또를 맞는 아전들의 행색이 분주했다. 그런데 미처 관청에 들어가 업무를 개시하기도 전에 사건이 일어났다. 바로 이계심(李啓心) 사건이다.

이계심이라는 사람은 곡산의 백성이다. 먼젓번 원님이 다스릴 때에 소리(小吏)가 농간을 부려 포보포(砲保布: 포군에게 내는 군포) 40자의 대금으로 돈 900냥을 대신 거두었으므로(본래 200냥을 거두어야 마땅하다) 백성들의 원성이 시끄럽게 일어났다. 이에 이계심이 우두머리가 되어 1,000여 명을 모아서 관(官)에 들어와 호소를 했다. 그들이 외치던 말이 매우 공손하지 못했다(아마 원님 물러가라!고 외친 듯싶다). 관에서 그에게 형벌을 내리고자 하니, 1,000여 명이 한꺼번에 무릎을 걷어붙이고 이계심을 둘러싸 대신 매맞기를 청해 형벌을 내릴 수가 없었다. 아전과 관노(官奴)들이 각자 곤장을 들고 뜰에 모여 있던 백성들을 마구 치니 백성들이 모두 흩어졌다.

이계심도 탈출하여 도망가 숨었는데, 수령이 감사에게 보고하여 오영(五營)에 명을 내려 염탐해 잡게 했으나 끝내 잡지 못했다. 그 말이 서울에 와전되어 "곡산의 백성들이 들것에다 부사(府使)를 담아 객사 앞에 버렸다"고 했다. 바야흐로 다산이 두루 하직인사를 하러 다닐 때, 대신 김이소(金履素) 이하 여러 공들이 모두 주동자 몇 놈을 죽이라 권하고 채제공은 더욱 기강을 바르게 하지 않을 수 없다고 말했다. 곡산 땅에 들어서니 호소하는 글을 가지고 길을 막는 자가 있었다. 누구냐고 물어보니 그가 바로 이계심이었다. 그 글을 받아 보니 백성을 병들게 하는 12가지 조항이었다. 곧바로 이계심에게 뒤따라오도록 했더니 아전이 말하기를 "이계심은 오영에서 체포령이 내려진 죄인입니다. 법에 따라 붉은 포승줄로 결박을 하고 칼(枷)을 씌워 뒤따르게 함이 마땅한 줄로 아옵니다"라고 했으나, 다산이 물리쳤다. 관청에 오른 뒤에 이계심을 불러 앞으로 나오라 하여 말하기를 "한 고을에 모름지기 너와 같은 사람이 있어 형벌이나 죽음을 두려워하지 않고 만백성을 위해 그들의 원통함을 폈으니, 천금은 얻을 수 있을지언정 너와 같은 사람은 얻기가 어려운 일이다. 오늘 너를 무죄로 석방한다"면서 마침내 불문에 부쳤다. 이에 백성들의 원통함이 펴지고 화락해졌다.

• 「사암연보」, 36세조

한 고을의 장법관(掌法官)으로 실정법을 위반해 오영에 체포령까지 내려진 수배자를 무죄석방하는 것이 어디 쉬운 일인가. 아무튼 대단한 명판결이었다. 다산은 이 일을 대단한 결단으로 여기고 「사암연보」와 비슷한 내용이긴 하지만, 각도를 달리한 내용으로 「자찬묘지명」에도 빠짐없이 기록해놓았다.

이계심이 백성 1,000여 명을 인솔하고 관청에 들어와 항의하자 부사가 벌을 주려 하니, 1,000여 명이 벌떼처럼 일어나 이계심을 둘러싸고 계단으로 올라가며 소리를 지르니 천지가 동요했다. 아전과 관노배들이 몽둥이를 들고 쫓아내자 이계심이 달아나버려 오영에서 기찰하여 붙잡으려 해도 붙잡지 못하고 있었다. 내가 부임차 곡산 땅에 이르니 이계심이 백성들이 괴로워하는 사항 10여 조목을 들어 기록해 올려 바치고는 길가에 엎드려 자수했다. 옆사람들이 체포하기를 청했으나 내가 "그러지 말라. 한번 자수한 사람은 스스로 도망가지 않는다"고 했다. 나중에 석방하면서 "관장(고을 원님)이 밝아지지 못하는 까닭은 백성들이 자기 몸을 위해서만 교활해져 폐막을 보고도 관장에게 항의하지 않기 때문이다. 너 같은 사람은 관에서 마땅히 천 냥의 돈을 주고라도 사야 할 사람이다"라고 했다.

말의 시작에 앞서 "곡산 사람에 이계심이란 사람이 있었는데, 백성들이 당하는 괴로움에 대해 말하기를 좋아하는 성격이었다"고 허두를 꺼냈다. 지금의 재판관으로서도 범상한 일이 아님은 분명하다. 재판관은 오직 판결로만 말한다고 하는데, 다산의 이 판결이야말로 역사와 시대를 뛰어넘는 명판결이 아닌가. 우선 판결 이유가 멋지고 훌륭하다. 다시 한 번 판결 이유를 음미해보자. 이계심의 사람됨을 우선 명확히 파악해 "본디 성품이 백성들이 당하는 괴로움에 대해 말하기를 좋아했다." 이 한마디에서 재판의 결과가 예견된다. 그런데 이 나라의 민주화투쟁 과정에서 오늘날의 재판관들은 얼마나 혹독한 처벌을 내렸던가. 다만 실정법 위반이라는 죄명으로.

다산은 "통치자들이 밝아지지 못하는 까닭은 백성들이 자기 몸을 위해서만 교활해져서 폐막을 보고도 통치자에게 항의하지 않기 때문"이라고 세상이 부패해지는 이유를 밝히면서, 잘못에 항의할 줄 아는 이계심은 통치자가 천금을 주고 사야 할 사람이라고 극찬하기에 이르렀다. 법과 양심에 따라 재판을 해야 한다는 오늘의 법관들이 다산의 이 훌륭한 판결문을 잊지 말고 두고두고 새겼으면 좋겠다.

200년 전 봉건왕조 절대군주주의 시절에 관의 잘못을 집단시위를 통해 항의한 사건인데 긴급조치위반죄, 반공법, 국가보안법은 고사하고 집회·시위에 관한 법률 위반으로도 처벌하지 않고, 도리어 칭찬까지 하면서 무죄석방의 판결을 내린 다산, 대단하다. 더구나 중앙정부의 대신들이 엄하게 처벌해야 한다고 분부했고, 조정의 분위기도 주동자 몇 사람은 죽여야 한다고까지 합의했던 사건인데 재판관의 양심과 법에 따라 과감한 판결을 내렸으니, 대단한 일이 아닐 수 없다. 위대한 재판관 다산의 모습이 생생하게 떠오르는 대목이다. 이래서 오늘도 다산이 아닌가.

목민관은 하늘의 뜻을 대행해야

약한 자들 편에 서리라

공자의 제자 자유(子游)가 무성(武城) 땅의 목민관으로 있었다. 공자가 무성 땅을 지날 일이 있었다. 무성 땅에 들어서자 다른 어떤 지역에서도 들어보지 못한 특별한 노랫소리가 들려왔다. 사랑하는 제자가 목민관 노릇을 참으로 잘해서 고을이 제대로 다스려진다는 것을 감지할 수 있었다. 다른 곳에서는 들리지 않던 거문고와 비파 소리를 들었던 것이다.

공자가 빙긋이 웃으며 말했다.

"닭을 잡는데 왜 소 잡을 때 사용하는 칼은 쓰는 거지?"

자유가 답했다.

"옛날에 제가 선생님께 배웠습니다. '군자란 도(道)를 배우면 모든 사람을 사랑하게 되고, 지위가 낮은 일반 사람이 도를 배우면 시키는 일에 잘 따른다'고 했습니다. 아무리 작은 고을이라도 최선을 다해서 목민의 도를 펴야 하지 않겠습니까?"

공자가 껄껄 웃으며 말했다.

"내가 웃으려고 그랬다. 너의 말도 옳고 너의 목민관생활도 좋다."

『논어』에 나오는 이야기인데, 자유가 조그마한 고을을 맡아 예악(禮樂)으로 제대로 선정(善政)을 베풀어 고을 백성들이 교화되자 스승인 공자가 매우 기뻐서 우스갯소리를 할 정도였다는 이야기다. 다산에게 공자 같은 스승이 있어서 곡산 땅을 지나갔다면, 분명 자유가 받았던 칭찬을 들을 수 있을 정도였는지는 알 수 없으나, 제대로 고을을 다스렸음은 의심의 여지가 없어 보인다.

이계심 사건을 훌륭하게 판결한 다산은 관행이나 악습으로 저질러오던 착취의 소지가 있는 것부터 하나하나 없애기 시작했다.

첫째, 이웃고을과 공동으로 범죄자를 다스린다는 문서가 감영(監營: 오늘날 도청)에 보고되면 무조건 얼마 정도의 지출액을 송부하는 관행이 있었는데, 수안군(遂安郡)과 공동으로 살인 사건을 조사하는 일이 생겨 아전들이 지출액 24냥을 보내야 한다 했지만 이유 없는 송금은 하지 말라는 지시를 내렸다. 이를 본 곡산 백성들이 안도의 한숨을 내쉬었다고 기록되어 있다.

둘째, 곡산에 영농(營農), 상장(喪葬), 진휼(賑恤) 기금을 관리하는 보민고(補民庫)라는 제도가 있었다. 이 보민고에 해마다 추가로 부담하는 가하전(加下錢)이 1,000냥도 더 되었다. 다산이 왜 그런가를 조사하게 했다. 이유인즉, 대체로 감영에서 꿀에 부과하는 세금 때문이라고 했다. 감사가 봄가을에 으레 공문을 보내 하얀 꿀 3말과 노란 꿀 1섬을 징수해 가는데, 거기다 감영에 딸린 아전들이 멋대로 하얀 꿀 3말을 6말로 받고 노란 꿀 1섬을 하얀 꿀 2섬으로 받아가면서 감영에서 지급되는 액수는 단지 공문에 있는 숫자대로 했다. 또 봄가을에 공문을 띄워 징수해가는 것 이외에 별도로 공문을 띄워 저희들 하고 싶은 대로 징수해갔다. 보민고에서 더 거두어들이는 것은 그런 이유 때문이었다.

다산은 아전과 백성들에게 지시했다.

"감영에서 하나를 구하는데 수령이 둘을 바치고, 감영에서 누런 것을 구하는데 수령이 흰 것을 바치는 것은 아첨이다. 숫자와 색깔대로 단지 공문대로만 하라."

이에 아전이 말했다.

"감영에 딸린 아전들은 승냥이나 이리 같은 자들이므로 반드시 말썽

이 나게 될 것입니다. 죄를 짓게 되면 돈을 더 허비해야 할 것이고 백성들에게 징수할 것이니, 그전대로 경비를 부담하는 것만 못합니다."

다산은 그냥 일단 가보라고 했다. 아전들이 감영에 이르니 과연 물리치고 받아들이지 않았다. 비장(裨將: 감사의 보조자)이 이 일을 아뢰니 감사가 그냥 받아들이라고 했다.

"저 사람은 그 고을의 백성들을 등에 지고 있고, 나는 내 입만 가지고 있으니 다툴 수 없는 일이다."

감사도 그런대로 트인 사람이었는지, 다산을 알아보고 다산의 조치에 순순히 응한 셈이다. 이렇게 부당한 것들이 하나씩 고쳐졌다. 3년째 곡산에 있으며 이런 방법으로 처리하니 보민고의 남은 돈이 해마나 천 냥으로 계산되어 청사를 새로 짓고 중국에서 오는 칙사의 접대비를 충당하고도 충분히 여유가 있게 되었다.

셋째, 강도 살인 사건이 일어나 범인을 잡지 못해 백성들이 불안하게 여기던 참인데, 다산이 민완 형사처럼 직접 사건 현장을 답사하고 조사해, 범죄의 단서를 잡고 확실하게 수사를 벌여 진범을 찾아내 극형에 처했다. 도적이나 강도들이 얼씬거리지 못하게 하는 등 치안 확보에 큰 효과를 거두었다.

넷째, 그 고을에 귀양와서 사는 사람이 10여 명이나 있었는데 그들에 대한 생계 대책이 전혀 없었다. 고을의 400호 주민들이 돌아가면서 그들을 돌보고 먹여주도록 되어 있었다. 그렇게 되고 보니 유배온 사람들은 그들대로 불편한 게 많아 고생을 하고, 주민들은 또 그들대로 큰 짐으로 여기면서 매우 곤란해했다. 다산은 유배자나 주민 양쪽을 다 편하게 하기 위해 화전세(火田稅) 100여 결을 기금으로 한 '겸제원'(兼濟院)이라는 새로운 제도를 만들어 잠자리와 먹을 것을 유배온 사람들에게 제공했다. 이 기구는 말 그대로 양쪽이 다 구제되는 '겸제원'의 구실을 하게 되었다. 서로의 불편을 덜기 위해 제도를 통한 해결책을 강구한 점으로 보아, 역시 실학자의 면모가 분명히 드러나는 조치였다.

겸제원을 창설한 배경과 이유에 대해 다산이 기록한 별도의 글이 있다. 「겸제원 절목의 뒤에 제함」이라는 글인데, 다산의 인도주의적인 형벌관이 담겨 있다. 그는 뒷날 『목민심서』의 형전(刑典)에 죄인들에게 관용을 베풀고 그들의 어려움에 조그마한 도움이라도 주어야 한다고 썼는데, 그 깊은 뜻을 공직에 있던 그 시절 이미 실천하고 있었다.

해가 지면 모든 새들이 다 집으로 찾아가는데 귀양온 사람은 들어갈 집이 없고, 해가 뜨면 연못의 고기도 먹을 것을 바라는데 배고픔을 물어보는 사람이 없으며, 주변에서는 제각기 부모, 형제, 처자가 떠들썩하게 지껄이며 서로 즐기는데 가까이 지낼 사람이 없다. 또는 심한 겨울 추위와 지루한 여름 날씨에 질병으로 신음할 때에는 가족의 보호를 받는 종보다 못하니, 이 세상의 괴로움이 이보다 더 심한 것은 없다. 더구나 죄의 실상이 반드시 다 법에 적중한 것도 아니다. 시골 사람의 모함으로 인한 것도 있고, 수령의 노여움으로 인한 것이 대부분이다. 나는 일찍부터 그러한 점을 민망하게 여겼다.

다산은 여기서 자신이 지난 한림학사 시절 열흘 동안 충청도 해미로 귀양갔던 일을 회상하고 있다. 아무리 맛있는 음식과 좋은 물품으로 대접을 받아도 유배자는 서러울 수밖에 없다는데 그런 대접도 못 받을 때의 비애는 더 심하다는 것이다. 뒷날 다산은 『목민심서』의 형전 휼수(恤囚) 조항에 "유배당한 사람은 가정을 떠나 멀리 귀양와 있으니 그 정상이 슬프고 측은하다. 집과 곡식을 주어 편안하게 머물게 함이 수령의 책임이다"라고 하여 유배자들을 돌볼 것을 강조했다.

곤궁할 때 받은 감동은 골수에 새겨지고, 곤궁할 때의 원망 또한 골수에 새겨지는 것이다. 덕을 품고 죽으면 반드시 저승에서 보답이 있을 것이요, 원한을 품고 죽으면 반드시 저승에서 보복이 있을 것이다.

천지가 변하고 추위와 더위가 교대로 옮겨지듯이, 부귀한 자가 반드시 항상 즐거움을 누리는 것이 아니요, 곤궁하고 고통받는 자도 역시 하늘의 보살핌을 받을 수 있을 것이니 교양 있는 선비라면 이에 마땅히 조심조심 마음을 다해야 할 것이다.

양민은 일으키고 도적은 소탕하고

다섯째, 호구조사를 정밀하게 해서 군의 실태를 정확하게 파악하고, 호적(戶籍)을 제대로 정리했다. 모든 마을에 사는 백성들의 전택(田宅), 재산, 인구, 우마(牛馬)의 실제 수와 신분의 높고 낮음과 양역(良役)의 있고 없음을 조사해서 조목조목 쓰도록 했다. 가장 영민하고 노련하다는 아전들을 골라서 시킨 일이다. 민폐를 끼치지 않도록 관에서 여비까지 지급해주고 촌리에서는 일절 얻어먹지 못한다는 엄명까지 내렸다. 요즘으로 보면 주민등록 본장에 따라서 가구의 실태를 정확하게 조사하는 인구조사와 같다. 면별, 리별로 종횡표(縱橫表)를 만들어 제출하게 하니, 오늘날의 주민등록증과 같은 것이다.

한 고을 전체가 12권으로 되어 있는데, 방리(坊里)로 구별해놓아 찾아보기에 매우 편리한 문서였다. 이에 모든 백성들의 빈부, 허실, 강약, 고락이 손바닥을 들여다보는 것과 같이 분명해져 감추고 숨기는 바가 없게 되었다. 이 종횡표를 기준으로 호적부를 만들고 증호(增戶), 손호(損戶)를 수령이 직접 작성해 간리(奸吏), 간민(奸民)이 손쓸 곳이 없게 만들었다.

여섯째, 관고를 정비했다. 곡산에는 보민고, 고마고(雇馬庫), 보폐고(補弊庫), 군수고(軍需庫), 칙수고(勅需庫), 군기고(軍器庫), 양현고(養賢庫) 등이 있는데, 유사시에 사용하던 일종의 비축재산이다. 이 고(庫)마다 협잡과 농간이 끊이지 않았다. 다산은 그의 운영절차인 '절목'(節目)을 합리적으로 개선해 협잡이나 농간이 일절 끼여들 수 없도록 바꾸어버렸다.

일곱째, 과거를 보러 가는 선비들의 숫자를 일정하게 정해 실력도 없으면서 그냥 과거 보러 서울까지 가는 폐해를 미리 예방했다. 고을에서 일정한 예비시험을 보아 80명만 뽑아 응시할 기회를 주어 낭비요소를 막은 것이다.

이 무렵 『양산박』이나 『임꺽정전』에 나올 법한 떼도적이 이웃 고을인 토산현에서 날뛰고 있었는데, 다산의 지혜로운 토벌작전으로 큰 사고 없이 그들 모두를 자수시켜 수월하게 문제를 해결한다. 관아의 장교들과 결탁된 떼도적이어서 그 근원을 해결하자 저절로 문제가 해결된 것이다.

다산은 곡산에서 목민관 생활을 하는 틈틈이 임금의 하명을 받은 책의 저술도 게을리하지 않았다. 『사기영선』(史記英選)에 주해를 단 『사기찬주』(史記纂註)를 완성해 임금에게 바쳤는데, 임금의 칭찬이 자자했다는 내용을 다산은 빼놓지 않고 기록하고 있다.

다산은 중앙의 관리들과 몇 차례 마찰을 겪었다. 중앙에서는 고을의 실정을 알지도 못하고 저장된 곡식을 돈으로 바꾸어 올리라고 통보했다. 다산은 임금에게 상세한 사정을 보고하는 장계를 올리면서 중앙의 요구를 정중하게 거절했다. 이와 관련해 중앙에서 사단이 벌어졌다. 비국(備局)의 당상관이 경연에서 임금에게 아뢰었다.

"나라에서 소중히 여기는 것은 기강보다 더한 것이 없습니다. 근일에 기강이 해이해져서 시종신(侍從臣)으로 외직에 나간 수령이 중앙정부의 공사(公事)에 대해 한결같이 반대하는 까닭을 들면서 응하지 않으니 법과 기강이 날로 문란해질 것입니다. 바라건대 곡산 부사를 우선 파직시키고 거두어둔 조, 콩을 전부 돈으로 바꾸어 바치게 하십시오."

임금은 곡산 부사의 장계를 가져오라 하여 조목조목 설명하면서 다산의 말이 옳고 비국의 당상관 말이 옳지 않다고 하면서 다산의 손을 들어주었다.

"마땅히 추고(推考)를 받아야 하나 불문에 부치니, 곡산부에 있는 조와 콩을 돈으로 바꾸어 내라는 일을 즉시 철회해 민생을 안정시키도록 하라."

　바르지 못한 권력에 정정당당하게 맞서는 지방장관의 바른 태도가 돋보이는 대목이다. 자고로 올바른 임금 아래서만 올바른 신하가 빛을 발하는 법이다.

백성을 위하는 마음

'마과회통'을 저술하다

 현지에서 파악한 바로는 도저히 시행할 수 없는 중앙정부의 요청을 받았을 때 백성의 입장에 서서 바르게 민의를 전달하는 일이 목민관 업무 가운데 하나다. 자신의 손익과 관계없이 오직 백성의 편에 서서 임금의 마음을 움직여 올바른 결론을 이끌어낸 다산은 역시 바른 목민관이었다.
 다산은 백성들이 질병으로 고생하거나 죽어가는 것을 못내 안타깝게 여겨 홍역을 치료하는 데 큰 도움이 되는 의서를 저술했으니, 바로 저 유명한 『마과회통』(痲科會通) 12권이다. 다산은 서문에서 책을 저술하게 된 까닭을 다음과 같이 쓰고 있다.

 옛날 송나라의 범중엄(范仲淹)이라는 정치가는 "내가 글을 읽고 도를 배우는 것은 천하의 인명을 살리기 위함이다. 그렇지 않다면 황제(黃帝)의 의서(醫書)를 읽어서 의약의 오묘한 이치를 깊이 연구하는 것 또한 사람을 살리는 것이다"라고 했으니, 옛사람의 인자하고도 넓은 마음이 이와 같았다. 근세에 몽수(蒙叟) 이헌길(李獻吉)이라는 사람이 있었다. 그 사람은 뜻이 뛰어났으나 공명을 이루지 못해 사람을 살리려 해도 할 수 없었다. 그는 홍역(痲疹)에 관한 책을 홀로 탐구해 수많은 어린이를 살렸으니, 나도 그 가운데 한 사람이다. 내가 이미 이헌길로 말미암아 살아났기 때문에 마음 속으로 은혜를 갚고자 했으나 어떻게 할 방법이 없었다.

몽수의 책을 가져다가 근원을 찾고 근본을 탐구한 다음, 중국의 홍역에 관한 책 수십 가지를 얻어서 이리저리 찾아 조례(條例)를 갖추었는데, 그 책의 내용이 산만하게 뒤섞여 근사하고 찾기에 불편했다. 홍역은 병의 속도가 매우 빠르고 열이 대단하므로 순식간에 목숨이 왔다갔다하니, 세월을 두고 치료할 수 있는 병과는 다르다.

이에 세밀하게 나누고 유별로 모아 눈썹처럼 정연하고 손바닥을 보듯 쉽게 하여 환자들이 책을 펴면 처방을 구하고 찾기에 번거롭지 않게 했다. 무릇 다섯 차례 초고를 바꾼 뒤에 책이 비로소 이루어졌으니, 아아, 몽수가 아직까지 살아 있다면 아마 빙긋이 웃으며 흡족하게 생각할 것이다.

아아! 병든 사람에게 의원이 없어진 지 오래되었다. 모든 병이 다 그렇지만 홍역이 더욱 심한 것은 어째서인가. 의원이 의원을 업으로 삼는 것은 이익을 위해서다. 홍역은 대개 수십 년 만에 한 번 발생하니, 이 홍역 치료를 업으로 삼으면 기대할 만한 이익이 없다고 하여 하지 않으며, 환자를 만나서는 치료하지 못하는 것도 부끄러운 일인데, 더구나 억측으로 약을 써서 사람을 일찍 죽게 하니 정말 잔인한 일이다.

궁벽한 시골 사람이 진실로 병의 증상을 살피지 않고 이 책을 함부로 믿고 그대로 강하고 독한 약재를 투여한다면 실패하는 경우가 없지 않을 것이니, 이 또한 내가 크게 두려워하는 것이다.

- 「마과회통서」(麻科會通序)

질병에서 해방되는 것, 인간의 영원한 희망이자 바람이다. 자신의 자녀들도 홍역 때문에 몇을 잃었고, 많은 백성들이 홍역 때문에 당하는 고통을 차마 보지 못하고 다산은 홍역에 관한 종합적인 처방술을 담은 『마과회통」을 쓴 것이다. 이 책에는 그의 뜨거운 인명존중 사상이 내재해 있고 인간애가 넘쳐흐른다. 증상에 대한 구체적인 검증 없이 함부로 남용될 것도 염려하면서 이 책이 제대로 활용되어 자신이 몽수의 처방으로 살아났듯이 많은 환자들이 치유되기를 바라는 다산의 뜻은 곱고 아름답다.

적의 침입을 예견해 미리 무기를 손질하고 성곽을 보수해두면 못 이길 전쟁이 없듯이, 언제 찾아올지 모르는 전염병도 미리 의서를 저술하고 의약을 개발해두면 치료하지 못할 질병이 없다는 그의 확고한 자신감을 볼 수 있다. 과학기술의 발전이 인류의 진보에 기여한다는 다산의 실학사상은 의약에 관한 그의 저작에서도 여실히 드러난다.

초고를 다섯 번이나 고치면서 끝내 책으로 완성한 집념의 다산, 대단하다. 다산은 의약연구에 큰 업적을 남긴 몽수 이헌길의 공을 잊지 못해 「몽수전」(蒙叟傳)을 지어 그를 기리기도 했다.

의약학에 밝았던 다산은 갑자기 유행병이 돌기 시작하자 중국에서 칙사(勅使)가 올 것을 예상하고 그 준비에 만전을 기했다. "돌림병이 서쪽에서 왔으며 노인들이 다 죽는 것을 보고 알았다"(「자찬묘지명」)라는 다산의 이야기는 중국에 전염병이 돌아 황제가 죽었으니, 칙사가 올 것이라 미리 짐작하고 그런 조치를 취했다는 것이다.

뛰어난 경영정신

지방관으로서 다산은 경영에도 뛰어났다. 어느 해 목화 농사가 흉년이 들어 면포가 매우 귀했다. 이에 칙수전(勅需錢)과 관봉전(官俸錢) 2,000여 냥을 내어 평안도에 가서 면포를 사들여 서울에 납부하는 데 충당하고, 그 값을 백성들에게 징수해 갚았다. 백성에게서 징수한 돈이 모두 200냥에 지나지 않아, 백성들은 송아지 한 마리씩을 얻었다며 기뻐했다. 비축된 자금을 제대로 활용해 집집마다 송아지 한 마리 정도의 이익이 남게 했으니 이 얼마나 뛰어난 경영정신인가.

다산은 뒷날「도량형의」(度量衡議)라는 논문을 써서, 길이를 재는 자(尺)나 무게를 다는 저울의 정확도를 유지함이 국가경영에 중요한 일임을 강조한 바 있다. 다산은 곡산에 있을 때에도 이 점에 착안해 농간과 간계가 횡행하는 저울이나 자에 대한 중대한 조치를 취했다. 부임하여 그곳에서 사용하는 자를『오례의도척』(五禮儀圖尺)이라는 책에 있는 자와 비교해보니 2치의 차이가 났다. 다산은 당장『오례의도척』에 그려진 자의 길이로 다시 제작하게 하여 중앙에서 사용하는 구리자와 꼭같은 길이로 맞췄다. 그렇게 정확한 자로 군포를 받으니 농간이 없어지고 백성들이 편해졌다. 더구나 호적이 올바르게 정리되면서 병들고 약한 사람이나 홀아비이거나 장애인인 경우에 군포를 내지 않도록 조치하자 가난한 백성들이 안심하고 생업에 힘쓰게 되었다. 이렇듯 통찰력이 예리한 목민관으로서 다산은 인권과 사회보장의 선진적인 조치들을 강구했던 것이다.

서른여덟 살인 1799년 2월에 호조 참판이라는 임시 직함을 제수받고 황주(黃州) 영위사(迎慰使)가 되었다. 청나라 고종황제의 부음을 알리는 칙사가 오자 그를 맞이하는 우리측 접빈사가 된 것이다. 당시 중국의 사신을 맞는 일은 간단하지 않았다. 외교의전에 밝고 민첩한 사람이 아니면 큰 실수를 할 수 있고, 잘못하면 나라에 큰 낭패를 줄 수 있기 때문에 아무에게나 칙사를 맡길 수는 없었다. 다산은 그 모든 일에 밝았다.

그해 3월에는 황해도의 암행어사로 발령받고 황해도 수령들의 잘잘못을 파악하는 안렴사(按廉使) 노릇을 했다. 그 지방에 목민관으로 나와 있는 사람에게 동료 목민관들을 염찰(廉察)하도록 하는 일은 흔한 조치가 아니었다. 임금이 그만큼 다산을 신임하고 그의 판단력과 통찰력을 믿었기 때문에 가능한 일이었다.

초여름인 4월 24일, 곡산 부사의 임무를 마치고 내직으로 들어오라는 발령이 났다. 병조 참의에 임명된 것이다. 상경하던 길인 5월 4일에 또

조선시대에 그려진 작자미상의 「경직도」(耕織圖).
다산은 훌륭한 목민관으로서 백성들을 보살피고 묵은 악폐들을 개혁해
살맛 나는 고을을 만드는 데 노력했다.

동부승지를 제수받고 부호군으로 옮겨졌다. 서울에 들어온 5일에는 또다시 형조 참의에 제수되었다.

궁궐로 입시하라는 독촉이 있어 임금에게 나아갔다.

"애당초는 올가을을 기다려 소환하려 했으나, 마침 큰 가뭄이 들어 여러 가지 옥사를 심리하고자 불렀다. 내가 황해도에서 일어난 의심스러운 옥사에 대해 다시 조사한 그대의 장계를 보니, 그 글이 매우 명백하고 절실했다. 뜻하지 않게 글하는 선비가 옥리(獄吏)의 일을 잘 알고 있으므로 소환했다."

임금은 형조 판서 조상진(趙尙鎭)을 불러 일렀다.

"경은 늙었으니 베개를 높이 베고 쉬며 참의에게 맡기시오. 참의는 나이가 젊고 매우 총명합니다."

뒷날 형사사건의 수사 전문서 『흠흠신서』(欽欽新書)를 저술한 다산, 살인사건의 조사와 재판에 그를 당할 사람이 몇이나 있었겠는가. 임금도 그를 알아보고 중용하려는 의사를 역력히 밝히고 있다. 형조 판서는 임금의 유시대로 모든 일반범죄 사건이나 판결을 내릴 상소 사건을 다산에게 위임했고 다산은 옥사를 바르게 해결해냈다.

정조의 신임이 더욱 두터워져 다산은 밤늦도록 임금과 이야기를 나누는 경우가 많았다. 하루는 임금이 다산에게 황해도에서 왔으니 그곳의 고질적인 병폐가 무엇인지를 말하라고 했다. 다산은 곡산부만의 문제가 아니라 황해도 전역에서 문제가 되는 오래된 폐해에 대해 상세히 보고했다. 다산은 황해도를 거쳐 가는 중국 칙사를 대접하는 데 따르는 문제가 황해도의 큰 문제 가운데 하나라고 지적했다. 감영과 각 고을의 문제, 중앙까지 연결되는 준비물품이나 비용이 매우 불합리하기 때문에 칙사가 올 때마다 문제가 생기니 해결책을 강구해야 한다는 내용이었다. 임금은 다산의 이야기를 듣고 정승 이시수(李時秀)가 원접사로 나가니 그에게 알려주어 앞으로 그런 문제를 해결하라고 지시했다.

정조와 다산은 어수지계의 군신

또 하나의 문제는 초도(椒島)의 둔전(屯田)에 있는 소(牛) 문제였다. 보고서의 내용을 보자.

약용이 황해도에 있을 때 초도의 둔전 소에 대해서 들은 바가 있어 아룁니다. 당초 진(鎭)을 설치할 때 그곳에 들어가서 농사를 지을 백성을 모집해 소 몇 마리를 지급해주고 번식시키도록 했습니다. 중간에 사복시(司僕寺)가 암소의 수를 계산해 송아지를 징수했는데, 해마다 숫자를 늘려 한 마리당 15냥씩 돈으로 바치게 했습니다. 갑진년(1784) 겨울에 우안(牛案)에 기록된 숫자가 47마리에 지나지 않던 것이 지난해에는 우안에 등록된 숫자가 221마리로 늘어나, 섬주민 11명에게 배당해 한 사람당 23~24마리씩 책임지게 했습니다. 그러나 실제로는 섬주민이 한 명도 생존한 사람이 없고, 한 마리 소도 남아 있지 않았습니다. 그래서 이웃에서 징수하고 친족에게서 징수하는 사태가 육지까지 만연되었습니다.

장연(長淵), 풍천(豊川)지방의 백성이 곤욕을 견디지 못한 나머지 우보(牛譜)를 작성해 매번 관청에 들어가 소 문제를 송사할 때, 심지어 "누구의 소는 누구의 소와 이종 간이 된다" 하고 혹 "누구의 소가 누구의 소의 생질이 된다"는 데까지 이르니, 듣고 판결하는 사람이 놀라고 의심하기도 했으며, 원망과 비방이 물 끓듯 일어났습니다. 만약 이와 같은 폐단을 개혁한다면, 단지 한 섬만이 은택을 입는 것이 아니요, 황해도 연안 여러 읍의 백성들까지도 만연된 근심을 면할 수 있게 될 것입니다.

보고를 받은 임금은 즉각 명령을 내려 소의 장부를 모두 없애버리게 했다. 다산이 보고만 올리면 오랜 폐단들이 즉시 해결되곤 했다. 그만큼 다산의 보고는 정확하고 임금의 조치는 신속했다. 훌륭한 임금과 능력 있는 신하가 국사를 제대로 처리하는 경우를 일컬어 '어수지계'(魚水之 契)라 했다. 물고기가 마음껏 헤엄칠 수 있는 넓고 깊은 물을 만났다는 표현인데, 정조와 다산은 어수지계의 군신 사이였다.

 다산은 훌륭한 목민관으로서 백성들을 보살피고 묵은 악폐들을 개혁해 살맛 나는 곡산고을을 만드느라 불철주야 노력하다가 내직으로 들어온다. 공직생활의 바이블이라고 하는 『목민심서』는 그가 곡산에서 경험한 실제의 목민관생활에서 많은 도움을 받아 지은 책이다. 길지 않은 2년 가까이의 경험이었지만, 다산의 능력이 충분히 발휘되고 국왕에게서도 충분히 인정을 받은 생활이었다.

놀고먹는 사람이 없어야 농촌이 산다

오연에 배를 띄우다

목민관으로 보낸 2년 가까운 세월, 다산은 사또로서 공무를 보는 여가에는 문인이자 시인으로 고을의 명승지는 물론 인근의 경치 좋은 곳을 찾아 유람하면서 글을 쓰고 시를 지었다. 「오연에 배를 띄우다」(烏淵汎舟)라는 다섯 수의 시에서 한 수를 읽어보자.

갈대꽃 한창인 물가에 부드럽게 노 젓는 소리	數聲柔櫓荻花洲
시냇가 시장가엔 한 줄기 맑은 연기.	一抹澹煙溪市頭
차가움 서린 뭇 봉우리에 석양빛 깃들였고	冷皴群巒棲晩照
젖은 물새 한 쌍이 맑은 물결 차고 나네.	濕飛雙翼破澄流
돛 내리려니 바람에 취한 술 깨우고	疎帆欲落風醒酒
나팔소리 나자 누대 위에 달이 뜬다.	殘角初鳴月上樓
저 멀리 물에 비치는 게 잡는 등불들	捕蟹數燈遙照水
어촌 풍경에 수심만 깃들이게 하네.	漁村物色使人愁

이 얼마나 아름다운 시인가. 게 잡는 등불이 멀리서 보이자 괜스레 고향 생각으로 가슴에 수심이 인다는 구절이 너무 좋다. 특히 곡산지방을 벗어나 황주 월파루(月波樓)에서 노닐던 기행문이나 관적사(觀寂寺)를 찾아간 기행문도 아름다운 글이지만, 황해 감사 이의준(李義駿)과 함께

구경한 자하담(紫霞潭)은 경치가 아주 좋은 곳이어서 그곳을 찾아 배를 타고 놀았다는 기행문 내용이 멋있다.

곡산부 북쪽 20리에 냇물이 있으니 마하탄(摩河灘)이라고 한다. 마하탄을 지나 상류로 몇 굽이 올라가면 석벽이 우뚝 솟아 있는데, 그 아래에 깊은 연못이 있다. 그 연못은 으슥하고 어두컴컴해 마치 감옥이나 신궁(神宮)과 같으니 이를 오연(烏淵)이라고 한다. 오연의 위쪽에 봉우리를 돌아 물이 흐르다가 갑자기 환하게 트인 곳이 있는데, 맑은 모래사장 건너편으로 멀리 강 언덕 위에 평평하게 넓고 꼬불꼬불한 곳이 있으니, 이를 유랑촌(柳浪村)이라고 한다.

유랑촌 위쪽에 큰 돌 한 쌍이 서로 마주 서서 문(門)을 이루었다. 서쪽에 있는 것이 후월대(後月臺)인데, 그 아래 맑은 연못이 있어 물을 따라 내려가거나 거슬러올라갈 만한데, 이를 '자하담'이라고 한다.

자하담의 근원은 양덕(陽德), 맹산(孟山)에서 흘러나온다. 근원을 찾아 올라가니 굽이굽이마다 경치가 기묘한 절경이다. 내가 곡산에 온 이듬해에 가람산(岦嵐山) 아래서 배를 타고 물결을 따라 내려가 마하탄에 이르러 멈춘 적이 있다. 그 뒤 관찰사 이의준 공에게 대략 이야기를 해주었더니, 이 공이 대뜸 얼굴빛을 고치며 말하기를 "올가을의 행부(行部: 관찰사가 관내를 순시하며 수령의 잘잘못을 가리는 일)는 마땅히 가람산 아래서 배를 타고 해야겠소"라 했다.

나는 "옳지 않습니다. 행부라는 것이 산수(山水)를 유람하자는 것인가요? 가람산 아래까지는 아직껏 고관의 행차가 이른 적이 없습니다. 금년에 비로소 관찰사 행차가 이곳에 이르게 하려면, 산을 뚫어 길을 내고 골짜기를 건너질러 다리를 놓아야 할 것이니, 백성을 수고롭게 하여 상관을 즐겁게 하는 것은 감히 할 수 없습니다"라고 하자, 이 공이 멍하니 서글픈 표정을 지었다. 그래서 내가 마하탄 위쪽으로 10리쯤에 있는 자하담까지 가는 것은 찬성했더니, 이 공이 말하기를 "거기까지만 갈 수 있어도 다행이오"라고 했다.

마침내 8월 15일에 유랑촌 북쪽에서 배를 타고 자하담에 이르렀다. 온갖 악기가 설치되자 이어 가무(歌舞)가 시작되었다. 푸른 눈썹에 흰 이를 가진 예쁜 기녀들이 물에 비치니, 그 모습이 더욱 아름다웠다. 후월대에 올라 달이 뜨기를 기다리다가 달이 떠오르자 물결을 따라 내려가다가 마하탄에 이르러 멈추었다. 이 공이 말했다.

"즐겁도다. 이 놀이여! 황해도의 명승지 가운데는 이 자하담을 으뜸으로 꼽아야 할 것인데, 개국 이래 우리 두 사람만이 이 놀이를 시작했으니, 천지에 알려지지 않고 버려진 명승지가 아직도 많을 것이 분명하도다."

이때 서흥(瑞興) 부사(府使) 임성운(林性運) 군도 기녀를 싣고 이곳에 와서 같이 배를 타고 놀았다.

- 「자하담범주기」(紫霞潭汎舟記)

감사 앞에서도 당당했던 하급관료 다산의 태도가 역시 훌륭하다. 아름다운 명승지를 구경해도 백성들에게 폐를 끼치지 않으려 했던 정신이 돋보이고, 빼어난 경치를 묘사하는 그의 글솜씨가 대단하다. 공무의 여가에 틈을 내어 명승고적을 찾아다니는 것은 그 시절의 풍류였다. 아름답고 예쁜 기생의 모습이 물에 비치자 더 아름답다는 표현은 다산다운 수법이다.

예술가 장천용을 만나다

다산은 곡산에 있으면서 통소를 잘 불고 그림에 뛰어난 기인(畸人) 장천용을 만나 그의 불행한 삶을 위로했다. 그렇게 뛰어난 재주를 타고났지만, 아주 박복한 사람이었다. 그의 불쌍한 삶을 위로하고 격려하는 뜻으로 그에 대한 전(傳)을 지었으니, 다산의 뛰어난 작품 가운데 하나인 「장천용전」(張天慵傳)이 바로 그것이다.

내가 곡산 도호부사로 부임한 다음해에 못을 파고 정자를 하나 세워놓고 어느 달 밝고 시원한 밤에 앉았다가 퉁소 소리라도 듣고 싶은 생각이 나 혼자 말하며 혼자 탄식하고 있었다. 그때 누군가 다가와 권했다.

"이 고을에 장생(張生)이라는 사람이 있는데, 피리도 불고 거문고도 잘 탑니다. 다만 그 사람은 관청에 들어오기를 좋아하지 않습니다. 그를 붙잡아오게 한다면 오게 할 수 있을 것입니다."

"시키지 말라. 그런 사람이라면 참으로 고집이 있게 마련이다. 붙잡아서 오게 할 수는 있다 해도 어떻게 붙들어서 피리를 불도록 하겠나. 네가 그에게 가서 나의 뜻을 잘 전달해보고 응해주지 않더라도 강제로 오게 하지는 말라."

얼마 후 심부름꾼이 되돌아와서는 장생이 문앞에 와 있다고 했다. 장생이 들어왔는데, 망건도 벗고 발도 맨발인 채 옷을 입고 있으나 띠(帶)를 매지는 않았다. 한창 술에 취해 있어 눈빛이 흐릿했으며, 손에 퉁소는 들려 있었으나 불려고는 하지 않고 소주만 계속 달라고 했다. 서너 잔 권했더니 더욱 취해서 깰 것 같지 않았다. 좌우로 부축해 데리고 가서 바깥 방에서 자도록 했다.

이튿날 다시 불러들여 정자에 오르게 하여 술 한 잔을 권했더니 이에 천용은 정색을 하며 말했다.

"퉁소는 제 장기가 아닙니다. 그림 그리는 일이 제 장기입니다."

비단폭을 가져오게 해서는 산수, 신선, 호승(胡僧), 괴조(怪鳥), 오래 묵은 등나무, 고목 등 무릇 수십 폭을 그려냈는데 먹물이 단정하게 엉기지는 않았으나 부자연스러운 데가 없어 모두가 기상이 꿋꿋하고 기괴해 사람들의 상상으로는 미치기 어려운 점이 있었다. 현상과 물태를 묘사하는 데 털끝 하나까지 섬세하고 교묘하며 정신이 살아 있어 보는 사람으로 하여금 깜짝 놀라 경탄해 마지않을 수 없게 했다.

천용은 아내가 있으나 얼굴이 지극히 못생겼고 오래 전부터 중풍으로 마비증세가 있어 길쌈도 못하고 바느질도 못하고 밥도 짓지 못하고 애도 낳지 못하면서 성질까지 어질지 못했다. 항상 누워 있으면서 천용에게 욕설을 퍼부었지만 천용이 그를 보살펴주는 일을 조금도 게을리하지 않으므로 이웃 사람들이 이상하게 여겼다고 한다.

짜릿한 느낌이 오는 단편소설 같은 글이다. 가난하고 힘없는 약자에게 무한한 애정을 갖지 않고는 씌어지지 않을 작품이다. 예술가를 예술가로 대접하는 다산의 뜻이 높다. 강제로 끌어다가 억지로 시킨다고 예술의 기능이 발휘될 수 없음을 알았던 다산. 마시고 싶은 대로 술을 마시게 하고, 자고 싶은 대로 자게 한 뒤, 자기의 뜻에 따라 그림을 그리도록 배려해주었기에 천용의 예술이 살아났으리라. 뒤에 그의 행방이 묘연해지고 다산도 임무를 마치고 귀경한 탓에 그의 뒷일이 밝혀지지 않아 궁금하다.

농민의 지위를 끌어올려야

정조는 전국의 관리와 선비들에게 어떻게 해야 농업을 제대로 일으킬 수 있는지에 대한 대책을 올리라는 명을 내렸다. 다산은 농업대책을 논한 「응지론농정소」(應旨論農政疏)를 올렸다. 조선은 농업국가다. 농업을 발전시키지 않고는 가난을 면할 길이 없다. 국가적으로 가장 큰 현안이 바로 농업문제다. 다산은 우선 농업이 안은 세 가지 문제점을 지적하고 그것에 대한 해결책을 제시했다. 당시의 농업중흥책으로 높은 평가를 받았던 대안이다.

다산은 농업의 세 가지 문제점으로 첫째 농민이 선비의 지위보다 낮고, 둘째 농업이 상업보다 이익이 박하며, 셋째 공업보다 더 힘들다고 지적했다. 그는 어떻게 해야 선비의 지위만큼 농민의 지위를 끌어올릴까, 장사만큼 이익을 낼 수 있을까, 공업보다 더 쉽게 농사를 지을까를 세밀하게 분석해 삼농정책을 주장했다.

첫번째가 편농(便農)이다. 한 사람이 할 일을 두 사람이 하면 훨씬 수월함은 너무도 당연하다. 다산은 놀고먹는 유식지인(遊食之人)이 없어져야 함을 강조했다. 남녀노소, 양반이나 상민을 막론하고 놀고먹는 사람이 없도록 유식계급을 없애자고 했다.

또한 씨를 뿌리거나 심을 때 언제나 가로 세로로 줄을 맞추어서 일하기에 편하도록 하고, 농기구를 개발해 힘을 적게 들여야 한다고 했다. 씨앗을 뿌릴 때, 반드시 불량한 씨앗을 골라내고 양질의 씨앗만 뿌리기를 권장했다. 그래야 힘이 적게 들고 소득이 늘어난다. 다산은 「기예론」(技藝論)에서도 강력히 주장했듯이, 농업이 발전하기 위해서는 수동식에서 기계와 도구를 사용하는 기계식 농업으로 바꿔야 한다고 주장하는데, 그러기 위해서는 농기구 개발이 필요했다. 다산은 여러 방면으로 농업의 기계화에 대한 간절한 소망을 열거했다. 매우 선진적인 주장이다.

농사를 편하게 지으려면 우선 수리사업(水利事業)에 정성을 보여야 한다. 수원(水源)이 풍부한 곳에 저수지를 만들고 관개 수로를 개설해 물을 쉽게 끌어다 쓸 수 있어야만 농사짓기가 편해진다는 것이 다산의 분석이다. 간척지를 막고 제방을 막아 수리시설을 확대하는 것도 아울러 강조했다.

두번째는 후농(厚農)이다. 농사를 지어 소득이 많아야 농사가 후해진다는 뜻이다. 환자(還上)제도를 개선해 착취와 농간을 막으면 농업이 후해진다는 것이 그의 주장이다. 농사에서 이익이 많도록 하려면 종축(種畜), 즉 축산업을 진흥시켜야 한다. 가축을 제대로 번식시키고 소, 말, 돼지, 닭, 양 등의 가축을 많이 기르고 산에 밤, 감, 대추, 배 등의 과수를 심으면 소득이 늘어난다. 특히 시골은 되(升)나 말(斗)의 도량형이 정확하지 못해 아전들이나 상인들의 농간이 심하므로 되나 말의 크기를 일정하게 하는 제도를 갖추는 것도 농업을 후하게 하는 방법이라고 다산은 설명했다.

　세번째는 상농(上農)이다. 농민들의 지위를 상승시켜야 농업이 발전한다는 것이다. 농민은 무조건 천하고, 농민의 지위가 천민과 같은 정도라면 누가 농사를 짓고 농업을 경영하겠느냐는 질문을 던지고, 따라서 농민의 지위가 향상되어야 한다는 논리다. 또한 아무나 과거에 응시하느라 농사를 짓지 않으며 선비라는 이름을 팔면서 농부를 천시하기 때문에 농민의 지위가 낮아진다고 했다. 각 고을마다 일정 정도의 과거 응시자를 정해 그 이상의 사람들이 과거를 보러 가는 폐해를 막아야 한다고 주장했다.

당파 짓는 버릇 깨부술 날이 없구려

함봉련의 무죄 석방

1799년 5월 5일에 다산은 형조 참의에 임명되었으나 임명되자마자 반대파가 다산을 비판하는 상소를 올리기 시작해 한동안 직무를 수행할 수가 없었다. 해당 벼슬아치는 자기에 대한 상소가 있으면 일단 직무를 중단하는 것이 당시의 관행이었다.

다산은 우선 억울한 사건부터 해결해 죄 없는 사람을 석방 조치했다. 서울의 죄수 함봉련(咸奉連)은 7년 동안이나 살인죄로 감옥에 갇혀 있었다. 다산은 이 사건의 초검·재검 기록을 샅샅이 살펴 그의 억울함을 밝혀내고 무죄 판결을 내렸다. 이때의 형사사건에 대한 조사와 판결은 뒷날 『목민심서』의 형사사건 처리 원칙에 그대로 적용된다.

> 사람의 생사가 나 한 사람의 살핌에 달려 있으니 밝게 살피지 않을 수 있으며, 사람의 생사가 나 한 사람의 생각에 달려 있으니 신중하지 않을 수 있겠는가.
> • 「형전」(刑典), 「단옥」(斷獄)

재판이야말로 밝고 신중하게 해야 한다는 대원칙의 천명이다. 그가 함봉련 사건을 얼마나 철저하게 조사하고 신중하게 살펴서 무죄 결정을 내렸는가가 그의 보고서에 자세히 기록되어 있다.

"제가 첫번째 조사서와 두번째 조사서까지 다시 조사해 원인을 거슬러 조사하고 내막을 일일이 살펴보니 의심나는 점이 층층으로 생길 뿐 아니라, 한편으로는 원통하고 억울하기 그지없었습니다. 대체로 시체 검안서에 기록된 것은 시체의 다친 흔적이 본래 가슴 위에 있었는데, 검붉고 단단하며 둘레의 반지름이 두 치에 이르렀다 했고, 고발자가 처음에 고소할 때의 진술도 원래 김복선(金福先)이 무릎으로 가슴을 제겨서 그 자리에 피를 토했다고 했으니, 이 말은 바로 죽은 사람이 죽기 직전에 밝힌 것이고 보면 기타 여러 사람의 진술에 비해 가장 신빙성이 있는데다 시체 검안서에 기록된 흔적과도 일치합니다.

김복선의 말은 함봉련이 땔나무를 지고 돌아오는 길에 죽은 그 사람을 만나 손으로 그의 등을 밀어뜨렸는데, 그로 인해 죽었다고 했습니다. 만일 그의 말대로라면 상처가 등 뒤에 있어야 하고 원인은 밀어뜨림을 당한 것에서 벗어나지 않았어야 하나, 지금 이 시체 검안서에 상처는 도리어 가슴에 있고 원인도 그저 약간 구타를 당한 것으로 돌려버렸으니, 어찌 착오가 심한 사건이 아니겠습니까.

또 일반적으로 증인을 보고 사건을 결정지을 때는 반드시 공정한 안목을 지니고 이쪽 편이나 저쪽 편이 아닌 사람에게 공정한 진술을 하도록 하여 공적인 증거로 삼는 법입니다. 김복선은 바로 고발자가 처음 고발할 당시 정범으로 고발을 당한 사람인데, 지금은 그 사람이 죽을 입장에서 살고자 발버둥친 말만을 믿고 그대로 인정해 이 사건의 공적인 증거로 삼았으니, 고금 천하에 이와 같은 옥사는 없었습니다. 함봉련의 지극히 원통한 사정은 마땅히 다시 재판을 해야 합니다."

내가 임금께 이렇게 아뢰었는데 임금의 판단도 나의 판단과 일치했다. 판결은 아래와 같다.

"미끼 놓은 그물에 의탁할 곳이 없는 제비가 잘못 걸렸구나. 함봉련을 즉각 놓아 보내고 조사기록을 불에 태워버려라."

• 「논함봉련옥사계」(論咸奉連獄事啓)

7년 동안 끌어오던 미제 사건인 함봉련 사건은 다산의 치밀한 조사와 명확한 증거 제시로 무죄 판결을 얻어냈다. 민완검사의 과학적인 수사로 결론이 내려진 것이다. 이러한 다산의 옥사처리 능력 때문에 임금은 "뜻하지 않게 글하는 선비가 옥리의 일을 잘 알고 있으므로 곧 소환했다"(「사암연보」)고 했다. 그의 『흠흠신서』 정신과도 일치하는 판결이었다.

　신착실(申著實) 사건도 다산의 주장대로 해결된 사건이다. "신착실이란 황주의 백성이 돈 2전 때문에 사람을 밀어붙이고 작대기 끝으로 항문을 찔러 죽게 한 사건이다. 그 사건을 조사한 관리들이 모두 죽여야 한다고 보고했는데, 다산은 '이번 일은 공교롭게 일어난 일이니 용서해 주는 것이 마땅합니다'라고 했다. 며칠 뒤에 임금이 특별히 판결하여 '지극히 조그마한 것이 항문이고 지극히 뾰족한 것이 지겟작대기 끝이니, 매우 작은 구멍을 매우 뾰족한 끝으로 찌른 일은 천하에 지극히 우연한 일이다'라고 하여 신착실은 마침내 정상이 참작되어 풀려났다"는 기록이 있다(「사암연보」). 사리에 투철하고 앞뒤를 판단한 결과 우연한 과실로 파악해 죄를 벗게 해주었다.

　다산에 대한 임금의 보살핌과 관심이 날로 깊어져 밤이 깊어서야 문답이 끝날 때가 많아지자, 좋아하지 않는 사람들이 시기하고 나섰다. 시국의 판도도 상당히 변하고 있었다. 다산이 곡산에서 떠나오기 전인 그해 초봄에 일세의 영특한 정승이자 다산 일파의 최대의 후원자이던 번암 채제공이 세상을 뜨고 말았다(1월 18일). 임금은 그런 이유도 있어 더욱 다산을 가까이하면서 그의 지혜를 빌려 어려운 국사를 처리하고자 했다.

　다산의 친구 홍시보(洪時溥)가 다산에게 충고했다.

　"자네 좀 조심하게. 우리 청지기에 옥당의 아전이 된 자가 있는데 그자가 '야밤에 정 공의 야대(夜對)가 끝나지 않으면 옥당에서 아전을 보내 엿보느라 걱정되어 잠을 자지 못합니다'라고 했네. 자네는 그런 걸 감당하겠나."

마지막 상소

끝내 사단이 일어나고 말았다. 사간원 대사간 신헌조(申獻朝)가 계를 올려 권철신에 대해 논죄하고 이어서 정약전의 일까지 아뢰었다. 그는 권철신, 정약전 등을 추국해 다스려야 한다고 주장했다.

임금은 보고를 받고 버럭 화를 내며 사실일 리가 없다고 꾸짖었다. 이런 사실을 알 리가 없는 다산이 다음날 평상시처럼 출근을 했더니, 사헌부의 대관(臺官: 요즘의 검사) 민명혁(閔命爀)이 정약용은 혐의를 무릅쓰고 있으면서도 보란 듯이 벼슬살이를 하고 있다는 상소를 올리기에 이르렀다. 6월 21일 민명혁의 상소가 나오자, 22일 다산은 영원히 관계(官界)에서 떠나겠다는 사직상소를 올렸다.

엎드려 생각건대, 저는 마땅히 벼슬살이를 할 생각을 말았어야 했는데 벼슬살이를 한 지가 오래되었습니다. 남에게 헐뜯음을 받은 것이 쌓이고 쌓여 드디어 불안하고 위태한 지경에 다다르고 말았습니다. 조정에 선 지 11년 동안 두루 여러 직책을 거치면서 일찍이 하루도 편할 날이 없었습니다. 첫째도 스스로 취한 일이요, 둘째도 스스로 취한 일이니, 어찌 감히 자신을 합리화시키고 남을 허물하여 거듭 그물이나 함정 속으로 자신을 빠뜨릴 수 있겠습니까.

다만 제가 남몰래 고통스러워하며 마음 속으로 가책을 느끼는 것은, 저와 같이 더러운 존재를 임금님께서 비루하다고 생각하지 않으며, 저처럼 곤궁한 사람을 임금님께서 버리지 않으시고 사랑해주시고 감싸주시며, 혹시라도 갈고닦아 훌륭한 인재로 양성되기를 바라셨으니, 어찌 저의 운명이 기구하고 박복한 것이 아니겠습니까. 마치 토끼가 그물에 걸린 것 같고, 새가 그물에 걸린 듯하여 부질없이 임금님의 염려만 수고롭게 하다가 끝내는 커다란 허물을 짊어지고야 말았습니다.

아! 저의 형(정약전)은 벼슬한 지 10년에 아무것도 이루어놓은 것이 없이 지금은 벌써 머리가 희끗희끗합니다. 그 이름 석 자도 조정에서 잘 모르는데, 무슨 증오가 맺혀 있기에 이다지도 야단들입니까. 그 뜻은 저를 조정에 서지 못하게 하려는 데 지나지 않습니다. 저의 속마음은 이미 정사년 상소(「변방사동부승지소」)에서 모두 말씀드렸습니다. 저 자신의 분수는 본디 지나간 허물을 왜곡하여 숨기고 무턱대고 영달의 길로 나아가려고 하지 않는 데 있었습니다.

지금 만약 저를 내쫓고 벼슬길을 막아 다시는 조정의 항렬에 발을 못 붙이게 하시면 명분이 바로 서고 언론은 순하게 필 것이며, 일이 간결해지면서도 공은 빠를 것입니다. 저는 구차하게 모험을 해가면서까지 영화와 녹을 구하고자 하지 않으며, 높고 멀리 피해 관직에서 급히 벗어나고자 하는 사람도 아닙니다.

대체로 한평생의 허물을 스스로 당세에 밝혀 일세의 공의(公議)에 따라 세상이 과연 용납을 하면 구차하게 떠나지 않고, 세상이 용납을 하지 않으면 구차하게 나아가려고 하지 않습니다. 지금 세상의 추세를 보니 용납하지 않을 뿐만 아니라 한 가문을 아울러 연루하려고 합니다.

지금 떠나지 않는다면 저는 단지 세상에 버림받은 사람이 될 뿐만 아니라 가문에도 패역한 동생이 될 것이니, 제가 어찌 차마 이런 짓을 할 수 있겠습니까. 저는 이제 나아가도 의지할 곳이 없고, 물러나도 돌아갈 곳이 없습니다. 다만 제가 태어나서 자란 시골은 강과 호수, 새와 물고기 등 자연의 경관이 성정을 도야할 만하니, 천한 백성들과 함께 살면서 죽도록 전원에서 여생을 쉬며 심신을 기르고 성스러운 임금님의 은택을 노래한다면, 저에게는 남의 표적에 들 염려가 없고, 세상에는 눈엣가시를 뽑은 기쁨이 있으니 또한 좋은 일이 아니겠습니까.

눈앞의 관직은 다시 논할 것도 없습니다. 삼가 바라건대 임금님께서는 빨리 저의 직명(職名)을 깎도록 명하시고, 이조에 명령해 사적(仕籍)에 실린 제 이름을 모두 없애버리게 하십시오. 살아서 훌륭한 임금의 시대를 만나 높은 은혜에 보답하지 못하고 아직 늙지 않은 나이에 영원히 대궐문을 하직하려 하니, 상소문을 기록할 종이를 대하매 눈물이 쏟아져서 말할 바를 모르겠습니다.

- 「사형조참의소」(辭刑曹參議疏)

목이 메고 가슴이 저리는 내용이다. 갈고닦은 지혜와 실력으로 세상에 도움을 주고 나라와 백성을 위해서 온몸과 마음을 바치고자 했던 다산, 그의 나이 이제 겨우 서른여덟 살인데 영원히 임금을 하직하고 대궐문을 떠나야 했을 때 얼마나 기가 막혔을까. 임금은 다산을 붙들려고 1개월이 넘도록 사직을 허락하지 않은 채 미루어두고 있었다. 그러나 판도가 바뀌어가던 조정, 더 이상 기다리지 못하고 마침내 1799년 7월 26일 형조 참의의 체직(遞職)이 허락되면서 다산은 벼슬살이를 마감하게 된다.

가시밭길 고행으로

그해 겨울에는 서얼 출신 조화진(趙華鎭)이라는 자가 이가환, 정약용 등이 음험하게 천주교를 주장하며 궤도에 벗어난 짓을 음모하고 있다며 고변하는 사건까지 일어났다. 한영익은 주문모 신부가 입국해 전교 활동을 할 때 그를 고발한 사람인데, 한영익까지 함께 싸잡아 고발했다.

조화진이 한영익 집안과 혼인을 시도하다가 그것이 성사되지 않으니 사감으로 그런 고변을 했다는 것이 확인되어 일은 무사했으나 분위기가 심상치 않게 돌아가는 징조임은 분명했다. 다산은 그 무렵에 지은 시에서 당파 싸움에 시달리는 심정을 토로했다.

온 세상 두루 돌며 머리털 허예지는데	天地徘徊欲白頭
감찰기관의 탄핵문서 끝내 나왔구려.	烏臺彈簡竟悠悠
3년을 곡산에서 산 사람들과 즐겼는데	三年去作山氓喜
하룻밤 사이 오고 보니 세상 걱정만 보태지네.	一夜來添世道憂
재상 자리 탐내던 소진·장의 나 싫으니	久恨蘇張貪相印
소내와 삽계 찾아가 고깃배나 사려네.	已從苕霅買漁舟
푸른 개구리밥 붉은 여뀌 시원한 물가에서	綠蘋紅蓼滄凉地
오리 갈매기 날 모략 않으리라 믿어보네.	深信鳧鷗不我謀

• 「탄핵을 받고 물러나기를 청하며」(遭臺彈陳疏乞解日書懷)

소계, 삽계는 본디 당나라의 장지화(張志和)가 돌아가 고기잡이하기를 원했던 곳인데, 소계는 바로 다산의 고향 소내여서 제대로 맞아떨어지는 대목이다. 벼슬을 버리고 모략과 중상에서 벗어나 자연으로 돌아가려는 마음이지만, 역시 뜻을 꺾이고 마음에 없는 실직이어서 애달프고 서럽기는 마찬가지다.

가시밭길의 고행이 시작되고 있다. 벼슬을 버리고 자신의 집인 명례방의 죽란사로 돌아온 다산은 다시 옛 친구들을 규합해 시를 지으며 세월을 보낸다. 죽란사의 시모임은 다음해인 1800년 6월 28일 정조대왕의 붕어가 있을 때까지 1년 가까이 계속되었다. 낙향할 준비를 하던 다산은 정조의 타계까지 겹치면서 다시 일어설 희망을 가질 수 없게 되었다.

「옛뜻」(古意)이라는 시를 보자.

한강물 흘러흘러 쉬지 않고	洌水流不息
삼각산 높고높아 끝이 없도다.	三角高無極
산천은 변해 바뀔지라도	河山有遷變
당파 짓는 나쁜 버릇 깨부술 날이 없구려.	朋淫破無日
한 사람이 모함을 하면	一夫作射工

다산의 「옛뜻」(古意)을 새긴 시비(詩碑).
"한강물 흘러흘러 쉬지 않고 삼각산 높고높아 끝이 없도다."

뭇 입들이 차례로 전파하여	衆喙遞傳驛
간사한 사람들이 세력을 잡았으니	詖邪旣得志
정직한 자 어느 곳에 둥지를 틀랴.	正直安所宅
외로운 난새는 깃털이 약해	孤鸞羽毛弱
가시 찔림 감당할 수 없기에	未堪受枳棘
구차하게 돛단배 얻어 타고서	聊乘一帆風
멀리멀리 서울을 떠나리라네.	杳杳辭京國

 순박하고 꾸밈없이 맑고 깨끗한 마음으로 다툼없이 살아가던 옛 사람들이 그리워 「옛뜻」(古意)이라는 제목으로 지은 시다. 오랜 귀양살이를 예견이나 했듯이 암담한 미래에 대한 걱정과 근심을 노래한 내용인데, 벼슬을 그만두고 낙향할 준비를 하던 다산의 심정이 그대로 그려져 있다. 예나 이제나 지긋지긋한 그 당파싸움, 그 싸움에 희생된 다산의 삶이 너무도 서럽기만 하다.
 산천은 변해도 당파싸움 변함 없다는 외침, 사악한 인간들이 저지르는 죄악은 언제쯤 그칠 것인지, 다산의 고뇌가 우리의 고뇌로 다가옴을 떨칠 수 없다.

정조가 죽고 고난이 밀려오다

명재상 채제공, 세상을 떠나다

정조대왕과 채제공의 보살핌과 보호로 겨우 세력이 유지되던 다산 일파는 채제공의 죽음으로 한쪽이 무너지는 비운을 맞아야 했다. 채제공의 죽음이 얼마나 비통한 일이고 나라의 정치 현실에 미치는 영향이 어느 정도인지를 다산이 채제공에게 바치는 「만사」(輓詞)에서 알아볼 수 있다.

고금에 유례없는 하늘이 낸 호걸이라	天挺人豪曠古今
우리나라 사직이 그 큰 도량에 매여 있었소.	靑邱社稷繫疏襟
뭇 백성의 뜻 억지로 막는 일 전혀 없었고	都無夭閼群生志
만물을 포용하는 넉넉함이 있었다오.	恰有包含萬物心
하늘 높이 치솟는 성난 물결도 우뚝 선 지주에 놀라	怒浪蹴空驚砥屹
땅에 떨어진 요사스런 꽃조차 삼엄한 소나무로 보더이다.	妖花墜地見松森
영남 영북의 1,000여 리에다	嶺南嶺北千餘里
사림의 터전 다져 굳건히 쌓아주었다오.	堅築根基付士林
머나먼 외진 곳에 몸져누워 있는 판에	川嶺迢迢病裏情
서울에서 온 소식이 내 넋을 놀라게 했네.	東來消息使魂驚
교룡이 갑자기 떠나버리자 구름과 번개도 고요하고	蛟龍倏逝雲雷寂

산악이 무너지니 온 세상도 가벼워졌네.	山岳初崩宇宙輕
100년 가도 이 세상에 그분 기상 없을 테니	天下百年無此氣
이 나라 만백성들 뉘를 기대고 살리요.	城中萬姓倚誰生
세 조정을 섬기면서 머리 허예진 우뚝한 기상	三朝白髮魁巍象
옛일들 생각하니 갓끈에 눈물이 흠뻑.	歷歷回思淚滿纓

• 「번암 채제공 만사」(樊巖蔡相公輓)

아무리 성난 파도 같은 반대파의 모함도 우뚝 선 강물 속의 지주(砥柱)로 버티며 막아주었던 채제공, 100년에 한 번 있을 법한 뛰어난 정승, 만백성이 이제는 누구에 기대어 살아갈 것인가라는 탄식 속에는 다산의 외로운 신세가 잘 나타나 있다. 남인 가운데서도 청남(淸南)으로 신서파를 옹호해주었던 채제공을 다산은 잊지 못해 「번옹유사」(樊翁遺事)라는 글을 남겼다. 그의 높은 정치적 경륜과 올곧고 위엄 있는 풍모를 기술해놓은 글이다. 영조 때 도승지로 있으면서 영조와 사도세자 사이에서 증폭되는 부자 간의 갈등을 해결하려 했던 그의 도량과 열세에 있던 남인 시파들의 입장을 강화하고 정조의 지위를 확고히 세워 백성이 편안하게 살아가도록 애썼던 채제공의 모습을 실감나게 기록하고 있다.

무인년(1758) 가을 도승지로서 새벽에 승정원에 나아갔더니, 숙직을 한 여러 동료들이 "밤에 「비망기」(備忘記: 임금의 명령서)가 승정원에 하달되어 계판(啓版: 게시판) 위에 모셔놓았소. 그대를 기다려 반포하려 하니 그대께서 그걸 살펴보시오"라고 했다. 번암 공이 가져다 읽어보니 글자마다 차마 읽을 수 없는 것들이었다(사도세자의 비행을 열거하며 세자 폐위의 전교를 내렸다). 번암 공이 재빨리 옷자락을 여미고 일어서서 곧장 임금 계신 곳으로 나아갔다. 임금은 그때 함인정에 계셨는데, 번암 공이 곧바로 입대(入對)해 손으로 비망기를 받들어

올리며 울면서 도로 받으시라 했다. 임금이 진노해 훌쩍 일어서서 전향소(傳香所: 향과 축문을 보관하던 곳)로 향해버리니 번암 공이 따라 일어나서 임금의 옷자락을 붙들고 걸어가며 울어대니 눈물이 줄줄 흐르고 말의 어세도 격렬해졌으며 전향소에 이를 때까지 따라갔다. 임금이 판위(版位)에 올라서서 얼굴에 노기를 띠고 있는데 번암 공이 앞쪽으로 나가며 소매 속에서 비망기를 꺼내 들고는 임금의 소매 속에다 넣고 엎드려 꿇으며 죽여주십사고 청했다. 임금이 묵묵히 주시하다가 감동을 하여 사건이 마침내 중지될 수 있었다.

사도세자를 위해 죽음을 무릅쓰고 임금의 옷자락을 부여잡고 따라가는 일을 마다하지 않았고, 무릎을 꿇고 엎드려 울면서 대신 죽여달라고 울부짖던 충성심에 영조는 감복했다. 영조는 왕세손인 정조에게 "채제공은 진실로 나의 사심 없는 신하이고 너의 충성스러운 신하다"라고 말했다. 뒷날 자신의 아버지 문제를 해결하려고 애썼던 번암의 충성심을 알게 된 정조는 그를 가장 믿을 만한 대신으로 여겼다. 이러한 채제공에 대한 정조의 믿음에 힘입어 발랄한 신진 학자인 다산 일파가 활동할 터전이 있었던 것이다. 그러나 이제 의지할 근거를 잃어버렸다.

평생 동안 채제공과 가장 가까운 동지로 함께 벼슬하며 정조를 보필하고 다산 일파를 도와주었으며 다산의 집안 아저씨가 되는 해좌 정범조는 벼슬이 홍문관 제학과 형조 판서에 이르렀다. 문장과 시로 명성이 높은데다 학문까지 높아 당대에 명성이 높던 남인 시파였다. 채제공의 죽음에 만사를 짓고 제문(祭文)을 썼으며, 뒤에 번암의 신도비(神道碑) 비문을 작성했다. 만사의 한 구절에 "죽은 뒤에도 살아 생전의 즐거움이 있기만 하다면, 죽어선들 그대 따르지 않고 그 누구를 따르리"라고 하여 죽어서도 함께 생전처럼 살자는 애원을 토로했다.

신도비에서 그는 이러한 찬사를 바쳤다.

번암은 소외되고 멀리 떨어진 곳에서 벼슬을 시작하여 끌어주고 인도해줄 세력도 없었는데 스스로의 힘으로 영조, 정조의 깊이 알아줌을 맺었다. 온 조정이 입다물고 애태우며 감히 말하지 못하던 것을 거론하며 임금께 간했다. 권력을 잡은 신하들이 세력을 업고 사납게 화내서 건드리지 못하는 일에도 힘껏 항쟁했고, 온갖 무리들이 시끄럽게 참소하는 속에서도 끝내 이름과 절개를 완전하고 순수하게 지켜냈다.

조선 말기에 대원군이 집권하여 사색당파를 골고루 등용하는 정책을 펴면서 남인계에서도 정승을 발탁하기까지 정조 이후의 마지막 남인 정승이 채제공이었다.

채제공마저 궁궐에 없는 남인, 날개와 죽지가 꺾인 격이고 어미닭을 잃은 병아리 신세가 되었다. "산천은 변해도 당파 짓는 나쁜 버릇 깨부술 날이 없다"던 시구처럼 당파 싸움의 희생물이 될 수밖에 없던 그들, "멀리멀리 서울을 떠나리라네"라고 읊었듯이, 이제 할 일은 서울을 떠나 고향 마재로 내려가는 일밖에 남지 않았다. 돛단배 얻어 타고 반겨줄 사람 없는 마재로 가야 하는 심정, 짐작할 만하다.

형조 참의를 사직하려고 올린 상소문에도 "저는 이제 나아가도 의지할 곳이 없고 물러나도 돌아갈 곳이 없습니다"라면서, 오직 있다면 태어나고 자란 강가의 마을 고향이 있을 뿐이라고 했다.

정조의 승하로 절망에 빠지고

1800년 초봄부터 낙향할 뜻을 굳히며 서울과 소내를 오가면서, 옛날의 죽란사 시우(詩友)들과 시를 짓고 지내던 여름, 뜻밖에 정조대왕까지 세상을 뜨고 말았다. 6월 28일 유시(酉時)에 운명했으니 해질 무렵의 시각이었다.

임금의 붕어(崩御)를 당하면 천붕(天崩), 천붕지통(天崩之痛)이라고 해서 '하늘이 무너지다', '하늘이 무너진 아픔을 당했다'고 한다. 선생님, 즉 어진 스승의 죽음을 당하면 산퇴(山頹), 산퇴량최(山頹樑摧)라고 하여 산이 무너지고 대들보가 꺾였다는 표현을 쓴다. 정조의 죽음은 문자 그대로 다산에게는 하늘의 무너짐이었다.

6월 28일 임금의 승하 소식을 듣고 다산이 급히 홍화문(弘化門)에 이르니, 문 앞에 여러 신하들이 더불어 가슴을 치면서 실성해 슬퍼하고 있었다.

6월 12일 한창 달 밝은 밤에 홀로 앉아 있었는데, 갑자기 문 두드리는 소리가 나 맞아들이고 보니 바로 내각의 서리였다. 『한서선』(漢書選) 10질을 가지고 와서 하교를 전하기를 "요즘 책을 편찬하는 일이 있으니 응당 곧 불러들여야 할 것이나, 주자소(鑄字所)를 새로 개수해 벽에 바른 흙이 아직 덜 말라 정결하지 못하니 그믐께면 들어와 경연에 오를 수 있을 것이다" 했으니, 위로함이 매우 지극했다. 또 "이 책 다섯 질을 남겨서 집안 물건으로 삼고, 다섯 질은 제목을 써서 들여보내는 것이 좋겠다"고 했다. 서리가 문을 나간 뒤 눈물을 흘리며 감격스러워했으니 오히려 다시 무슨 말을 하리요. 다음날 옥체에 병환이 나서 이날 끝내 붕어하셨다.

삼가 생각건대, 이 12일 밤에 특별히 서리를 보내 책을 내려주시고 안부를 물으신 것이 바로 영결의 은전(恩典)이었다. 잊지 않고 생각해주심은 12일에 이르러서도 아직 끝나지 않았으나, 군신의 의(誼)는 이날 저녁에 영원히 끝나버렸다. 매양 생각이 이곳에 미치면 눈물이 펑펑 쏟아져 옷소매를 적셨다. 곧바로 따라 죽어 지하에서나마 임금님의 얼굴을 뵙고자 했으나 하지를 못했다.

나는 초야에 묻힌 한미한 족속으로 훈구(勳舊), 벌열(閥閱)의 은혜를 입은 바도 없는데, 성균관에 들어간 이후로 18년 동안 이루어주시며 훈도(薰陶)해주신 공이 이와 같았다.

• 『균암만필』(筠菴漫筆)

돌아가신 날이 28일이고 29일이 그믐날이니 임금만 돌아가시지 않았다면 바로 궁궐로 들어가 책을 교정하는 교서 일을 보았을 것이다. 잊지 않고 곧 불러다 쓰겠다는 말을 들은 지 16일 만에 하늘이 무너졌으니 다산의 심정이 어떠했을까. 「정조실록」 6월 14일 을축조에 비로소 정조의 몸에 종기가 나 약물로 치료하나 효험이 없다는 기록이 나온다. 실제로는 6월이 되기 10여 일 전부터 조그마한 종기가 났고, 치료했으나 듣지 않아 6월 14일부터 임금의 환후에 대한 내용이 등장한다. 그렇다면 병이 생겨 사람들이 알게 된 14일 만에 정조는 세상을 뜨고 말았다. 정말로 갑작스러운 변고가 아닐 수 없다.

채제공에 이어 정조의 승하는 다산을 절망에 빠뜨리기에 충분했다. 졸곡제(卒哭祭: 죽은 지 석 달 만에 처음 맞이하는 정일丁日에 지내는 제사)나 마치면 고향으로 낙향할 뜻이었는데, 임금의 초상이 발표되던 때부터 벌써 세상이 시끄러워졌다. 목만중, 이기경 등이 길길이 날뛰며 날마다 유언비어와 위태로운 말을 퍼뜨려 사람들을 현혹시켰다. 심지어 "이가환 등이 난을 일으켜 4흉(四凶) 8적(八賊)을 제거하려 한다"는 말까지 퍼졌다. 그 4흉 8적 명단 가운데 절반은 당시의 재상이나 명사를 들고, 절반은 자기네 무리인 홍낙안, 이기경 등으로 채워넣었다. 이런 말을 서로 전하며 선동해 당시 사람들의 노여움을 격동시켜 화란의 기색이 날로 급해지고 징조가 점점 두려워졌다.

다산은 처자를 이끌고 고향으로 내려가 형제들과 한데 모여 경전을 강의하고 서재의 이름을 '여유당'(與猶堂)이라고 지어 편액을 달았다. '여유'라는 말은 『노자』에 나오는 글귀다.

망설임이여(與兮), 겨울에 냇물을 건너는 것같이. 주저함이여(猶

다산은 채제공과 정조가 죽은 뒤 고향으로 내려와
서재의 이름을 '여유당'(與猶堂)이라 짓고 경전연구에 몰두한다.

兮), 사방의 이웃을 두려워함이로다.

다산은 「여유당기」(與猶堂記)에서 조심스럽게 세상을 살아가야 한다는 자신의 의지를 표명했다.

"겨울에 냇물을 건너는 것은 차갑다 못해 따끔따끔해 뼈를 끊는 듯하니, 부득이하지 않으면 건너지 않는 것이다. 사방의 이웃을 두려워하는 것은 지켜보는 것이 몸에 가까우니 비록 부득이하더라도 하지 않는 법이다."

다산은 곧바로 학문연구에 들어간다. 이해 겨울을 소내에서 지내면서 『문헌비고간오』(文獻備考刊誤)라는 저서 1권을 완성한다. 『문헌비고』라는 방대한 책은 국가에서 간행하려던 책으로, 아직 인쇄에 들어가지는 않았는데, 다산이 그 책의 잘못된 부분을 바로잡아 완성했다.

가버린 채제공과 정조에 대한 그리움을 안은 채 다산의 30대는 흘러가고 있었다. 든든한 보호막이 없어진 다산에게는 무서운 고난이 시시각각으로 엄습해왔다. 한가하고 평화로운 고향의 강마을 생활이었지만 마음 속에서 느껴지던 불안을 해소할 길이 없었다.

학자 군주 정조와 다산의 18년

성군과 현신의 만남

6월 28일 세상을 떠난 정조는 그 얼마 전인 6월 12일에도 다산의 안부를 물었다. 안부를 묻는 것에 그치지 않고 귀중한 책까지 하사하며 대대로 집안의 보물로 삼으라 했다. 정조는 다산이 보고 싶고 그리우면 그의 필체라도 감상하려는 듯 책의 제목을 써서 바치라고까지 명했다. 다산이 전원으로 낙향했다는 소식에 정조는 "내가 어찌 너를 버리겠는가?"라며 그믐께에 경연으로 오게 하겠다는 말을 남겼는데, 그 그믐날 하루 전에 세상을 떠나고 말았다. 이러한 학자 임금을 학자 다산이 잊을 수 있겠는가.

다산은 스물두 살이 되던 해 4월에 소과에 급제해 선정전 사은(謝恩)하는 자리에서 임금을 뵈었다. 그때 다산에게 관심을 보인 정조는 얼굴을 들라 하고 나이가 몇인가를 물었다. 그것이 이른바 최초의 '풍운지회'(風雲之會)이니 그 의미는 성군(聖君)과 현신(賢臣)의 만남이다.

이로부터 18년(다산의 표현) 동안 둘 사이에는 얽히고설킨 일들이 아주 많았다. 그해에 다산은 성균관에 들어가 본격적인 경서연구에 들어가고 과거공부에도 힘을 기울였다. 신분은 포의(布衣)에 지나지 않았으나 정조의 사랑을 받았을 만한 충분한 이유가 있다. 학자 임금 정조는 성균관학생들에게 수없이 많은 과제를 제출해 등급을 발표함으로써 그들의 공부를 독려했다.

스물세 살이 되던 해 여름에 정조가 다산에게 『중용』(中庸)에 대한 80여 조항의 의문점을 질문했다. 그 첫머리에 사칠이기(四七理氣)의 변(辯)을 논하면서 퇴계와 율곡이 논했던 바의 차이를 물었는데, 대부분의 남인은 퇴계의 학설이 옳다고 보았고 노론은 율곡의 학설이 옳다고 보았지만, 다산은 남인이면서 율곡의 학설에 찬동하는 내용으로 답안지를 썼다. 남인 쪽에서는 율곡의 견해에 조금이라도 따르면 배신자라고까지 생각하던 분위기였는데 다산은 거침없이 파격적인 답안을 제출한 셈이었다.

다산의 답안을 비판하는 말이 빗발치듯 일어났지만 정조는 도승지 김상집(金尙集)에게 이렇게 칭찬했다.

"그가 진술한 강의답안은 일반 세속의 흐름을 벗어나 오직 마음으로 이를 헤아렸으므로 견해가 명확할 뿐 아니라 공정한 마음도 귀하게 여길 만하니, 마땅히 이 답안을 첫째로 삼는다."

지난번의 만남은 얼굴만을 서로 익힌 만남이었으나, 이번 '중용강의'에 대한 만남은 정조와 다산의 최초의 학문적 만남이었다. 사실 다산은 몰랐지만, 정조는 이미 『사칠속편』(四七續編)이라는 저술을 읽고 있었다. 율곡의 학설에 동조하고 있었다는 것이다.

정조와 다산은 학문적으로 같은 견해임을 알게 되면서 마음 깊은 곳에서부터 가까움을 느꼈다. 정조는 진실로 다산의 학문을 높이 평가했고 그의 답안지에 언제나 높은 점수를 주었다.

그러나 다산은 성균관에 있으면서 과거에는 네 차례나 낙방했다. 당시의 세력 관계 때문에 남인인 다산을 합격시키기를 꺼리는 정치세력 탓도 있고, 다산을 더 많이 공부시킨 뒤 합격시키겠다는 정조의 의도가 있기도 했으리라. 다산은 스물여덟에 대과에 급제했으며 바로 초계문신으로 발탁되었다.

초계문신 제도는 군주가 왕실 도서관인 규장각에서 신진관료들을 직접 지도편달하면서 재교육시키는 제도였다. 우수한 인재를 양성하기 위한 교육제도로 당색이나 문벌에 관계없이 신발해 임금을 보좌할 관료집단을 양성하려는 목적이었다. 이 초계문신이라는 직책은 영광된 자리여서 국왕의 배려 없이는 선출되기가 어려웠다. 일찍부터 정조가 큰 인물이 될 것으로 점찍었던 다산이기에 과거에 합격하자마자 바로 초계문신으로 선발되는 영예를 입은 것이다. 그 누구보다 당쟁의 폐해를 잘 아는 정조는 그가 집권하는 동안 남인들을 많이 발탁했다. 다산과 채홍원이 중심이 되어 결성한 죽란시사 15명의 남인 가운데 8명이나 초계문신에 선발된 것으로도 그 점을 알 수 있다.

임금의 총애를 한몸에 안고

정조와 다산의 만남에 대한 공식적인 기록을 보자. 「자찬묘지명」에서 다산은 다음과 같이 적고 있다.

> 나는 포의로 임금의 알아줌을 맺었으니, 정조대왕께서 총애해주시고 칭찬해주심이 동료들에서 훨씬 넘어 있었다. 앞뒤로 상을 받고 서책, 구마(廐馬), 무늬 있는 가죽, 진귀한 여러 물건을 내려주신 것을 이루 다 기록할 수가 없다. 기밀에 참여해 듣도록 허락하시고 생각한 바가 있어서 글로 조목조목 진술해 올리면 모두 즉석에서 윤허해주셨다. 일찍이 규영부에서 교서 일을 맡고 있을 때에는 맡은 일에 실수해 잘못을 해도 책망하지 않으셨으며, 매일 밤 진수성찬을 내려주셔서 배불리 먹게 했다. 내부(內府)에 비장된 서적을 각감(閣監)을 통해 청해보도록 허락해주신 것 등은 모두 남다른 대접이었다.

정조는 재위 24년 가운데 다산과 18년 동안 인연을 맺었다. 다산이 스물두 살 때 정조는 서른둘, 정조가 마흔아홉의 나이로 세상을 떠났을 때는 다산의 나이 서른아홉이었다. 스물두 살에서 서른아홉 살까지 18년

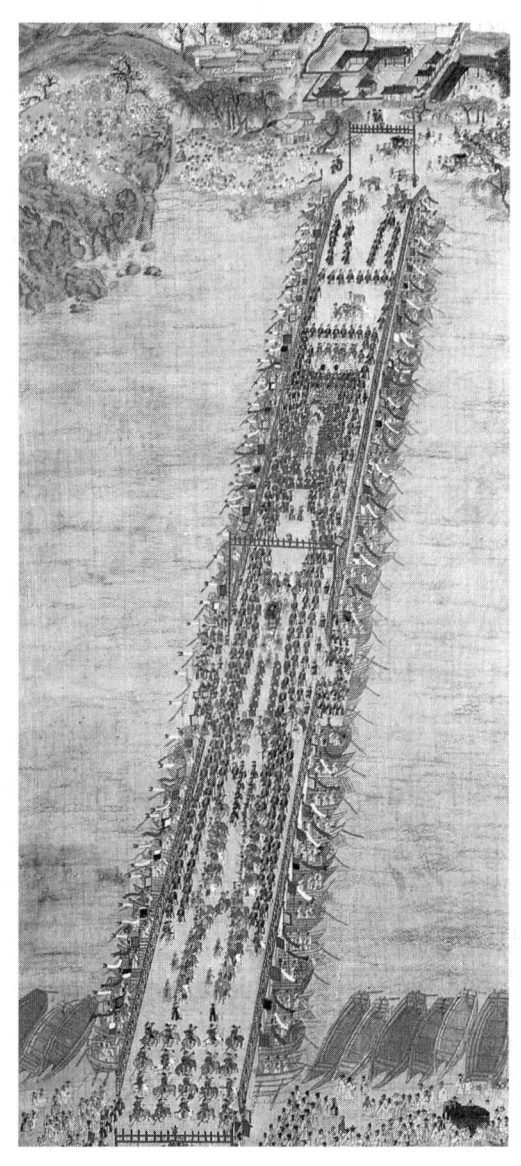

노량진에 놓은 배다리.
배다리는 정조가 수원으로 옮겨 새롭게 단장한 아버지 사도세자의 묘소를 찾아가는
능행길에 이용하기 위해 만든 것이다.

동안 다산은 온갖 지혜를 다 동원해서 정조를 도왔으며, 문물제도를 이룩하는 기술관료로서도 큰 역할을 해냈다.

스물여덟 살인 1789년 과거에 합격해 벼슬길에 올라 그해 겨울 한강에 설치하는 배다리(舟橋)를 설계해 그대로 배다리가 놓였다. 배다리란 교량을 가설하기 어려운 큰 강에 배를 나란히 붙여 띄운 위에 임시로 놓는 다리를 말한다. 배다리는 조선시대에 처음으로 시도된 사업이다. 비용도 많이 들고 처음으로 시도하는 일이어서 격렬히 반대하는 신하들이 많았지만, 다산의 기술을 믿은 정조가 끝까지 주장해 가설이 이루어졌다.

1790년 주교사(舟橋司)라는 담당 부서를 신설하면서 업무를 기록해 놓은 주교사 절목에 보면, 30자 너비의 선박 60척을 이용해 42자 길이의 널빤지를 5개씩 모두 합해 300개를 깔고, 그 위에 24자 길이의 횡판 1,800장을 깔아서 배다리를 만들었다고 한다. 공사에 동원된 군사가 무려 1,000명이며, 1만 전이라는 막대한 비용이 들었다. 배다리는 수원으로 옮겨 새롭게 단장한 아버지 사도세자의 묘소를 찾아가는 능행길에 이용되었으나, 오늘날 도면으로 보존되어 있는 배다리의 모습을 보면, 한 나라의 위신과 기술의 선진성을 보여주는 정조시대의 상징적 문물 중의 하나임이 틀림없다.

배다리 다음으로 다산이 기술을 통해 정조에게 봉사한 일은 수원에 있는 화성 축조다. 이 부분에 대해서는 앞에서 간단히 설명한 바가 있으나 정조와 다산의 관계를 되짚으면서 상세히 설명하지 않을 수 없다. 1792년 겨울 다산은 부친상을 당해 복상 중이었는데 정조의 긴급한 하명으로 성제를 연구해 설계도를 바쳤다. 다산은 중국 학자 윤경(尹耕)의 「보약」(堡約)과 서애 유성룡의 「성제」(城制)를 종합한 이론을 세워, 재료는 벽돌을 이용하고 성벽의 중간 부분을 안으로 들어가게 하는 등, 독창적인 방법을 강구해 좀더 선진화된 성을 쌓는 토목공학을 제시했다.

화성의 성제는 8개 조목으로 구성되어 있다. 문 앞을 반원 형태로 둘러싼 옹성(甕城), 적군이 성벽을 기어오르는 것을 막기 위한 포루(砲樓)와 적루(敵樓), 이를 감시하는 현안(懸眼), 화공을 막기 위해 물을 쏟는 장치인 누조(漏槽) 등은 다른 성제와는 구별되는 특징이다. 더구나 정조가 찾아내 내려준 규장각 도서 가운데 『도서집성』(圖書集成)과 『기기도설』(奇器圖說)을 창의적으로 검토해 현실적으로 적용할 수 있는 거중기까지 설계했다. 운반기구인 거중기는 다산의 창안이었고 이 편리한 기계 덕분에 일반 인민을 동원하지 않고도 임금 노동자인 모군(募軍)만으로 성을 건설해 4만 냥의 비용을 절감했다는 내용은 이미 언급했던 대로다.

시군시신(是君是臣)이라고나 할까. 그 임금에 그 신하라는 의미인데 다산이 없는 정조, 정조가 없는 다산의 관계를 설정할 수는 없다. 만약 4만 냥의 비용이 더 들고, 일반 인민을 동원한 노동력으로 일이 이루어졌다면 어떻게 되었을까. 반대 여론에 부딪혀 성사되지 않았을 수도 있고, 성사되었더라도 여론의 비판으로 정조가 큰 곤경에 처할 수도 있었을 것이다. 배다리 건설에도 적잖은 비판이 있었는데, 성 쌓는 일까지 겹쳤다면 문제가 간단하지 않았으리라는 예측을 쉽게 할 수 있다. 더욱이 정조가 깊은 정치적 이유와 내면을 밝히지 않았으므로 임금이 아버지를 위한 일에 국력을 쏟고 있다는 비판을 면하기 어려운 일이었을 것이다.

다산의 지혜와 도움이 필요한 정조는 신하인 다산을 제대로 활용했고, 다산은 신임과 총애를 아끼지 않았던 정조에게 충분한 보답을 했다. 그러한 만남을 통해 정조시대에 문화가 꽃피어 오늘의 우리 민족에게도 긍지를 주고 있다. 오늘날 유네스코에 수원 화성이 세계문화유산으로 등록된 사실이 그것을 방증해준다.

다산이 뒷날 자신의 일생을 회고하면서 마무리지은 「자찬묘지명」을 보자.

임금님 총애 한몸에 안고는	荷主之寵
궁궐의 가장 은밀한 곳에서까지 모셨으니	入居宥密
정말로 임금의 심복이 되어	爲之腹心
아침저녁 참으로 가까이서 섬겼다.	朝夕以昵

 다산은 온갖 총애를 받으며 자주 깊은 궁궐에서 은밀히 임금을 대면해 국사를 논의했으나 절대로 간신이나 총신이 되지 않았다. 오히려 정정당당하게 능력과 지혜로 임금을 도와 나랏일에 도움을 주었으나 공치사는커녕 혹독한 곤경에 처하고 말았다.
 한 학자의 지적대로 "정조가 칭찬한 대로 100년 만에 한 명 나올까 말까 하는 재상의 재목은 채제공에 이어 정약용이 거듭 나왔지만, 그 재목을 알아준 군주는 정조 이후에 다시 나오지 않았다"(박광용, 『영조와 정조의 나라』).
 재상의 재목을 알아주던 정조는 왜 그렇게 갑자기 세상을 떠났으며, 그러한 재상의 자격을 지닌 다산은 왜 그토록 불우한 삶을 살아야 했을까. 재상을 알아줄 임금이 왜 그 뒤에는 나오지 않았을까. 비록 변혁과 개혁의 주체에 대한 진보적인 결단 없이, 오직 현명한 군주를 변혁의 주체로 여기며 역사의 발전을 꾀한 것은 사실이지만, 가장 보편적이고 고유한 민족문화를 끌어올려 공정하고 진실한 세상에서 압박받는 인민들이 정당한 삶을 살아갈 세상을 만들자던 다산의 노력은 매우 귀중한 민족의 역량이었다. 그러나 정조 같은 군주는 다시 나오지 않았고, 채제공 같은 후원자도 다시 나오지 않아 그의 개혁의지는 끝내 좌절되어 현실정치에 반영될 수 없었다. 그가 자신의 호인 사암(俟菴)에서 예견했던 대로 그는 뒷세상을 기다리며 귀양살이를 떠나 긴긴 저술작업에 몰두하게 된다.

5
귀양살이 타향살이

"하늘 땅은 넓고 가없어
만물로도 채울 수 없다네.
작고 작은 나의 일곱 자 몸
사방 한 길의 방에도 누울 만하네.
아침에 일어나며 머리야 찧더라도
밤에 누우면 무릎은 편다네."

■「고시」

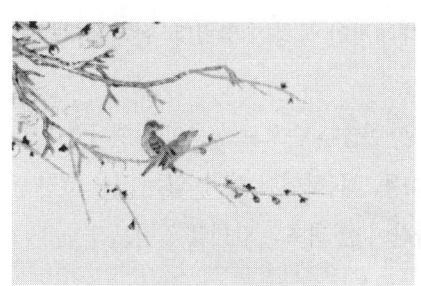

유배지 장기로 떠나다

운명이 어찌 될지 알 수 없구나

1800년 11월 6일 사도세자의 묘소인 수원의 현륭원 국내(局內)인 강무당(講武堂) 옛터에 건릉(健陵)이라는 능호(陵號)로 정조를 장사지냈다. 정조의 죽음으로 이제 한 시대가 마감되었다. 1799년에 벼슬길을 마감당한 다산은 정조와 사별하면서 새로운 세기와 함께 새로운 삶을 전개해나가야 했다. 1801년, 그의 나이 마흔이다. 그러나 원숙한 장년의 지혜와 능력을 발휘할 길이 막혀버렸다. 정조의 장례를 마치자 세력을 잡은 벽파는 정부의 요직에 자신의 파를 기용하기 시작했다. 다산의 반대파는 유언비어를 날조해 큰 화란을 일으키려는 음모를 꾸미기 시작했다.

1801년 2월 10일 새벽 의금부 도사 한낙유(韓樂裕)에게 체포된 다산은 국문을 받는다. 전 영의정이자 영중추부사인 이병모가 위관이 되고 영의정 심환지, 좌의정 이시수, 우의정 서용보 이하 7명이 재판관이 되었다. 문사랑(問事郞)에는 부수찬 오한원(吳翰源) 이하 3명, 별형방(別刑房)에는 도사 한낙유 외 1명, 문서색(文書色)에는 도사 유맹환(俞孟煥) 외 1명 등 19명이 관여하는 대대적인 국청이 열렸다. 잡혀온 10일의 일이다.

잡혀온 순서대로 이가환, 정약용, 이승훈 순으로 심문이 진행되었다. 다산의 차례였다. 대계의 죄안(罪案)을 낭독하면서 할 수 없는 짓을 했던 이유가 무엇인지 묻기 시작했다. 다산이 한 최초의 답변을 들어보자.

저도 역시 사람입니다. 누가 나라의 은혜를 입지 않았으리요마는 저는 삶과 죽음, 골육의 은혜를 입었습니다. 저의 이목구비는 일반 사람과 같은데, 어떻게 차마 남들이 하지 않는 일을 하겠습니까. 제가 지난번에 정조임금께 올린 상소(「변방사동부승지소」)는 꾸며서 했던 것이 아니라 지성어린 간절함에서 나왔습니다. 그래서 임금님 비답에 "착하려는 마음씨의 단서가 봄에 솟아나는 새싹처럼 무성하다"고 했습니다. 그러한 임금님의 비답을 받은 이후로 한 점의 사심이라도 창자 속에 머물러 있게 하고, 한 점의 사학에 관한 글이라도 하늘과 땅 사이에 남겨두었더라면 저의 죄상은 몸이 천 번 찔리고 만 번 쪼개진다 해도 다시 아까울 게 없습니다.

• 『신유추안 급 국안』

거침없이 답변하는 첫 부분에서, 다산의 죄안은 사실이 아님을 알게 된다. 죄안의 "재물과 여색으로 속이고 유인해 사당들을 불러모으고 나라의 법 범하기를 물 마시고 밥 먹듯하며, 형벌받기를 낙원의 일로 여겨 뭇 불순분자들의 죄를 도피하는 소굴이 되었습니다"라는 죄의 내용이 얼마나 터무니없고 날조된 거짓이었나가 폭로되고 말았다. 이가환, 이승훈과 한통속으로 천주교의 소굴이 되어 사학을 전파하고 있다는 범죄 사실을 일언지하에 다산은 부인했다.

이미 이야기했던 대로, 다산의 답변이나 주장, 증거로 제시하는 내용들이 매우 명백하고 분명해 국청의 재판장 이하 재판관들은 다산을 석방하자는 의견을 모으고 있었다. 그 동안의 사정을 다산은 「자찬묘지명」(집중본)에서 자세히 기술했다.

그 문서 뭉치를 통해 이 일에서 내가 무관하다는 것이 분명히 드러났다. 이어서 형틀에서 풀어주고 사헌부 안에서 편히 있게 해주었다. 여러 대신들이 모여 의논을 하고 있었는데 재판장인 이병모가 말하기를 "자네는 앞으로 무죄로 풀려날 걸세. 음식을 많이 들어 몸을 아끼시게"라 했고, 심환지는 "쯧쯧, 혼우의 운명이 어찌 될지 알 수 없구나"라고 했다. 이서구, 승지 김관주 등도 공정히 판결해 용서될 것이라고 했으며, 국문할 때 참관했던 승지 서미수(徐美修)가 은밀히 기름 파는 노파를 불러다가 재판 소식을 나의 처자에게 전해주면서 나의 죄질은 가벼워 죽을 걱정은 없으니 식사를 하게 해 살아나게 하라고 시킨 일까지 있었다. 여러 대신들이 모두가 무죄로 풀어줄 것을 의논했으나 유독 서용보만이 고집을 부려 안 된다고 해서, 나는 장기현으로 유배당하고 형님 약전은 신지도로 유배형을 받았다.

무죄 석방이 확정되려던 순간인데, 실세의 정승이자 경기도 관찰사 시절에 암행어사이던 다산의 지적을 받은 원한을 품고 있던 서용보 한 사람의 반대로 판세가 뒤바뀌고 말았다.

천애의 먼먼 바닷가에 남은 역적죄인

1801년 2월 27일 감옥에서 나와 28일 다산은 경상도의 바닷가 마을인 장기현으로 떠나야 했다.

충주에서 탄금대를 지나 연풍현에 있던 무교(蕪橋)를 건너고 새재를 넘어 문경과 함창을 지나 목적지 장기현에 도착한 날은 3월 9일이었다. 다산은 지나는 곳마다 그냥 지나치지 않고 그곳의 역사적 사실까지 들어가며 그곳의 풍물을 노래하는 시를 남겼다. 비운의 처지인데도 마음의 상처를 달래기라도 하려는 듯이 꼭꼭 아름답고 멋진 시를 지은 것이다. 무교에서는 임진왜란 당시 이일(李鎰) 장군이 군대를 버리고 도망간 역사적 불행을 읊었고, 새재에서는 신립(申砬) 장군이 새재를 버리고 다른 곳에 진을 쳤다가 패한 사실을 들어 민족의 비극을 노래하기도 했다. 어디서나 국가의 문제를 걱정하고 염려하던 다산의 애국심이 매우 높이

장기성의 옛터에 자란 고목의 모습.
다산이 장기로 유배될 당시 그곳은 산천에서 악독한 기운이 솟고
잡초가 우거진 미개한 지역이었다.

자리하고 있다.

  3월 9일 장기현에 도착했는데, 그 다음날 마산리의 노교(老校) 성선봉(成善封)이 집에 안착시켜주었다.
- 「장기의 귀양살이에서 본 풍속」 27

  머나먼 오지인 '장향진황지지'(瘴鄕秦荒之地), 즉 열병의 원인이 되는 산천에서 악독한 기운이 솟는 고을, 잡초가 우거진 미개한 지역이라는 다산의 지적처럼, 그때만 해도 그런 변두리 지역은 사람이 살기에 부적당한 곳이라 여겨졌다.

  장기현의 본디 경주부(慶州府)의 속현이다. 경북의 영일만 즉 호미 장기곶이 포함되는 지역이다. 본디 지금의 군명인 영일현과 흥해현과도 인접한 곳으로, 한때는 영일군으로 통합되어 이름도 없어진 곳이다. 신라 때에 처음 현으로 설치되었는데, 이름은 지답현(只沓縣)이었다. 그후 경덕왕 때에 기립현(鬐立縣)이라 고치고, 고려 때에는 장기현으로 바뀌어 경주부의 속현이 되었다. 한때는 바다와 접한 요새지라는 이유로 무신 가운데 높은 벼슬아치만을 보내 고을을 맡도록 했으나 나중에는 현감이 다스렸다.

  1895년 갑오경장으로 온갖 제도가 바뀌면서 장기군으로 승격되어 군수가 일을 보았으며, 나중에 포항이 시로 승격되고 영일군에 합해져 장기현은 이름을 잃고 영일군 지행면(只杏面)으로 바뀌었다. 그러다가 최근에는 영일군이 포항시와 통합되어 포항시 장기면으로 바뀌었다. 19세기가 시작되던 무렵, 다산이 이곳으로 귀양살이 오던 때는 장기현으로 다산은 현감의 감독 아래서 지내야 했다.

  8대 옥당의 대단한 집안의 후예로 당대의 한림학사, 홍문관 학사, 암행어사에 승지와 참의를 지낸 당상관이었지만, 다산은 이제는 권력에 짓눌린 죄인이 되어 천애의 먼먼 바닷가, 장독(瘴毒)의 고을에서 사학죄인이자 역적죄인으로 지내야 했다. 그것은 지은 죗값으로 치러야 할 유배살이가 아니라 정치적 음모와 한 대신의 사적인 감정 때문에 희생물이 되어 언제 풀리리라는 기약도 없는 막막한 유배살이였다. 더구나 그는 앞길이 창창한 마흔 살의 나이였다.

이러한 역경 속에서도 다산은 좌절하지 않았다. 탄압받는 지식인이었지만 최선의 삶을 살아갈 마음 자세를 확고하게 지니고 있었다.

　나는 장기에 도착하여 마음을 고요히 가라앉히고 정신을 깨끗이 가다듬고 나서 『삼창고훈』(三倉詁訓)이라는 자학(字學) 책을 고찰했다. 『이아술』(爾雅述)이라는 책 6권을 저술하고, 『기해방례변』(己亥邦禮辨)이라는 예설(禮說)을 지었으나, 겨울의 「황사영백서」 사건으로 옥에 갇혔을 때 분실하고 말았다.
　• 「사암연보」, 「자찬묘지명」

이러한 기록에서 보듯, 다산의 정신은 무섭도록 견고하여 보통 사람으로서는 상상하기 어려운 측면이 있다. 죽느냐 사느냐의 무서운 옥사, 더구나 어전에서 심문을 받는 국문은 전제왕조 시절의 혹독한 재판으로, 누구라도 국문을 당하고 나면 온전한 신체를 유지하기가 어려웠다. 더구나 다산은 한 집안이 온통 범죄에 연루되는 처절한 비운을 당해 분노와 억울함, 실의와 좌절의 수렁에 깊이 빠질 만한 상황인데 한때 고생하던 공포증에서 벗어나 난해한 전문서적의 저술에 착수했으니, 그의 정신이 얼마나 굳건했는지를 짐작할 수 있다.

1985년 7월의 마지막 날, 나는 다산이 유배살던 장기현 현장에 가보았다. 그곳은 멀고 외딴 곳이었다. 대구에서도 직접 가는 버스가 없고 포항으로 가야만 장기로 가는 버스가 있었다. 그때만 해도 포항에서 장기까지는 비포장도로로 좁은 길에 먼지가 펄펄 날렸다. 당시의 경상도는 88고속도로, 경부고속도로, 구마고속도로 등 도로의 거의 대부분이

포장되어 있었는데, 포항에서 장기까지는 포장이 되어 있지 않았다. 굽이굽이 산을 돌고 재를 넘어가면서 마치 찾아가는 사람이 유배가는 듯한 착각이 들 정도로 후미진 곳으로 느껴졌다. 다산이 그곳으로 가던 그때는 얼마나 어렵던 길이었을까. 원시림이 산마다 우거지고, 낮에도 호랑이가 나타나 길 가는 사람을 가로막던 시절이었다. 그때 다산의 심정은 훨씬 더 적막했을 것이다. 장기에 도착한 시각이 해질 무렵, 여관을 정하고 저녁식사를 한 후 다산의 시를 떠올렸다.

습한 데서 봄을 나니 마비증세 일어나고	病濕經春癱瘓成
북녘에서 길들인 입맛 남녘 음식 맞지 않네.	北脾不慣喫南烹
비방인 창출술이나 담그려는데	思服禁方蒼朮酒
아이 머슴 괭이 메고 가며 고향이 어디냐고 묻더라.	小奴持钁問鄉名

• 「장기의 귀양살이에서 본 풍속」 17

경기도와 서울에서 익힌 입맛으로 경상도 바닷가 마을의 음식을 대하자 아무래도 비위에 거슬림이 있었을 것이다. 전라도 음식에 익숙한 내 입맛으로 경상도 음식이 입에 설던 것과 다름이 없었을 것이다. 그것을 놓치지 않고 다산은 시에 담아냈다. 옛날이나 지금이나 지역의 풍토와 습관에 따라 음식 맛에 차이가 있음은 피할 수 없는 일이다. 나는 그때 다산의 마음으로 돌아가 다산이 당하던 외로움과 서러움을 느끼면서 죄인으로 생활하던 다산의 입장에서 썼던 기행문이 생각났다.

그때는 몇몇 권력을 잡은 군인이나 그들에게 아부하면서 권세를 누리던 소수의 권력가를 제외하고는 우리 국민 모두가 감옥에 갇히거나 유배생활을 하는 것이나 다름없었다. 그 무렵 나는 감옥에서 나온 지 몇 해 안 되었다. 그래서 쉽게 다산의 마음에 감정이입이 되었다. 여관방에서 잠을 이루지 못하며, 다산의 마음이 되어 다산이 그곳에 도착해 썼던 시와 글을 읽으며 이런저런 생각에 빠졌던 기억이 새롭다.

당쟁과 성리학에서 벗어나 실학으로

수심 많은 이내 몸은 여름밤이 길기도 해

시골의 고요한 밤, 여관에 홀로 앉아 있자니 여창의 수심이 이는데, 다산이 당했던 서러운 사연들이 떠올라 심사가 괴로웠다. 천하와 우주 만물의 원리를 통째로 알아내고 싶고, 지구를 그대로 삼킨다 한들 양이 차지 않을 정도로 꿈과 이상이 컸던 다산. 그가 어찌하여 그처럼 어려운 곤경에 빠져야만 했던가.

밥 먹고 나면 잠이고 잠 깨고 나면 시장기 들고	飯罷須眠眠罷飢
시장기 들면 술 사오라 해 금사주(金絲酒)를 데운다.	飢來命酒爇金絲
아무래도 하릴없이 날 보내기 힘겨운데	都無一事堪銷日
이웃집 영감님 때때로 찾아와 장기나 두자는군.	隣叟時來著象棋

• 「장기의 귀양살이에서 본 풍속」 16

유배온 직후에 하릴없어하던 다산의 모습이 선연하게 떠오른다. 몸과 마음이 자유로울 때와 자유롭지 못할 때의 정신적 조건은 판이하게 다르다. 억눌리고 부자연스러우면 배고픔과 졸음이 끊임없이 찾아온다. 아무리 먹어도 배가 부르지 않고, 아무리 잠을 자도 졸음이 가시지 않던 그런 경험, 다산이 바로 그러한 처지였다.

병석에서 일어나니 봄이 다 지나	病起春風去
수심 많은 이내 몸은 여름밤이 길기도 해.	愁多夏夜長
잠깐 사이 목침 베고 대자리에 누우니	暫時安枕簟
문득 집 생각 고향 생각 간절해라.	忽已戀家鄕
부싯돌 쳐서 불 붙이니 관솔 그을음 새까맣고	敲火松煤暗
문을 열면 대밭에서 퍼지는 기운 서늘해라.	開門竹氣凉
아스라이 소내 위에 비치는 달빛	遙知苕上月
흐르는 그림자 서쪽 담장을 비추겠지.	流影照西墻

• 「밤」(夜)

수심 많은 사람은 여름밤도 길다더니, 바로 다산의 처지가 그랬다. 마음이 아픈 정도가 보통 사람 이상이었다. 만약 다산이 그러한 향수와 수심의 늪에서 벗어나지 못했다면, 그의 일생은 달라졌을 것이다. 그는 아픔과 시름에서 벗어나 진정 해야 할 일을 찾았다. 예리한 비판정신을 지닌 학자답게 자신의 불우한 처지는 자신을 둘러싼 문제의 해결로 종결되지 않고, 사회적 모순과 시대적 갈등의 해결을 통해서만 자신의 문제도 풀리게 된다는 통찰을 해낼 수 있었다. 다산은 시대적 질곡이 연유된 현실에 대한 사회과학적 접근을 시도해 모순과 갈등을 근본적으로 해결하기 위한 연구에 착수한다.

아옹다옹 싸움질 제각기 자기 외고집	蠻觸紛紛各一偏
객지에서 생각하니 눈물 울컥 솟는구나.	客窓深念淚汪然
산하는 옹색하게 3천 리뿐인데	山河擁塞三千里
비바람 섞어 치듯 다툰 지 200년.	風雨交爭二百年
영웅들 그 얼마나 슬프게 꺾였는고.	無限英雄悲失路
동포형제 어느 때쯤 전답 싸움 부끄러워하리.	幾時兄弟恥爭田
넓디넓은 은하수로 깨끗이 씻어내면	若將萬斛銀潢洗

상서로운 햇빛이 온 천하에 비출 텐데.　　　　　瑞日舒光照八埏

• 「울적함을 풀어내다」(遣興)

　겨우 3천 리도 못 되는 조그마한 나라에서 서인, 동인, 남인, 북인으로 갈리고 다시 노론, 소론에 시파, 벽파로 갈려 자기 파가 정권을 잡기 위해 살육의 투쟁을 벌인 지 200년이 되었다는 것이다. 나라의 궁핍을 근본적으로 해결하고 분배의 공정을 제도적으로 확보할 수 있어야만 당파 싸움이니, 동포 형제끼리의 갈등의 악순환에서 벗어날 수 있다는 다산의 생각이 잘 나타나 있다. 뒷날 다산은 『경세유표』를 비롯하여 수많은 경세학연구서를 저작하게 되는데 이때 이미 그의 인식이 깊었음을 알게 해준다.

　　당파 싸움 오래도록 그칠 날 없으니　　　　　黨禍久未已
　　이 일이야 참으로 통탄할 일이로다.　　　　　此事堪痛哭
　　낙당, 촉당의 후예들은 소식이 없고　　　　　未聞洛蜀裔
　　지씨(智氏), 보씨(輔氏)는 편만 가르네.　　　　逐別智輔族
　　싸움판으로 양심마저 가려지니　　　　　　　爭氣翳天良
　　티끌이나 겨자씨의 잘못도 마구 죽인다네.　　纖芥恣殺戮
　　순한 양들 외치지도 못하고 죽으나　　　　　羔羊死不號
　　승냥이나 호랑이 언제나 성난 눈.　　　　　　豺虎尚怒目
　　지위 높은 자 뒤에서 조종하고　　　　　　　尊者運機牙
　　낮은 사람은 칼과 살촉 간다네.　　　　　　　卑者礪鋒鏃
　　누가 있어 큰 잔치를 베풀어서는　　　　　　誰能辦大宴
　　금비단 휘장 친 화려한 집에　　　　　　　　帟幕張華屋
　　1천 동이의 술 빚어놓고　　　　　　　　　　千甕釀爲酒
　　1만 마리의 소를 잡아서　　　　　　　　　　萬牛臠爲肉
　　옛날 악습 고치기로 함께 맹세하며　　　　　同盟革舊染

평화와 복이 오기를 기약할 건가.   以徼和平福

• 「고시」 27

죄 없이 외딴 벽지에 유배와서 고초를 겪는 자신은 바로 시·벽 싸움의 희생물이라는 사실을 다산은 냉철히 꿰뚫어보고 있다. 지위 높은 벽파는 뒤에서 조종하고 그들에게 빌붙은 지위 낮은 공서파는 화살촉을 간다는 비유에서 '신유사옥'의 본질이 드러난다. 그는 민족화합의 한 방법으로 술을 빚고 소를 잡아 큰 잔치를 벌여서라도 공동으로 맹세하고 새 출발을 해야 한다는 바람을 이 시에 담았다.

민족화합의 길을 찾자

성호 이익은 당파 싸움이 일어나는 원인 가운데 하나를 벼슬자리는 적은데 벼슬을 하려는 사람이 많은 데 있다고 했다. 이는 곧 재화는 부족한데 먹을 사람은 많다는 것과 같은 말이다. 당쟁은 바로 먹이 다툼이라는 뜻이다.

그 해결책은 무엇일까. 결국 먹이를 많게 하는 국부(國富)의 증진뿐이다. 나라 살림을 윤택하게 하는 일말고 달리 어떤 방법이 있겠는가. 자신의 슬픔과 분노를 삭이면서 민족을 살릴 방법으로 민족화합의 길을 열자고 다산은 외치고 있는 것이다. 이권을 위한 싸움이 끝나야 당쟁이 끝나고 평화와 복이 찾아온다고 주장했다.

다산은 더 나아가 당시의 지배논리인 성리학의 비현실성에서 벗어나 새로운 실천철학으로 사상적인 변이가 이루어져야만 화합할 수 있다는 이론을 제시한다.

공자는 도를 강론하면서   魯叟講斯道
그 절반은 왕도정치였네.   王政居其半

주자께서 누차 올린 바른 상소문	晦翁屢抗章
그 내용 대부분 조정의 당면문제였네.	所論皆廟算
요즘 선비들 성리론만 즐겨 말하나	今儒喜談理
통치술과는 얼음과 숯이라네.	政術若氷炭
깊이 숨어살며 감히 나오지 못함은	深居不敢出
나아갔다간 남들의 노리갯감 될까봐서라네.	一出爲人玩
마침내 경박한 사람들로 하여금	遂令浮薄人
공무(公務)의 중심 일을 멋대로 맡긴다네.	凌厲任公幹

• 「고시」 27

그렇게 딱한 처지이고, 나라로부터 그처럼 가혹하게 버림을 받았건만, 나라와 백성을 건지는 근본 해결책을 강구하려고 노력한 것을 보면 그는 분명코 탁월한 애국자였다. 당파 싸움에까지 깊이 스며들어 정치의 도구가 되어버린 성리학, 진리가 무엇인지 묻지 않고 자기 파에서 주장하면 무조건 옳은 성리철학이고 남의 당에서 주장하면 무조건 바르지 못한 성리학이라고 싸움을 벌이고 트집이나 잡던 성리학, 그런 공리공담(空理空談)의 거짓 학문을 타파하지 않고는 시대의 고난을 해결할 수 없다고 보았다. 나라는 가난에 찌들어 온 나라가 기아에 허덕이건만, 그러한 나랏일에는 눈을 감고 이(理)니 기(氣)니 떠드는 공리공론의 성리학에서 벗어나 실용학문으로 사상의 변혁을 일으켜야 한다는 충정이 다산에게는 있었다.

장기를 찾아간 1985년의 뜨거운 중복철, 나는 여관방에서 다산의 시를 읽으면서 이런저런 생각을 해보았다. 오늘 우리가 처한 국토와 민족의 분단이나, 국론의 분열로 쉼없이 벌어지는 정쟁의 현실도 역시 이권을 위한 싸움임이 분명하다. 먹이다툼은 지금도 계속되고 있다. 언제쯤, 어떻게 해야 이 난장판의 먹이다툼을 끝낼 수 있을까.

다산의 처방 이외에 다른 처방이 있겠는가. 다산이 살던 때보다야 부

(富)도 늘고 제도도 많이 정비되었으나, 인간의 도덕적 타락은 더 심해졌다. 예의와 염치를 찾을 수가 없다.

본격적인 저술에 나서다

다산이 장기에 도착해 맨 먼저 끌려갔던 곳은 그곳의 관아였을 것이다. 바로 동헌이 있던 자리일 텐데, 그곳을 찾아보기로 했다. 관아에서 하룻밤을 지낸 뒤 장기성 동쪽에 있다던 마산리(馬山里)를 찾아가 1801년 3월 11일부터 그해 10월 20일까지 7개월 10일 동안 거처했던 집터를 돌아보고 그 지방에 사는 어른들을 찾아 혹시라도 다산에 관해 유전되는 이야기라도 있는지 알아보고 싶었다.

먼저 다산의 기록을 검토하면서 장기에서 남긴 시와 글을 살펴보았다. 다산은 7개월 남짓 되는 기간에 수많은 시를 지었다. 현재 시집에 실려 있는 것만 해도 「장기의 귀양살이에서 본 풍속」 27수를 비롯해 「장기 농가」 10수, 「고시」 27(실제로는 26수임) 등 130여 수가 넘는다. 그 밖에 이미 앞에서 언급했던 대로 『이아술』 6권, 『기해방례변』 등의 학술저서를 남겼으며, 『촌병혹치』(村病或治)라는 의서를 저술했다는 기록이 있다. 특히 의서인 『촌병혹치』는 질병에 시달리는 농어민을 위해 소중한 역할을 했으리라 여겨지는데 『이아술』 『기해방례변』이 겨울의 「황사영백서」 사건으로 일어난 옥사에서 분실되었듯이, 함께 없어진 것으로 보인다. 시와 저서 이외에 장기에서 고향의 아들에게 보낸 세 통의 편지가 전해진다.

다산의 기록을 검토해보면, 다산의 유배생활 18년 동안 가장 불편하고 힘들게 생활했던 곳이 바로 장기가 아닌가 한다. 기간이 짧았다는 이유도 있고, 유배가 시작되는 초기단계라 여유와 넉넉함을 찾지 못했던 것으로 보인다. 무서운 죄인이라는 선입견 때문에 단속이 심했는지 어떤 사람과도 접촉한 흔적이 없다.

장기현의 관아가 있던 자리에 지금은 장기향교가 있다.
아마도 다산이 장기현에 도착해 맨 먼저 끌려갔던 곳이리라.

유일하게 거처하던 집 주인 성선봉의 이야기가 거론될 뿐이다. 사람을 만나지 않았던 점으로 보면 바깥출입도 거의 안 했던 것 같다. 그 밖에 다른 유배지나 지나간 곳에 대해서는 으레 그 지방의 이름난 사찰이 나오고 명승지가 거론되게 마련인데, 장기에 관한 기록에는 전혀 그러한 것들이 언급되지 않았다. 아마도 경치 좋은 명승지 한번 구경가지 못할 정도로 감독의 눈초리가 심하고, 귀양살이가 고달팠으리라고 짐작해 볼 뿐이다.

오직 시에 등장하는 거처하는 집앞의 느릅나무숲과 바다에서 해녀를 구경한 일, 바다에서 뛰는 솔피를 구경했던 것이 전부였을 것 같다. 그해 6월 17일 아들에게 보낸 편지가 있다.

무척 애타게 기다리던 중에 너희들 편지를 받으니 마음이 한결 놓이는구나. 무장(武牂: 큰아들 학연의 아명)의 병이 아직 덜 나았고 어린 딸애의 병세가 악화되어간다니 몹시 걱정스럽구나. 내 병은 약을 먹고부터는 그런대로 나아지는 듯하고 공포증과 몸을 바로 세울 수 없는 증세도 아주 쾌해진다. 다만 왼팔의 통증이 심상치 않으나, 점점 차도가 있는 것 같다. 이달 들어서는 공사간에 슬픔이 크고 밤낮으로 그리움을 견딜 수 없으니 이 어인 신센고. 더 말하지 말기로 하자.

• 『유배지에서 보낸 편지』

위의 편지에서 그때의 일을 대부분 짐작할 수 있다. 생이별한 혈육들에 대한 그리움이 가슴을 메이게 하는 구절이다. 더구나 6월 28일은 정조가 승하한 날로, 곧 1주기가 되어 더욱 슬퍼진다는 그의 편지 내용이 절실하게 다가온다. 모진 고문으로 이지러진 몸인데 그래도 약을 먹고부터 호전된다니 얼마나 다행인가. 공포증과 허리를 바로 세우지 못하는 증세도 좋아진다니 더 반가운 소식이었으리라.

두번째로 집에서 온 편지를 받은 것은 첫 편지 이후 82일이 지난 9월

초의 일이다. 9월 3일에 다시 집으로 편지를 보낸다.

　날짜를 헤아려보니 편지를 받은 지 82일 만에 너희들의 편지가 왔구나. 그 사이에 내 턱밑에는 준치 가시 같은 하얀 수염 일고여덟 개가 길었구나. 네 어머니가 병이 난 것은 그렇다손 치더라도 큰며느리까지 학질을 앓았다니 더욱 초췌해졌을 얼굴 모습을 생각하면 애가 타 견딜 수가 없구나. 더구나 신지도에서 귀양살이하는 형님을 생각하면 마음이 미어진다. 반 년 동안이나 소식이 깜깜하니 어디 한세상에 같이 살아 있다고나 하겠느냐. 나는 육지에서 생활해도 괴로움이 이러한데 머나먼 섬 생활이야 오죽할까.
　형수님의 정경 또한 측은하기만 하구나. 너희는 그분을 어머니같이 섬기고 사촌동생 육가(六哥: 정약전의 아들 학초의 아명)를 친동생처럼 지극한 마음으로 보살피는 것이 옳은 일이다. 내가 밤낮으로 빌고 원하는 것은 오직 문장(文牂: 둘째아들 학유의 아명)이 열심히 독서하는 일뿐이다. 문장이 능히 선비 기상을 갖게 된다면야 무슨 한이 있겠느냐. 이른 새벽부터 밤늦게까지 부지런히 책을 읽어 이 아비의 간절한 소망을 저버리지 말아다오. 어깨가 저려서 더 쓰지 못하고 이만 줄인다.

　• 『유배지에서 보낸 편지』

아들이 선비 기상만 지니고 열심히 공부에만 전념한다면 아무런 한이 없겠다니 이 얼마나 애틋한 아버지의 정인가.

장기에 전해지는 다산의 전설

아들아, 독서로 학문의 뿌리를 튼튼히 해라

명기한 날짜는 없으나 장기에서 보낸 것이 분명한 또 한 통의 편지가 있다.

너희는 도가 이루어졌고 덕이 세워졌다고 생각해서 더 이상 독서를 하지 않는 거냐. 이번 겨울에는 아무쪼록 『상서』(尙書:『서경』書經)와 『예기』(禮記)에서 아직도 읽지 못한 부분을 다시 읽어보는 것이 좋을 것이다. 뿐만 아니라 4서(『대학』『중용』『맹자』『논어』)와 『사기』(史記)도 익숙히 읽는 것이 옳으리라.

역사에 관한 글을 몇 편이나 작성해놓았느냐. 학문의 뿌리와 기틀을 두텁게 북돋워서 얄팍한 지식을 나부랑거리지 말고 마음 속 깊이 감추어두기를 간절히 바란다.

내가 저술에 전념하는 것은 단지 눈앞의 근심을 잊고자 하는 것뿐만이 아니다. 사람의 부형이 되어 귀양살이의 부끄러움을 끼쳤으므로 저술이라도 남겨 나의 허물을 벗고자 하는 것이니 어찌 뜻하는 바가 깊지 않느냐. 예설에 대해서는 꼭 유의해야 하는 것이니 『독례통고』(讀禮通考) 네 상자를 학손(鶴孫) 편에 보낸다.

• 『유배지에서 보낸 편지』(초판본)

아들들이 공부에 열중하기를 간절히 바라는 마음이다. 다산은 기회가 있을 때마다 아들들에게 학문연구에 전념해줄 것을 간곡하게 부탁했고, 자신의 저서를 후세에 전해주기 위해서라도 꼭 학문에 깊이 침잠하기를 권했다. 만약 후세에 자신의 저서가 전해지지 않아 재판기록 등으로만 자신을 평가한다면 어떻게 되겠느냐는 이야기까지 한 적이 있다. 비참한 궁지에서 쉼없이 학문에 몰두해 저술에 전념하는 일은, 바로 억울한 죄인으로 유배살이를 하고는 있지만, 실제로는 그러한 죄인이 아님을 궁극적으로 밝히려는 의도도 있다고 했다. 역설적인 이야기로 자식에게 면학을 독려하는 간절하고 애절한 내용이다.

나는 이곳 출신인 이민홍 교수를 만나 여러 가지 도움을 받았다. 이 교수는 국학을 전공한 사람으로, 그곳 장기초등학교 출신이자 지행면 모포리 태생이었다. 그에게 들은 몇 가지 이야기가 있다.

다산이 귀양살던 곳의 지명 문제다. 앞에서 말했던 대로 장기현은 신라 때는 지답현(只沓縣)이었다. 그래서 흔히 '지답'이라 불렸는데 일제강점기에 장기현이 폐지되고 영일군에 편입되면서 현이 면으로 강등되었다. 그 과정에서 옛 이름인 '지답면'이라고 한다는 것이 무식한 일본 사람이 답(沓)자와 비슷한 행(杳)자로 장부에 등재해 면의 호칭이 변개되고 말았다는 것이다. 순수한 우리나라 한자인 답(沓)을 몰라 행(杳)자로 오인하여 그러한 난센스가 벌어졌다는 것이다. 그런 이유로 공식 명칭에서 장기는 사라지고 엉뚱하게도 '지행'이 행세하게 된 것이다. 그러나 면사무소는 지행면사무소라고 하면서 그곳의 향교와 학교만은 '장기향교', '장기국민학교'라고 해 매우 다행스럽게 생각했다. 최근에 지행, 지답 모두 사라지고 공식적으로 면 이름이 '장기면'으로 개칭되었다는 이야기를 들었다.

그때 이 교수와 나는 고로(古老)부터 찾아나섰다. 그 근처에서 문식(文識)이 있는 분으로 알려진 당시 일흔네 살인 정인적(鄭仁迪) 옹을 찾아뵈었다. 14대째 장기에서 살아오고 있다는 정 옹은 나이에 비해 아직 정정하고 기억력도 온전했다. 수인사를 마치고 옛날의 마산리(馬山里)라는 곳이 어디냐고 물었더니, 현재의 마현리(馬峴里), 즉 장기초등학교가 자리잡고 있는 동네라고 했다. 그 마을은 본디 거북처럼 생긴 바위가 있어 '귀석(龜石)골'이라고 했는데 마산리라고도 불렀다고 한다.

쓸쓸한 유배지에 찾아오는 사람 없어

그렇다면 마현리를 중심으로 하여 현재 성씨(成氏) 성을 가진 사람들이 거주하냐고 물었더니, 현재 지행면 근동에는 성씨 성을 가진 사람은 없다고 했다. 당시의 노교(老校)로서 다산에게 숙식을 제공한 성선봉이라는 분은 후손조차 끊겼다는 것인가. 아니면 후손들이 이 지방을 떠나서 다른 곳으로 옮겨가 살고 있다는 것인가. 알아낼 방법이 없었다.

내가 장기에 유배가 있을 때 주인인 성모씨(成某氏)의 어린 손녀는 겨우 다섯 살 정도였다. 그애에게 뜰에 앉아 소리를 질러 병아리를 물려고 오는 솔개를 쫓게 했고, 일곱 살짜리에게는 긴 막대를 손에 들고 참새떼를 쫓게 하는 등 한 솥에서 밥을 먹는 모든 식구들 각자에게 할 일을 맡겼으니 그 점은 본받을 만하다.
  • 『유배지에서 보낸 편지』

그렇게 규모 있게 제가(齊家)했던데다 다산같이 어진 이와 함께 거주하여 식견이 늘었으리라 여겨지는 그 착한 사람의 후손이 있을 법한데, 어찌하여 성씨 일가의 행적이 묘연해지고 말았을까. 성씨의 후손들이라도 만나 가정에서 전해오는 이야기라도 들을 수 있으리라는 희망 섞인 바람은 이루어지지 않았다.

다음에는 「장기의 귀양살이에서 본 풍속」과 「장기 농가」에 나오는 몇 군데의 지명을 확인해보았다. 우암(尤菴) 송시열(宋時烈: 1607~89)을 제향하는 죽림서원(竹林書院)도 알아보았는데, 그는 다산보다 120여 년 전에 이곳 장기로 유배온 적이 있었다. 우암은 살아 생전에 노론의 영수로 큰 세력을 지니고 있었기 때문에 그가 해배되고 난 뒤에도 그 세력에 미쁨을 받으려던 장기현의 토호들이 주동이 되어 생사당(生祠堂: 살아 있는 사람의 사당)인 죽림서원을 세웠다고 했다. 그곳이 어디쯤이냐고 물었더니 바로 정 옹이 거주하는 마을의 곁이란다. 면사무소의 서쪽으로 멀지 않은 마을이었다. 그 뒤로도 줄곧 집권세력이 된 노론의 영수 우암은 그의 위세 탓인지 그곳에 유전되는 말이 많지만, 계속 실권(失權)한 남인이던 다산은 훨씬 뒷세상 사람이나 전해지는 말이 거의 없었다.

죽림서원이 마산리 남쪽에 있으니	竹林書院馬山南
쭉쭉 뻗은 대나무와 느릅나무 새 잎이 밤비에 젖었네.	脩竹新榆宿雨含
촛불 들고 멀리서 찾아가도 받지를 않고	蠟燭遙來投不受
시골 사람들 아직도 송우암 이야기만 하는구나.	村人猶說宋尤庵

• 「장기의 귀양살이에서 본 풍속」

다산의 말 그대로다. 우리가 찾아보았던 죽림서원은 지금도 대나무가 숲을 이룬 대밭이 울창한 채 그대로 있는데, 서원은 대원군의 서원철폐령에 따라 뜯기고 빈 터만 남아 있었다. 다산 당시에 시골 사람들이 그때까지도 송우암 이야기를 하고 있었다니 지금도 송시열에 대해 전해지는 말이 많다는 것이 실감난다. 당시 장기성에 조해루(朝海樓)가 있었다는 기록이 있어, 지금의 어디쯤이냐고 물었더니 바로 성의 동문에 있었다고 하는데, 지금은 없어졌단다.

조해루 용마루에 지는 해 붉었는데	朝海樓頭落日紅
관리가 나를 몰아 성 동쪽으로 나왔도다.	官人驅我出城東
시냇가 자갈밭에 오막살이 한 채 있고	石田茅屋春溪上

장기초등학교에 있는 이 은행나무는 우암 송시열이
다산보다 약 120여 년 전에 이곳에 귀양와서 심은 것이라고 전해진다.

응당 농사짓는 집일 텐데 그 집을 주인 삼으라네.　　也有佃翁作主翁
　•「장기의 귀양살이에서 본 풍속」

　농사도 짓고, 군교(軍校) 노릇을 하는 늙은이가 사는 집을 주인집으로 여기고 살았다는 이야기다. 오두막집이 시냇가 모래밭에 있었다는데, 지금이야 알 길이 없다.
　정 옹과 주고받은 이야기에서 대강의 실마리가 풀렸다. 우암은 당시 정승을 지낸 워낙 큰 거물인데다 예설로 인한 정치적 대립관계로 귀양 왔던 탓으로 그곳 주민들과 접촉할 수 있었고, 찾아오는 사람도 많았으며, 근처의 명승지도 두루 유람할 수 있었지만, 다산이야 우암에 비하면 당시로는 명성도 낮은데다가 사학 죄인이라는 역적의 누명을 쓰고 유배당한 탓으로 주민과 접촉할 수도 없었고 출입도 극히 제한당해 전해오는 이야기가 없을 것이라 하니, 그럴 법하다.

새로운 농법과 그물 짜는 법을 가르쳐

　이야기를 마치고 우리는 정 옹의 집에서 가까운 죽림서원의 옛 터를 구경한 뒤 작별했다. 그러고는 곧장 장기성의 옛터를 찾아나섰다. 성안으로 직행해 올라가 보니, 군데군데 성의 옛 모습이 고스란히 보존된 곳도 있으나, 이제는 성이라기보다는 산 속의 농장인 듯 마을이 있고 주변은 모두 밭으로 일구어져 있었다. 다산이 맨 처음 도착한 관아의 동헌은 빈 터만 남아 있고, 동헌 곁의 객사 터에는 뒷날 옮겨온 장기향교가 덩실하게 서 있었다.
　장기향교는 본디 다산이 거주했다는 마을인 마산리, 즉 교동(校洞)에 있었다고 한다. 장기현이 폐현되면서 동헌과 객사가 쓸모없어지자 동헌은 뜯기어 면사무소 건물로 옮겨 가고 교동에 있던 향교가 객사 자리에 세워졌다는 내용이 향교 앞에 서 있는 입간판에 적혀 있었다. 입간판에는 성의 내력도 간단히 적혀 있었다.

장기성은 본디 고려 현종 때 쌓은 별로 크지 않은 성이다. 제법 요새지다운 모습이 있는 굳건한 성이었으나, 임진왜란 이후 일본의 침략이 끊기면서 별다른 역할을 하지 못했다. 본디 동문·서문·남문·북문이 있었지만 호랑이가 많아 서문과 동문을 폐쇄했던 탓으로 오늘날은 남문과 북문의 모습만 고스란히 남아 있다.

집집마다 나무울짱 두 길이 넘고	樹柵家家二丈强
처마 머리에 그물 치고 장창이 꽂혀 있네.	欄頭施罟揷長槍
왜 이렇게 방비가 심한가 물었더니	問渠何苦防如許
예로부터 장기에는 범과 이리 억세었다네.	終古鬐城壯虎狼

• 「장기의 귀양살이에서 본 풍속」

울짱을 높이 막고 집에다가 그물을 치며 장창을 꽂아둔 내력이 모두 호랑이나 이리 탓이었다는 다산의 시는 그때의 사정을 충분히 설명해 준다.

'지는 해가 붉었다'는 조해루가 있던 곳을 찾아보았다. 바다가 보이는 동문 곁에 누각이 서 있을 만한 터가 있다. 앞뒤의 정경으로 보아 이곳이 조해루가 있던 자리가 분명하다. 동문에서 바라보니 장기 읍내가 한눈에 들어와 경관이 좋다. 정면의 동쪽으로 보이는 곳에 장기초등학교가 있으니, 그곳이 마산리다. 다산이 살던 그곳에서 서쪽으로 해가 질 무렵 조해루를 바라보면 '낙일홍'(落日紅), 지는 해가 붉었으리라.

남문을 통해 내려오는 길인데, 마침 나무 아래 바위에서 마을 사람들이 일하다 쉬고 있었다. 성에 대해 이것저것 묻다가 특별한 무엇이 없느냐고 물었더니, 노인 한 분이 손으로 가리키며 저쪽 바위에 글이 새겨져 있으니 읽어보라 했다. 남문 곁에 쌓아올린 대(臺)인데, 바위에 '배일대'(拜日臺)라는 글자가 새겨져 있었다. 이 바위는 몇 군데 남아 있는 성

장기향교는 원래 다산이 거주한 마산리에 있었다.
장기현이 폐현되면서 동헌과 객사가 쓸모없어지자 동헌은 뜯기어
면사무소 건물로 옮겨 가고 교동에 있던 향교가 객사 자리에 세워졌다.

터와 함께 고색창연한 옛것으로 여겨졌다. 현감이 아침마다 일어나 해가 뜨는 동쪽을 향해 절을 했다는 곳이다. 그래서 해(日)에 절(拜)하는 대(臺)라고 새겼던 것이다.

성에서 내려와 성 밑에 자리한 면사무소를 찾아갔다. 그래도 옛날의 현 소재지였으니 어떤 관계 기록이라도 얻을 수 있을까 하는 기대를 갖고 간 것이다. 그러나 그곳의 관계자는 그러한 기록이 전혀 없다고 했다. 덩그러니 서 있는 옛날 기와로 이은 이 건물은 현재 면사무소 회의실로 사용하고 있는데, 그게 바로 옛날 성안에 있던 동헌 건물이라고 했다. 바로 저 건물에 다산이 들렀을 것이라는 생각에 우선 반가움이 앞서 보고 또 보았다.

우리가 방문한 이유를 설명하자 면직원 가운데 한 분이 대화에 응해 주었다. 쉰 살이 넘도록 면사무소에서 호적사무만 전담해왔다는 분인데, 자기는 별로 관심을 두지 않은 일이지만, 전에 향토사를 연구하던 어떤 분에게 들었다면서 정약용 선생은 확실히 훌륭한 실학자였다고 강조했다.

장기는 바다를 낀 고을이어서 농업과 어업을 함께 하면서 살았다. 다산은 미개한 이 지역의 농어민들과 어울려 지내면서 농사짓고 고기 잡는 모습을 직접 목격했다고 한다. 다산은 그들의 비능률적이고 원시적인 방법들을 개탄하면서 주인 성씨를 통해 개선책을 자주 말했다는 이야기가 전해지고 있다는 것이다. 평소 농기구 제조와 개량에 관심이 많았던 다산이었고, 농업이나 어업에 편농(便農: 편한 농업)·편어(便漁: 편한 어업)를 역설했던 점으로 보아 당연히 있을 법한 이야기다.

당시 그 지방 어민들은 칡으로 그물을 떠서 고기를 잡았는데, 그물이 견고하지 못할 뿐만 아니라, 촘촘히 만들 수도 없었기 때문에 고기를 제대로 잡을 수 없었다. 그 점에 대해 다산은 칡으로 그물을 짜지 말고 무명실로 짜라고 권했단다. 그러나 그러한 이야기가 소문으로 관가까지 알려지자, 현감이라는 자가 턱없는 소리라고 묵살했다. 이유인즉 백성들이 입을 옷감도 모라자는데 어떻게 무명실로 어망을 짜겠느냐고 호통을 쳤다는 것이다.

오랜 뒤 일본의 어민들이 내왕하게 되면서 일본 어선에서 사용하는 어망이 무명실로 만들어졌다는 말을 듣고 그곳 사람들이 모두 다산의 지혜에 탄복했다는 말이 전해온다고 했다. 농어민을 계몽시키려던 다산의 노력이 무식한 관리들에게 저지당했던 하나의 예에 지나지 않는 일이다. 그런 전해오는 말이라도 전해주는 면직원의 성의에 감사할 뿐이다.

백성을 다스릴 계책은 농부에게 물어라

다산이 거닐었던 느릅나무숲은 어딜까

일단 말문이 열리자 면직원은 술술 말을 이었다. 말이 나온 김이니 장기의 자랑 하나를 알려주겠다는 것이다. 장기는 지리적으로 일본과 가까워서인지 오지인데도 개화 바람이 일찍 불었다고 한다. 1912년에 작성한 호적이 그대로 보관되어 있어 모든 성씨들의 족보 구실을 해주고 있단다. 다행히 6·25 때 비점령지역이어서 소실이나 분실이 없었기에 지금까지 고스란히 보관되어 있다고 했다.

초등학교 역시 1912년에 설립되어 1985년 당시 제73회의 졸업생을 배출한 역사 깊은 학교인데다, 제4회 졸업생 이래로 현재까지 졸업생 앨범이 제대로 보관되어 복도에 줄줄이 진열된 점이 특기할 만했다. 난리의 피해가 없었고, 그만큼 전통을 보존해야 한다는 의식이 강했는데, 다산만은 남인계 인물이고 사학 죄인에 역적 죄인이었던 탓으로 접촉할 수 있는 기회가 적었던지 자세한 내용이 전해지지 않아 매우 안타까웠다.

마지막으로 우리가 찾아간 곳은 바로 마산리다. 장기초등학교가 크게 자리잡아 학교 주변에 몇 채의 인가가 있을 뿐, 매우 한적한 마을이었다. 마현리(馬峴里)라는 마을 입구의 간판을 보자 세상에 이러한 우연도 있을까 싶어 어안이 벙벙해졌다. 다산은 경기도 광주군 마현리에서 태어났다. 그리고 지금도 그 마현리에 묻혀 있다. 그런데 7개월 이상 귀양 살던 마을 이름도 마현이니 우연치고는 대단한 우연이다.

그때 찾아간 학교는 마침 여름방학이어서 텅 비어 있었고 선생님 두 분이 한가롭게 학교를 지키고 있었다. 남쪽으로 죽림서원이 있고, 성의 동쪽이라는 점으로 보면 그곳이 다산이 살던 곳임은 의심할 여지가 없다. 그렇다면 거기 어디쯤에 성선봉의 집이 있었을까. 성씨의 집이 어디쯤이냐고 누구에게 물을 것인가. 송시열이 귀양와서 심었다는 푯말이 서 있는 수령 300여 년 된 늙은 은행나무 하나가 운동장 가운데 우람하게 서 있었다. 틀림없이 은행나무만은 이 마을의 역사를 알고 있을 것이다. 다산이 거닐었다는 느릅나무숲 '유림'(楡林)은 어디쯤일까.

지팡이 끌고 사립문 밖 시내로 나와	曳杖溪扉外
선명한 모래사장 천천히 지나가노라.	徐過的歷沙
몸뚱이는 장기(瘴氣)로 쇠약해지고	筋骸沈瘴弱
옷은 바람을 받아 기우뚱거린다.	衣帶受風斜
해는 하늘거리는 풀을 비추고	日照娟娟草
봄은 고요한 꽃에 깃들였구나.	春棲寂寂花
사물이야 절기마다 변한다 해도	未妨時物變
몸뚱이 있는 곳이 내 집이라 하다니.	身在卽吾家
누런 느릅나무 가지런히 새 잎 돋아	黃楡齊吐葉
녹음이 짙은 속에 빙 둘러앉아 있네.	環坐綠陰濃
꽃이야 작고 가냘프나 벌은 꽃술 다투고	花瘦蜂爭蘂
숲이 따스하여 사슴도 뿔을 기른다.	林暄鹿養茸
임금님 은혜로 목숨은 남았다 하니	主恩餘性命
시골 늙은이들 내 몰골 애석하게 여기네.	村老惜形容
백성 편히 다스릴 정책을 알고 싶다면	欲識治安策
농부에게 묻는 것이 첫번째라오.	端宜問野農

• 「저물녘에 느릅나무숲을 거닐며」(楡林晚步) 2

"시냇가 자갈밭에 오막살이 한 채"라고 표현했던 집이 또 등장해 사립문 밖에 시내가 있고 자갈밭과 모래밭이 가까이 있음을 설명해준다. 아마 모래밭에 심긴 나무들이 느릅나무 숲이었으리라 짐작해본다. 주민들 말을 빌리면 해방 직후까지도 학교 앞이나 주변에는 느릅나무숲이 창창하게 우거져 있었다고 하니, 바로 학교 근처였음도 의심할 여지가 없다. 운동장 저편에는 느릅나무 한 그루가 예전처럼 서 있고, 교실 앞 화단에는 늙은 향나무가 서 있다. 200년은 넘어 보이는 수령이니 저들 나무나 다산을 기억하고 있을지, 어느 것 하나 다산을 말해줄 사람은 찾아볼 수 없었다.

마을에서 서쪽으로 보이는 것이 성터이니, 지는 해에 붉었다는 '조해루'도 서쪽에 있었고, 동으로 보면 바다가 보여 다산이 지은 시「아가 노래」(兒哥詞)라는 해녀의 노래는 바닷가에 나가서 목격했던 이야기를 시화(詩化)했으리라. 한림, 홍문관 학사, 암행어사, 승지, 참의 등의 높은 벼슬아치 신분에서 죄인으로 추락한 다산은, 농부와 어부들이 노동하는 현장을 보면서 노동의 신성함을 깨닫기도 하고, 저들의 삶의 지혜에 세상을 구제할 진짜 진리가 있다고 믿었다. 느릅나무숲을 거닐면서 찾아낸 평범한 진리, "백성을 편히 다스릴 정책을 알고 싶으면 농부에게 묻는 것이 첫번째라오"라고 읊어서 농부들의 지혜에 나라를 건질 방책이 있노라고 과감하게 주장했다.

다산만이 아니다. 공자도 분명히 말했다. 요순 같은 성인 임금들도 민정을 살피기 위해서는 꼴 베는 사람에게 물었다고. 꼴 베는 농부들, 그들에게 진리가 있다는 것을 다산은 이미 알아차린 것이다. 비좁은 남의 집살이, 견딜 수 없는 불편을 노래하다가 호호탕탕 넉넉하게 살아가는 농부들이 부러워지기도 했다.

하늘 땅은 넓고 가없어	二儀廓無際
만물로도 채울 수 없다네.	萬物不能實

오늘날의 마현리를 멀리서 촬영한 것.
마현리는 다산이 가장 비참한 시절을 보낸 유배지였으나,
다산의 사상과 문학정신에 새로운 활력소를 불어넣어준 곳이기도 하다.

작고 작은 나의 일곱 자 몸	眇小七尺軀
사방 한 길의 방에도 누울 만하네.	可容方丈室
아침에 일어나며 머리야 찧더라도	晨興雖打頭
밤에 누우면 무릎은 편다네.	夕偃猶舒膝
어느 정도 궁하면 도울 이웃 있어도	小窮有友憐
아주 궁하면 돌보아줄 사람 없다네.	大窮無人恤
밝고 환한 들판의 백성들	熙熙田野氓
동작들 어찌하여 저리도 호일할까.	動作何豪逸

• 「고시」 27

참으로 궁하면 돌봐줄 사람이 없다

옹색하게 살아가는 방의 궁색함이 떠오른다. 약간 궁할 때야 도와줄 이웃이라도 있지만 정말로 궁하면 쳐다보는 사람도 없는 인정세태에 마음이 아프지만, 그래도 밝고 환한 농부들의 호일한 기상에 부러움을 느끼는 다산의 마음이 매우 긍정적이다. 불쌍하고 애처로운 농민이 아니라, 당당하고 넉넉한 역사의 주인공 농부들의 모습에서 생산력과 역사의 힘을 발견하는 다산의 눈이 예리하다. 새로 시집온 며느리가 해녀가 되어 바다에 나가 물질하는 모습도 시로 읊었다.

아가 몸에 실오라기 하나 안 걸치고	兒哥身不着一絲
짠 바다 맑은 연못처럼 들락거리네.	出沒鹺海如淸池
꽁무니 들고 머리 박아 자맥질하고	尻高首下騖入水
오리처럼 자연스레 잔물결 희롱하네.	花鴨依然戲漣漪
소용돌이 무늬도 흔적 없고 사람도 안 보여	洄文徐合人不見
박 한 통만 두둥실 수면에 떠다닌다.	一壺汎汎行水面
갑자기 물쥐같이 머리통 솟구치고	忽擧頭出如水鼠

| 휘파람 한 번 불고 몸을 따라 돌이킨다. | 劃然一嘯身隨轉 |

• 「아가 노래」

　이곳 경상도 토속 언어에 며느리를 '아가'라고 부른다는 다산의 주(註)가 재미있다. 젊은 아낙네인 해녀의 모습이 그림처럼 그려져, 해녀 구경하는 다산의 모습까지 실감난다. 기량을 발휘는 그 여유로운 고기잡이의 즐거움, 자신의 신세와 비교하면서 멋지게 묘사했다.
　음력 5월이 오면 보리타작이 시작된다. 보리타작하는 농부들의 씩씩한 모습을 보면서 감탄해 마지않는 다산의 노동요가 아주 멋지다.

새로 거른 막걸리 젖빛처럼 하얗고	新篘濁酒如湩白
큰 사발에 보리밥 한 자만큼 높구나.	大碗麥飯高一尺
밥 먹은 뒤 도리깨 들고 마당에 둘러서면	飯罷取耞登場立
두 어깨 탄 살갗은 햇빛 받아 더 붉네.	雙肩漆澤翻日赤
어혀호야 내는 소리 발에 맞춰 장단 맞고	呼邪作聲擧趾齊
잠깐 사이 보리 낟알 온 마당에 가득해라.	須臾麥穗都狼藉
주고받은 여러 노래 곡조 더욱 높아지고	雜歌互答聲轉高
보이는 거야 처마 위에 흩날리는 보릿대가루.	但見屋角紛飛麥
표정들 살펴보면 즐겁기 그지없고	觀其氣色樂莫樂
조금도 고된 마음 보이지 않는구나.	了不以心爲形役
낙원과 낙교는 먼 곳에 있잖으니	樂園樂郊不遠有
무엇하러 구태여 풍진객이 될 건가.	何苦去作風塵客

• 「보리타작」(打麥行)

　농부들이 노동하는 모습을 호일(豪逸)하다고 여기는 심정이나, 농촌이 바로 낙원(樂園)이고 낙교(樂郊)라고 여기는 것은 노동의 진정한 가치를 깊이 통찰했기 때문에 가능한 표현이다. 밥그릇 위로 높이 솟은 보

장기성에서 보이는 바다. 여기서 「아가 노래」가 지어졌다.
"아가 몸에 실오라기 하나 안 걸치고 짠 바다 맑은 연못처럼 들락거리네.
꽁무니 들고 머리 박아 자맥질하고 오리처럼 자연스레 잔물결 희롱하네."

리밥과 막걸리에 힘을 얻어 노래를 부르며 도리깨질하는 모습이 생생하게 그려졌다.

그뿐이 아니다. 예리한 판단과 탁월한 묘사력을 지녔던 다산은 귀양지 마산(마현)리에서 230여 일 동안 지내면서 19세기 허두의 장기의 농어촌 풍물을 생생하게 시로 담았고, 당시 그곳에서 쓰이는 지방어를 시어(詩語)로 차음(借音)해 사용하는 등 문학적으로 깜짝 놀랄 만한 새로운 시도를 전개했다. 그런 것에는 반드시 주를 달아 그 지방 사람이 아니더라도 모두 이해할 수 있도록 친절을 베푸는 일까지 잊지 않았다.

우수한 표현이자 실감나는 예 몇 가지를 들어보자. '맥령'(麥嶺)이라 쓰고는 달아놓은 주에 "4월 민간의 식생활이 어려울 때를 보릿고개(맥령)라 한다"고 설명해 우리의 토속어인 보릿고개를 시어로 사용했다. '대감'(大監)이라 쓰고는 "시골 말로 재상(宰相)을 대감이라 한다"고 했다. '첨지'(僉知)라 쓰고는 "집의 주인영감을 첨지라 부른다. 비록 벼슬에 오른 적이 없어도 높여서 그냥 부른다"고 자세한 설명을 붙였다. 그 밖에 하납(下納), 아가(兒哥) 등의 고유한 토속어를 동원해 '조선시'(朝鮮詩)다운 한시 짓기를 시도했다. 이 점에 대해서는 이미 문학 분야에서 높은 평가를 받은 바 있어 더 이상 길게 설명하지 않는다.

그러한 토속어를 사용한 사실이 오늘날에는 대수롭게 여길 일이 아니지만, 그 당시에는 문학상의 혁명이라고 해도 지나친 말이 아니다. 격(格)과 율(律)을 따지고, 중국의 시다울수록 좋은 한시라고 치켜세우던 때에, 대담하게 우리의 토속어를 시어에 등장시켜서 우리의 구미에 맞는 생생한 표현이 가능하도록 했던 점은 문학 면에서 엄청난 새로운 시도였다.

장기마을에 새겨진 다산의 시혼

다산의 문학적 안목은 여기서 그치지 않았다. 농어민의 노동현장에서 노동의 신성함에 감탄하면서도, 한편으로는 당시의 정치적·사회적·경제적인 모순에 눈을 돌려 농어민이 당하는 착취와 수탈의 아픔을 간과하지 않았다. 농민이나 어민이 왜 관리의 탐학에 희생물이 되어야 하느냐며 사회구조적 모순에 심도 깊은 비판을 아끼지 않았다.

새로 돋은 호박싹 두 잎사귀 탐스러워　　　　新吐南瓜兩葉肥
밤 사이에 덩굴 뻗어 사립문 타고 갔네.　　　夜來抽蔓絡柴扉
평생에 못 심을 것은 수박씨 종자로다.　　　　平生不種西瓜子
강퍅한 관노놈과 다툴 시비가 시끄러워서.　　剛怕官奴惹是非

상추쌈에 보리밥을 둥글게 싸 삼키고는　　　　萵葉團包麥飯吞
고추장에 파뿌리도 곁들여 먹는다오.　　　　　合同椒醬與葱根
금년에는 넙치마저 구하기 더 어려운 건　　　今年比目猶難得
모조리 건포 만들어 관가에 바쳤느니.　　　　盡作乾鱐入縣門

송아지가 외밭에 들어가지 못하도록　　　　　不敎黃犢入瓜田
서편 뜰 서레 곁에 단단히 매두어라.　　　　　移繫西庭磟碡邊
이정이 새벽같이 와 코를 뚫어 몰고 가며　　　里正曉來穿鼻去
동래에서 일본 보낼 세미를 싣기 시작했다나.　東萊下納始裝船
・「장기 농가」

부패한 관리에게 시달리고, **빼앗기는** 농어민의 모습을 생생히 묘사했다. 우선 그때의 사회상이 그림처럼 나타나 다산 문학의 수준을 엿볼 수 있다. 장기의 유배살이는 그런 수작의 시작품을 남긴 점에서 의미가 있다.

장기현 동쪽에 뇌성산(磊城山)이 있는데 장기의 봉수대였다. 이 산에서 뇌록(磊碌)이라는 천연염료가 생산되었다. 그런데 이곳 광부들은 뇌록이 진상품인 관계로 당하는 고통이 한두 가지가 아니었다. 다산은 이

쓸쓸하고 황량한 장기의 고목들.
다산의 기록을 통해 보면 다산의 유배살이 18년 동안
가장 불편하고 힘들게 생활했던 곳이 장기현이었다.

장기초등학교에 최근 세워진 다산 정약용 선비 사적비.
장기초등학교는 1912년 설립되어 90년이 넘는 역사를 자랑하는 유서 깊은 학교인데,
바로 이 자리가 다산이 유배살이를 하던 곳이다.

들의 아픔에 동참하는 시를 지어 진상의 폐해를 통박했다. 해녀 이야기인 「아가 노래」나 「솔피 노래」(海狼行) 등은 우화시(寓話詩)로서 그 분야의 전문가들에게서 높은 문학적 평가를 받기도 했다.

마현리, 그곳은 다산이 가장 비참한 시절을 보낸 유배지였다. 그러나 그곳은 다산의 사상과 문학정신에 새로운 활력소를 불어넣어준 곳이기도 하다. 노동요, 풍속시, 우화시 등을 포함하여 리얼리즘의 수법에 손색이 없는 불후의 시들이 그곳에서 저작되었다는 점만으로도, 마현리는 다산 일생에서 영원히 분리될 수 없는 다산 문학의 산실이다.

텅텅 빈 학교는 조용하기만 할 뿐, 다산의 흔적이라고는 눈에 띄는 게 없었다. 민족의 얼과 정서를 일깨우는 교육이 절실히 필요할 텐데, 탁월한 시인 다산의 「장기 농가」나 「장기의 귀양살이에서 본 풍속」에서 몇 편이라도 골라 학교 뜰의 어디쯤에 새겨서 세우면 어떨까. 아니면 다산의 조그만 동상이라도 하나 세워, 학동들의 마음에 다산학의 무엇 하나라도 일깨워주면 어떨까. 쓸쓸한 교정을 거닐면서 다산을 생각하니 아쉬움이 컸다.

이런 희망이 통했는지 지금은 장기초등학교 교정이 다산을 쓸쓸하게 하지 않는다.. 다산에 대한 사적비를 세운 것이다. 이 유적비는 이곳이 다산이 귀양살이하던 곳임을 분명하게 설명해주고 있다.

보릿고개 험준하기 태항산같이 가파르군.	麥嶺崎嶇似太行
단오 명절 지난 뒤라야만 풋보리라도 겨우 나와	天中過後始登場
풋보리죽 한 사발을 어느 누가 가져다가	誰將一椀熬靑麨
비변사 대감께 맛보라고 나눠줄까.	分與籌司大監嘗

• 「장기 농가」

돌에 새겨 유배지에서 지었던 시까지 읽을 수 있게 해주었으니 학생들의 복이다.

의서를 저술하고 백언시를 남기다

다산의 시에는 농촌의 삶이 살아 있다

장기는 원님이 부임하면 두 번 울고 가는 곳이라고 한다. 부임한 당초에 하도 외지고 외딴 산골이어서 이런 곳에서 어떻게 원님 노릇을 하다가 살아서 돌아갈까를 걱정하면서 한 번 울고, 부임해 지내다 보면 주민들이 어찌나 정이 많고 인정이 후한지 이임할 때에는 헤어지기 섭섭해 또 한 번 울고 간다는 것이다. 다산은 처음 도착해서는 한없이 울고 서러워했던 것으로 시문에 나타나 있다. 그러나 떠날 때는 갑자기 옥사(獄事)에 걸려 압송되는 바람에 슬픔을 표현할 겨를도 없이 허겁지겁 그곳을 떠나야 했다. 그러한 과정에서 『기해방례변』 『이아술』 등의 저서까지 분실하고 말았으니 울고불고 할 형편이 아니었던 것 같다. 그러나 그때 지은 시들이 상당히 전해지고 있음은 얼마나 다행인가.

병아리 새로 깨니 어린아이 주먹 크기	鷄子新生小似拳
연노랑 고운 털빛 너무도 사랑스러워	嫩黃毛色絕堪憐
누가 말하랴 어린 딸년 밥이나 축낸다고	誰言弱女麋虛祿
마당가에 붙어앉아 솔개를 쫓는 걸.	堅坐中庭看嚇鳶

• 「장기 농가」

함빡 정이 담긴 시다. 초봄에 병아리가 새로 깨어 마당에서 노닐 때의 풍경을 그렸다.

어저귀 삼은 초벌 순 베어주고 숫삼밭 김을 매라　　　檾麻初剪牡麻鋤
시어머니 헝클어진 머리 밤 되어서야 빗질하네.　　　公姥蓬頭夜始梳
일찍 잠든 영감을 걷어차 일으켜서　　　　　　　　　蹴起僉知休早臥
풍로에 불 붙이고 물레도 손봐야지.　　　　　　　　　風爐吹火改繅車
　•「장기 농가」

농촌의 삶이 살아 있다. 나이 든 부부의 삶이 생생하게 묘사되었다. 사물의 깊은 내면을 통찰하지 않고는 이런 표현이 나올 수 없을 것이다.

잃어버린 책들이 새삼 아쉽다. 『이아술』은 언어학 아니면 자학(字學)에 대한 수준 높은 저술일 것으로 짐작되지만 찾을 길이 없고, 『기해방례변』은 효종의 죽음으로 일어난 복제(服制)에 대한 예송(禮訟)과 관계 있는 책으로, 요약문만 전할 뿐 전문은 찾을 길이 없다.

이런 모든 것들보다 더 아쉬운 저술이 있으니 그것이 바로 『촌병혹치』라는 책이다. 그 책의 서문은 전해지지만 내용은 알 길이 없다. 다산의 비방(秘方)이라 하여 전하는 것이 있다고는 하나, 진실 여부는 알 길이 없다. 다산이 그 책을 짓게 된 동기와 내용의 일부를 서문을 통해 알아보자.

내가 장기에 온 지 몇 달이 지나자 집 아이가 의서 수십 권과 약초 한 상자를 보내왔다. 귀양사는 곳에는 서책이 전혀 없으므로 보내준 책만을 볼 수밖에 없었고, 병이 들었을 때에도 보내준 약만으로 결국 치료했다.

하루는 객관을 지키고 손님을 접대하는 사람의 아들이 부탁했다.

"장기의 풍속은 병이 들면 무당을 시켜서 푸닥거리만 하고, 그래도 효험이 없으면 뱀을 먹고, 뱀을 먹고도 효험이 없으면 그냥 죽어갈 수

장기읍성은 본디 고려 현종 때 만들어졌다. 제법 요새지다운 굳건한 성이었으나, 임진왜란 이후 별다른 역할이 없어지고 호랑이가 많아 서문과 동문을 폐쇄한 탓에 오늘날은 남문과 북문의 모습만 고스란히 남아 있다.

밖에 없습니다. 당신은 어찌하여 그대가 보신 의서로 이 궁벽한 고장에 은혜를 베풀지 않으십니까?"

"좋다, 그대의 말에 따라 의서를 하나 만들겠다."

이에 의서 가운데서 간편한 여러 처방을 뽑아 기록하고, 겸하여 『본초』(本草)에서 주치(主治)의 약제를 가려 뽑아서 해당 각 병목(病目)의 끝에 붙였으며 보조 약제로서 4~5품에 해당하는 것은 기록하지 않았고, 먼 곳에서 생산되거나 희귀한 약제로 시골 사람들이 이름을 모르는 것도 기록하지 않았다. 책은 모두가 40여 장이니 간략하다고 할 만하다. 이름을 『촌병혹치』라고 했다.

'촌'(村)이란 비속하게 여겨서 하는 말이고, '혹'(或)이란 의심을 풀지 못하는 뜻에서 한 말이다. 그렇지만 참으로 잘만 사용하면 한 사람의 목숨을 살릴 수 있으니, 약제의 성질과 기운을 구별하지 아니하고 차고 더운 약을 뒤섞어서 나열하느라 이쪽과 저쪽이 서로 모순되어 효험을 보지 못하는 세상의 일반적인 의서와 비교하면 도리어 더 우수하지 않을 줄 어찌 알겠는가. 약을 이미 간략하게 했으니 반드시 그 주된 처방에서는 효과가 나타남이 오롯하고 속하지 않겠는가. 한스러운 점으로는, 간략하게 하려면 반드시 먼저 널리 고찰해야 하는데, 뽑아 적은 책이 수십 권에 그쳤다는 것이다. 그러나 뒷날 내가 다행히 귀양에서 풀려 돌아가게 되면 이 범례를 따라 널리 고찰할 것이니, 그때는 '혹'이라는 이름을 고칠 수 있을 것이다. 상편은 색병(色病: 여색에 과한 병)으로 마감했으니, 또한 세상을 깨우치고 건강을 보호하려는 나의 깊은 뜻이 깃들여 있다고 말할 수 있다.

마치 세종대왕이 훈민정음을 제작하고 나서 제작 동기와 의미를 간단하게 서문을 써서 밝힌 것과 흡사하다. 세종이 백성들이 표현하고자 하나 표현할 길이 없음을 불쌍하게 여겨 한글을 제작했듯이, 다산은 어리석은 백성들이 병이 들어 의서와 약제를 알지 못해 치료하지 못하는 것을 불쌍하게 여겨 간단한 치료법을 가르쳐주기 위해 『촌병혹치』를 저술한 것이다. 원본이 실제로 전해졌는지는 아직 알 길이 없다. 유사한 책들이 전해지고 있다고 하는데, 정확히 알 수 없는 일이다. 다른 이름으로 전해지는 것은 있으나 『촌병혹치』라는 이름으로 전해지는 것은 아직 발견되지 않았다.

당대 최고의 의원

우리는 다산의 간략한 의서에서 그의 높은 인명존중 사상과 인간애에 대한 뜨거운 인도주의 정신을 짐작할 수 있다. 너무도 비과학적인 무당의 푸닥거리로 질병을 고치겠다고 재물이나 낭비하는 어리석은 백성들을 계도하고, 뱀이나 먹다가 치료하지 못하면 죽어갈 수밖에 없는 생명들을 살려내기 위해 『본초강목』(本草綱目) 등을 참고하고, 자신의 경험을 종합해 간단한 한방치료법 책을 지은 것이다.

이름은 또 얼마나 겸손하게 붙였는가. 시골 사람들의 질병이 혹 나을 수도 있다는 아주 조심스러운 표현이다. 다만 자신있게 장담할 수 없는 것은 참고할 의서들이 지나치게 부족했던 탓이니, 혹 귀양살이가 풀려서 더 많은 의서들을 참고할 수 있다면 '혹'이라는 글자를 뺄 수 있다는 대목에 그의 간절한 뜻이 담겨 있다. 불행한 자신의 처지를 잊고, 인간의 생명구제를 위해 의서를 저술한 그의 뜻이 깊고도 높다.

세상이란 정말로 복잡하다. 인간이 만들고 제정하는 법과 제도 때문에 오히려 세상은 얼마나 후퇴하고 인간은 얼마나 고통을 당해야 하는가. 병이 나면 약을 먹어야 하고 의원의 치료를 받아야 한다. 인간의 생명 연장에 약과 의원처럼 귀중한 것은 없다. 그러나 인간이 만든 제도 때문에 약방을 경영하고 의원 생활을 하는 사람은 얼마나 하대를 받았는가. 그들의 신분은 중인(中人)으로 양반들이나 벼슬아치들에게 푸대접을 받는 처지였다. 그러나 다산은 일찍부터 국가경영에는 의술을 발달시키는 것이 매우 중요하다는 것을 곳곳에서 강조했다.

그는 곡산 도호부사 시절 『마과회통』이라는 방대한 의서를 저술한 바 있고, 두질(痘疾)의 예방접종을 위해서 종두법(種痘法)을 창안하느라 온갖 노력을 기울였다. 그의 「종두설」(種痘說)이라는 글에 이에 대한 내용이 나온다. 「의설」(醫說)이라는 짤막한 글에서는 훌륭한 의원이 되기 위해서는 약제에 대한 본질적인 연구인 「본초」에 밝아야 한다고 강조했다.

의술을 정교하게 발전시키고 의원을 국가가 체계적으로 양성해야 한다는 그의 치밀한 주장은 「인재책」(人才策)이라는 논문에 제대로 설명되어 있다.

의약의 기예는 일찍이 『주례』(周禮)에 열거된 직책으로, 요절하여 죽는 것을 구제하고 병을 치료하여 백성들을 오래 살도록 하고 생명을 보호하니, 참으로 우리의 간절한 책무요 국가의 큰 정사(政事)입니다.

근래에는 의약에 대한 스승에게서 전해지는 기예가 단절되어 없어지고, 부끄러움을 모르는 천박한 무리가 약방문(藥方文)을 날조해 병의 근원과 약제의 성분도 분별치 못한 채 의료행위를 자행하다가 10명 가운데 7~8명을 죽이고 있으니 작은 걱정거리가 아닙니다.

지금의 의원들은 거의 어(魚)자와 노(魯)자를 분간하지 못하고 방망이와 방패를 식별하지 못하여 글로는 편지 한 장도 통하지 못하고 식견으로는 하나둘을 헤아리지 못하는데, 사람을 죽이고 살리는 큰 권한을 갑자기 이런 무리에게 준다면 옳은 일이겠습니까.

제 생각으로는 별도로 의원들이 제대로 의술을 연구할 방책을 강구하고 한편으로는 의약에 관한 전문서적들을 구해다가 밝고 식견이 높은 선비들로 하여금 합동으로 익혀서 임금님의 수(壽)도 높이고 백성들이 장수를 누리기 바랍니다.

「인재책」을 부연해보면, 인간의 생명을 좌우하는 중요한 국가 사업이 의약정책이고 의원양성 정책이니 국가가 정밀한 계획을 세워서 의원을 양성하고 의술의 기예를 높여야 한다는 주장이다.

실제로 다산은 당대 최고 수준의 의원이었다. 귀양에서 풀려 고향으로 돌아온 뒤인 예순아홉 살 때 순조대왕을 대리하여 국사를 돌보던 익종(翼宗)의 환후가 깊어 궁중 어의들의 의술로는 치료에 효험이 없자 시골에 있던 다산을 불러 치료를 했던 적이 있다. 물론 너무 늦어 약을 올리기도 전에 익종은 승하하고 말았지만 말이다.

일흔세 살 겨울에도 순조대왕의 환후가 깊어 궁중의 의술로 치료가 되지 않자 다시 다산을 불러 궁중으로 가던 중 초상이 났다는 소식에 그냥 집으로 돌아왔다. 임금이 병이 났는데 초야에 있는 다산을 불러 치료해주기를 간청했다면, 다산의 의술이 최고 수준이었음을 다시 말할 필요가 없다.

나라에서는 역적으로 몰아 죽이려고까지 했던 다산, 그러나 유배지에서 서럽게 살아가던 다산은 불쌍한 백성들의 삶에 눈을 감지 못하고, 그들을 위해 질병을 고칠 책을 저술하고, 그들의 아픔과 압제의 서러움을 시로 읊었다. 다산은 장기의 유배지에서 60여 편의 시를 지었다. 신유년 감옥에서 출옥한 뒤 귀양길에 오르면서부터, 가장 불행했던 때이지만 별리의 한을 노래한 절창들을 지었고, 애가·비가라는 애절한 노래들을 그 시절에 읊었다.

장기에서 남긴 작품 가운데 반드시 언급해야 할 『백언시』가 있다. 장기에서 지내던 여름에 성호 이익이 모아놓은 속담에 운을 달아 시로 만든 작품이다. 이 『백언시』는 1820년 『이담속찬』(耳談續贊)이란 이름으로 수정·보완해서 완성했는데, 지금 그대로 전서(全書)에 수록되어 전해진다. 속담에 담긴 인생의 진리를 깨우치는 좋은 자료다.

다시 체포되어 장기를 떠나다

강제로 장기를 떠나야 할 시간이 다가왔다. 신유년 봄 옥사에 붙잡히지 않고 제천의 배론 땅굴에 숨어 있던 황사영이 9월 29일 체포되고 말았다. 이른바 동옥(冬獄)이라는 큰 옥사가 다시 일어나 죽이고야 말겠다던 반대파의 억센 주장 때문에 다산은 다시 체포된다.

10월 20일, 갑자기 들이닥친 금부도사에 의해 서울로 압송되면서 다산의 장기생활은 끝이 났다. 전라도 강진의 신지도(薪智島: 지금의 완도군 신지면)에서 귀양살이하던 다산의 둘째형 정약전도 체포되어 서울로 압송당했다. 황사영과는 이미 연락이 끊긴 지 오래이고 접촉할 아무런 방법도 없어, 그의 백서 작성에 관계할 방법도 이유도 없었건만 다산을 죽이려던 홍낙안, 이기경 등이 모략해 이들은 다시 감옥에 투옥되고 말았다.

한창 저술 작업에 몰두하며 여러 분야의 학문을 차례차례 섭렵하던 다산, 그는 또다시 국청에서 국문을 받는 고통을 당해야 했다. 생애에 단 한 번의 국문을 받기도 괴롭기 짝이 없는 일인데, 1년에 두 차례나 국문을 받은 것이다. 그러나 다산 형제를 죽이려던 반대파의 뜻은 이루어지지 못하고 다산은 살아서 불멸의 학자로 대성한다. 오히려 이 사건은 환경이 더 좋은 외가 근방의 고을로 유배지를 옮기는 계기가 되었다.

6
유배지에서 보낸 편지

"청파역 앞 하늘빛은 칠흑 같은데
눈썹처럼 기우는 달 어슴푸레 빛도 없네.
차가운 모래펄에 말발굽 소리 사각사각 북녘 바람
씽씽 기러기 날개에 부딪치누나.
물 속으로 넣는 배 얼음 미끄러워 삿대 밀리고
뱃사공도 돌아서서 곱은 손가락 비비네."

■「밤에 동작나루를 지나며」

장기에서 강진으로

정약용만은 꼭 죽여야 한다

다산은 첫번째 유배지인 장기에서 서울로 압송되어 다시 감옥에 갇히는데, 이 무렵의 정황이 「사암연보」에 자세히 적혀 있다.

이때에 황사영이 체포되자 홍낙안, 이기경의 무리가 온갖 계책을 다 써서 조정에 공갈협박까지 했다. 스스로 사헌부, 사간원의 벼슬자리에 들어가 계청(啓請: 재판하기를 요구함)하여 다시 정약용을 국문하여 반드시 죽이고야 말겠다고 했다. 당시 유현(儒賢)으로 발탁되어 승지도 지내고 황해도 관찰사를 역임한 정일환(鄭日煥)이 황해도에서 돌아와, 다산이 황해도의 곡산을 다스리며 미친 칭송이 아직도 그곳에 자자하니, 만약 사형으로 재판 결과가 나오면 반드시 재판을 잘못했다는 비방을 불러일으킬 것이라고 곡진하게 말하고, "죄인의 답변서에 거명되지도 않은 사람을 체포하는 법은 없다" 하고, 영의정에게 권해 홍낙안, 이기경의 주장에 넘어가지 말라고 했다.
이때 정약전, 이치훈(李致薰: 이승훈의 아우), 이관기(李寬基), 이학규(李學逵), 신여권(申與權: 다산의 사촌매제) 등이 함께 체포되었다. 흉서(凶書: 「황사영백서」)를 보여주면서 재판관이 말하기를 "반역의 변이 이 지경까지 이르렀으니, 조정에서 또한 어떤 생각인들 하지 않으랴. 무릇 서교(西敎)에 관한 서적을 한 자라도 본 사람이면 죽어 살아남지 못하리라"고 했다. 그러나 일을 조사해보니 모두 참여한 정상이 없었고, 여러 대신들이 문서 가운데 예설, 『이아설』과 지은 시율(詩律)을 보았으나 모두 편안하고 한가로우며 정밀하여 적과 내통한 흔적이 없었다.

그리하여 측은하게 생각하고 어전에 들어가 무죄임을 아뢰니, 태비(太妃: 정순대비)도 그것이 모함이라는 것을 살펴 여섯 사람은 정상을 참작하여 석방하라고 하고, 호남에 남은 근심이 있다고 하여 다산을 11월에 강진현으로 옮겨 유배해 진정시키게 하고, 정약전은 흑산도로 유배했다.

여섯 사람은 다산, 정약전, 그리고 그때 체포된 네 사람을 말한다. 죄가 있고 법을 어겨서 재판을 받고 처벌을 받는 것이 아니라, 반대파의 미움을 사서 억지로 재판받고 억지로 처벌을 받는 정황을 자세히 설명했다. 이 무렵에 다산 일파가 얼마나 억울하게 당했는지를 분명하게 짐작할 수 있는 일화가 하나 있다.

이때 교리 윤영희(尹永僖: 평생 동안 절친했던 다산의 친구)가 다산의 생사를 탐지하려고 대사간 박장설을 찾아가 재판의 진행과정을 물었다. 마침 홍낙안이 와서 윤영희가 옆방으로 피해 갔다. 홍낙안이 말에서 내려 방에 들어와 발끈 성을 내며 소리치기를 "천 사람을 죽여도 아무개(정약용) 한 사람을 죽이지 못하면 아무도 죽이지 않는 것만 못한데 그대는 왜 힘써 다투지 않소"라 하니, 박장설이 "저 사람이 스스로 죽지 않는데 내가 어떻게 그를 죽이겠소"라 했다. 떠나간 뒤에 박장설이 말하기를 "답답한 사람이다. 죽여서는 안 될 사람을 죽이려고 두 번이나 큰 옥사를 일으키고도 나더러 다투지 않았다고 책하니 답답한 사람이로다"라 했다.

- 『사암연보』

위의 내용은 신유년의 천주교 박해가 어떤 정치적 의도에서 벌어지고 있는지를 짐작하게 해준다. 박장설 역시 공서파로 홍낙안, 이기경 등과 한통속의 무리였으나 재판에 깊숙이 관여하는 대사간으로서 죽일 수 없는 사건임을 정확히 알고 있었기에, 일말의 양심을 숨기지 못하고 사건의 진실을 발설할 수밖에 없었던 것이다. 이 일화는 다산의 여러 기록에 반복해서 나오는데, 이 한 가지 사실이 자신의 억울함을 분명하게 증명해주는 것으로 여겼기에 중복하여 이 일화를 소개했던 것으로 보인다.

10월 20일 저녁, 장기에서 체포되어 27일에 감옥에 갇히고 재판을 받아 새로 지은 죄가 없음이 밝혀지자 11월 5일 유배지가 바뀐 명령을 받고 감옥에서 풀려나온다.

유배도 지겨운 일인데 감옥에까지 갇히다니 기막힌 일이다. 서울로 압송되기 전에 장기에서 읊은 시를 보자.

가을 바람 흰 구름에 불어	秋風吹白雲
푸른 하늘 가린 것 없구나.	碧落無纖翳
이 몸도 갑자기 가볍게 느껴져	忽念此身輕
훌쩍 날아 세상에서 나가고 싶네.	飄然思出世

• 「흰 구름」(白雲)

하늘이여, 이 일을 어찌하리

유배살이가 지겨워 바람에 흘러가는 흰 구름처럼 세상에서 훌쩍 떠나고 싶던 다산, 감옥에서는 얼마나 답답했을까. 그때 감옥에서 읊은 시 한 수가 시집에 전해진다. 고통이 심할수록 감싸주던 정조대왕이 그립고, 공부에 몰두하고 과거에 합격하여 벼슬했던 죄 때문이 아니라 전생에 어떤 원한이 있었던 탓으로 음모와 모함에 걸려 고생이 계속되고 있다고 토로했다. 그러나 그 감옥에서야 8개월여 만에 혈육인 둘째형을 만나볼 수 있었다. 얼마나 그립고 보고 싶던 형님이던가. 두 사람 모두 역적 죄인인 피고인 신세이지만, 얼굴이라도 본다는 것이 얼마나 반가운 일이었으랴.

다산의 일생은 둘째형과는 떼려야 뗄 수 없이 얽혀 있던 삶이었다. 같은 수준의 학문, 같은 급수의 진보적인 사고, 세상을 한번 통째로 개혁하고 싶던 욕구, 그래서 두 사람은 언제나 형제지기(兄弟知己)라고 자랑스럽게 말했다. 장기에 있을 때 형님이 보고 싶고 그리워 읊은 시가 있다. 이들의 뜨거운 형제애는 여러 사람을 울리기에 족하다.

어느 새 백발이 돋았네	白髮於焉至
하늘이여! 이 일을 어찌하리.	蒼天奈此何
이주에는 좋은 풍속 많다는데	二洲多善俗
외로운 섬에 홀로 슬픈 노래라니.	孤島獨悲歌
건너고 싶어도 배와 노 없으니	欲渡無舟楫
이 그물에서 언제나 벗어날까.	何時解網羅
부럽구나, 저 물오리와 기러기	優哉彼鳧雁
창파를 타고 잘도 노는구나.	遊戲足滄波
아득히 먼 신지도	眇眇薪支苦
분명히 이 세상에 있으렷다.	分明在世間
수평으로 장보고의 바다와 이어져 있고	平連弓福海
대각선으로는 고금도에 마주했네.	斜對鄧龍山
달은 지는데 소식은 없고	落月無消息
뜬 구름만 저절로 가고 오네.	浮雲自往還
어느 해에 서울의 집에 모여 앉아	他年九京下
형제끼리 기쁜 얼굴 마주하리.	兄弟各歡顏

• 「가을날 약전 형님을 생각하며」(秋日憶舍兄)

장기에서 체포당하기 직전의 가을날, 몹시도 그리운 형님 생각에 간절한 하소연을 시로 읊은 것이다. 가고 싶어도 건너갈 수 없는 묶인 유배인, 푸른 물결에 자유롭게 헤엄치는 물오리와 기러기가 부럽다는 표현이 가슴을 저미게 한다. 달이 지는 야밤까지 잠 못 들던 가을밤, 아무런 소식 없이 날이 새는 허망함, 언제쯤 서울의 하늘 아래 모여서 형제의 정을 펼 수 있을까라는 대목은 눈물나는 구절이다.

또다시 서울을 떠나다

그렇게 그립던 둘째형, 서울의 하늘 아래서 형제애의 환락을 누리기는커녕 그들은 감옥에서 만났다. 만나서는 또 무엇을 하랴. 이별이 정해진 헤어짐의 만남인데. 다산은 강진으로, 손암 정약전은 나주목의 흑산도로 떠나야 했다.

11월 5일 밤에 감옥에서 나와 11월 21일 나주읍 북쪽 5리 지점인 밤남정에 도착했으니 떠난 날은 정확하지 않으나 말미가 조금 있었던 듯싶다. 서울에서 나주까지 15일 정도의 거리는 아니니 하루나 이틀 정도 머물다가 출발한 것이 아닐까 싶다. 두 형제는 나주까지는 같이 가도록 되어 있었다. 아마 열흘은 넘게 함께 걷고 함께 식사하고 함께 잠을 자는 시간을 얻었을 것이다. 죽음에서 막 벗어났으니 이제 당장 죽이기야 하랴는 생각도 들었을 것이다. 다산은 지나는 곳마다 보고 느낀 대로 시로 읊었다.

청파역 앞 하늘빛은 칠흑 같은데	青坡驛前天正黑
눈썹처럼 기우는 달 어슴푸레 빛도 없네.	一眉殘月濛無色
차가운 모래펄에 말발굽 소리 사각사각	寒沙策策響馬蹄
북녘 바람 씽씽 기러기 날개에 부딪히누나.	朔風急急吹雁翼
물 속으로 넣는 배 얼음 미끄러워 삿대 밀리고	流澌擊船氷滑篙

뱃사공도 돌아서서 곱은 손가락 비비네.　　　　篙工却立愁指直
거센 물결 출렁출렁 물소리 더욱 세차며　　　　洪波蕩漾聲轉雄
사나운 이무기 뛰어올라 삼켜버릴 듯.　　　　　頑蛟踊躍欣欲得
삼성은 반짝반짝 북두칠성도 찬란해　　　　　　參星煜煜斗柄爛
꼬리별 빛나며 북극으로 돌아가네.　　　　　　　芒角森昭環北極
물빛조차 어슴푸레 산비탈에 가리었고　　　　　水氣凄迷障山郭
고개 들어 남산을 바라보니 눈물이 가슴에 맺히네.　回首終南淚沾臆

• 「밤에 동작나루를 지나며」(夜過銅雀渡)

역시 서울을 이별하는 슬픈 노래다. 형제와 헤어져 슬프게 지낸다는 삼성(參星), 형님과 헤어질 일을 생각하며 떠올린 시상이리라. 종남산(終南山)은 오늘의 남산이다. "가노라 삼각산아 다시 보자 한강수야. 세월이 하수상하니 올동말동하여라"라던 청음 김상헌(金尙憲)의 시구가 생각나는 시다. "남산을 바라보니 눈물이 가슴에 맺히네"라는 구절에 모두의 슬픔이 담겨 있다.

초봄의 장기 유배 때는 한강진을 건너 모랫들인 사평을 지나 동남쪽으로 향해 서울을 떠났으나, 이번 전라도 쪽으로 가는 유뱃길은 동작나루를 지나 과천으로 향해야 했다. 초봄에는 둘째형과 처음부터 길을 달리했지만, 이번에는 형제가 동행하는 길이다. 과천에 도착해 놀란 기러기를 보고 시를 읊었다.

동작나루 서편의 갈고리 같은 달　　　　　銅雀津西月似鉤
놀란 기러기 한 쌍이 모래섬을 넘네.　　　一雙驚雁度沙洲
오늘밤이야 갈대숲에서 함께 자겠지만　　今宵共宿蘆中雪
내일이면 머리 돌려 따로이 날아가리.　　明月分飛各轉頭

• 「놀란 기러기」(驚雁)

역시 형님을 마음에 두고 지은 시다. 예로부터 기러기 행렬은 형제로 상징되었다. 두 형제는 놀란 기러기 신세다. 겁을 잔뜩 먹고 무서운 공포증에서 벗어나지 못하던 그들 형제, 마치 사람에 놀라 겁먹고 날아가는 기러기 신세와 무엇이 다르랴. 제목에는 이별이라는 글자가 없으나 내용은 모두 이별가나 다름이 없다. 쉬엄쉬엄 쉬어가면서 그들은 남쪽을 향해 가고 또 갔다.

아내에게 바치는 시

이제 금강(錦江)을 건너는 나루에 이르렀다. 문득 고향에서 울고 있을 아내가 떠올랐다. 아내가 그리워지는 데는 사연이 있다. 금강나루를 건너는 순간이 왔기 때문이다. 다산의 나이 열여섯 살, 결혼한 다음해인 1777년 겨울 아버지가 전라도 화순 현감으로 부임하자 다산은 아내와 함께 금강나루를 건너 화순으로 갔다. 그때의 일이 생각나 아내에게 바치는 시를 읊었다. 고고한 학자 다산은 아내의 이야기를 거론한 적이 아주 드문데, 모처럼 아내에게 바치는 시를 지었다. 본디 점잖은 양반 유학자들은 마음 속으로야 어떻든 겉으로는 아내에 대한 이야기를 아끼는 것을 높게 여겼다.

석양에 서풍 부는 금강의 강가에	殘照西風錦水頭
붉은 배는 예전처럼 강 가운데 두둥실.	紅船依舊泛中流
기억도 새로운 20년 전의 그때 일이	分明二十年前事
남쪽으로만 가야 할 나그네 수심 일으키네.	若起南征一路愁

• 「금강을 건너며」(渡錦水 : 「아내에게」寄內)

아내에게 바치는 시로는 너무 싱겁다. 아내를 두고 심양(瀋陽)으로 잡혀가던 3학사(홍익한, 윤집, 오달제) 가운데 오달제의 시와는 대조적이다. 결혼한 지 두 돌이 못 되어 병자호란 때 청나라를 배척한 척화신(斥和臣)으로 끌려가 끝내 민족정기를 잃지 않고 장렬히 죽음을 택했던 젊은 오달제, 그의 시는 너무 슬펐다.

부부의 금슬 은혜와 정이 무거운 건데	琴瑟恩情重
서로 만난 지 두 돌도 못 되었네.	相逢未二朞
이제 만 리의 이별을 맞았으니	今成萬里別
100년 살자던 기약 그냥 위반했네.	虛負百年期
지역이 멀어 편지 부치기 어렵고	地闊書難寄
산맥이 길어 꿈에도 못 만나리.	山長夢亦遲
내 목숨을 점칠 수 없으니	吾生未可卜
모름지기 뱃속의 아이나 보호하시오.	須護腹中兒

• 「아내에게」(寄妻)

오달제는 스물여섯에 문과에 장원하여 홍문관 학사에 이르고, 스물여덟에 병자호란을 맞아 스물아홉에 심양으로 잡혀가 죽는다. 첫아내와 사별하고 재혼한 아내 남씨와는 만난 지 2년도 못 되어 헤어졌다. 만 리의 이별을 맞아 100년의 기약을 어긴 점을 사죄하는 대목이 무척 애처롭다. 서울과 중국의 심양, 거리가 너무 멀어 편지도 부칠 길이 없고, 가로놓인 산맥들이 많아 꿈에도 보이지 않을 아내에 대한 생각이 슬프다.

다산은 금강을 건너 전라도에 이르고 거기서 둘째형과 헤어질 나주의 밤남정에 도착할 때까지 가고 또 갔다. 그렇게도 좋아하고 아끼던 형제의 영원한 이별을 맞으려고.

동백꽃이 활짝 피었네

주막집에 몸을 누이고

10월 20일 저녁에 경상도 장기에서 압송되어 27일에 서울의 감옥에 갇히고 11월 5일에 「황사영백서」사건에 혐의가 없음을 인정받고 귀양지가 바뀌어 11월 21일 전라도 나주읍의 북쪽 5리 지점에 있는 밤남정에 도착해 다산과 그의 둘째형 정약전은 생시의 마지막인 동숙(同宿)을 하게 된다. 형제가 함께 잠을 자고 그 다음날인 11월 22일 이른 아침에 헤어져야 할 운명. 우리는 글을 시작하는 맨 첫 장에서 바로 이 슬프디슬픈 「밤남정 주막집의 이별」을 읽은 바 있다. 헤어지던 순간에는 목이 메어 말을 잇지 못하고 하염없이 눈물만을 흘렸노라는 다산의 시를. 영산강을 건너고 월출산을 넘어 다산은 강진읍에 도착하고, 정약전은 무안을 지나 바다를 건너 흑산도에 도착했을 것이다.

헤어진 날짜는 11월 22일로 명기되어 있으나 도착한 날짜는 어디에도 없다. 나주에서 강진읍은 하루 아니면 이틀, 아마도 11월 23~24일에는 도착했을 것으로 보인다. 동짓달 하순의 매서운 추위, 더구나 역적 죄인의 누명을 쓴 무서운 유배인을 누가 반기고 영접해주랴. 강진에 도착하여 맨 처음으로 읊은 것으로 보이는 시를 읽으면 그때의 사정을 알 수 있다.

북풍이 하얀 눈 휘몰듯이 나를 몰아붙여	北風吹我如飛雪
남쪽 강진의 주막까지 밀려왔네.	南抵康津賣飯家

다행히 낮은 산이 바닷빛을 가리고 　　幸有殘山遮海色
좋을씨고 대숲이 가는 세월 알리네. 　　好將叢竹作年華
장기(瘴氣) 때문에 옷이야 덜 입지만 　　衣緣地瘴冬還減
근심 때문에 술이야 밤마다 느네. 　　酒爲愁多夜更加
나그네 근심 덜 일 하나 있으니 　　一事纔能消客慮
동백꽃이 설 전에 활짝 피었네. 　　山茶已吐臘前花
　• 「객지에서의 회포」(客中書懷)

　　바람에 날리는 하얀 눈처럼, 자신의 의지와는 아무런 관계없이 관에서 시키는 대로 귀양지를 찾아왔다. 한겨울의 추위가 대단했을 텐데 북풍을 제하고는 추위에 대한 이야기는 없이 서울에서 구경하기 힘든 대숲을 보면서 좋아하고, 서울에서는 상상도 못하던 설 전의 동백꽃을 보고는 반가워하는 그의 시심이 넉넉하다. 그러나 그가 살아갈 집은 너무도 초라했다. 매반가(賣飯家), 즉 술과 밥을 파는 주막집이었다.

　　신유년(1801) 겨울에 내가 영남(장기)에서 체포되어 서울에 올라왔다가 또다시 강진으로 귀양가게 되었다. 강진은 옛날 백제의 남쪽 변방으로 지역이 비루하고 색다른 풍속이다. 그 당시에 그곳 백성들은 유배온 사람 보기를 마치 큰 해독으로 보아 가는 곳마다 모두 문을 부수고 담장을 무너뜨리면서 달아나버렸다. 그런데 한 노파가 나를 불쌍히 여기고 자기 집에서 살도록 해주었다. 이윽고 나는 창문을 닫아걸고 밤낮으로 혼자 앉아 있게 되었다. 누구와도 함께 이야기할 사람이 없었다.
　• 「상례사전서」(喪禮四箋序)

　　불쌍히 여기고 기거할 방을 내준 주모의 마음과 같이 다산의 신세는 너무도 처량하고 불쌍했다. 다산은 그때 자신이 당하던 불행이 너무 커

동백꽃이 활짝 핀 다산초당(茶山草堂)과 연못.
"나그네 근심 덜 일 하나 있으니 동백꽃이 설 전에 활짝 피었네."

서였는지 "문을 부수고 담장을 무너뜨리면서"(破門壞墻)라는 구절을 여러 곳에서 사용했다. 무서운 전염병이라도 걸릴까 싶어 화급히 집에서 밖으로 빠져나가는 주민들의 모습을 형용하는 말일 것이다.

신유년 겨울에 강진에 도착하여 동문 밖 주막에 우접(偶接)했다.
• 「다신계안」(茶信契案)

우접했던 집도 표현이 여러 가지다. 어떤 때는 '매반가', 어떤 때는 '주가'(酒家)라 했으니 밥도 팔고 술도 파는 주막집이 분명하다. '일온'(一媼)이라고 표현해 노파 여인으로, '주구'(主嫗)라 하여 주인 노파라고 집주인을 호칭했던 것으로 보면 남편도 없이 혼자서 주막집을 경영하는 늙은 부인이었을 것으로 짐작이 된다. 집이라고 해봤자 토담집, 흙으로 담을 쌓아 위에 몇 개의 서까래를 걸치고 짚으로 이은 집에 지나지 않았으리라. 그러나 풍우(風雨)를 가려주는 집, 그런 집이라도 없었다면 어디서 잠을 자고 밥을 먹을 것인가. 그러한 집도 다산에겐 다행이었다.

을축년(1805) 겨울에는 보은산방(寶恩山房: 고성사)에서 기식했고 병인년(1806) 가을에는 이청(李晴: 자 학래鶴來)의 집으로 옮겨와 우거했으며, 무진년(1808) 봄에는 다산(茶山)에 와서 임시로 살았으니, 총 유배살이 기간은 18년인데 그 가운데 강진읍에서 살았던 기간이 8년이고 다산에서 살았던 기간이 10년이다.
• 「다신계안」

강진 유배살이 18년 동안의 거처를 밝힌 글이다. 그렇다면 신유년 겨울부터 을축년 겨울까지 4년 동안 노파의 주막집에서 살았던 것을 알 수 있다.

아전의 자식들이 찾아와 배우다

지금은 흔적도 없이 사라진 노파의 주막집. 강진 읍내의 동문 밖 샘거리인 그 집은 없어졌고, 노파의 후손조차 종적을 알 수 없다. 강진군 당국에서 몇 년 전 다산이 생활했던 곳을 기념하기 위해 표석을 세워 위치를 알아볼 수 있게 했으니, 야박한 관의 풍속으로 볼 때 그래도 다행스러운 일이 아닐 수 없다. 역적 죄인이기 때문에 백성들이 모두 공포와 두려움에 질려 아무도 '안접'(安接)을 허락하지 않았던(不許安接, 「다신계안」) 때에 다산을 재워주고 먹여주며 돌봐준 그 노파는 백대(百代)의 칭송을 받아야 할 분인데, 아무런 족적도 찾을 길 없으니 아쉬울 따름이다. 몹시 비좁은 토담집에서 보낸 4년, 그래도 다산은 불편을 잊으며 "이제야 내가 겨를을 얻었다"(「자찬묘지명」)면서 본격적인 학문연구에 몰두했다.

인간은 망각의 동물인가. 억울함과 분노의 답답함도, 터질 듯 가슴 막히는 서러움도 세월은 모든 것을 삭이게 해주는 약인가. 누구를 탓하면 무엇하며 누구를 원망하면 무엇하랴. 선비란 배우고 가르치는 일을 손에서 놓을 수 없는 것.

누구 하나 말을 걸어주는 사람이 없는 참으로 고독하던 시절, 노파가 겨우 말을 걸어주고 강진 읍내의 아전 자제들이 천한 신분에서 더 이상 천해질 것이 있겠냐면서 다산에게 글을 배우려고 찾아오기 시작했다. 그들이 찾아오기 시작하던 때가 언제인지에 대한 명확한 기록은 없는데, 아마 그해가 다 지나고 다음해가 시작되던 1802년의 초봄이 아니었을까.

"누구 한 사람 편안하게 우거하기를 허락하지 않던 때를 당해서 좌우에 있으며 가장 측근이 되어주었던 사람은 손병조(孫秉藻), 황상(黃裳) 등 네 사람이었다. 이러한 이유로 말한다면 읍내 사람들은 바로 근심과 걱정을 함께 견뎌냈던 사람들이었다"(「다신계안」).

아마 노파의 주막집에서 멀지 않은 곳에 살던 하급 신분의 아전들이

강진 유배살이 18년 가운데 4년 동안 머물렀던 동문 밖 샘거리의 현재 모습.
지금은 그때의 모습은 흔적도 없이 사라졌다.
다산은 이곳에서 본격적으로 학문연구에 몰두했다.

자식의 교육을 위해 두려움 없이 다산에게 교육받기를 원했을 것이다. 뒷날 황상은 물론 황취(黃聚)와 이청 등은 신분이야 아전의 아들이었지만, 다산에게 글을 배우고 삶의 대도를 얻어들어 당대의 석학으로 성장하게 된다.

이렇게 학동들이 찾아와 글을 가르치고 말동무가 되어주는 일은 얼마나 즐거운 일인가. 민주화운동 시기에 독방에서 고생해보았던 사람은 가늠할 수 있는 일이다. 독수공방에서 말을 나눌 상대가 없는 것처럼 궁한 일이 없다. 일반 백성들이 말을 걸어주지도 않고 대화를 나누려고도 하지 않을 때에 재주 있는 젊은이들과 학문적인 대화를 하는 것이 얼마나 기뻤겠는가. 이들에게 재미를 붙이고 자신의 학문연구가 착착 본궤도에 오르자, 다산은 토담집 노파의 주막을 전혀 불편하게 여기기는커녕 훌륭한 서재로 여겼다. 그는 방의 이름을 '사의재'(四宜齋)라 짓고 학문의 요람으로 삼았다.

사의재란 내가 강진에서 귀양살이하며 살아가던 방이다. 생각은 마땅히 맑아야 하니 맑지 못하면 곧바로 맑게 해야 한다. 용모는 마땅히 엄숙해야 하니 엄숙하지 못하면 곧바로 엄숙함이 엉기도록 해야 한다. 언어는 마땅히 과묵해야 하니 말이 많다면 곧바로 그치게 해야 한다. 동작은 마땅히 후중해야 하니 후중하지 못하다면 곧바로 더디게 해야 한다. 이런 이유로 그 방의 이름을 '네 가지를 마땅하게 해야 할 방'(四宜之齋)이라고 했다. 마땅함(宜也者)이라는 것은 의(義)에 맞도록 하는 것이니 의(義)로 규제함이다. 나이 들어가는 것이 염려되고 뜻을 둔 사업이 퇴폐됨을 서글프게 여기므로 자신을 성찰하려는 까닭에서 지은 이름이다. 때는 가경(嘉慶) 8년(1803) 11월 신축일(10일) 동짓날이니 갑자년(1804)이 시작되는 날이다. 이날 『주역』(周易)의 건괘(乾卦)를 읽었다.

• 「사의재기」(四宜齋記)

유배생활 초기에 거주했던 동문 밖 주막집인 '사의재' 터.
근래에 강진군에서 표석을 만들었다.

본격적인 학자생활로 들어섰다는 뜻을 알리는 글임이 분명하다. 생각, 용모, 언어, 동작 등 학자가 지녀야 할 태도에서 조금이라도 소홀한 점이 있으면 철저하게 반성하고 올바르게 규제하면서 학자적인 행동으로 돌아가겠다는 스스로의 다짐이자 외부에 대한 선포다. 하늘을 우러러 한 점 부끄럼 없이 의롭게 생활하면서 올바른 저서를 남기고 똑바로 살아가겠다는 결의가 보인다.

불길한 마흔의 나이도 이제 저무는가

흙담집 오두막의 몹시도 비좁은 글방에서 억눌린 사람의 서러움에 젖지 않고, 금욕적 생활을 하겠다는 의지가 보이며, 어떠한 굴욕과 탄압 속에서도 마음만은 자유를 만끽하며 정정당당하게 살아가겠다는 다산의 인생태도가 역력히 드러나는 대목이다.

이 '사의재'에서 글을 배우는 네 집안은 다산의 생활비 걱정을 덜어주었을 것이다. 제자들은 큰학자로 성장해 '다산학'을 이루는 데 큰 도움을 주었다. 그들은 자료를 정리해주기도 하고 필사본의 글씨를 써주었다. 뒷날 다산은 "읍내 사람들이라고 하여 어떻게 잊을 수 있겠는가?"라면서 그들의 도움에 한없이 큰 고마움을 느끼며 감사의 뜻을 전했다.

다산초당에서 교육을 받은 18제자들도 다산의 학문연구에 도움을 주고 생활도 도왔지만, "다산의 여러 사람들은 이들(읍사람)을 만날 때보다는 조금 평화로워진 후에 서로 만난 사람들이었다"(「다신계안」). 감시가 조금 누그러지고 세월이 지나면서 역적죄인이 별로 무서운 사람이 아니라는 생각이 들면서 왕래가 어렵지 않게 된 뒤에야 비로소 다산초당의 사람들을 만났으므로, 다산은 읍내 사람들의 공을 크게 치하했던 것이다.

다산은 이미 세상의 흐름과 염량세태(炎凉世態)에 대해 읊은 바 있다. 장기 유배지의 「고시」 27수라는 시에 "어느 정도 궁하면 도울 이웃 있어도 아주 궁하면 돌봐줄 사람 없다네"라고 하여 절망적인 궁함에 이르면 아무도 돌봐주지 않는다고 썼다. 무기수에게는 도울 이웃이 있겠지만, 사형이 확정된 사형수에게 무엇 때문에 누가 도움을 주겠는가. 시국사범에게야 교도관들이 도움을 주겠지만 간첩죄 죄인에게 누가 도움을 주랴.

역적 죄인이라 모두가 꺼려하던 다산. 그래도 천민인 늙은 노파가 힘을 실어주고 천한 신분의 학동들이 찾아와 글을 가르쳐달라고 하니, 다산은 소궁(小窮)인가 대궁(大窮)인가. 역적 죄인의 신분은 대궁임이 분명하지만, 하늘이 무너져도 솟아날 구멍이 있다는 속담처럼 죽으라는 법은 없는 것인지 어려움 속에서도 다산에게 살아갈 방도가 열린 것이다.

1801년, 신유년은 너무도 길었다. 초봄부터 감옥에 갇혀 국문을 당하고 장기로 귀양갔다가, 10월에 다시 서울로 압송되어 또 국문을 받아야 했다. 거기서 귀양지가 바뀌어 머나먼 전라도의 남쪽 끝 강진으로 밀려왔고, 조그만 움막집에 거처를 정한 것이 그해 11월 하순, 그 움막집에서 신유년 한 해를 마무리해야 했으니 얼마나 긴긴 해인가. 서울에서 장기가 800여 리이니 왕복 1,600여 리, 또 서울에서 강진이 800리가 넘는 곳이었으니 오간 거리가 얼마인가. 한 해에 걸은 거리로는 너무 멀었고, 감옥과 귀양지를 넘나든 세월도 매우 길었다. 그러나 이제 지겹던 신유년이 지나고 불길한 마흔의 나이를 넘기는 때가 왔다.

1802년 마흔한 살의 삶이 다산에게 전개된다. 새해가 되자 집에서 아들들의 편지가 오고 고향의 소식이 전해지면서 근심과 걱정도 조금씩 가신다. 책을 쓰고 학동들을 가르치면서 정신도 안정을 찾고 불안과 공포에서 벗어나기 시작했다. 시간이 가면서 몰래 도와주려는 사람들도 나타나기 시작했다. 오래 살면 징역도 풀리듯이 유배살이도 서서히 풀리기 시작하는 법이다.

독서에 정진하고 몸가짐 바로 해라

너희들의 편지를 받으니 마음이 놓인다

임술년(1802) 새해가 되면서 고향집에서 아들들의 편지가 오고 숙부에게서도 편지가 왔다. 다산은 답장을 쓰기 전에 소식을 받은 즐거움을 시에 담았다.

해가 가고 봄이 와도 봄인 줄 모르다가	歲去春來漫不知
새소리 날로 달라 봄인가 싶네.	鳥聲日變此堪疑
비만 오면 향수가 등나무처럼 얽히고	鄕愁値雨如藤蔓
겨울 지낸 이내 몸 댓가지처럼 여위었네.	瘦骨經寒似竹枝

세상도 보기 싫어 방문은 늦게 열고	厭與世看開戶晚
오는 손님 없을 줄 알아 이불 더디 갠다오.	知無客到捲衾遲
무료함 없애는 법 아이들이 알아내서	兒曹也識銷閒法
의서에 따라 술을 담가 한 단지 부쳐 왔네.	鈔取醫書付一鴟

천 리 먼 길에 종 아이가 가져온 편지 받고	千里傳書一小奴
초가 주막 등잔 아래서 홀로 긴 한숨 짓노라.	短檠茅店獨長吁
어린 아들 학포조차 아비를 탓했건만	穉兒學圃能懲父
병든 아내 옷 꿰매 보냈으니 상기도 남편 사랑하나봐.	病婦縫衣尙愛夫

음식 기호 생각해 멀리 찰밥 싸서 보내고	憶嗜遠投紅糯飯
굶은 사람 구하려고 철투호를 새로 팔았다네.	救飢新賣鐵投壺
답장 바로 쓰려 하니 달리 할말 없어	旋裁答札無他語
산뽕나무나 수백 그루 심으라 채근했지.	飭種墅桑數百株

• 「새해에 집안 편지를 받고」(新年得家書)

　새해에 아들과 아내의 편지를 받고 이런저런 생각에 가슴이 메어 대강대강 읊은 시다. 집에서 소일하며 드시라는 약술이 오고 편지가 왔다. 둘째이자 막내인 학포는 왜 귀양을 사느냐고 아비를 탓하고, 몸져 누워 있던 아내는 남편을 잊지 못하고 옷을 기워서 보내고 평소에 즐기던 찰밥까지 삶아서 먼 길에 보냈으니 얼마나 가슴이 저리랴. 그때 다산은 아들이 셋이고 딸이 하나 있었다. 새해가 되자 큰아들 학연은 스무 살, 둘째 학유는 열일곱 살이 되었다. 어려서 학연은 무장(武牂), 학유는 문장(文牂)이라고 하여 무아(武兒), 문아(文兒)라는 애칭으로 불리기도 했다.

　이 시는 유배 초기의 가슴 아픈 삶을 여과 없이 노래했다. 추위에 떨며 겨울을 지내고 나니 몸이 댓가지처럼 여윈 것도 안쓰럽고, 세상이 보기 싫어 방문도 늦게 열고, 오는 손님도 없어 이불을 빨리 갤 필요가 없다니, 다산의 신세가 어느 정도였는지 가히 짐작할 수 있다. 세상한테서 버림받고 소외당한 중죄인, 그런 그를 어느 누가 돌봐주고 염려해줄 것인가. 역시 가족뿐이다. 자식과 아내, 삼촌들뿐이다.

　다산의 아버지는 3형제로 아버지는 이미 세상을 떠난 지 오래이고 중부(仲父)와 숙부(叔父)가 살아 있는데, 중부 정재운은 다른 집안에 양자로 갔다. 숙부 정재진이 다산의 삶을 걱정해주었나 보다. 숙부의 편지를 받고 지은 시도 있다.

문장(文章)하는 선비 때문에 집안은 망해가고	門衰正出文章士

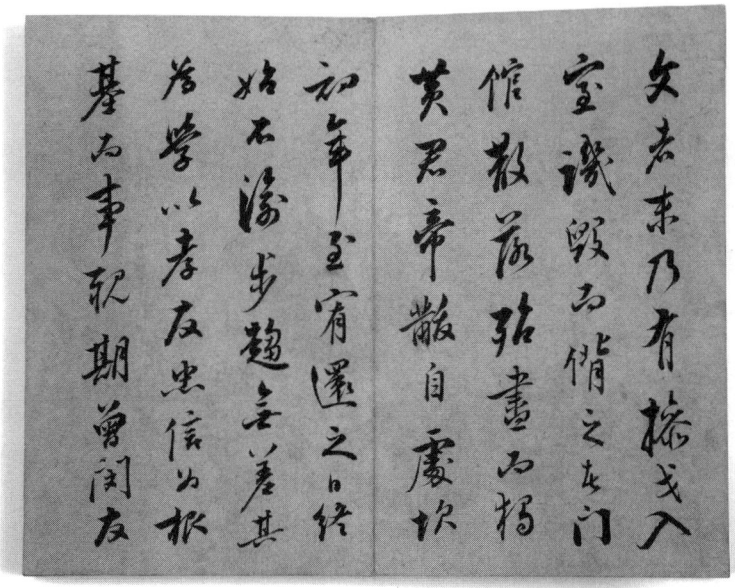

다산 정약용의 장남인 정학연의 글씨.
다산은 유배생활을 하는 동안 학연·학유(둘째아들)와
편지를 주고받으며 학문에 대해 논했다.

골육처럼 정이 깊던 친구들도 등 돌리네.　　　　友棄方深骨肉情
- 「숙부님 편지 받자옵고」(奉簡叔父)

너희들 문장가라고 떠들더니 3형제(약전·약종·약용)가 이 지경이 되었다고 질책을 했는지, 글 좋아하고 학문하다가 집안이 망했다고 다산은 애절하게 읊었다.

집으로 보낸 첫번째 답장을 읽어보자. 1802년 2월 7일자의 답서가 있으니 2월 초 무렵 집에서 편지가 왔을 것이다.

너희들의 편지를 받으니 마음이 놓인다. 둘째의 글씨체가 조금 좋아졌고 문리도 향상되었는데, 나이가 들어가는 덕인지 아니면 열심히 공부하고 있는 덕인지 모르겠구나. 부디 자포자기하지 말고 마음을 단단히 먹고 부지런히 책을 읽는 데 힘쓰거라.

초서(鈔書: 책에서 중요한 내용을 골라 뽑는 일)나 저서하는 일도 혹시라도 소홀히 하지 말도록 해라. 폐족이면서 글도 못하고 예절도 갖추지 못한다면 어찌 되겠느냐. 보통집안 사람들보다 100배 열심히 노력해야만 겨우 사람 축에 낄 수 있지 않겠느냐.

내 귀양살이 고생이 몹시 크긴 하다만 너희들이 독서에 정진하고 몸가짐을 올바르게 하고 있다는 소식만 들리면 근심이 없겠다. 큰애가 4월 10일께 말을 사서 타고 오겠다고 했는데, 벌써 이별할 괴로움이 앞서는구나.
- 1802년 2월 7일

강진에서 고향의 편지를 받고 맨 처음 답장으로 보낸 편지다. 자신의 고생이야 어떻게 해서라도 참고 견딜 테니 자식들이 공부만 열심히 하고 행동거지만 바르다면 걱정이 없겠다는 아버지의 바람이 크고 깊다. 찾아온다는 소식을 듣고 만나는 기쁨을 생각하기보다 헤어질 아픔에 더 괴로움을 느끼고 있으니 그들이 당하던 처지가 어느 정도인지를 상상하기 어렵지 않다. 폐족이기 때문에 보통 사람들보다 100배나 더 열심히 노력해야만 사람 구실을 할 수 있다는 내용도 간절하고 절실하다.

강진의 부호 윤씨 일가의 도움을 받다

편지를 받고 보내게 되면서 낯선 타관의 힘든 유배생활도 한결 마음이 놓이기 시작했다. 찾아올 사람이 없으니 이불도 더디 갠다더니, 세상은 그렇게 야박하지 않은 듯 찾아주는 사람도 나타나기 시작했다. 다산 아버지의 친구로 강진의 항촌(項村)에 사는 윤광택(尹光宅)은 강진 일대에서는 알아주는 부호로 의협심이 있고 기개가 큰 사람이다. 다산이 이 사람의 인품을 서술한 글을 남겼다.

벼슬하지 못하고 포의로 마쳤지만 사람됨이 침착하고 의지가 강했으며, 지용(智勇)이 비범했다. 천(千)이나 만(萬)의 재산을 모아 위급한 사람들에게 시혜하기를 즐겼고 빈객을 좋아하고 의기를 숭상했다. 나의 아버지(정재원)께서 화순 현감으로 재직하실 때 백련동(白蓮洞: 다산의 외가마을)으로 놀러가면서 강진으로 경유하며 항촌의 농막으로 윤광택 공을 방문했는데, 즐겁게 이야기하면서 하룻밤을 새우고 시를 지어주고 이별했으니 건륭 무술년(1778: 윤서유 열다섯 살, 다산 열일곱 살) 사이의 일이었다.
- 「옹산윤공묘지명」(翁山尹公墓誌銘)

강진 일대에는 200년이 지난 일이지만 지금도 전해지는 윤광택에 관한 일화가 있다. 다산의 아버지가 처가인 연동(蓮洞: 해남읍, 윤선도의 종가가 있는 마을)으로 가다가 윤광택의 집에 들렀는데, 무척 반가워하며 윤광택은 황소 한 마리를 잡도록 집사람들에게 명했다. 아무리 부호라고는 해도 시골에서 손님을 대접하기 위해 소를 잡기가 쉬운 일인가. 집사람들이 참으로 그렇게 실행해야 할지 주저하면서 소를 잡지 못하고 있자, 윤광택이 큰소리로 호령하면서 빨리 소를 잡으라고 호통을 쳤다. 집사람들은 하는 수 없이 얼른 소를 잡아 손님을 대접했다. 뜻 맞는 친구에게 정을 베풀던 그의 도량이 그런 정도였다는 일화다.

다산의 기록에 나오는데, 이 사람의 별호는 '해룡'(海龍)이었다. 해룡이란 해려(海驢)라고도 하는 강치과에 속하는 바닷짐승인데 바다의 용(龍)이라는 의미도 있다. 그만큼 그릇이 크고 국량이 넓다는 뜻으로 그런 별명을 붙인 것이다. 현재의 강진군 도암면 소재지의 자연마을 항촌은 시골 말로 '목리'인데, 강진읍에 있는 자연마을 목리(牧里)와는 구별되는 마을이다. 이 점을 혼동했는지 다산은 윤광택이 살던 마을을 목리(牧里)라고 했는데 이 점은 바로잡아야 할 것이다.

항촌의 윤부잣집에는 서유(書有)라는 아들이 있었다. 1764년생이니 다산보다 두 살 아래의 친구였다. 아버지들 간의 교유로 윤서유(1764~1821)도 일찍부터 다산 형제들과 교유가 있었다. 그는 소년 시절에 벌써 다산의 외가인 전라북도의 진산(珍山: 지금의 충청남도)에 있던 윤지충의 집으로 가서 과거공부를 한 적도 있다. 젊은 시절 서울로 유학하여 이가환도 찾아가고 다산 형제들과 가깝게 어울리면서 과거공부를 했다.

이러한 이유로 1801년 신유사옥이 일어나 다산 일파가 검거되어 죽고 귀양가는 난리통에 윤서유도 강진의 감옥에 갇히고 말았다. 조사를 받았으나 천주교에 관여한 사실이 없기 때문에 오래지 않아 풀려나기는 했다. 이런 사건을 겪은 몇 개월 뒤에 다산은 경상도의 장기현에서 강진으로 옮겨 왔는데, 아직 감옥에 갇혔던 악몽에서 벗어나지 못한 윤서유는 벌벌 떨면서 자기 마을 이웃으로 귀양온 다산을 찾아볼 엄두를 내지 못했다. 그러나 역시 세월이 약이다. 시간이 지나면서 윤서유 집에서는 다산에 대한 옛정을 잊지 못하고 여러 가지로 배려하기 시작했다. 다산의 기록을 보자.

그 다음해인 임술년(1802) 겨울에 공(公: 윤서유)이 아버지의 명을 받아 그의 사촌동생 시유(詩有)를 보내 몰래 읍(邑)으로 숨어 들어와 만나보도록 했는데, 술과 고기를 가져다주면서 위로해주었다.

"큰아버지(윤광택)께서 옛일을 생각해서 친구의 아들이 곤궁해져 우리 고을로 귀양왔는데, 당신이 비록 숙식은 시켜줄 수 없지만 두렵고 겁이 나 그 동안 안부도 묻지 못했노라고 하면서 주신 것입니다." 이때부터 혹 밤이면 찾아와서 좋아 지내던 정을 계속했다. 마침 교리 김이재(金履載)가 고금도에서 귀양살고 있던 참이라 나로 인해 공(윤서유)의 형제도 알고 지냈는데, 그가 우리 사이는 대대로 교분이 무척 가깝다는 것을 널리 이야기해주자, 이속(吏屬)들이 모두 깨닫게 되어 마침내 왕래함을 막지 않았다."

- 「옹산윤공묘지명」

이제야 창살 없는 징역이 풀리는가

독방에 갇혀 접견까지 금지되어 면회 오는 사람조차 없다가 면회가 풀리면 징역이 풀린다고 하는데, 다산의 징역이 조금씩 풀리고 있었다. 하늘이 무너져도 솟아날 구멍이 있듯이, 아버지의 친구가 도와주고 자신의 친구도 도와주기 시작했다. 외롭고 쓸쓸한 유배살이에 술과 고기를 가져다주는 친구가 있다는 것은 얼마나 다행스런 일인가. 정말로 다산은 감격해 그 도움을 일생 동안 잊지 못하면서 살았을 것이다.

뒷날 다산은 외동딸을 윤서유의 아들인 창모(昌模, 영희榮喜)에게 시집보내(1812) 두 집안은 사돈이 되었다. 윤서유의 집안은 모두가 다산의 권유에 따라 다산의 고향마을인 두릉(斗陵)에서 가까운 귀어촌(歸魚村)이라는 곳으로 이사해 두 집안이 가깝게 지냈으며, 다산의 주선에 힘입어 1816년에 윤서유는 쉰세 살의 나이로 문과에 급제하는 영광을 안기도 했다. 윤서유는 뒤에 사간원 정언의 벼슬까지 지낸다. 다산의 사위인 윤창모는 다산초당 제자 가운데 한 사람이기도 하지만, 다산의 가르침을 독실하게 받아 진사과에 합격하는 영예를 얻을 수 있었다. 진사 윤창모의 아들, 즉 다산의 외손자인 윤정기(尹廷琦)는 다산의 슬하에서 어린 시절부터 글을 배워 당대의 뛰어난 학자로 다산풍의 저술을 많이 남기게 된다.

그 고생스럽던 신유년, 그해가 가고 임술년이 오면서 다산의 창살 없는 감옥의 징역이 풀리기 시작함은 윤서유 집안의 도움 때문이었다. 또한 강진에서 가까운 고이도(皐夷島: 지금의 완도군 고금면)에 귀양살던 교리 김이재의 도움도 있었다. 김이재는 서울에서 다산과 함께 벼슬하던 친구로 벌열집안인 안동 김씨인데 정조와 순조의 정권 교체기에 시파로 벽파의 노여움을 받아 고금도까지 귀양왔지만, 그는 천주교와 관계없는 정치범이어서 곧 귀양이 풀리리라는 것은 어느 누구라도 예견할 수 있었다. 그는 옛날 다산과 지내던 정리를 생각해 그가 역적 죄인으로 천대받을 이유가 없다고 사람들을 설득하고 강진의 관가에도 다산을 너무 혹독하게 다루지 말라고 부탁했을 것이다.

이러한 이유로 다산에 대한 감시가 조금씩 풀리면서 항촌의 윤씨들과 교분을 나누고 해남에 사는 다산 외가 쪽의 윤씨들과도 내왕을 시작했을 것이다. 불안과 공포도 조금씩 가시면서 연구하는 일에 몰두한 것도 그러한 주변 환경의 변화와 무관하지 않다. 은혜를 베풀어주던 항촌 윤씨들, 그들의 도움과 후원은 그에게 더없이 큰 힘이 되었다.

어린 아들의 죽음에 통곡하며

아아! 내 아들 농아가 죽었다니

그 혹독한 시련의 신유년(1801)이 지나 임술년(1802) 새해가 되자 집에서 편지가 오고 아들 학연이 찾아오기도 하면서 근심이 조금 줄어드나 했더니, 이해 여름 강진 현감 이안묵(李安默, 1756~?)이 하찮은 일로 다산을 무고하여 또 조사를 받아야 했다. 그러나 사실이 아니라고 밝혀져 별 탈 없이 무사히 지나갔다. 이안묵은 다산과 함께 벼슬하던 동료로 신유박해 때 국청에서 문사랑(問事郎: 재판 기록관)으로 재판에 관계한 사람인데, 강진 현감으로 부임해 와서는 또 다산을 탄압하려 했다.

항촌의 윤씨네 도움도 있고 해서 겨울부터는 유배살이가 수월해지나 싶었는데 또 하나의 큰 불행이 닥쳤다. 신유년 겨울 귀양지가 강진으로 바뀌어 서울을 떠날 때, 어머니와 함께 과천까지 따라와 이별을 나눈 네 살짜리 어린 아들이 세상을 떠나고 만 것이다. 불굴의 의지와 신념에 투철했던 다산, 나라와 백성을 위하는 일 아니고는 거들떠보지 않는 냉철한 다산이었지만, 귀양살이 타향에서 고향에 두고 온 어린 아들의 죽음에는 한없이 애달파하는 아버지로 돌아와 있었다. 북받치는 서러움을 이기지 못하고 격정의 눈물을 흘렸다.

다산에게 네 살짜리 농장(農䍐)의 죽음은 너무도 슬픈 일이었다. 다산은 「사암연보」에도 특별히 그의 죽음에 대한 사실을 기록했고, 집으로 보낸 편지에서도 특별히 그의 죽음에 애도의 뜻을 전하는 말을 했다. 그 아들의 일대기를 간단히 기록하는 광지(壙志: 무덤 속에 넣어주던 간단한 일대기)까지 기록으로 남겼다.

농아(農兒)는 곡산에서 잉태했으며 기미년(1799) 12월 2일에 태어나 임술년(1802) 11월 30일에 죽었다. 발진(發疹)이 나서 마마가 되더니 마마가 헐었기 때문이다. 내가 강진에 귀양살고 있는 중이어서 글을 지어 그애 형에게 울면서 무덤에 읽어주게 했다. 농아의 죽음에 부치는 글에 이르기를, 네가 세상에 태어나 세상을 떠나기까지는 겨우 세 돌일 뿐인데 나와 이별해 산 기간은 그 가운데 두 돌이나 되었다. 사람이 60년을 산다고 할 때 40년이나 그 아버지와 이별한 채 살았던 셈이니 정말 애달픈 일이로다.

네가 태어날 때 나는 깊은 근심을 하고 있을 때여서 너의 이름을 농(農)이라고 했는데 이미 고향집에 돌아와 있을 때(1799년 말)라 너를 살게끔 하는 일은 농사뿐일 것이고 그렇게라도 하는 것이 죽는 것보다야 현명한 일이어서였다. 그래야만 내가 죽더라도 흔연스럽게 황천고개를 넘어갈 수 있고 한강을 건너갈 수도 있을 것 같아서였다. 이렇게 보면 나의 죽음은 사는 것보다 현명할 수도 있었다. 죽음은 사는 것보다 현명할 일인데도 살아 있고 너의 살아 있음은 죽는 일보다 현명한 일이었지만 죽어버렸으니, 나의 능력으로는 할 수 있는 일이 아니었나 보다.

내가 네 곁에 있었다고 하더라도 꼭 살 수 있었던 것은 아니지만 너의 어머니가 보낸 편지에서 너는 "아버지가 나에게 돌아와주셔도 발진이 나고 아버지가 돌아와주셔도 마마에 걸릴까?"라고 했다고 하더구나. 네가 무얼 헤아리는 바가 있어서 그러한 말을 했겠느냐만, 너는 내가 네 곁에 돌아가면 의지할 수 있을 것 같아 그러한 말을 했을 것이니 너의 소원을 이루지 못한 게 참으로 슬픈 일이 되고 말았구나.

신유년 겨울에(장기에서 서울로 압송되고 다시 귀양지가 바뀌어 강진으로 떠나던 때) 과천 주막에서 네 어머니가 나를 가리키면서 "저분이 네 아버지다"라고 하니 너도 어머니를 따라서 나에게 "저분이 우리 아버지다"라고 했다. 이는 아버지가 어떻게 아버지라는 것인지 너는 실제로 알지도 못하면서 한 소리였으니 슬픔을 자아내게 하는 일이었다.

이웃 사람이 가는 편에 소라껍데기 두 개를 너에게 전해주도록 했는데, 너의 어머니 편지에 너는 강진 사람이 올 때마다 소라껍데기를 찾다 못 찾으면 몹시 섭섭해했다고 하는구나. 이제 네가 죽고 나서야 소라껍데기가 다시 오고 보니 슬프기 한량없구나.

너의 얼굴 모습은 빼어나고 깎은 듯했고 코 왼쪽에 조그마한 점이 있었다. 네가 웃을 때에는 양쪽 송곳니가 유난히도 툭 튀어나오곤 했다.

슬픈지고! 나는 오직 너의 모습이나 생각하며 잊지 않으며 네가 아비 생각하던 정에 보답해주마.

- 「농아광지」(農兒壙志)

아들을 잃은 아버지의 애절한 글이다. 너무 일찍 세상을 떠났지만 이런 명문의 글로 전해지는 아들 농아는 슬프지 않겠다. 훌륭한 글은 사람의 가슴을 감동시키는데, 바로 이런 글을 두고 이르는 말이리라. 아버지로 돌아온 다산의 가슴은 아주 따뜻하고 인정스럽다. 글 잘하는 아버지의 솜씨, 여기서 어린 아들은 영생을 얻어냈다. 불행 속에서도 다행한 일이 아닌가.

다산은 글의 말미에 죽고 살아난 자식들에 대한 상세한 기록을 남겼다.

복암 이기양 어른께서 항상 말씀하시기를 "자녀 중에 요절한 애들은 당연히 그애들의 생년월일과 이름, 생김새, 죽은 해와 날짜를 적어두어 뒷날 증거가 될 수 있게 하고 그애들이 태어난 흔적이 남게 해야 한다"고 했다.

그 말씀이야말로 참으로 어지신 말씀이다. 나는 경자년(1780) 가을에 예천 군청의 관사에서 낙태를 한 때부터 시작하여 신축년(1781) 7월에 아내가 애를 밴 채 학질을 앓다가 팔삭둥이 딸 하나를 낳아 4일 만에 죽었는데 이름도 짓지 못한 채 와서(瓦署)의 언덕배기에다 묻었다. 그 다음은 무장과 문장을 낳아 다행히 키워냈다. 그 다음에는 구장(懼牂), 그 다음에는 효순(孝順)인데, 순산으로 효도했다 하여 효순이라 했다.

이애들 둘은 모두 요절했지만, 구장과 순이 모두 간단한 묘비명을 지었는데 실제로 묘에 묻은 글이 아니라 책에다 기록해둔 비명이다. 그 아래로 딸 하나를 낳아 지금 열 살(1793년생)로 두 차례의 역질을 이미 다 마쳤으니 겨우 죽음을 면했나 보다. 그 다음은 삼동(三童)이란 놈인데 마마에 걸려 곡산에서 죽었다. 이애가 죽을 때에는 아내가 애를 배고 있는 때여서 슬픔을 참고 애를 낳았는데 열흘을 겨우 넘겨 또 마마에 걸려서는 며칠이 못 되어 죽어버렸다. 그 아래가 바로 농장이다. 삼동이는 병신년(1796) 11월 5일에 태어나 무오년(1798) 9월 9일에 죽었다.

삼동이 다음 애는 이름도 짓지 못했고 구장이와 효순이는 두척(斗尺)의 산등성이에다 묻었고 삼동이와 그 다음 애는 두척의 산발치에다 묻었다. 농아도 필연코 산발치에다 묻었을 것이다. 모두 6남 3녀를 낳아 살아남은 애는 2남 1녀뿐으로 죽은 애들이 4남 2녀나 되어 죽은 애들이 살아난 애들의 두 배나 된다.

오호라! 내가 하늘에서 죄를 얻어 이처럼 잔혹스러우니 어쩐 일인고.

6남 3녀를 낳아 겨우 2남 1녀를 길러낸 아버지가 죄 많은 자신의 부덕으로 많은 애들이 죽었음을 뉘우치는 참회의 글이다. 기록이라는 것이 무섭다. 자녀들의 생몰에 대해 이렇게 자세히 기록한 것은 그리 흔치 않을 것이다.

정성껏 어머니를 모시거라

농아가 죽었다는 소식을 듣고 바로 두 아들에게 답한 편지는 1802년 12월에 쓴 것으로 되어 있다. 애간장을 녹이는 서러운 편지가 바로 그 글이다.

우리 농아가 죽었다니 비참하구나! 비참하구나! 가련한 애. 나의 몸이 점점 쇠약해지고 있을 때 이런 일까지 닥치다니. 정말 마음을 크게 먹을 수가 없구나.

너희들 아래로 무려 사내아이 네 명과 계집아이 하나를 잃었다. 그 중 하나는 낳은 지 열흘 남짓해서 죽어버려 얼굴조차 기억하지 못하겠고 나머지 세 아이는 모두 세 살 때여서 품에 안겨 한창 재롱을 피우다 죽었다. 이 세 애들은 나와 네 어머니가 함께 있을 때 죽었기에 딴은 운명이라고 쳐버릴 수도 있어 이번같이 간장을 후벼 파는 슬픔이 북받치지는 않았다.

내가 이렇듯 먼 바닷가에 앉아 있어 못 본 지가 무척 오래인데 죽다니! 그애의 죽음이 한결 서럽고 슬프구나. 생사고락의 이치를 조금 깨달았다는 나의 애달픔이 이러할진대 하물며 네 어머니야 품 속에서 꺼내어 흙구덩이 속에 집어넣었음에랴! 그애가 살았을 때 어리광부리던 말 한마디 한마디, 귀엽던 행동 하나하나가 기특하고 어여쁘게만 생각되어 귓가에 쟁쟁하고 눈앞에 삼삼할 것이다.

더구나 여자들이란 정이 많아 이성에 의지하지 못하는 것이 십상인데 얼마나 애통스럽겠느냐. 나는 여기에 있는데다 너희들은 이미 장성하여 밉상스러울 것이니 생명을 의탁하려고 했던 바는 오직 그 아이였을 것이다. 더욱이 큰 병환을 치르고 난 뒤 아주 수척할 무렵에 이런 일만 이어지니, 하루이틀 만에 따라 죽지 않은 것만도 아주 기이한 일이구나. 내가 직접 그 일을 당했더라면 아버지라는 것도 잊은 채, 다만 어머니가 슬퍼하는 것처럼 되고 말았을 것이다.

아무쪼록 너희들은 마음과 뜻을 다 바쳐 어머니를 섬겨 오래 사시도록 해라. 이 뒤부터라도 정성스러운 마음으로 타일러 두 며느리로 하여금 아침저녁으로 부엌에 들어가 음식을 맛있게 해드리고, 방이 차고 따뜻한지를 잘 보살피며, 한시라도 시어머니 곁을 떠나지 않게 할 것이며, 고운 태도 부드러운 낯빛으로 매사를 기쁘게 해드려라.

시어머니가 쓸쓸해하고 불편을 느끼면 낯빛을 변치 말고 더욱 정성스러운 마음으로 힘을 다하여 그 사랑을 얻도록 노력하여 마음에 조금의 틈도 없이 잘 화답하여 오래오래 가면 자연히 믿음이 생겨 안방에서는 화평스러운 기운이 한 움큼 솟아날 것이니, 이렇게 되면 천지의 화응을 얻어 닭이나 개나 채소나 과일까지도 탈없이 무럭무럭 제 명대로 자랄 것이고 일마다 맺히는 게 없어져 나 또한 임금의 은혜라도 입어 풀려서 돌아가게 될 것이다.

인간 다산의 마음과 정이 드러난 글이다. 「두 아이에게 답함」(答兩兒) 이라는 제목의 편지. 귀여운 아들을 잃은 그 큰 상실감, 가장 불우한 시절에 겹친 더 큰 불행, 다산을 울게 만든 아들의 죽음이었다. 그러나 자신의 아픔보다는 아들을 잃은 어머니의 마음에 한없는 동정심을 보내며, 아들과 며느리에게 어머니이자 시어머니인 자기의 아내를 더 잘 섬기도록 간절히 부탁한 내용이 더 가슴을 저미게 한다.

품안에 안고 있던 귀염둥이를 흙구덩이 속에 묻고 난 뒤의 아내 심정을 이해하는 남편의 따뜻한 정이 훈훈하다. 이런 편지를 읽는 아내의 마음은 어떠했을까. 아내의 답장이 전해지지 않음이 애석할 따름이다. 우리는 상상력을 통해 아내의 편지를 읽을 수 있으리라. 안방에서 화평스러운 기운이 한 움큼 솟아나면 천지의 화응(和應)을 얻어 집안에서 기르는 가축이나 채소, 과일까지도 맺히는 일 없이 잘 자랄 것이라는 다산의 추측은 비과학적인 이야기이지만 그럴듯하게 들린다.

다산은 냉철하고 이지적이고 합리적인 학자였지만, 슬픔에는 어찌할 수 없어 비합리적인 이야기도 서슴없이 했던 것이다. 화불단행(禍不單行)이라는 속담이 있다. 화란은 그저 한 번으로 끝나지 않고 반드시 겹쳐서 온다는 말이다. 가장 슬프던 유배살이 기간에 귀염둥이 막내아들까지 잃어야 했던 아버지의 심정을 이해할 만도 하다. 「광지」는 졸역 『다산 산문선』(창작과비평사, 1993)에 실려 있다.

이 두 글을 통해서 보면, 임술년(1802)으로 다산의 불행은 끝나는 듯 상당 기간 눈물을 흘린 일이 기록에 없다. 얼마 후 조카 학초가 죽었다는 소식과 귀양살이 16년째에 저 흑산도에서 귀양살이하던 둘째형 정약전이 세상을 떠났다는 소식을 듣기까지는 그런 정도의 슬픈 일은 일어나지 않았다. 다산에게는 그것만도 다행스러운 일이었다. 참고 아껴둔 눈물은 형님의 죽음에서 또 한없이 흘리게 된다.

근본을 알고 학문을 해야 한다

공부하라는 아버지의 채찍

다산이 마흔두 살이 된 해는 1803년인 계해년이다. 「사암연보」에 보면 "다산이 유배지에서 밤낮으로 홀로 외롭게 지내며 마침내 「사상례」(士喪禮) 3편과 「상복」(喪服) 1편과 주석(註釋)을 가져다가 정밀히 연구했다"는 표현대로 이제 본격적인 연구에 몰두한다.

우선 고향의 두 아들에게 새해 편지를 보낸다.

새해가 밝았구나. 군자는 새해를 맞으면서 반드시 마음가짐이나 행동을 새롭게 하려고 한다. 나는 소싯적에 새해를 맞을 때마다 꼭 1년 동안 공부할 과정을 미리 계획해보았다. 예를 들면 무슨 책을 읽고 어떤 글을 뽑아 적어야겠다는 식으로 작정을 해놓고 꼭 그렇게 실천하곤 했다. 때로는 몇 개월 못 가서 사고가 발생하여 계획대로 되지 않을 때도 있었지만 아무튼 좋은 일을 행하고자 했던 생각이나 발전하고 싶은 마음은 없어지지 않아 많은 도움이 되었다.

내가 지금까지 너희들 공부에 대해서 글과 편지로 수없이 권했는데 너희는 아직도 경전이나 예악에 관해 하나도 질문을 해오지 않고 역사책에 관한 논의도 보여주지 않고 있으니 어찌 된 셈이냐. 너희들이 내 이야기를 이다지도 무시한단 말이냐. 도회지에서 자란 너희들이 어린 시절에 보고 배운 것이 문전의 잡객이나 시중드는 하인이나 아전들뿐이어서 말씨나 마음씨가 약삭빠르고 비천할 수밖에 없겠지. 이런 못된 버릇이 골수에 박혀 너희들 마음 속에 착한 행실을 즐겨하고 공부하려는 뜻이 전혀 없는 것이다. 내가 밤낮으로 애태우며 돌아가고 싶어하는 것은 너희들 뼈가 점점 굳어지고 기운이 점점 거칠어져 한두 해 더 지나버리면 완전히 나의 뜻을 저버리고 보잘것없는 생활로 빠져버리고 말 것이라는 초조감 때문이다.

너희들은 집에 책이 없느냐. 몸에 재주가 없느냐. 눈이나 귀에 총명이 없느냐. 왜 스스로 포기하려고 하느냐. 영원히 폐족으로 지낼 작정이냐. 너희 처지가 비록 벼슬길은 막혔어도 성인(聖人)이 되는 일이야 꺼릴 것이 없지 않으냐. 문장가가 되는 일이나 지식과 이론에 통달한 선비가 되는 일은 꺼릴 것이 없지 않으냐. 꺼릴 것이 없을 뿐 아니라 과거공부하는 사람들이 빠지는 잘못에서 벗어날 수도 있고, 가난하고 곤궁하게 고생하다 보면 그 마음을 단련하고 지혜와 생각을 넓히게 되어 인정이나 사물의 진심과 거짓을 옳게 알 수 있는 장점을 갖는 것이다.

그런 까닭에 선배로서 율곡 선생과 같은 분은 어머니를 일찍 여의고 어려움을 참고 견디어 얼마 안 있어 마침내 지극한 도를 깨쳤고, 우리 집안의 우담 정시한 선생께서도 세상 사람들의 배척을 받고서 더욱 덕이 높아졌고, 성호 이익 선생께서도 난리를 당한 집안에서 이름난 학자가 되었으니, 이분들 모두가 다 당대의 고관대작 집안의 자제들이 미칠 수 없는 훌륭한 업적을 남겼다는 것을 너희도 일찍부터 들어오지 않았느냐.

폐족에서 재주 있는 걸출한 선비가 많이 나오는 것은, 하늘이 재주 있는 사람을 폐족에서 태어나게 하여 그 집안에 보탬이 되게 하려는 것이 아니다. 부귀영화를 얻으려는 마음이 근본정신을 가리지 않아 깨끗한 마음으로 독서하고 궁리하여 진면목과 바른 뼈대를 얻을 수 있기 때문이다.

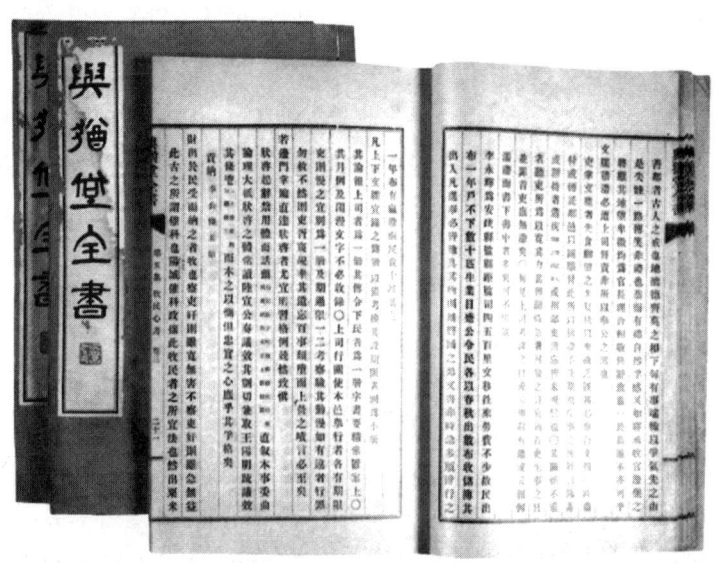

다산 정약용의 문집 『여유당전서』.
시문집에 실린 그의 시는 1,312수로, 열네 살 때부터 유배 후의 생활을 읊은 시까지 거의 모든 작품이 실려 있다. 현실비판적인 내용이 많다.

평민으로 배우지 않으면 못난 사람이 되고 말지만 폐족으로서 배우지 않는다면 마침내 도리에 어긋지고 비천하고 더러운 신분으로 타락하게 되고 아무도 가깝게 지내려 하지 않아 결국 세상의 버림을 받게 되고 혼인길마저 막혀 천한 집안과 결혼하게 되며, 물고기의 입술이나 강아지의 이마 몰골을 한 자식이 태어나면 그 집안은 영영 끝장나는 것이다.

내가 유배생활에서 풀려 몇 년 동안이라도 너희들과 생활할 수만 있다면 너희들의 몸과 행실을 바로잡아 효제(孝悌)를 숭상하고 화목하는 일에 습관이 들게 하며 경사(經史)를 연구하고 시례(詩禮)를 담론하면서 3,000~4,000권의 책을 서가에 진열하고 1년 정도 먹을 양식을 걱정하지 않아도 되고, 채소밭, 뽕나무밭, 삼밭, 과일, 화훼, 약초 등을 심는 밭을 잘 가꾸어 잘 어울리게 하고 그것들이 무성하게 자라는 것을 구경하면 마음이 즐거울 것이다.

마루에 오르고 방에 들어가면 거문고 하나 놓여 있고, 주안상이 차려져 있으며, 투호(投壺) 하나, 붓과 벼루, 책상과 도서들이 품위 있고 깨끗하여 흡족할 만한 때에 마침 반가운 손님이 찾아와 닭 한 마리에 생선회 안주삼아 탁주 한 잔에 맛있는 풋나물로 즐겁게 먹으면서 어울려 고금의 일을 논의하면서 흥겹게 산다면 비록 폐족이라 하더라도 안목 있는 사람들이 부러워할 거고 이렇게 한두 해의 세월이 흐르다 보면 반드시 중흥의 여망이 비칠 게 아니냐. 이 점 깊이 생각해보도록 해라. 이런 일조차 하지 않을 거냐.

- 「두 아들에게 부탁함」(寄兩兒), 1803년 1월 1일

폐족이기 때문에 더 큰 인물이 될 수 있다

더없이 간절한 이야기다. 절망의 세월에 절망을 넘어서 희망을 앞세우는 불굴의 의지가 담겨 있고, 자식들이 훌륭한 학자가 되기를 바라는 아

버지의 심정이 무섭도록 절실하다. 스물한 살이 된 큰아들과 열여덟 살이 된 둘째아들에게 거는 아버지의 기대는 매우 컸다. 폐족이기 때문에 출세에 방해가 되는 것이 아니라, 오히려 과거에 얽매이는 것에서 벗어나 참다운 인생 공부를 할 수 있고 고관대작이 아니기 때문에 세상의 밑바닥까지 제대로 관찰할 수 있는 유리한 입장임을 강조하는 점에서, 폐족에서 진정으로 탈피할 수 있는 그의 계책은 참으로 컸다.

계해년 신년사로 보낸 정월 초하루의 편지를 보내기 바로 며칠 전에도 다산은 두 아들에게 장문의 편지를 보냈다. 1802년 12월 22일자로 명기되어 있는 것으로 보면, 아마 임술년 한 해를 마무리하려는 뜻으로 쓴 편지로 보인다. 막내아들의 죽음에 서러움을 토한 며칠 뒤의 일이었다.

이 세상에 있는 사물 가운데에는 자연상태로 존재하여 좋은 것이 있는데, 이런 것은 오히려 기이하다고 떠들썩하게 말할 필요가 없다. 다만 파손되거나 찢어진 것을 가지고 어루만지고 다듬어 완전하게 만들어야만 공덕을 바야흐로 찬탄할 수 있듯이, 죽을병에 걸린 사람을 치료해서 살려야 훌륭한 의원이라 부르고 위태로운 성(城)을 구해내야 이름난 장수라 일컫는다.

여러 대에 걸친 명문 집안의 고관 자제처럼 좋은 옷과 멋진 모자를 쓰고 다니며 집안 이름을 떨치는 것은 못난 자제라도 할 수 있는 일이다. 이제 너희들은 망한 집안의 자손이다. 그러므로 더욱 잘 처신하여 본디보다 훌륭해진다면 이것이야말로 기특하고 좋은 일이 되지 않겠느냐.

폐족으로서 잘 처신하는 방법은 오직 독서하는 일 한 가지밖에 없다. 독서라는 것은 사람에게 가장 중요하고 깨끗한 일일 뿐만 아니라 호사스러운 집안 자제들에게만 맛을 알도록 하는 것도 아니고 촌구석 수재들이 심오함을 넘겨다 볼 수 있는 것도 아니기 때문이다. 반드시 벼슬하던 집안의 자제로서 어려서부터 듣고 본 바도 있는데다 중년에 재난을 당한 너희들 같은 젊은이들이 진정한 독서를 하기에 가장 좋은 것이다. 그네들이 책을 읽을 수 없다는 것이 아니라 뜻도 의미도 모르면서 마냥 책만 읽는다고 해서 독서를 한다고 할 수 없기 때문이다.

의원이 3대를 계속해오지 않았다면 그 의원 집 약을 먹지 않듯이 문장도 그렇다. 몇 대를 내려오는 집안의 문장이라야 글다운 글이 나오기 때문이다. 돌이켜보면 내 재주가 너희들보다 조금은 더 나을지 모르지만, 어려서는 방향을 알지 못했고, 나이 열다섯에야 비로소 서울 유학을 해보았으나 이곳저곳 집적거리기만 했지 얻은 것이라고는 아무것도 없었다. 그러므로 내가 지은 시나 문장은 아무리 맑은 물로 많이 씻어낸다 해도 끝내 과거 답안 같은 틀을 벗어날 수 없고 조금 괜찮은 것일지라도 관각체(館閣體)의 기운을 면할 수 없는 것이다.

열 살 때 지은 학연의 글을 나는 스무 살 적에도 짓지 못한 것 같고 근래에 지은 글은 지금의 나로서도 미치지 못하는 것이 더러 있으니, 이것은 네가 효과적으로 공부하는 길을 택했고 견문이 조잡하지 않기 때문이 아니겠느냐. 내 생각에는 너는 이미 진사도 되고 과거에 급제할 만한 실력이 족히 된다고 본다. 글을 알면서도 과거 때문에 오는 제약을 벗어나는 것과 진사가 되고 급제한 사람이 되는 것 중 어느 편이 나은 일인가는 말하지 않더라도 잘 알 것이다. 지난번에 말했듯이 가문이 망해버린 것 때문에 오히려 더 나은 처지를 이룩할 수 있다는 게 바로 이런 것이 아니겠느냐.

너희들 가운데 학포의 재주와 역량을 보면 큰애보다 주판 한 알쯤 부족할 듯하나 성품이 자상하고 무엇이든지 생각해보는 사고력이 있으니, 진정으로 열심히 책 읽는 일에 온 마음을 기울이면 어찌 형님을 따를 수 없다고 하겠느냐. 근래에 둘째의 글을 보니 조금 나아졌기에 내가 알 수 있었다.

• 「두 아들에게」

집안의 학문 전통을 이어야 한다

　자식을 착한 길로, 독서의 길로 인도하는 아버지의 애틋한 정이 무척이나 진솔하다. 진실한 이야기는 언제나 감동을 불러일으킨다. 삶의 깊고 넓은 원리를 터득한 다산, 생활에서 얻은 진리와 진실을 설파했으므로 아들들은 반드시 감동해 독서에 열중하지 않을 수 없었으리라. 학연·학유 두 형제는 아버지의 지도에 따라 몇 대째 내려오는 문장의 전통을 이어 훌륭한 학자이자 문장가로 성장하게 된다.
　"의원이 3대를 계속해오지 않았다면 그 의원 집 약을 먹지 않듯이 문장도 그렇다"라는 구절이 아주 좋다. 의사가 대를 이어 집안의 비법을 전수받고 경험을 전수받으면 더 정교한 의술을 펼칠 수 있듯이, 문장도 마찬가지라는 것이다. 증조부·조부·아버지에 이르기까지 3~4대에 걸쳐 문장에 뛰어난 선조들이 있어, 그들의 학문적 전통을 이어받고 집안 장서들을 활용해야만 더 큰학자가 되고 문장가가 될 수 있다고 했으니 지극히 당연한 이야기다. 물론 당대에 뛰어난 학자나 문장가가 나오지 말라는 법은 없지만, 그래도 전통이 있고 역사가 있어야 더 훌륭해진다는 점은 수긍해도 좋을 것 같다.
　편지는 계속된다.

　　독서를 하려면 반드시 먼저 근본을 확립해야 한다.
　　근본이란 무엇을 일컫는가. 학문에 뜻을 두지 않으면 독서를 할 수 없으며, 학문에 뜻을 둔다고 했을 때는 반드시 먼저 근본을 확립해야 한다.
　　근본이란 무엇을 말하는가. 오직 효제가 그것이다. 먼저 효제를 힘써 실천함으로써 근본을 확립해야 하고, 근본이 확립되고 나면 학문은 자연스럽게 몸에 배어들고 넉넉해진다. 학문이 몸에 배어들고 넉넉해지면 특별히 순서에 따른 독서의 단계를 강구하지 않아도 괜찮다.

다산은 뒷날 6경 4서의 경전에 대한 새로운 주석으로 동양 중세의 관념론적인 성리철학의 세계관과 인성론에서 탈피해 효제를 근본으로 하는 경험론적 실학사상을 정립한다. 그러한 논리로 행사(行事)를 앞세운 실천철학을 수립하는데, 이 편지의 내용은 바로 다산의 학문 전체를 꿰뚫는 근간이요 핵심사항이다. 인간의 기본적인 윤리인 효제만 제대로 실천할 수 있는 기반이 닦이면 나머지는 순서도 단계도 필요없다는 주장이 바로 다산 철학의 중심이다. 가장 기본적인 윤리를 실천하고 실행하지 않으면서 독서를 하면 무엇하며, 철학과 학문을 연구하면 무슨 결과가 나오겠느냐는 반문에서 행위, 행사, 실천이 없고는 모든 것이 무의미하다는 다산의 실학사상이 튼튼하게 자리잡게 되는 것이다.

부모에게 효도하고 동등관계의 형제와 우애하고 아랫사람에게 은정을 베푸는 유교철학, 바로 공자, 맹자가 창시하고 발전시킨 동양의 주된 사상이 아니던가. 공맹철학의 원류를 찾아 왜곡되고 타락한 성리철학에서 벗어나자는 다산의 근본 논리가 편지를 통해 아들들에게 전달되고 기록으로 남아 오늘의 우리에게도 전달되고 있다. 공자의 중심사상인 '인'(仁)이 바로 효제라고 과감하게 주장했던 다산, 실천을 앞세우는 의미심장한 주장이 아닐 수 없다.

천지 간에 글과 붓이 있을 뿐이다

세상을 구한 책을 읽어라

두 아들을 훌륭한 선비로 키워내려는 아버지의 지극한 정성은 계속 이어진다. 온갖 경험을 동원하고 지혜를 발휘한다.

또한 나는 천지 간에 의지할 곳 없이 외롭게 서 있는지라 마음 붙여 살아갈 것으로 글과 붓이 있을 뿐이다. 문득 한 구절이나 한 편 정도 마음에 드는 곳을 만났을 때 다만 혼자서 읊조리거나 감상하다가 이윽고 생각하기를 이 세상에서는 오직 너희들에게나 보여줄 수 있겠다 여기는데 너희들 생각은 독서에서 이미 연(燕)나라나 월(越)나라처럼 멀리 떨어져나가서 문자를 쓸데없는 물건 보듯 하는구나. 쏜살 같은 세월에 몇 년이 지나면 나이 들어 신체가 장대해지고 수염만 텁수룩해질 텐데 갑자기 얼굴을 대면한다 해도 밉상스러워지기만 하지 아버지의 책을 읽으려고나 하겠느냐.
너희들이 참으로 독서를 원하지 않는다면 내 저서는 쓸모없는 것이 되고 말 것이다. 내 저서가 쓸모없다면 나는 할일이 없는 사람이 되고 만다. 그렇다면 나는 앞으로 마음의 눈을 닫고 흙으로 빚은 사람처럼 될 뿐만 아니라 열흘이 못 가서 병이 날 거고 이 병은 고칠 수 있는 약도 없을 것인즉 너희들의 독서는 내 목숨을 살려주는 것이다. 너희들은 이런 이치를 생각해보거라.

자신이 마음을 삭이며 밤낮으로 하는 일은 책 읽고 글쓰는 일인데, 아들들이 제대로 책을 읽지 않아 학문이 설익고 공부가 부족하다면 자신이 지은 책을 읽지 못하고, 읽어도 무슨 뜻인지를 알아내지 못할 것이니, 자기는 앞으로 책을 저술할 필요가 없다. 그렇다면 자기는 흙으로 빚은 동물처럼 우두커니 앉아 있어야 할 텐데, 아마도 며칠이 못 되어 고치지 못할 병이 들 거다. 아들들이 책을 열심히 읽어 학문이 일정 수준에 이르고 공부가 깊어져야 자기의 책을 읽을 것이니, 아들들의 독서는 바로 자기의 생명을 연장시켜주는 일이라고 조목조목 설득시켰으니, 거기에 응하지 않을 아들이 있겠는가.

그렇다면 어떤 책을 읽으라는 것인가. 책을 읽어도 세상을 구하는 책을 읽으라는 충고를 다산은 **빼놓지 않았다.**

내가 앞서 누누이 말했듯이 청족(淸族: 법망에 걸리지 않은 깨끗한 집안)은 비록 독서를 하지 않아도 저절로 존중받을 수 있으나, 폐족이 되어 세련된 교양이 없다면 더욱 가증스러운 일이 아니겠느냐! 사람들이 천하게 여기고 세상에서 얕잡아보는 것도 서글픈 일일진대 하물며 지금 너희들은 스스로를 천하게 여기고 얕잡아보고 있으니 스스로를 비참하게 만드는 일이다.

너희들이 끝끝내 배우지 아니하고 스스로를 포기해버린다면 내가 해놓은 저술과 간추려놓은 것들을 앞으로 누가 모아서 책으로 엮고 교정하며 정리하겠느냐. 이 일을 못한다면 내 책들은 더 이상 전해질 수 없을 것이며, 내 책이 후세에 전해지지 않는다면 후세 사람들은 단지 사헌부의 계문(啓問)과 옥안(獄案: 재판기록)만을 믿고 나를 평가할 것이 아니냐. 그렇게 되면 내가 그들에게 어떤 사람으로 취급받겠느냐.

아무쪼록 너희들은 이런 점들까지 생각하여 다시 분발하고 공부해서 내가 실낱같이 이어온 우리 집안의 글하는 전통을 너희들이 더욱 키우고 번창하게 해보아라. 그러면 세상에서 다시 빛을 보게 될 것은 물론 아무리 대대로 벼슬 높은 집안이라도 우리 집안의 청귀(淸貴: 깨끗하면서 귀한 신분)와는 감히 견줄 수 없을 것이니 무엇이 괴롭다고 이런 일을 버리고 도모하지 않느냐.

요즈음 한두 젊은이들이 원(元)·명(明) 때의 경조부박한 망령된 사람들이 가난과 괴로움을 주관적으로 표현한 말들을 모방하여 절구(絶句)나 단율(短律)을 만들어 당대의 문장인 것처럼 자부하며 거만하게 남의 글이나 욕하고 고전적인 글들을 깎아내리는데, 내가 보기에 불쌍하기 짝이 없다. 반드시 처음에는 경학공부를 하여 밑바탕을 다진 뒤에 옛날의 역사책을 섭렵하여 옛날 정치의 득실과 잘 다스려진 이유와 어지러웠던 이유 등의 근원을 캐볼 뿐만 아니라, 또 모름지기 실용의 학문, 즉 실학에 마음을 두고 옛사람들이 나라를 다스리고 세상을 구했던 글들을 즐겨 읽도록 해야 한다.

마음에 항상 만백성에게 혜택을 주어야겠다는 생각과 만물을 자라게 해야겠다는 뜻을 가진 뒤라야만 바야흐로 참다운 독서를 한 군자라고 할 수 있다. 그러한 사람이 된 뒤, 더러 안개 낀 아침, 달 뜨는 저녁, 짙은 녹음, 가랑비 내리는 날을 보고 문득 마음에 자극이 와서 한가롭게 생각이 떠올라 그냥 운율이 나오고, 저절로 시가 만들어질 때 천지자연의 음향이 제 소리를 내는 것이니, 이것이 바로 시인이 제 역할을 해내는 경지일 것이다. 나보고 너무 실현성 없는 이야기만 한다고 하지 말거라.

학자가 되고 시인이 되며 문장가가 되는 가장 올바른 길을 상세히 설명하고 있다. 자신의 느낌으로도 어떻게 보면 실현성이 부족한 이상적인 이야기이지만 참다운 학자나 시인이 되려면 그렇게 하지 않고 어떤 것을 택하겠는가. 언제나 가장 올바른 길은 지나치게 이상적일 수 있고 현실성이 부족할 수도 있다. 그러나 그 길이 바른 길임을 부인할 사람은 아무도 없을 것이다.

옛사람들이 쓴 경제문자(經濟文字), 즉 경국제세(經國濟世)의 책, 나라를 경륜하고 세상을 건지는 책을 읽어야 하고 실용 학문인 실학에 마음을 기울여야 한다는 주장에는 바로 실학자 다산의 모습이 역력히 보인다.

우리의 역사와 옛일을 알아야 한다

당시의 시대가 어떤 세상이던가. 모든 문물이 중국에서 전래되어 중국의 문화와 문명이 아니고는 비루하고 비속하게만 여겨 몰자아(沒自我), 몰민족(沒民族)의 긴 터널이 계속되고 있을 때였다. 중화주의에 빠져 사대주의가 세상의 겉면을 지배하던 시절이었다. 이런 문제점에 대해서도 다산은 분명하게 두 아들에게 가르쳐주고 있다.

요 근래 수십 년 이래로 한 가지 괴이한 논의가 있어 우리나라 문학(東方文學)을 매우 심하게 배척하고 있다. 여러 가지 우리나라의 옛 문헌이나 문집에는 눈도 주지 않으려 하니 이거야말로 병통이 아니고 무엇이겠느냐! 사대부 집안의 자제들이 우리나라의 고사(故事)는 알지 못하고 선배들이 의논했던 것을 읽지 않는다면 비록 그 학문이 고금을 꿰뚫고 있다 해도 엉터리가 될 뿐이다. 다만 시집 따위야 서둘러 읽을 필요는 없겠지만, 신하가 임금께 올린 상소문, 묘비문, 옛사람들끼리 주고받은 서간문 등은 반드시 읽어서 안목을 넓혀야 한다. 또 『아주잡록』(鵝洲雜錄) 『반지만록』(盤池漫錄) 『청야만집』(淸野漫輯) 등은 반드시 널리 찾아서 두루두루 보아야 할 것이다.

당시로 보면 대단한 주장이다. 글을 배워 글을 쓰는 선비들이 제 나라의 역사나 옛일은 알지 못하고 중국 것이나 인용하고 있으니 말이나 될 법하느냐는 것이다. 시대적 아픔을 해결하기 위해 신하가 임금에게 올린 상소문, 한 인간의 일대기가 담긴 묘비문, 또 당시의 문제를 해결하려는 내용이나 학문적 토론이 주를 이룬 선비들끼리 주고받은 서간문, 이런 책을 읽어 안목을 넓혀야 한다는 주장도 옳은 말이다. 특히 잡록이나 만록을 읽도록 권했던 것도 새겨들을 이야기다. 그러한 책에는 정사에 없는 세상의 뒷이야기들이 아주 많이 기록되어 있기 때문에, 세상의 이면을 알기 위해서는 그러한 지식도 반드시 필요하다.

우리가 여기서 특히 주목할 바는 민족자아의 발견에 역점을 둔 다산의 주장이다. 사대부 집안의 자제들이 국조고사(國朝故事)는 백안시하고, 남의 나라 역사나 문화에만 호기심을 갖고 있음은, 학문이 고금을 꿰뚫어도 역시 볼품없다는 것에 다산의 깊은 뜻이 담겨 있다. 우리나라의 문학은 심하게 배척할 뿐만 아니라 우리나라의 문헌이나 선배들의 문집은 읽어보지 않으려는 태도는 '큰 병통'(大病痛)이라고 크게 꾸짖고 있는 것이다.

부모를 어떻게 섬길 것인가

이어지는 편지에서 다산은 인간윤리의 근간인 '효제'를 더욱 자세하게 설명하고 있다. 특히 며느리들이 해야 할 일까지 세세하게 일러주고 있다.

어버이를 섬기는 일은 그 뜻을 거역하지 않는 것이 가장 중요하다. 여인들은 의복이나 음식, 거처하는 것에 관심이 많으므로 어머니를 섬기는 사람은 사소한 일에도 유의해야만 효성스럽게 섬길 수 있을 것이다. 『예기』의 내칙편에는 음식에 관한 것 등 작은 예절이 많이 적혀 있는데, 이것은 성인의 가르침이란 물정(物情)을 알게 하는 데서 출발하는 것이지 결코 동떨어지고 미묘한 곳에서 시작되지 않음을 알게 한다.

　요즘 세상에 사대부 집안에서 부녀자들이 오래 전부터 부엌에 들어가지 않는 것이 예사다. 네가 한번 생각해보아라. 부엌에 들어간들 무엇이 그렇게 손해가 되겠느냐. 다만 잠깐 연기를 쏘일 뿐이다. 그런데 연기 조금 쏘이고 시어머니의 환심을 얻으면 효부가 되고 법도 있는 집안도 만드니 효도도 하고 지혜롭지 않겠느냐.

　또 너희 형제는 새벽이나 늦은 밤에 방이 찬지 따뜻한지 항상 점검하고 요 밑에 손을 넣어보고 차면 항상 따뜻하게 몸소 불을 때드리되 이런 일에는 남자종이나 여종을 부리지 말아야 한다. 그 수고로움도 잠깐 연기 쏘이는 일에 지나지 않지만, 네 어머니가 무엇보다 더 기분이 좋을 것인데, 너희들은 왜 이런 일을 즐거이 하지 않느냐.

　어머니와 아들, 시어머니와 며느리 사이에서 아들과 며느리가 불효하여 어머니나 시어머니가 한탄하고 있을 때에 남녀 종들은 그 틈을 노려 주인마님의 밥상에 장 한 숟갈이나 맛있는 과일 하나라도 더 올려 환심을 사고 골육 사이를 더욱 이간시키려고 할 텐데 이것은 아들이나 며느리가 잘못하기 때문이지 남녀 종들이 나빠서 그런 것은 절대로 아니다. 마땅히 이런 것을 거울삼아 온갖 방법을 동원해서 어머니를 기쁘게 해드려라.

　두 아들이 효자가 되고, 두 며느리가 효부가 된다면 나야 유배지인 금릉(金陵: 강진의 옛 이름)에서 이대로 늙어 죽는다 해도 아무런 유감이 없겠다. 힘쓸지어다.

　어떻게 해야 효자가 되고 효부가 되는가를 낱낱이 설명했다. 고향에 두고 온 아들과 며느리에게 외롭게 혼자 과부처럼 살아가는 아내를 돌봐주기를 바라는 남편의 마음이 따뜻하다. 편지의 내용이 참으로 좋다. 효와 제는 인간이 인간이기 위한 기본적인 윤리 개념이다. 더구나 인간관계의 원활한 화해를 위한 사회적인 결속의 원리가 윤리다. 이 윤리를 실현하기 위해서는 효와 제를 행동으로 옮겨야만 효과가 나타난다.

사실 유교의 기본 윤리는 오륜인데, 여기서의 효제는 오륜을 다 포괄하는 말이다. 효제의 개념은 오륜의 개념으로 바로 확대된다는 것이 다산의 주장이다. 가까이 무릎 앞에 있지 않은, 천 리 밖의 고향에 두고 온 두 아들에게 제대로 책을 읽고 어머니에게 효도할 것을 당부하는 말들이 아주 절실하다.

다산은 자기가 거주하는 곳에서 언제나 그곳의 풍물이나 풍속에 깊은 관심을 갖고 토속적인 생활에 대한 글을 써서 그 지역의 모습을 생생하게 증언하고 있다. 처음의 귀양지인 경상도 장기현에서는 「장기 농가」를 지어 그곳 농촌생활의 모습을 아름답게 묘사했고, 강진의 유배지에서는 강진의 '촌요'(村謠) '농가'(農歌) '어가'(漁歌) 등의 절창을 읊었다. 시골의 노래, 농부의 노래, 어부의 노래라고 말할 수 있는 다산의 시는 바로 우리 것을 알고 그런 전통을 이어가야 한다는 분명한 의지를 가지고 썼던 시로 보아야 한다.

어린이를 위한 저술에 나서고

상례연구로 천주교 교리 비판

아버지로서 그렇게 자상했던 다산은 여러 자식을 먼저 떠나보내고 상례에 대해 집중적인 연구를 시작한다. 『상례사전』(喪禮四箋, 9권)이라는 예서(禮書)를 완성해가던 중에 맨 먼저 저술한 책이 다름 아닌 『단궁잠오』(檀弓箴誤, 6권)다. 당시에 예학(禮學)이라는 학문 분야는 매우 비중이 큰 유학의 중심적인 학문이지만, 사실 오늘의 견지에서는 설명하기 어려운 내용이다.

상례(喪禮)란 사람이 죽으면 초상을 치르고 제사를 지내며 장례를 마치는 일들을 설명한 예절에 대한 학설이나 논의인데, 상례에 대한 다산의 저서만도 62권에 이른다.

다산은 천주교에 감염되고 천주교의 장점을 과장되게 세상 사람들에게 선전했다는 이유로 사학 죄인이 되어 유배살이를 하던 사람이다. 지금의 천주교와 당시의 천주교 사이에는 큰 차이가 하나 있었다. 바로 제사 문제. 천주교가 맨 처음 조선에 전교되던 당시에는 그러한 논의나 주장이 없었지만, 시간이 지나면서 진실한 신자라면 조상의 제사를 지내지 않아야만 참신자로 인정을 받을 수 있는 분위기로 바뀌었다. 이 문제가 본격적으로 거론된 것은 이른바 '신해사옥'이라고 불리는 진산사건이 일어난 1791년이었다.

전라도 진산에 사는 다산의 외종사촌형인 윤지충이 모친상을 당하자 자신의 외종사촌인 권상연과 함께 신주를 불사르고 제사를 지내지 않았다. 이 사실이 관에 알려지자 인륜을 파괴한 큰 죄인으로 취급해 두 사람은 참수형을 당했다. 이들은 천주교 신자로서 제사를 지내지 않아야만 참다운 신자라고 생각해 이와 같이 행했던 것이다.

이 문제 때문에 곳곳에서 사단이 벌어졌다. 다산은 다른 어떤 이유보다도 제사를 지내지 않아야 한다는 천주교의 교리에 크게 반발하고 천주교에서 손을 떼고 마음을 끊었다고 주장했다. 그의 상소문에도 자세히 기록되어 있다. 그렇다면 천주교와 관계가 있다는 이유로 유배를 사는 다산은 제사 지내는 문제에 대한 이론을 분명하게 밝힐 필요가 있었을 것 같다. 그래서 사람이 죽어 장례를 치르고 제사를 지내는 상례에 대한 연구에 혼신의 노력을 기울이지 않았을까. 무려 62권에 이르는 방대한 저서가 그처럼 비좁고 불편한 주막집에서 완성된 것이다. 1803년 봄에 설명한 『단궁잠오』에 대한 다산의 입장을 알아보자.

단궁(檀弓: 『예기』의 편이름) 2편은 『예기』의 여러 편 중에서 뜻과 이치가 매우 정밀하고 문사(文詞)가 특히 아름답다. 그러므로 공(다산)이 가장 좋아하는 것이었다. 대개 고례(古禮)는 번잡하고 복잡해 부화(浮華)한 문체가 없지 않으나 『단궁』에서 말하는 것은 대체로 간략하여 실상 『논어』에서 얘기한 공자 말씀과 서로 부합되는 점이 있었으니, 실로 공자의 은미한 말씀이다. 이에 공이 지취(旨趣)를 드러내 혹 옛 주에 잘못된 점이 있으면 바로잡았으니, 책이 모두 6권이었다. 그 뒤에 『상례사전』이 완성되었는데 무릇 『단궁잠오』 가운데 대의(大義)와 널리 의논한 것을 모두 옮겨 적어놓은 것이다.

전6권으로 된 첫번째 저서가 강진에서 완성되었음을 「사암연보」에 기록한 부분이다.

봄에 6권으로 된 『단궁잠오』의 저술을 마치자 여름에는 23칙(則)으로 된 「조존고」(弔尊考)를 기술한다. 사람이 죽으면 조문하는 조례(弔禮)에 대한 예절을 세세히 설명한 것이다. 그해 겨울에는 『예전상의광』(禮箋 喪儀匡)이라는 17권의 저술을 끝마쳤다. 긴긴 독수공방 끝에 연구에 몰두하여 이룩한 업적들이다.

옛 경서의 주석으로 마음에 합당하지 않은 것이 있으면 널리 옛 서적을 고찰해 '경으로 경을 증명하여'(以經證經) 성인의 뜻을 얻고자 했던 것이다. 상례에 대한 절차상의 문제점을 실제 행동으로 옮기기에 편한 합리적인 방법으로 다시 주석을 달고 해석을 내린 책이다. 1803년의 1년은 그야말로 봄에서 겨울까지 1년 내내 상례만 붙들고 연구에 연구를 계속한 한 해였다. 제사를 지내지 않아야만 참된 천주교 신자라는 당시의 규율과 확실한 선을 긋기 위해 다산은 상례에 대한 저서를 우선적으로 저술했을 것이다.

'천자문'은 어린이용 교재가 될 수 없다

1804년으로 해가 바뀌어 다산은 마흔세 살이 되었고 유배생활은 4년째로 접어든다. '사의재'라는 이름을 걸고 상례를 연구하는 한편 『주역』도 본격적으로 읽기 시작했다. 강진 읍내의 미천한 신분의 자제들이 글을 배우러 오자, 다산은 기존의 어린이용 교과서에 불만을 품고 있던 터라 새로운 어린이용 교과서 편찬도 시작했다.

당시 어린이를 교육하는 과정은 고을에 따라 다르고 집안에 따라 다르며 당론에 따라 달랐지만 보편적인 교육과정은 비슷했다. 아이들이 태어나 말을 배우면 글을 가르치기 시작하는데 대체로 맨 처음 가르치는 것은 『천자문』이었다. 오늘날까지도 한자를 가르치는 경우 그대로 답습하고 있는 교재가 바로 『천자문』이다.

다산의 주장에 따르면, 『천자문』은 중국의 양(梁)나라 때 주흥사(周興嗣)라는 사람이 편찬한 책인데, 이 책은 어린이를 가르치기에 적당한 책이 아니라는 것이다. 수백 년 동안 아무도 이의를 달지 않고 어린이용 교과서로 확실하게 자리잡은 책을 적합하지 않다고 강력히 주장하면서 새로운 어린이용 교과서까지 편찬한 다산의 안목은 여느 사람과는 분명히 달랐다. 다산 이전에 그토록 많은 학자가 있었고 그렇게 많은 어린이가 『천자문』을 배웠는데도 아무도 그에 대한 논평이 없었건만, 다산은 문제점을 짚고 넘어갔던 것이다.

글자가 생긴 것은 만물을 가려내기 위해서다. 더러는 생김새로, 더러는 일로 하여 반드시 유(類)를 감촉하여 자세하고 정확하게 맞게 되는 것이니, 족류(族類)를 다 알고 서로의 다른 점을 분별한 뒤에야 사물의 이치를 뚜렷이 알게 되어 비로소 문리가 트여 두뇌가 열리게 된다. 그러므로 옛날에는 『소학』(小學)에서 반드시 6서(六書)를 먼저 가르쳤으니, 이는 곧 자모상생(子母相生)의 법칙이요, 편방이합(偏旁離合)의 방법이다. 이를 연구해 밝혀서 근본 원리를 통하게 했으니, 『이아』(爾雅) 『설문해자』(說文解字) 『급취장』(急就章) 『옥편』(玉篇) 같은 책이 모두 그러한 목적에서 나온 것이다.
우리나라 사람들은 주흥사가 지은 『천자문』을 어린이에게 가르치는데 『천자문』은 소학생을 가르치기에 적당한 책이 아니다. '하늘 천'(天)과 '따 지'(地)의 글자를 배우고 나면 '일월'(日月), '성신'(星辰), '산천'(山川), '구릉'(丘陵) 등 족류를 다 알기도 전에 그것은 그만두고 5색(五色)을 배우라고 '현황'(玄黃)의 글자를 배우고 '청적'(靑赤), '흑백'(黑白), '홍자'(紅紫), '치록'(緇綠)의 다른 점을 분별하기도 전에 그것은 그만두고 우주(宇宙)를 배우라 하니, 이것이 무슨 교육 방법인가. 운우(雲雨)의 글자 사이에 '등치'(騰致)의 글자가 끼여 있으니 이것이 족류를 다한 것인가. '상로'(霜露)의 글자 사이에 '결위'(結爲)의 글자가 끼여 있으니, 이것이 다른 점을 분별한 것인가. 대체로 이와 같이 되었기 때문에 어린이들이 혼동하여 글자의 뜻을 분별하지 못한다. 그리하여 검을 현(玄)자를 감는다는 '전'(纏)자의 뜻으로 해석하며 누를 황(黃)자를 누른다는 '압'(壓)자로 해석한다. 그러나 이것은 배우는 아이가 미련해서 그런 것이 아니라 유를 감촉해서 자세하고 정확하게 알지 못했기 때문이다. 찰 영(盈)자의 반대는 빌 허(虛)이고, 기울 측(仄)자의 반대는 평할 평(平)자인데, '영'(盈)자로 '측'(仄)자를 대했으니, 이는 세로를 말하면서 가로를 깨우치려는 것으로서 그 유가 아닌 것이다. '세'(歲)자의 족류는 '시'(時)자이며 '양'(陽)자의 짝은 '음'(陰)인데 '세'(歲)니 '양'(陽)이니 하여 동떨어지게 말하니 이것은 그 유가 아니다.

다산은 이렇듯 『천자문』이 지닌 문제점들을 하나하나 분석해 타당하지 못함을 비판했다. 이 대목을 읽으면서 실제로 『천자문』이라는 책을 보고 다산의 말에 따라 글자를 읽어보면, 다산이 어떤 주장을 하는지 명확하게 이해할 수 있다.

『천자문』은 하늘 천(天), 따 지(地) 하고는 해나 달이 나오지 않고 갑자기 색깔인 검을 현(玄)이나 누를 황(黃)이 나온다. 해와 달이 나왔다가는 바로 찰 영(盈), 기울 측(仄)이 나와, 어떻게 보아도 이해하기 어렵다는 것이다. 다산은 어린이들을 이해시키기에 가장 편한 방법으로 교과서를 다시 만들어야 한다고 하면서 원칙을 천명했는데, 오늘 우리의 교육에도 참고할 점이 많음을 시사해주고 있다.

대체로 문자를 가르침에 있어서는 맑을 청(淸)자로 흐릴 탁(濁)자를 깨우치고, 가까울 근(近)자로 멀 원(遠)자를 깨우치며, 가벼울 경(輕)자로 무거울 중(重)자를 깨우치고, 얕을 천(淺)자로 깊을 심(深)자를 깨우치는데, 두 자씩 들어서 대조해 밝히면 두 가지의 뜻을 함께 알게 되고, 한 자씩 들어 말하면 두 가지의 뜻을 함께 모르게 된다.

특출한 두뇌가 아닌데 어떻게 깨우칠 수 있겠는가. 또 형체가 있는

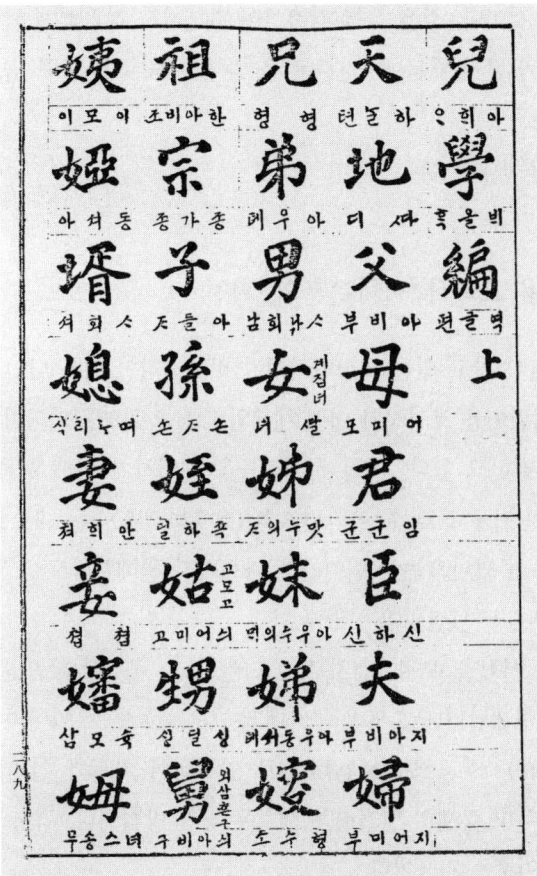

다산은 『천자문』의 비합리적이고 비논리적인 점을 낱낱이
지적하고는 새롭게 2,000자로 된 어린이용 교과서인 『아학편훈의』를 편찬했다.

물건에 대한 글자와 형체가 없는 뜻에 대한 글자는 그 유가 다르며, 행위가 없는 뜻과 행위가 있는 일에 대한 글자도 그 유가 같지 않다. 강(江)·하(河)·토(土)·석(石)은 형체의 명칭이고, 청(淸)·탁(濁)·경(輕)·중(重)은 그 뜻이며, 정(停)·류(流)·운(隕)·돌(突)은 그 일이 되는 것이다. 같은 유를 감촉하여 자세하고 정확하게 알지 못하는 것이 이와 같기 때문에 『천자문』을 다 읽어도 마침내 한 글자도 모르게 된다.

- 「천문평」(千文評)

어린이용 교과서 『아학편훈의』 편찬

『천자문』이 안고 있는 비합리적이고 비논리적인 점을 낱낱이 지적한 글이다. 어린이용 교과서가 어떤 체제와 내용으로 편집되어야 하는가를 분명하게 밝히고 있다. 이런 문제점들을 해결하기 위해 2,000자로 된 새로운 어린이용 교과서 『아학편훈의』(兒學編訓義)라는 새로운 책을 편찬했다. 우선 찾아오는 어린이들을 가르치기 위해서라도 그 책을 편찬해야만 했다. 1804년의 일이었다.

이 책의 시작을 보자. 천지부모(天地父母)·군신부부(君臣夫婦)에서 시작하여 형제남녀(兄弟男女)·자매제수(姉妹娣嫂)로 이어지며 조종자손(祖宗子孫)·질고생구(姪姑甥舅)로 연결되어 가족과 친척의 호칭에 대한 글자부터 상세히 열거하는 새로운 편찬 방법이다. 역시 다산의 창의성을 보여주는 저술이다.

다산은 「천문평」과 함께 당시에 초학(初學)들이 글을 배우면서 읽는 보편적인 교재들에 대해 혹독한 비판을 가해서 그것들이 적합한 책이 아님을 조목조목 설명했다. 예컨대 가장 많이 배우던 『사략』(史略)과 『통감절요』(通鑑節要)에 대해서도 '불가독설'(不可讀說: 읽어서는 안 될 책)이라는 글을 지어 통렬하게 비판했다. 흔히 세상에 알려진 『사략』

이나 『통감절요』는 청소년 시절의 학생이라면 당연하게 배우는 책인데 이 점에 대해서도 적당한 책이 아님을 누누이 설명하고 있다.

그는 『사략』이 지상에서 사라지면 우리나라에 문교(文敎)가 진작될 것이라고 주장했다. 특히 『사략』이나 『통감절요』라는 중국의 역사책은 근거도 없는 중국의 고대사를 황당하게 기술하여 젊은 사람들이 아무리 이해하려 해도 이해할 수 없는 내용이어서 그런 책을 통해서는 절대로 문리(文理)를 얻을 수 없다고 강조했다. 이에 대해서는 다산의 『여유당전서』잡평(雜評) 부분에 남아 있는데 『여유당전서보유』라는 책에도 자세히 기술되어 있다. 다산은 1804년 한 해 동안 온갖 지혜를 동원하여 2,000자에 이르는 『아학편훈의』를 편찬하여 찾아오는 어린이들을 가르쳤다.

민족적 정서를 찾아서

강진의 풍속을 시에 담아

1805년은 을축년이다. 마흔넷의 다산, 상례를 계속 연구하면서 『주역』도 손에서 놓지 않았던 해다. 학문연구에 몰두하던 틈틈이 상당한 여유를 가지면서 1803년 무렵부터는 본격적인 시짓기에도 게으르지 않았다. 시골의 다양한 삶의 모습을 보며 촌요(村謠)를 읊기도 했으나 농부나 어부들의 삶과 노동을 형상화한 시도 지었다.

1805년에 지은 『정체전중변』(正體傳重辨)은 상례에 관한 저서다. 일명 『기해방례변』이라 하는 이 책은 효종대왕의 상(喪)에 대비가 어떤 복제를 해야 하는가에 대해 논한 책이다.

이른바 '기해예송'(己亥禮訟)이란 임금의 상사에 어떤 복을 입어야 하는가로 당쟁이 격발했던 사건이다. 서인과 남인 사이에 의견이 대립되어 끝내 살육의 대참사로 연결된 사건인데 송시열 계열의 서인은 기년복(朞年服)을, 윤선도 계열의 남인은 삼년복(三年服)을 주장해 첨예하게 대립했다.

다산은 『기해방례변』에서 삼년복을 찬성하면서 자신과 당론이 같은 남인의 손을 들어주었다. 매우 복잡한 이론과 논리가 전개되고 고경(古經)의 예설까지 총동원되어 다툼이 이어지던 논쟁이니, 지금 우리의 입장에서는 뭐라고 논할 수가 없으나 당시에는 매우 첨예하게 대립한 큰 사건이었다.

이제 다산이 강진에서 쓴 문학작품으로 시선을 옮겨보자. 다산의 시집을 보면 귀양온 다음해인 1802년 초봄부터의 시작품이 실려 있다. 그해 1월에 고향의 아들 편지를 받고 즐거워하며 지은 시는 이미 읽어보았다. 비록 지은 날짜가 명기되어 있지는 않으나 그 무렵에 지은 작품으로 보이는 시가 바로 강진의 풍속과 풍광을 읊은 「탐진 노래」(耽津村謠)라는 20수의 시인데, 실제로는 15수만 실려 있다.

탐진은 강진의 옛 이름이다. 그곳에는 본디 탐진과 도강(道康)이라는 두 개의 고을이 있었다. 뒷날 행정구역이 개편되면서 두 개의 고을을 합쳐 하나의 고을이 되었는데 도강이라는 강(康)자와 탐진이라는 진(津)자가 합해져 강진이라는 이름이 나오게 된다. 강진의 옛 이름이 금릉(金陵)이라 다산은 그 이름으로 사용하기도 했다.

강진의 풍속시들을 읽어보면 다산의 시정신을 실감할 수 있다. 당시의 문학 풍토나 문단의 동향은 중국의 문자나 고사를 인용하기 좋아하고 우리의 문학을 심하게 배척했다. 다산은 그에 대한 불만으로 고유한 우리의 언어나 방언까지 한자로 바꾼 시어들을 과감하게 사용했다. 민족적 정서를 찾아내려던 다산의 깊은 뜻이 시구절마다 담겨 있다.

누리령 꼭대기엔 바위가 우뚝우뚝　　　　　樓犁嶺上石漸漸
길손이 눈물 뿌려 사시장철 젖어 있네.　　　長得行人淚灑霑
월남리로 향하여 월출산 보지 말게　　　　　莫向月南瞻月出
봉우리마다 뾰족함이 도봉산 꼭 닮았네.　　峯峯都似道峯尖

15수로 된 「탐진 노래」의 첫번째 시다. 다산은 원주(原注)에서 월출산은 강진현에 있고 도봉산은 양주에 있다고 했다. 자신이 있는 강진의 월출산과 자신의 고향에서 가까운 양주의 도봉산은 모습이 꼭같으니, 월출산 바라보면 도봉산이 생각나고 도봉산 생각하면 고향이 그리워지니 월출산일랑 바라보지 말자는 말에는 고향이 그리워 못 견디는 심정이

들어 있다. 사향(思鄕)의 간절함이 치솟기도 하지만 또 하나 주목할 점은 '누리령'(樓犁嶺)이라는 봉우리의 표현이다.

본디 영암과 강진의 한중앙에 가로놓인 산이 현재의 국립공원 월출산이다. 영암에서 강진으로, 강진에서 영암으로 가려면 월출산의 어딘가를 넘어가야 하는데, 신작로 나기 전 월출산 중턱에 있던 고개가 누릿재다. 한자로는 황치(黃峙)이지만 시골 사람들은 언제나 누릿재라고 불렀다. 누런 재, 즉 황치를 한자로 바꾸어 누리령이라는 시어가 만들어졌다. 사전에도 방언에도 없는 누리령, 다산은 시골 사람들의 언어를 그대로 시어에 사용해 생생한 표현을 이끌어낸 것이다. 지금이야 고개로서의 역할을 잃은 지 오래다. 그 뒤 불티재라는 신작로를 따라 아스팔트 도로가 뚫렸는데, 이제는 그 불티재조차 터널이 트이고 고속도로가 되면서 전설 속으로 사라지고 말았다.

산봉우리의 뾰족한 모습이 도봉산과 꼭 닮아서, 고향 생각을 참기 위해 월출산 바라보지 말자는 표현도 재치 있고 멋진데, 누리령이라는 토속어를 사용한 점은 참으로 뛰어나다.

우리 시에는 우리의 이야기가 담겨야

동백나무 잎사귀 차가워도 무성한데	山茶接葉冷童童
눈 속에 피는 꽃 백학의 붉은 이마인 듯.	雪裏花開鶴頂紅
갑인년(1794)에 소금비 한 차례 내린 뒤에	一自甲寅鹽雨後
주란이며 유자나무 무더기로 말랐네.	朱欒黃柚盡枯叢

시어에 나오는 산다(山茶)는 다산의 주에 동백나무라고 했다. 여기서 인용한 고사가 바로 강진에 전해지는 토속적인 전설이다. 음력으로는 8월 하순, 양력으로는 9월 하순 무렵이면 찾아오는 태풍으로 바닷물이 심한 바람에 흩날려 산야를 덮는다. 강진 사람들은 이런 염기가 섞인 비

강진에서 바라보이는 영암의 월출산.
"월출산 바라보면 도봉산이 생각나고 도봉산 생각하면
고향이 그리워지니 월출산일랑 바라보지 말자."

를 염우(鹽雨: 소금비)라고 했는데 다산은 그 말을 그대로 사용했다. 다산이 귀양살이 오기 6~7년 전인 1794년에 큰 태풍이 불어닥쳐 강진 일대의 농작물과 산천초목이 아주 큰 피해를 입은 적이 있었는데, 그런 사실을 시에 담았다. 남의 나라의 역사적 사실이나 풍속보다는 자신의 고향이나 거주하는 지역의 옛일이나 풍속에 대한 이야기들을 시에 담아야 볼품이 있다던 그의 시관(詩觀)과 일치한다.

우리나라 사람들은 역사적 사실을 인용한답시고 걸핏하면 중국의 일이나 인용하고 있으니 과연 볼품없는 짓이다. 아무쪼록 『삼국사기』 『고려사』 『국조보감』(國朝寶鑑) 『여지승람』(輿地勝覽) 『징비록』(懲毖錄) 『연려실기술』(燃藜室記述), 그 밖에 우리나라의 다른 글 속에서 그 사실을 뽑아내고 그 지방을 고찰하여 시에 인용한 뒤라야 후세에 전할 수 있는 좋은 시가 나올 것이며, 세상에 명성을 떨칠 수 있을 것이다.
• 『유배지에서 보낸 편지』

위의 내용에서 보듯 어쩌다 우리 것을 인용하고 언급하는 정도에서 벗어나 확고한 신념을 가지고 시작에 임하던 그의 주체적 인식이 다른 시인들과는 크게 달랐다. 그는 뛰어난 문학가 혜풍(惠風) 유득공(柳得恭)이 조선의 역사 사실을 인용한 시를 썼기 때문에 중국 사람들도 책으로 간행해 즐겨 읽었다는 예를 거론하기도 했다. 다산의 시를 읽으면 그가 자신의 주장대로 시를 지었음을 파악하기 어렵지 않다.

가렴주구는 호랑이보다 무섭다

바닷가 왕대나무 100척이나 자라더니	海岸篔簹百尺高
요즘에는 낚싯배의 삿대로도 못 쓰네.	如今不中釣船篙
전원지기 날이 날마다 새 죽순 길러서	園丁日日培新笋

죽력고(竹瀝膏) 내서 권문세가에 바치기 때문이네.　　留作朱門竹瀝膏

　대나무 진을 내어 만든 약이 죽력고인데, 몸에 좋다고 하여 권문세가에 바치기 바쁘다. 자주 대를 베어 대나무가 높이 자라지 못함은, 바로 그 지방의 세력가에게 착취당하는 농민들의 아픔을 말하는 것이다.

무논에 바람 불면 보리물결 일어나고　　　水田風起麥波長
보리타작 무렵에 모를 심는다네.　　　　　麥上場時稻挿秧
눈 내리는 겨울에도 배춧잎은 새파랗고　　菘菜雪天新葉綠
섣달에 깐 햇병아리 고운 털이 노랗구나.　鷄雛蜡月嫩毛黃

　보고 느낀 대로 적어 내려간 시구다. 벼수확을 마치면 보리 심고 보리 베고 나면 모를 심는 남녘 지방의 이모작 경작을 경기도 출신이라서 색다르게 여기고 읊은 노래다. 눈 속에서도 배춧잎이 파란 모습이 신기하고 정월이 지나야 병아리를 까게 하는 중부지방과 다르게 섣달에 병아리를 까게 하는 전라도 풍속도 재미있게 느꼈으리라.

석제원 북쪽으로 길이 여러 갈래　　　　　石梯院北路多歧
옛날부터 아기씨들 이곳에서 이별했지.　　終古娘娘此別離
한스럽다. 문 앞의 버드나무여,　　　　　　恨殺門前楊柳樹
여름 가을에 자주 꺾여 남은 가지 몇 안 되네.　炎霜摧折少餘枝

　석제원은 옛날의 역원(驛院)이었다. 지금은 없어진 지 오래돼 이름도 바뀌어 성전면(城田面) 삼거리로 면소재지가 된 곳이다. 님과 헤어지면서 버드나무를 꺾어주던 풍속이 있었는데, 지금은 모두 사라진 옛 정취다.
　풍속도 좋고 경치도 좋지만 역시 다산의 관심은 착취당하는 백성들이었다. 눈같이 하얀 무명베를 이방전(吏房錢)으로 빼앗기는 백성들의 모습이 처량하고, 국가 세금에서 누락된 전답까지 아전들에게 고액의 세금으로 빼앗기는 농부들의 모습이 안쓰러웠다. 특산물 때문에 당하는 재배자들의 고통도 매우 심했다.

완도(莞島)에서 나는 황칠옻 유리처럼 투명해	莞洲黃漆瀅琉璃
온 세상이 기이한 나무라 모두 알고 있네.	天下皆聞此樹奇
임금님 명령으로 지난해에 세공을 없앴더니	聖旨前年蠲貢額
봄바람에 벤 밑동에서 가지가 또 났네.	春風髡蘖又生枝

특산물에 대한 세공이 무서워 아예 황칠나무를 베어버렸는데, 세공액을 면해준다는 나라의 명령으로 베어버린 밑동에서 가지가 새로 났으니 그들이 당하던 착취가 어느 정도였는지를 짐작할 만하다. 가렴주구의 정치가 호랑이보다 더 무섭다는 옛날 중국의 고사가 생각나는 대목이다.

다산의 다른 시 「황칠나무」(黃漆)에서도 전라도 완도군에서 생산되는 황칠은 옻칠이나 치자, 황잠(黃岑)보다 훨씬 품질이 좋고 우수하지만 채집하기도 힘들 뿐더러 공물로 해마다 바치는 일도 괴롭고 더구나 징수하는 아전들의 농간이 무서워, 그 지방 사람들은 그 나무를 악목(惡木)이라 부르고 밤마다 도끼 들고 몰래 와서 찍어버린다고 했다. 그러나 그곳에서도 공납이 면제되자 베어버린 나무 밑동에서 다시 새 움이 돋아난다고 읊었다.

3월 송지에는 말시장이 열리는데	三月松池馬市開
한 마리에 500냥인 천재마를 고른다네.	一駒五百揀天才
흰 말총 조리에 검정 말총 갓들은	白騣蘿子烏騣帽
모두가 한라산 목장에서 온 것들이지.	都自拏山牧裏來

송지는 강진에 이웃한 해남군 송지면을 일컫는다. 제주도의 말은 배로 운반되어 해남 땅끝의 송지에 내렸는데 해마다 3월이면 말시장이 섰다고 한다. 500냥으로 천재마를 골라서 살 수 있다고 했는데, 이 '천재마'란 그때 그 지방의 말로 좋은 말이라는 뜻이었다. 시골의 사투리를 시어로 활용한 예다.

전라도 병마절도영 연 지가 200년인데	都督開營二百年
고금도에는 일본 배를 다시는 못 매었네.	皇夷不復繫倭船
진린의 사당에는 봄풀이 수북한데	陳璘廟裏生春草
때때로 어촌 아낙들 돈을 던져 아들 비네.	漁女時投乞子錢

강진에서 바다를 끼고 이웃한 완도군의 고금면에는 임진왜란 때에 명나라 장수로 조선에 와서 전공을 세운 진린 장군을 추모하는 사당이 있었다. 진린은 영험이 있는 장수로 소문이 나 바닷마을 아낙네들은 그곳을 지날 때 동전을 던지며 아들을 점지해주기를 애걸했다. 이런 풍속은 우리가 어린 시절에도 목격하던 재미있는 모습이다.

강진 농부들의 노래

다산은 또 강진 농부의 노래인「탐진 농부가」(耽津農歌) 10수를 남겼다.

김을 매고 북을 줘도 호미를 쓰지 않고	穮蓘從來不用鋤
논에 나는 가라지도 손으로 뽑아 없앤다오.	手挐稂莠亦須除
어찌하면 맨다리에 거머리 물어 흐르는 피를	那將赤脚蜞鍼血
승정원에서 올리는 상소문에 그려다가 덧붙일까.	添繪銀臺遞奏書

옛날 송(宋)나라의 유명한 벼슬아치 정협이 고을 원님으로 나갔다가

큰 가뭄으로 흉년이 들어 백성들이 처참하게 유랑하는 모습을 보고 글과 말로는 어떻게 상주할 길이 없자 먹고살 것이 없어 떠도는 백성들의 모습을 직접 그림으로 그려 임금에게 올려 바쳐 그들에 대한 구제책을 강구한 일이 있다. 이른바 정협의 「유민도」가 바로 그 그림이다. 그 그림을 본 황제가 왕안석의 신법을 폐지하자 가뭄을 해갈하는 비가 내렸다는 고사가 있다. 거머리에 피를 빨리는 백성들의 모습은 아전이나 관리에게 착취당하는 모습과 연관된다. 거머리가 빠는 피로 그들을 고발하는 글을 써서 임금의 명령을 출납하는 승정원에 올리고 싶다는 다산의 뜻이 담긴 시다.

집집마다 모품팔이 아낙들이 더욱 극성	秧雇家家婦女狂
보리 베는 바깥양반 돕지도 않네.	不曾刈麥助盤床
이씨네 약속 어기고 장씨네로 가는 것은	輕違李約趨張召
돈모가 밥모보다 더 좋아서라네.	自是錢秧勝飯秧

토속어가 그대로 쓰인 예다. 시골 아낙네들이 자신의 남편을 반상(盤床)이라 부른다는 표현, 돈모(錢秧)와 밥모(飯秧)도 전라도 토속어다. 품삯으로 돈을 받으면 돈모이고, 밥으로 때우면 밥모다. 특히 이모작이 성행하던 전라도 남쪽 지역은 보리베기와 모심기가 겹치기 십상이다. 가뭄 끝에 비라도 오면 물을 잡아 바로 모를 심어야 하기 때문에 1년 농사에서 가장 바쁘고 힘든 때가 바로 그때다. 이씨에게 약속해놓고 그냥 장씨 집으로 옮겨 가는 모습도 선하게 느껴지고, 밥모보다는 돈모를 선호하는 농부들의 심정을 다산은 정확하게 이해했다.

사회의 모순은 깊어만 가고

곳곳마다 모래땅 목화 심기 적합해라	處處沙田吉貝宜

옥천의 봄에 짠 무명베 최고라네.　　　　　　　玉川春織最稱奇
어떻게 해야 씨앗 뿌리는 써래 제대로 굴릴까　　那將碌碡輕輕展
바둑판에 바둑알처럼 굴려 뿌려야 제격이지.　　落子調勻似置棋

　강진군 도암면(道岩面) 항촌리(項村里)의 옥천이라는 마을은 지금은 옥전(玉田)이라고 불린다. 그곳에서는 옛날부터 세공목(稅貢木: 공물로 바치는 무명베)이 생산되어 근방에서는 길쌈 잘하기로 이름난 마을이었다. 다산은 그것을 놓치지 않고 시에 옮겼다.
　전라도는 모래 섞인 흙으로 된 밭이 많아서 그랬는지 목화의 생산량이 가장 많은 지역이었다. 내가 어렸을 때만 해도 전라도의 바닷가마을에는 목화밭이 지천으로 널려 있었다. 강진·해남·영암·무안·함평·영광 일대에는 참으로 많은 목화밭이 있었다. 그 목화를 생산해서 일본으로 싣고 갈 때 항구의 이름을 '목화를 실어내는 포구'라는 뜻에서 '목포'라고 부르게 되었다는 전설이 있는데, 그것이 사실인지 아닌지는 알 수 없다.

넓디넓은 연못에도 물고기를 안 기르고　　　　陂澤漫漫不養魚
아이들 연뿌리 못 심도록 조심을 시켜야지.　　兒童愼莫種芙蕖
연밥을 관청에 바쳐야 할 일도 문제거니와　　豈惟蓮子輸官裏
사또나리 틈나면 낚시질 올까 겁나네.　　　　兼怕官人暇日漁

　관과 민이 이런 정도로 대립하는 지경에 이르렀다면 백성들의 삶은 얼마나 고달팠을까. 연못에 연꽃을 심어보아야 연밥 바칠 일도 어려운 일인데 사또가 연못으로 낚시질이라도 온다면 정말 마을은 거덜이 나고 말 것이라는, 사회적 모순이 깊어가는 상황을 다산 시는 증언해주고 있다.

시대정신과 시정신

강진 어부들의 노래

총 10장으로 된 강진의 어부 노래는 그것대로 좋다.

계랑포에 봄이 오면 뱀장어 많기도 해	桂浪春水足鰻鱺
곧바로 활배를 푸른 물결에 띄운다.	樽取弓船漾碧漪
높새바람 불어대면 일제히 나갔다가	高鳥風高齊出港
마파람 급히 불면 그때가 돌아올 때라네.	馬兒風緊足歸時

 강진읍 앞바다에서 다산초당이 있는 강진군 도암면 만덕리까지 연결된 포구의 이름이 계랑포다. 민물과 바닷물이 합해지는 곳, 그런 곳에는 언제나 뱀장어가 우글거리게 마련이다. 더구나 봄이 되면 한창 뱀장어 떼가 몰려오므로, 활배(弓船)를 띄우고 그것을 잡아올리느라 바쁜 어부들의 모습을 느낀 대로 읊었다. 배 뒤에 그물을 장치한 활처럼 생긴 작은 배를 그곳 사람들은 '활배'라 했는데, 다산은 그냥 그대로 시어로 사용했다. '높새바람', '마파람'도 모두 그곳 사람들이 즐겨 사용하던 언어인데, 다산의 풀이가 아주 멋지다.
 "새(鳥)는 '새'(乙)이고 을(乙)은 동쪽을 말하므로 동북풍을 '높새바람'(高鳥風)이라고 부른다"고 자세한 주를 달았으며, "말(馬)이란 오(午: 말띠)이므로 오는 남방이어서 남쪽에서 부는 바람을 '마파람'(馬兒風)

이라 한다"는 풀이를 해놓았다. "마파람에 게눈 감추듯이"라는 속담도 있는데, 오늘날의 사람들조차 자주 사용하지 않는 순수한 우리말을 다산의 시를 통해서 다시 기억할 수 있으니 얼마나 다행인가. 우리의 고유한 언어가 점점 사어(死語)로 변하는 지금, 옛시에서 우리말을 찾는 기쁨이 크다.

    세물 때 겨우 지나 네물 때 돌아오면 　　　　　三汛纔廻四汛來
    까치파도 물결에 옛 어대 잠기네. 　　　　　　鵲漊波沒舊漁臺
    어촌의 사람들 복어만 좋다 말하면서 　　　　漁家只道江豚好
    농어는 다 털어 술과 바꿔 마시네. 　　　　　　盡放鱸魚博酒杯

'세물', '네물'이라는 바닷가의 물때에 대한 설명이 자세하고 '까치파도'라는 어부들의 말씨가 시어로 생생하게 살아 있다.

"가령 갑일(甲日)이 초승이면 병일(丙日)이 '첫물'이 되고 무일(戊日)은 '셋째물'이라고 한다"는 설명부터 알아보자. 매달 초승날을 기준으로 초승의 다음다음날(갑을병甲乙丙의 순서)이 첫물이고 그 다음다음날이 '두물'이고 그 다음다음날이 '세물'이 된다는 뜻이다. 하루 건너서 물때가 옴을 말하고 있다. 네물 때가 되면 만조가 되고 '까치파도'가 있어 어대까지 물에 잠겨 고기잡이를 할 수 없음을 뜻한다. '까치파도'는 까치떼가 날아오를 때처럼 파도가 하얗게 일어난다는 뜻이다. 농어같이 좋은 고기는 값나가는 어류라 팔아서 술과 바꿔 먹지만, 값싸고 잘못 먹으면 목숨을 잃을 수도 있는 복어만 좋아하는 어민들의 형편을 읊었다. 다산은 복어를 먹으려면 제대로 요리하고 방비를 잘해서 먹어야 한다며 자상하게 주의를 주고 있다. 춘궁기에 배는 고프고 더 이상 먹을 것이 없다 보면 독성이 든 복어를 그냥 먹다가 죽음에 이르는 슬픈 정경을 우리가 어린 시절만 해도 자주 듣고 보았다.

강진 앞바다에서 다산초당이 있는 강진군 만덕리까지 연결된 포구인 계량포.
민물과 바닷물이 합해지는 곳에는 뱀장어가 우글거리게 마련인데,
다산은 이것을 보고 어부에 대한 시를 지었다.

지국총 지국총 들리느니 뱃노랠세

물머리에 옹기종기 모여 있는 여자애들	兒女脘脘簇水頭
그애들 어머니가 수영을 가르치는 날.	阿孃今日試新泅
그 중에서 몇이나 오리처럼 헤엄칠지	就中那箇花鳧沒
남포 사는 신랑감이 혼숫감을 보냈다네.	南浦新郎納綵紬

어머니 해녀가 딸아이를 해녀로 기르려고 수영연습을 시키는 모습인데, 오리처럼 헤엄 잘 치는 처녀에게는 혼인발이 서기 때문에 신랑감 쪽에서 혼수를 보낸다는 풍속이 묘사되어 있다.

종선이 떠나면서 북을 둥둥 울리며	䑸船初發鼓鼕鼕
지국총 지국총 들리느니 뱃노랠세.	歌曲唯聞指掬蔥
물귀신 사당 아래 모두가 엎드려서	齊到水神祠下伏
칠산바다 순풍 불길 마음 속으로 빈다오.	默祈吹順七山風

종선은 조운선(漕運船)으로, 나라의 세곡을 실어 나르는 배다. 배가 떠날 때는 마땅히 뱃노래를 부르는데, 다산은 자신의 외가 선조되는 고산 윤선도가 200년 전에 읊었던 「어부사시사」(漁父四時詞)에서 '지국총'(至匊悤: 지국총指掬蔥)이라는 뱃노래 후렴을 인용했다.

앞개에 안개 걷고 뒷뫼에 해 비친다.
배 떠라 배 떠라 밤물은 거의 지고 낮물이 밀려온다.
지국총 지국총 어사와.

순수한 한글인 '지국총'을 고산은 지국총(至匊悤)이라고 썼지만, 다산은 지국총(指掬蔥)이라고 표기했다. 피는 속이지 못하는 것인가. 고산의 증손자에 공재 윤두서가 있고 공재의 손녀가 바로 다산의 어머니인 해남 윤씨니, 공재는 바로 다산의 외증조가 되고 고산은 다산의 외가 6대조가 된다. 고산 윤선도는 「오우가」 「어부사시사」 등 한글 시조로 세상에 이름이 높으며 당대의 예학자(禮學者)로 기해예송 때 남인의 대표 학자였고, 공재 윤두서는 조선시대 삼재(三齋)의 화가이자 학자로 세상에 크게 이름이 날렸다.

여기서 다산에 대한 아쉬움과 애석함을 금하지 못하는 대목이 있다. 300년 전에 고산은 우리말의 아름다움을 한껏 살려 한글로 시와 시조를 읊었는데, 어찌하여 다산은 거기에 이르지 못하고 우리말을 모두 한자로 표기하는 수준에 그치고 말았을까. 송강 정철이나 고산 윤선도의 시대와는 현격한 차이가 있어 더 근대적이고 진보적이어야 하건만, 그렇지 못한 점에 아쉬움을 금할 수 없다. 표현의 수단에서는 분명히 뒤지지만, 내용 면에서는 훨씬 앞선 분야가 많이 있으니 그런대로 위안을 받을 수밖에 없다.

궁복포 앞에는 나무가 배에 가득	弓福浦前柴滿船
황장목 한 그루면 값이 천금이라네.	黃腸一樹値千錢
수군영의 방자놈은 인정도 두둑해	水營房子人情厚
남당포 버드나무 술집에 취해서 누워 있네.	醉臥南塘垂柳邊

옛날에는 완도를 청해진이라 했다. 장보고(張保皐)는 해상왕으로 청해진 대사이자 여러 나라와 무역을 하는 대상이었다. 그의 자가 궁복(弓福)이므로 궁복포는 완도의 포구이며, 황장목은 임금의 관을 만드는 데 사용되는 재목이라고 해설했다.

『목민심서』의 「공전」(工典) 산림(山林)조에는 완도의 특산물로 황장목에 대한 보호가 절대 필요한데, 관의 착취로 남벌되고 있음을 아주 경계하고 있다. 값이 지나치게 비싼 이유로 배에 가득가득 실려 나오는 것

고산 윤선도의 자필본과 관계 문헌.
다산의 어머니 해남 윤씨는 윤선도의 후손이다.

을 다산은 걱정하고 있는 것이다. 그때 전라도에는 좌수영(左水營), 우수영(右水營) 두 곳이 있었다. 좌수영은 여수에 있고 우수영은 해남에 있었는데, 바로 지금의 우수영이라는 곳은 그때의 수영을 따라 부르는 이름이다.

해남에서 진도로 건너가는 울돌목에서 가까운 지점이 우수영이 있던 곳이다. 해남은 강진과 이웃한 고을이고, 완도에서 육지로 건너는 바다는 당시 우수영의 아전들이 관리했는데, 그들이 인정(人情: 뇌물이라는 뜻)을 두둑하게 받아 남당포 주막집에서 거나하게 취해 수양나무 그늘에서 낮잠을 자는 모습을 그림으로 보는 듯이 그려놓았다.

시대의 아픔을 담은 시가 참된 시다

「농부의 노래」 10수, 「어부의 노래」 10수 중에서 몇 편을 골라 읽어보았다. 우리는 이 시들을 통해 1800년대 초엽인 200년 전의 강진, 해남, 완도 일대의 풍속과 어촌의 모습을 기억해낼 수 있을 것이다. 계량포에서는 얼마 전까지만 해도 뱀장어가 많이 잡혀 강진의 맛있는 음식 가운데 한 가지가 민물장어였는데, 다산이 살아가던 시절에도 뱀장어가 많았던 것을 알 수 있다. 해남의 송지에 말시장이 섰다는 것은 지금이야 흔적도 없이 사라진 일이지만 그것도 지나간 옛일로 다산의 시를 통해서 알게 되었다. 값나가는 농어는 술과 바꿔 마시고, 값싼 복어를 잘못 먹다가 목숨까지 잃던 가난한 서민들의 정경도 다산의 시에서 볼 수 있는 옛사람의 삶이다. 경상도 장기현으로 귀양가서 지낼 때에도 다산은 「장기 농가」를 지어 그 지역의 풍속이나 토속적인 언어들을 시어로 한껏 활용한 것을 우리는 이미 살펴보았다.

가을에 수확한 양식이 동이 나고 아직 보리 수확은 시작되지 않아 먹을 양식이 바닥이 나는 음력 4월경을 백성들은 '보릿고개'(麥嶺)라 한다면서 시어로 활용했는데, 강진의 생활에서도 그와 견줄 수 있는 '밥모',

'돈모' 등의 농가 언어들을 유머러스하게 시어에 동원하고 있다. 인생은 짧고 예술은 길다고 했던가. 다산이 세상을 떠난 지 오래지만 그의 시는 남아서 19세기 초엽의 우리 언어를 생생하게 전달해주고 있다. 문자의 소중함을 이런 데서도 느낄 수 있다.

다산은 우리 것을 천대하고 배척해서는 안 되며 반드시 우리나라의 옛일이나 옛날의 사건을 인용해야만 참다운 시가 된다고 했는데, 그의 문학관에 또 하나 언급하지 않을 수 없는 분야가 있다.

오늘날의 시는 마땅히 두보(杜甫)의 시를 모범으로 삼아야 한다. 모든 시인들의 시 가운데 두보의 시가 왕의 자리를 차지하는 것은 『시경』에 있는 시 300편의 의미를 그대로 이어받고 있기 때문이다. 『시경』에 있는 시는 충신, 효자, 열녀, 진실한 벗들의 간절하고 진실한 마음의 발로로서, 임금을 사랑하고 나라를 근심하는 내용이 아니면 시가 아니며, 시대를 아파하고 세속을 분개하는 내용이 아니면 시가 될 수 없으며, 아름다움을 아름답다 하고 미운 것을 밉다 하며 선을 권장하고 악을 징계하는 그러한 뜻이 담겨 있지 않은 내용의 시를 시라고 할 수 없는 것이다. 따라서 뜻이 세워지지 아니하고 학문은 설익고 삶의 대도(大道)를 아직 배우지 못하고 위정자를 도와 민중에게 혜택을 주려는 마음가짐을 지니지 못한 사람은 시를 지을 수가 없는 것이니, 너도 그 점에 힘쓰기 바란다.

• 『유배지에서 보낸 편지』

우리의 주체적 인식을 마음에 담고 시를 지어야 하고, 임금을 사랑하고 나라를 근심하며 시대를 아파하고 세속에 분개하며 아름다움을 아름답다 하고 미운 것을 밉다 하는 시정신을 지녀야만 훌륭한 시를 지을 수 있다는 그의 문학관이 그의 모든 시에 흐르고 있다.

다산은 그가 귀양살이하던 강진에서 아들들에게 보낸 편지를 통해 자신의 문학관과 시정신을 설파했는데, 이러한 주장을 말하지 않은 벼슬살이 시절에도 그러한 정신으로 시를 쓴 것을 우리는 알고 있다. 1794년 겨울에 경기도 암행어사로 임명되어 경기도 북부 지방의 몇 고을을 돌아보면서 적성현의 시골집에서 보고 느낀 농민들의 처참한 모습을 읊은 작품이나, 1795년 금정 찰방으로 좌천되어 나가 있으며 친구들이 전해준 공주(公州)의 창고 정책 때문에 부패한 관리들의 등쌀에 견디지 못하고 신음하는 백성들의 아픔을 애절하게 노래하며 농민의 입장을 대변했던 시에서 그의 시정신은 이미 발휘되고 있었다.

너나 나나 한 백성인데

권력의 절정에서 약자의 아픔을 읽다

산천초목도 벌벌 떤다는 무서운 권력을 손에 쥔 사람이 암행어사였다. 세상만사를 권력으로 휘두를 수 있는 막강한 힘을 가졌기 때문에 비애를 느끼기보다는 환락에 빠지기 십상이지만, 진실한 암행어사는 어둡고 그늘진 곳을 샅샅이 살피고, 강자나 부자보다는 약하고 가난한 사람의 편에서 사건을 처리한다. 보통 사람은 자신이 천해지고 권력을 잃어야만 남의 아픔이 보이고 남의 상처에 애처로움을 느낄 수 있지만, 참으로 어진 벼슬아치는 권력이 승승장구로 힘을 발휘할 때에도 남의 아픔에 눈을 돌린다.

다산은 암행어사 시절에 처참한 농민의 삶을 그린 「굶주린 백성들의 시」와 「적성촌에서」를 썼다. 그의 위대한 시정신이 담긴 훌륭한 작품이다. 바로 그러한 정신, '세상을 아파하고', '세속을 분개하는 마음이 있어야 한다'는 생각으로 지은 대표작 가운데 하나가 그 유명한 「애절양」(哀絶陽)이다.

갈밭마을 젊은 아낙 울음소리 길기도 해	蘆田少婦哭聲長
군청의 문 향해 울다 하늘에다 부르짖네.	哭向縣門號穹蒼
수자리 살러 간 지아비 못 돌아옴 있었으나	夫征不復尙可有
옛날 이래 사내가 남근 자른다는 건 못 들었네.	自古未聞男絶陽

시아버지 상복에 갓난애 배냇물도 마르지 않았는데	舅喪已縞兒未澡
조·부·자 3대의 이름이 군적에 올랐네.	三代名簽在軍保
가서 호소하고 싶지만 관청 문지기 호랑이 같고	薄言往愬虎守閽
이정이 으르렁대며 진즉에 소 끌어갔네.	里正咆哮牛去皁
칼 갈아 방에 드니 흘린 피 자리에 흥건하고	磨刀入房血滿席
혼자 한탄하길 애 낳은 죄로 군색한 액운당했다네.	自恨生兒遭窘厄
누에 치던 방에서 불알 까던 형벌도 억울한데	蠶室淫刑豈有辜
민(閩)의 거세풍습은 참으로 비통했네.	閩囝去勢良亦慽
자식 낳고 살아가는 이치, 하늘이 주시는 일	生生之理天所予
천도는 아들 주고 곤도는 딸을 주지.	乾道成南坤道女
말이나 돼지 거세도 가엾다 말하거늘	騸馬豶豕猶云悲
하물며 우리 백성 자손 잇는 길임에야.	況乃生民思繼序
부호들은 1년 내내 풍악 울려 즐기지만	豪家終歲奏管弦
쌀 한 톨 비단 한 치 바치는 일 없더구나.	粒米寸帛無所捐
너나 나나 한 백성인데 어찌하여 후하고 박한 거냐.	均吾赤子何厚薄
나그네 방에서 거듭거듭 시구편을 외우네.	客窓重誦鳲鳩篇

• 「애절양」

  제목부터 어려운 시다. 제목의 정확한 해석이 있어야 의미가 통한다. 절양(絕陽)은 곧 양(陽)을 자른다는 뜻인데, 여기서 양(陽)은 바로 남자의 생식기를 가리킨다. 그러니 '절양'을 슬퍼한다 함은 남자의 생식기 자름을 슬퍼한다는 의미다.

  남근을 잘랐으니 슬프지 않을 수 있겠는가. 이 시를 다산은 의미 깊은 것으로 스스로 인정해 『목민심서』에 자세하게 시를 짓게 된 배경과 함께 전편을 인용해서 실었다. 「병전」(兵典)의 첨정(簽丁)조에서 다산은 말한다.

이 시는 내가 계해년(1803) 가을에 강진에서 지은 것이다. 그때 갈 대밭 마을에 사는 백성이 아이를 낳은 지 사흘 만에 군보(軍保)에 편입되고 이정(里正)이 못 바친 군포(軍布) 대신 소를 빼앗아가니 그 백성이 칼을 뽑아 자기 양경(陽莖: 성기)을 스스로 베면서 말하기를 '내가 이 물건 때문에 곤액을 당한다'고 했다. 그 아내가 잘린 양경을 가지고 군청의 문으로 나아가니 피가 아직 뚝뚝 떨어졌다. 울며 호소했으나 문지기가 막아버렸다. 내가 그 이야기를 듣고 시를 지었다.

『목민심서』에는 이 뒤에 계속되는 이야기가 실려 있다.
"백성의 수령(군수)된 사람이 실제의 사정을 돌보지 않고 단지 통속적 관행에만 따라 군정(軍政)을 행했기 때문에 때때로 악에 바친 백성이 이러한 변고를 일으키는 일이 있으니 매우 불행한 일이다. 두려워할 만한 일이 아닌가."

삼정의 문란

조선 후기에 삼정(三政)의 문란은 극에 달했다. 삼정이란 전정(田政)·군정(軍政)·환곡(還穀)의 세 분야 국가정책을 말하는데, 이 중요한 정책이 무너져 힘없는 백성들만 한없이 착취를 당해 살아갈 수 없는 지경에 이른 상태였다. 삼정의 폐해가 너무 커서 백성들은 결국 견디지 못하고 죽음을 각오한 반란을 일으키게 된다.

『목민심서』에는 「애절양」과 비슷한 내용인 암행어사 시절에 지은 시 「적성촌에서」를 인용하면서 군정의 폐해가 어느 정도에 이르렀는가에 대해 현지를 조사한 르포 기자의 보고 같은 시를 실은 것이다. 토지에 대한 제도인 전정의 법제가 무너져 한 사람이 토지를 엄청나게 겸병하여 일반인은 대부분 소작민으로 전락해 무거운 지대와 세금을 내느라 허리가 휜다. 환곡제도는 봄에 곡식을 빌려주고 가을에 곡식을 수확한 뒤 이자를 붙여 갚는 제도인데, 관리들이 농간을 부려 백성들은 끝도 없이 착취를 당하고 있다.

군정이란 군역의 의무가 있는 백성들에게 군포를 징수하는 제도인데, 이 법이 무너져 탐관오리들이 백성들의 등을 처먹느라 백성들은 살길이 없다. 애만 낳으면 군적·군보에 올려 군포를 바쳐야 하고, 이미 세상을 떠난 노인의 이름까지 군보에 올려 군포를 받아갔으니 계속하여 어떻게 아이를 낳겠는가. 산아제한의 방법은 없고 달리 길이 없으니, 끝내 끔찍한 생식기 자르기를 감행하고 말았던 것이다. 죽은 시아버지에게 군포를 징수하는 것이 백골징포(白骨徵布)이고 갓난아이가 군보에 실리는 것은 황구첨정(黃口簽丁)이다.

남편의 잘린 남근에서는 피가 뚝뚝 떨어지는데, 그의 아내는 하도 기가 막혀 그냥 있을 수가 없었다. 신음하고 있는 남편을 탓할 수도 없다. 그 핏덩어리 남근을 손에 쥔 젊은 아낙은 군청으로 쫓아가 군수에게라도 호소해 군포라도 감해주기를 호소하려 했지만, 장창을 들고 있는 군청의 문지기들은 그녀를 가로막고 군청 안으로 들어갈 수 없게 막아버렸다.

군청을 향해서, 하늘을 향해서 외쳐본들 무엇하랴. 피가 식어 엉겨버린 양경을 손에 쥐고 처량하게 울어대며 군청에서 쫓겨나 마을로 향하는 여인네의 모습이 선연하게 떠오르는 시가 바로 「애절양」이다.

가진 자와 못 가진 자의 대립, 관과 민의 첨예한 갈등, 썩어가는 세상이 다산의 시에 그대로 옮겨져 있다. 법이 제대로 정비되어 바르게 지켜지고 그래서 억울한 백성들이 숨을 돌리고 살아가는 세상이 되기를 바라는 다산의 뜻이 「애절양」 속에 녹아들어가 있다. 풍속시나 우리 언어 살리는 시만으로는 마음을 채울 수 없던 다산. 귀양살이의 억울함과 분노, 생활의 불편이 시간이 흘러 어느 정도 해소되자, 본격적으로 당대 현실의 병들고 썩은 곳으로 눈을 돌리고 과격한 사회시(社會詩)를 읊으며 아름다운 것은 아름답다, 하지만 미운 것은 밉다고 하는 강력한 메시지를 시에 담기 시작했다. 시대의 고발이자 억울한 농민들을 대변하는 내용의 시들이 연달아 지어졌다.

옛날 중국의 민(閩) 땅에서는 자식을 낳으면 환관(宦官)을 시키려고 거세하던 풍속이 있었는데 인간으로서 그것도 차마 할 수 없는 일이다. 말이나 돼지의 불알을 까서 성장을 촉진시키는 것도 슬픈데 사람의 생식기를 자르는 일을 어떻게 용납할 수 있느냐라는 항의가 참으로 정당하다. 모두가 평등한 백성인데, 왜 부자들은 쌀 한 톨 비단 한 치 바치지 않고 풍악을 울리며 즐기는데 못난 백성들만 그렇게 억울하게 당해야 하느냐는 외침은 오늘 우리의 현실에서도 상당한 호소력을 띠고 다가온다.

하지만 자신은 힘도 권력도 없는 중죄인, 귀양살기에도 힘든 처지라서 해결할 수 있는 힘이 전혀 없으니 하는 수 없이 『시경』 조풍(曹風)에 나오는 시구편이나 거듭거듭 외우겠다는 다산의 심정이 쓰리다.

'시구편'은 뻐꾸기의 태도를 군자의 바른 행위에 비교하고, 뻐꾸기가 새끼 일곱 마리를 까놓고 먹이를 물어다가 고루고루 먹여 제대로 길러준다는 뜻이 담긴 시다. 나랏님이여, 고을의 원님이여, 그대들은 무지한 뻐꾸기 어미만큼도 되지 못한단 말인가. 뻐꾸기도 새끼 일곱 마리를 고루 먹여 살리건만, 우리도 모두 평등한 백성들인데 왜 누구는 그렇게 후하게 살게 하고 누구는 그렇게 박하게 살게 하느냐면서 꾸짖는 다산의 항변은 당시 억울한 모든 조선 백성들의 함성이었을 것이다.

「애절양」을 지은 해인 1803년의 작품으로 「송충이」(蟲食松)라는 시가 있다. 솔을 갉아먹는 벌레 '송충이'가 밉고 미워서 읊은 시다. 소나무는 양민이고 송충이는 백성을 뜯어먹고 사는 관리를 상징하리라.

만약 큰 집과 명당이 기울어 무너지면	太室明堂若傾圮
들보보다 곧은 기둥으로 큰 대와 함께 쓰려 했네.	與作脩梁矗棟來朝宗
왜놈이나 유구국이 쳐들어온다면	漆齒流求若隳突
큰 전함 만들어 적의 예봉 꺾으려 했네.	與作艨艟巨艦摧前鋒

네가 이제 사욕으로 함부로 죽여놨으니	汝今私慾恣殄瘁
말을 하려니 기가 받쳐 오르노라.	我欲言之氣上衝
어찌하면 번개 같은 벼락도끼 얻어다가	安得雷公霹靂斧
너희 몽땅 잡아다 용광로에 녹여버리나.	盡將汝族秉畀炎火洪鑪鎔

마지막 구절은 분노에 찬 이야기다. 벼락도끼로 모두 찍어서 이글대는 용광로에 처넣고 싶다는 것이 진짜 송충이들이겠는가. 소나무같이 점잖은 군자를 괴롭히는 소인배를 가리킨다고 할 수도 있고, 대궐의 기둥이나 왜적의 침입을 물리치는 선박도 될 수 있는 훌륭한 인재를 헐뜯고 모함하는 간신들에 비유했다고 볼 수도 있다. 아니면 위에서 해석한 대로 선량한 백성들에게 기생해 피를 빨아먹다가 끝내 고사시키는 지방 관리들을 뜻한다고 할 수도 있다.

형제봉에 올라 형님을 그립니다

백성들이 당하는 억울함에 분노에 찬 항변의 시를 읊었던 1803년, 더욱 서럽고 슬픈 이야기를 빠뜨릴 수 없다. 1801년 11월 하순 나주의 북쪽 5리 지점인 밤남정에서 헤어진 형님의 편지를 받았다. 만 2년이 다 되어 받아 본 소식이리라. 멀고 먼 바닷속인 흑산도에서 무지렁이들과 어울리면서, 그 지방의 풍속 때문에 육식도 못하고 푸성귀만으로 살아가느라 몸이 매우 여위었다는 형님의 기별에 마음이 아픈 다산은 편지 받은 기쁨과 서러움을 시로 읊었다. 귀신 믿으며 살생을 금하는 풍속에다, 참기름 한 방울 생산되지 않는 흑산도라서 다산의 가슴은 몹시도 아팠다. "반평생 기름진 음식을 먹다가 늘그막에 주린" 형편이 되었으니, 형을 한없이 사모하는 아우의 심정이 어떤 지경이겠는가. 답장을 보내고 시를 지으며 가슴을 달래도 풀리지 않아 다산은 강진읍에 기거한 뒤 처음으로 인근의 산천경계를 구경했다. 1803년 9월 9일 중구날이다. 강진에 온 지 2년 만의 일이다.

　강진의 뒷산은 읍내에서 5리 정도 떨어진 높지 않은 산인데 불리던 이름이 많았다. 다산의 기록만으로도 이름이 몇 가지나 된다. 읍내의 북쪽에 있어서 북산(北山)이라고 하지만, 보은산(寶恩山), 우두봉(牛頭峰), 우이산(牛耳山), 형제봉(兄弟峰) 등으로도 불렸다. 그 산에는 뒤에 다산이 거처하게 되는 조그마한 절이 있었는데, 그 절의 이름도 아주 많았다. 고성사(高聲寺), 고성암(高聲菴), 보은산방, 보은산원, 승암(僧菴) 등이다.「9월 9일 보은산 절정에 올라 우이도를 바라보다」(九日登寶恩山絕頂望牛耳島)라는 시를 읽어보고 그 해석을 들어보면 그때의 다산의 심정을 짐작할 수 있다.

　산의 정상에 올라 서쪽을 바라보니 바다와 산이 얽혀 있고 안개와 구름이 꺼졌다 솟으며 나주의 여러 섬들이 뚜렷하게 눈앞에 있었다. 다만 어떤 것이 형님이 계신 우이섬인지를 가리지 못했다. 이날 승려 한 사람이 따라왔는데, 그 승려가 말하기를 "보은산의 다른 이름은 우이산이고, 절정의 두 봉우리는 형제봉이라고도 합니다"라고 했다.
　바다를 사이에 두고 형님이 계신 곳을 그냥 바라볼 수라도 있겠구나 싶었는데, 형님이 계신 곳과 내가 있는 곳 두 곳의 이름이 우이(牛耳)이고, 봉우리의 이름도 형제봉이라니 결코 우연인 것만은 아니었다. 그래서 슬퍼지고 산에 오른 기쁨이라고는 없어져버렸다. 돌아와 시를 지었다.

　오늘날 흑산도를 비롯한 대부분의 신안군 소속의 섬들은 당시에는 나주목 소속 섬이었다. 그때 다산의 둘째형 정약전은 흑산도의 우이섬에서 귀양살고 있었다. 다산은 강진의 읍내 뒷산이 보은산이고 산의 다른 이름이 우이산이라는 데 슬펐고, 정상 두 봉우리가 형제봉이라는 데 기가 막혀 등산의 기쁨은커녕 슬픈 마음으로 하산하고 말았다.

7

다산학이 우뚝 서다

"정약용은 재주와 학문이 일반 사람에 비해 뛰어나
역사·백가·천문·지리·의약 등의 서적을 두루 통달했으며,
13경에 대해 밝혀놓은 자신의 학설이 있다. 그가 저술한 책이
집에 가득 차 있는데, 가령 『흠흠신서』 『목민심서』는
옥사를 다스리고 백성을 다스리는 일을 맡은 사람들을 위해
유용한 글이다. 추사 김정희와 비교해도 재주가 높고
실학이 뛰어날 뿐더러 우리나라 근세에 제1인자일 뿐 아니라,
중국에서도 기효람, 완운대의
아래에 세우면 불만일 것이다."

■홍한주, 「지수염필」

아암 혜장선사와 글벗이 되다

우연인가 인연인가

 다산의 생애를 살펴보면서 우연 같지 않은 우연에 대해 이미 언급한 바 있다. 경상도 장기현의 귀양가서 살던 마을, 마을의 이름은 마산리(馬山里)이자 마현리(馬峴里)였다. 자신이 태어나서 자라고 수많은 역사적 사연들로 얽힌 마을이자, 자신이 죽어서 묻힌 곳도 마현리인 세상에 그런 우연이 있을까라는 의문을 제기했다. 강진의 뒷산, 3년 만에 처음으로 외출해 오른 산인데 하필이면 형님이 귀양살던 흑산도의 우이섬과 이름이 같은 우이산이란 말인가. 왜 또 봉우리의 이름이 형제봉이란 말인가.
 다산은 신유년 초봄에 처음 감옥에 갇혔다가 19일째 되는 날 풀려났다고 했다. 그 당시의 기록에도 정말로 믿기 어려운 우연한 일이 있었다. 감옥생활이 견디기 어려워 극심한 고통에 시달리던 어느 날 꿈에 어떤 노인이 나타나 말하기를 "옛날 한나라의 소무(蘇武)는 19년의 유배생활도 했는데 겨우 19일을 참지 못하느냐"고 꾸짖었다 한다. 그 뒤 출옥해보니 19일이었고, 1800년 벼슬길에서 물러나 귀양살이를 마치고 돌아오니 또 19년이었다고 회고하면서 그런 우연이 또 어디 있느냐고 한 적도 있다. 우이산과 우이섬의 이름이 겹치는 것도 아무튼 대단한 우연이다.

나주의 바다와 강진이 200리	羅海耽津二百里
높고 험한 두 우이산을 하늘이 만들었네.	天設嶐嵸兩牛耳
3년 동안 머물면서 풍토를 익히고도	三年滯跡習風土
현산이 여기에 또 있는 것 미처 몰랐네.	不省玆山又在此
사람의 눈으로는 멀리 보기 힘들어	人眼之力苦不長
100보 밖의 얼굴도 분간하기 어렵네.	百步眉目已微芒
더구나 막걸리 같은 안개 짙으니	況復雲霾濃似酒
눈앞의 섬들도 오히려 자세히 보기 어렵네.	眼前島嶼猶難詳
한껏 멀리 바라본들 무슨 소용 있으랴	瓊雷騁望嗟何益
괴로운 마음 쓰라린 속을 남들은 모르리라.	苦心酸腸人不識
꿈 속에서 서로 보고 안개 속을 바라보다	夢中相看霧中望
뚫어지게 바라보다 눈물 마르니 천지도 깜깜해라.	目穿淚枯天地黑

형님이 그리워 눈물 흘리는 아우의 마음이 찡하게 울려온다. 흑산도(黑山島)라는 이름을 현산(玆山)으로 바꾼 사연도 그냥 넘길 이야기가 아니다. "흑산(黑山)이라는 이름은 듣기만 해도 끔찍하여 내가 차마 그렇게 부르지 못하고 편지를 쓸 때마다 '현산'으로 고쳐 썼는데, 현(玆)이란 글자는 검다는 뜻이다"라고 다산은 설명했다. '검을 흑'이나 '검을 현'은 뜻은 같지만 어감이 아주 다르기 때문에 무섭고 두려운 검을 흑자를 대신해 더 유순하고 평이한 검을 현이라는 글자를 사용한다는 뜻이다.

이 뒤로는 호가 손암이고 이름이 정약전인 자신의 둘째형을 지칭할 때는 언제나 '현산'이라 표현했고 정약전은 동생을 '다산'이라고 호칭했다. 정약전이 편찬한 물고기에 대한 해설서 제목이 『현산어보』(玆山魚譜)임을 보면 명확히 이해하게 될 것이다(그 동안 자玆라 읽던 글자는 근래 학자들의 고증으로 현玆으로 읽는 것이 옳다고 판명되었다).

대흥사에 있는 혜장선사의 탑명.
다산은 자신보다 10세 연하인 아암 혜장선사와 매우 특별한 교유를 가졌다.

당대의 학승을 만나다

1805년 다산은 주막집의 토담방에서 벗어나 강진 읍내의 동쪽 5리 지점에 있는 금곡(金谷)이라는 경치 좋은 곳을 찾아다니고 보은산의 고성사에도 들러 시를 짓고 노닐었다. 아마 다산에 대한 관의 감시도 많이 풀려 가까운 명승지를 찾아다니는 데에는 간섭을 받지 않는 정도에 이르렀나 싶다.

1804년 '상례' 연구와 곁들여 『주역』 연구를 진행해 「갑자본」(甲子本)이 완성되고 1805년인 을축년에는 『주역』의 「을축본」(乙丑本)을 엮지만 예설에 관한 저서도 속속 완성되었다. 그러나 무엇보다 가장 의미있는 일 가운데 하나는 이해 4월 18일에 그가 오래 거처하면서 '다산학'을 완성한 다산초당이 있는 다산의 이웃 만덕산(萬德山)의 백련사(白蓮寺)를 유람하는 길에 아주 젊고 멋진 승려 혜장선사와 교유하게 된 사실이다.

혜장은 법명이고 본디 성은 김씨며 해남 출신이다. 자는 무진(無盡), 호는 연파(煙波) · 아암(兒菴)이다. 마흔넷의 다산보다 10년 연하인 혜장이 4월 18일 다산과 극적으로 만남으로써 조선 후기의 색다른 문화적 교호가 이루어진다.

높은 수준의 유학자와 큰선승의 만남, 여기서 유교와 불교의 상호이해가 가세되고 문화의 질적 고양이 이루어졌다. 이를 계기로 다산은 매우 비좁은 토담집의 주막에서 고요하고 깨끗한 절간의 생활도 가능해졌고, 차를 마시고 불경도 열람하는 새로운 문화적 접촉을 시도하게 된다. 뒷날에는 다산의 문하로 초의(艸衣) 의순(意恂: 1786~1866)이라는 큰 학승이 들어와 유불(儒佛)의 문화와 차의 경지가 더 넓어지고, 추사(秋史) 김정희(金正喜: 1786~1856)까지 연결되어 조선의 사상과 문화가 한 단계 올라서게 된다. 더구나 아버지의 교육에 힘입어 문인과 학자로 높은 수준에 있던 다산의 두 아들 학연 · 학유 형제도 함께 활동하는데,

초의 · 추사 · 운포(耘逋: 정학유의 호)는 같은해에 태어난 동갑내기로 깊은 우정을 유지하면서 문화적 활동을 함께하는 것이다. 함께 시를 짓고 차를 마시고 학문을 토론하면서 19세기의 아름다운 문학 · 서예 · 실학 · 다도의 새로운 세계를 전개시켜 나갔다.

아암 혜장스님은 강골의 학승이었다. 다산과 6,7년 어울리면서 함께 유교경전을 연구하고 차를 마시며 시를 짓던 아암은 마흔이라는 너무도 아까운 나이에 극락세계로 입적하고 말았다. 뒷날 다산은 아암을 잃은 슬픔에 겨워 몹시 속상해하다가 아암의 제자들의 요구에 응해 아암의 일생을 찬양하는 「아암장공탑명」(兒菴藏公塔銘)을 짓는다. 아암의 입적을 추모하는 애조어린 글이지만 그들이 만나게 된 과정에서 함께 즐기던 삶과 학문적 경지가 자연스럽게 드러나는 명문의 비명이다.

아암은 해남군 화산면 출신이다. 보잘것없는 집안에서 태어난데다 무척 가난했다. 어려서 출가하여 대둔사(大芚寺, 대흥사大興寺)에서 머리를 깎고 중이 되었다. 춘계(春溪) 천묵(天默)스님을 따라 배웠다. 춘계는 불교의 외경(外經)에 해박한데다 아암은 재주와 지혜가 무리에서 뛰어나 배운 지 몇 년 만에 승려들 사이에서 명성이 떠들썩하게 울렸다. 체격은 왜소했으나 성품이 질박하여 일반 스님들과는 달라 고을의 일반 선비들조차 모두 그의 재주를 아끼고 사랑했다. 이미 장년에 이르자 연담 유일, 운담(雲潭) 정일(鼎馹)대사를 섬기며 불서(佛書)를 두루 배웠고, 스물일곱 살에 정암(晶巖) 즉원(卽圓: 1738~94)에게서 향불을 피워올려 법을 이어받았다.

혜장스님은 당대의 큰스님인 네 분의 학승들에게서 불도를 배워 스물일곱이라는 나이에 벌써 한 문중의 대표자가 된 셈이다.

대흥사 일주문.
아암 혜장선사는 어려서 대둔사(지금의 대흥사)에서 머리를 깎고 중이 되었으며, 서른 살에 두륜회의 대표자가 되었다.

토론할 상대가 있어서 좋았다

우리는 앞에서 연담 유일대사에 대해 언급했던 일이 있다. 화순 출신으로 속성이 천씨(千氏)인 대사는 한때 고향의 암자에서 지낸 적이 있는데, 다산은 아버지가 화순 현감으로 재직하던 시절 화순에 와서 지내며 연담 유일대사를 만났던 적이 있다. 그런데 인연이 깊어 또 그의 제자인 아암스님과 만나게 되었다. "겨우 나이 서른에 두륜회(頭輪會)의 주맹(主盟)이 되었다." 서른의 나이로 두륜산에 있는 대흥사의 대법회 '두륜회'의 대표자가 되었으니 승려들의 위계에서는 최상의 서열에 올랐다는 것이다.

신유년(1801) 겨울에 나는 강진으로 귀양왔다. 5년이 되던 해 봄에 아암이 와서 백련사에 묵으며 나와 만나기를 매우 갈망했다. 하루는 내가 시골 노인을 따라 나의 신분을 속인 채 찾아가서 만나보았다. 함께 어울려 한나절 동안 이야기를 주고받았지만, 내가 누구인지 알아차리지 못했다.

고별 인사를 나누고 북암(北菴: 북미륵암인 대흥사의 암자)으로 돌아 들어갔는데 날이 벌써 저물어버렸다. 아암이 종종걸음으로 뒤따라 와서는 머리를 숙이고 합장한 채 "공께서는 사람 속이기를 이렇게까지 하실 수 있습니까. 공은 정대부(丁大夫) 선생이 아니신가요? 빈도(貧道: 중이 자신을 칭할 때 쓰는 말)는 밤낮으로 공을 사모하고 있는데, 공께서는 어찌 차마 이럴 수가 있습니까"라고 했다. 그래서 손을 붙잡고 아암의 방으로 가서 함께 잠을 자게 되었다.

이내 밤이 깊어 온 주변이 고요해졌다. "그대가 『주역』에 대해 아주 잘 안다고 들었는데 참으로 의심나는 게 없는가"라고 물었더니, 아암이 "정자(程子)의 『역전』(易傳), 소강절(邵康節)의 『역설』(易說), 주자(朱子)의 『주역본의』(周易本義)나 『계몽』(啓蒙) 등에 대해서는 의심나는 게 없지만 오직 경전의 본문에 대해서만은 알 수가 없습니다"라고 했다. 내가 『역학계몽』(易學啓蒙) 수십 장에 대해 그 의미를 물어보았더니 아암은 『역학계몽』이라는 책에 대해서는 귀신처럼 융통하고 입에 익어 한 차례에 수십수백 마디까지 외워버려 유탄이 판대기를 뒤엎듯 술 부대에서 술 쏟아지듯 도도하게 토해내는 데 막힘이 없었다. 내가 깜짝 놀라서 그 사람이 과연 숙유(宿儒)임을 알았다."

이 글을 통해 그들의 만남이 예견된 이후에 이루어졌다는 것과 유학자와 학승이 모두 『주역』이라는 학문에 얼마나 깊이 통달했나를 알 수 있다. 아주 오랜 옛날, 스물세 살의 젊은이 율곡 이이(李珥)는 쉰여덟 살의 노숙한 퇴계 이황(李滉)을 경상도 예안으로 찾아뵈었다. 시험을 볼 때마다 수석으로 합격해 세상에 큰 이름을 날리던 율곡은 당대의 대학자 퇴계를 찾아뵙고 학문을 토론하고 시를 짓고 글을 읽었다. 한때는 불교의 사생설(死生說)에 감동해 입산까지 하여 불교에 빠졌던 율곡, 다시 유교로 돌아와 노학자 퇴계를 모시고 마음껏 자신의 학문적 수준을 토로했을 것이다.

그때 서로를 칭찬하고 흠모하는 시를 주고받았는데, 퇴계가 율곡에게 준 시에 "비로소 이름 아래 헛된 선비가 없음을 알았노라"는 구절이 있다. 나라 안에 이름을 드날리던 율곡을 만나서 그의 학문적인 깊이를 두드려보았더니, 빈 소문 헛이름이 난 것이 아님을 알았다는 뜻이다. 아암은 아암대로 다산의 높은 학문을 흠모했고, 다산은 다산대로 아암의 학문을 듣고 칭찬했는데, 실제로 함께 만나 토론하고 상대방을 점검해보니 만만찮은 상대임을 알게 되었다. 이름 아래 헛된 선비가 없음을 알게 되었던 것이다.

이러한 만남 이래로 다산의 생활은 한결 형편이 나아지기 시작했다. 시를 주고받는 상대가 나타나 다산의 시작(詩作)은 더욱 왕성해졌고, 거처도 바뀌었다. 아암과 만나면서 다산의 다인(茶人) 생활이 시작되었고,

경북 안동에 있는 도산서원. 퇴계 이황의 학문과 덕행을 추모하기 위해 세웠다.
"도산이여! 퇴계물이여! 어디에 있는지 아스라이 높은 풍모 끝없이 흠모하네."

강진 읍내의 주막집을 떠나 뒷산인 보은산에 있던 암자 고성사에서 생활하게 되었다.

이해 겨울에 나는 보은산방(고성사)에서 지냈는데, 아암이 자주 들러 『주역』에 대한 이야기를 나누곤 했다. 그로부터 4년 뒤(1808) 봄에 다산에다 집을 짓고(다산초당 동쪽과 서쪽에 동암과 서암을 짓고 동암에서 거처했다) 살았는데, 대흥사와는 가까워졌지만 읍내에서 멀어졌기에 그의 오고 감이 더욱 잦아졌고 미묘한 말과 오묘한 이치에 대하여 충분하게 부연할 수 있었다. 아암은 고집이 세고 남에게 굽히지 않는 성격이어서 내가 "자네도 영아처럼 유순할 수는 없겠나?"라고 했더니 이때부터 자신의 호를 아암(兒菴)이라고 했다. 아암은 불경 이외의 경전으로는 『논어』를 무척 좋아하여 그 깊은 의미까지 연구하고 탐색하여 조금도 모르는 뜻이 없었다.

한 번 만남이 시작된 이후, 그들이 얼마나 자주 만나고 많은 시를 주고받으며 차를 마시고 학문을 토론했는지는 시집을 통해서 충분히 짐작할 수 있다. 영아처럼 유순하라고 했더니 당장 아암이라는 호를 사용했고, 『주역』 『논어』 성리학 등에 해박하고 정밀하여 속된 선비로서는 범접할 수 없는 수준이라고 했다. 시를 빨리는 짓지 못하나 증시(贈詩)에는 반드시 화답시를 짓는 데 매우 높은 수준이었고, 특히 변려문(騈儷文)에 뛰어났다고 했다. 하룻밤에 만리장성을 쌓는다고, 다산과 아암의 하룻밤은 훌륭한 글벗을 만들어 외롭고 쓸쓸한 다산의 유배생활에 새로운 활력소를 불어넣어 주었다.

주막집의 '사의재'가 상례연구의 산실이었다면, 아암의 소개로 거처하던 고성사는 『주역』연구의 산실이었다. 시와 술, 『주역』과 『논어』, 차와 다인, 다산의 생활은 확실히 학문연구에 몰두할 수 있는 조건이 갖추어지기 시작했다.

혜장선사의 탑명이 새겨진 비가 지금도 대흥사에 세워져 있어 지나간 역사를 그대로 설명해주는 것도 흥미진진한 일이다. 다산이 지은 글이 새겨져 지금까지 전하는 것은 흔치 않은데 혜장선사의 탑명은 그래서 더욱 귀하다.

인생은 풀과 같은 것

주역을 연구하던 산방

1805년 초여름, 우여곡절 끝에 뛰어난 학승 아암을 만나 학우이자 사제 간으로 인연을 맺고, 해남 대흥사의 말사이던 고성사를 다산은 승암(僧菴)이나 보은산방이라 부르며 초겨울부터 그곳에서 생활했다.

"나는 신유년(1801) 겨울에 귀양살이로 강진에 도착하여 동문 밖의 주막집에서 임시로 거처하다가 을축년(1805) 겨울에는 보은산방에서 생활했고, 병인년(1806) 가을부터는 제자 이청의 집으로 이사가서 살았으며, 무진년(1808) 봄에는 다산에서 살게 되었다. 귀양살이 기간을 계산하면 18년인데 읍내에서 살았던 햇수가 8년이고 다산에서 살았던 기간이 11년이었다"(「다신계안」)고 말한 것을 우리는 기억하고 있다.

이러한 기록으로 보면 을축년 겨울에서 그 다음해인 병인년 가을까지의 기간은 아암의 배려로 환경이 주막집보다는 훨씬 좋은 고성사에서 지낸 것으로 짐작된다. 고성사에 삶의 터를 정하고 학문연구에 몰두했는데, 그 무렵은 한창 『주역』연구에 정력을 기울이던 때였다. 더구나 『주역』에 통달했다고 자부하는 아암과 만나 학문적 토론이 가능했으니 연구의 진척은 속도가 붙을 수밖에 없었다. 자주 찾아주던 아암과 시를 짓고 경전을 토론하며 유배의 서러움에서 벗어날 수도 있었을 것이다. "내가 보은산방에서 지내는데 아암이 자주 오가며 『주역』을 담론했다"(「아암장공탑명」). 토론할 상대가 있는 학문연구는 혼자서 터득하는 길보다 몇 배나 쉽다. 강진 읍내에서 아전들의 자제를 가르치면서 지내던 때와는 여러 가지로 유리한 조건임이 분명했다.

우두봉 아래 조그만 선방	牛頭峯下小禪房
대나무만 쓸쓸하게 담장 위로 솟았구나.	竹樹蕭然出短墻
바다의 바람과 조수 낭떠러지에 연해 있고	裨海風潮連斷壑
고을 성의 연기와 불빛 산이 겹겹 막았어라.	縣城煙火隔重岡
둥그런 나물통은 스님 밥자리 따르고	團團菜榼隨僧粥
볼품없는 책상자 나그네 행장일세.	草草經函解客裝
어느 곳 청산인들 거주하지 못할쏘냐	何處靑山未可住
한림원의 봄꿈이야 이미 아득하구나.	翰林春夢已微茫

• 「보은산방에 부쳐」(題寶恩山房)

다인이 된 다산

외롭고 쓸쓸한 절간에서 생활하다 보면 옛날의 화려했던 한림원 시절이 그립지 않을 수야 없지만, 이제는 다 지나간 옛일, 절간에서 마음을 가라앉히고 학문연구에 몰두하는 일만이 남았다. 다산을 오랫동안 흠모했던 아암스님은 시간이 나면 보은산방으로 찾아와 학문을 논하고 시를 지었다. 그러는 동안 자신이 즐기던 차를 달여 다산에게 바치면서 자연스럽게 다산도 다인(茶人)의 생활에 젖어들었다. 『주역』을 논하고 시를 읊고 차를 마시던 생활에, 불경도 논하고 세상에 관한 이야기도 빠뜨리지 않으면서 삶과 학문의 질은 높아지기만 했다.

보은산방에서 기거하던 겨울의 어느 날, 고향에서 큰아들 학가(學稼: 뒤의 학연)가 아버지를 뵈러 천 리 먼 길을 찾아왔다. 한없이 그립던 아들, 얼마나 반갑고 기뻤을까. 외롭고 쓸쓸한 절간에서 이들 부자는 따뜻한 정을 안고 함께 밥을 먹고 잠을 자기도 했지만, 함께 글을 읽고 시를

다산초당 뒷산에 있는 백련사. 만덕사(萬德寺)라고도 불렀다.

지으며 아버지와 아들이 스승과 제자가 되어 추운 겨울을 춥지 않게 보낼 수 있었다. 다산은 본격적으로 아들에게 『주역』과 『예기』를 가르쳐주었다는 기록을 남겼다. 아들이 왔다고 기쁨을 이기지 못해 지은 시에도, 한 가닥의 서러움은 숨어 있었다.

인생은 약한 풀과 같은 것	人生如弱草
더구나 너무 약하고 고단한 몸인데서랴.	況乃劇衰疲
하루아침에 풀이슬 마르고 나면	草露一朝晞
그런 뜻을 누가 있어 알아줄까.	此意知者誰

•「학가와 함께 보은산방에서 와서」(學稼來携至寶恩山房有作)

언제 사라져버릴지 모르는 풀잎의 이슬 같은 인생, 인생의 무상을 절감하면서 자기가 살아온 삶의 의미라도 이해하려면 우선 학문에 열중하여 아버지의 수준에 이르라는 충고의 말로 시를 맺었다.

이 무렵의 시는 대부분 혜장선사와 주고받은 내용이다. 연락도 없이 갑자기 찾아오는 혜장과의 만남을 주제로 한 시에는 고향이 그리워 못 견디도록 아파하는 내용도 있고, 돌아가는 현세의 어려움 같은 것에 대해 진솔하게 의논하는 내용도 있다. 가끔 혜장은 술을 들고 다산을 찾아왔다. 술을 마시고 취중에 읊은 시는 어진 이나 뛰어난 선비가 법망에 걸려 재앙을 당하는 안타까움을 노래하여 억울하게 당하고 사는 자신의 신세를 비유하기도 했다.

1806년 가을부터는 보은산방에서 내려와 제자 이청의 집에 묵으며 출입이 잦았다. 가까운 곳의 산사에도 들르고 그 동안 사귄 사람들의 별장이나 처소를 찾아가기도 했다.

1807년은 다산의 나이 마흔여섯 살이 되는 해다. 이해에는 고향에서 기쁜 소식이 왔지만 슬픈 소식도 왔다. 5월에 큰아들 학가가 아들을 낳았으니, 장손을 얻은 기쁜 소식이다. 이름이 대림(大林)이던 손자, 뒷날 큰선비로 성장해 학문하는 다산의 가문을 이어준 혈육이다.

이 기쁨이 채 사라지기도 전인 7월에 학문을 좋아하는 조카 학초가 세상을 떠났다는 비보를 받는다. 다산의 둘째형 정약전은 그때 흑산도에서 귀양살이를 하고 있었는데, 학초는 바로 정약전의 큰아들로 학문을 좋아하는 차분한 성격인데다 경학에 뛰어난 자질을 보여주어 다산이 자신의 후계자로 지목하고 온갖 애정을 보여준 조카였다. 그때 나이 겨우 열일곱으로, 결혼은 했으나 아직 자녀도 두지 못한 채 세상을 하직하고 말았다. 학가와 학포라는 자신의 두 아들이 있고, 그들 또한 높은 수준의 학자적 자질을 지녔지만, 아들들보다 더 기대가 컸던 조카의 죽음은 다산에게 매우 큰 충격이었다.

자신의 슬픔을 달래기라도 하려는 뜻이었는지, 뒷날 다산은 학초의 「형자학초묘지명」을 지어 그의 일생과 사람됨을 서술하고 자신이 슬퍼하는 이유까지 상세히 설명했다. 경학연구에 열중하던 학초는 열 살 전후에 벌써 학자들 사이에서 이름이 알려졌고 의문스러운 부분에 대해 답변하는 수준이 매우 합리적이었다고 한다. 다산의 슬픔은 그의 명문(銘文)에 자세히 기록되어 있다.

    호학(好學)했는데 명이 짧아 죽었구나.
    하늘이 나를 돌보아주려다
    하늘이 나를 앗아가버렸네.
    세태야 날로 더러워지고
    옛 성인의 도 황무지 되니 슬픈지고.
    저급의 사람들 질탕하게 빠지고
    상급의 사람들 뾰족이 모만 나니
    슬퍼라 누가 있어 나의 글 읽어줄 것인지.

애절한 내용이다. 자신의 분신이라도 잃은 듯, 아주 슬프다. 주자학에서 벗어나 새로운 경전해석을 통하여 공리공론의 세상을 바꾸어 실사구시의 정신세계로 변환시킬 연구에 몰두하면서, 그런 수준의 연구 결과를 세상에 알려줄 자신의 후계자로 여기던 조카의 죽음을, 자신을 앗아가버린 것으로 여겼다.

다산은 먼 훗날, 운명하기 3일 전에 결혼 60주년의 회혼(回婚)을 기리는 시를 짓고, 3일 뒤인 회혼의 날에 눈을 감았다. 그 시의 한 구절에 "살아 이별 죽어 이별이 늙음을 재촉하네"라고 읊었는데, 살아 있으며 귀양살이하느라 그리운 처자들과 얼마나 이별해서 살았으며, 죽음으로 인한 이별은 또 얼마나 많았던가.

아홉 살 때 어머니와의 사별을 시작으로 아버지를 여의고, 신유사옥 때에는 바로 손위형인 정약종과 사별했다. 아홉 아들과 딸을 낳아 여섯 아들 딸과 또한 사별하지 않을 수 없었다. 몇 해 전에는 막내아들 농아와 사별하더니 이번에는 조카 학초와 사별했다. 죽음과 죽음으로 세월을 헤아리다 보니 다산도 점점 늙어갔다. 그렇다고 슬픔에만 잠겨 있을 수 있겠는가. 다산은 슬픔을 잊기 위해서라도 본업인 학문에 몰두하지 않을 수 없었다.

마흔여섯 살이 되던 1807년의 겨울에는 『예기』(禮記)연구의 중요한 분야인 『예전상구정』(禮箋喪具訂)이라는 6권의 책을 완성한다. 지금의 안목으로 보면 그러한 종류의 책은 실용에 큰 관계가 없을 것 같지만, 당시의 세상에서 상례는 매우 중요한 예절이었다. 상을 당해 예절에 맞게 상구(喪具)를 준비하고 사용하는 방법을 정리했다.

1807년 초봄 혜장스님이 찾아오자 반가워서 지은 시를 보자.

굳은 의지에 어질고 호탕한 사람	矯矯賢豪志
이따금 표연히 산 속을 나간다네.	飄然時出林
눈 녹은 비탈길 미끄러운데	雪消厓徑滑
모랫가의 들집은 깊이 잠겼네.	沙繞野堂深

얼굴에는 산중의 즐거움이 가득하고 滿面山中樂
변하는 세월에도 몸은 편하다네. 安身歲暮心
말세의 인심 대부분 비루하고 야박한데 末流多鄙薄
요즘에도 그런 진솔한 사람 있다네. 眞率見如今
• 「혜장이 찾아오다」(惠藏至)

사람의 됨됨이에 반했던 다산, 혜장을 만나면 즐겁고 기쁘기만 했나 보다.

둘째형 정약전의 편지를 받고

오랜만에 흑산도에서 고생하는 둘째형 정약전에게서 편지가 왔다. 형님의 편지를 받고 보니 그때 밤남정에서 헤어지던 생각이 나고, 미웠던 주막집이 더욱 얄미워졌다.

살아서는 미워할 밤남정 주막 生憎栗亭店
문 앞에는 두 갈래로 길이 갈렸네. 門前歧路叉
본디 같은 뿌리에서 태어났건만 本是同根生
지는 꽃잎처럼 흩날려버렸네. 分飛似落花
넓디넓은 하늘 땅 바라보노라면 曠然覽天地
예전에야 한 집안이 아니었던가. 未嘗非一家
조심스럽게 제 몸뚱이만 살피다 보니 促促視形軀
슬픈 생각 언제나 가없구려. 惻怛常無涯
• 「둘째형님의 편지를 받고」

정치 탄압에 강제로 헤어져 살아가야 하는, 흩날려 서로가 떨어져 살아야 하는 꽃잎 신세가 되고 말았다는 구절이 또 읽어도 서글프다.

마흔여섯 살 초여름부터는 백련사라고도 하는 만덕사(萬德寺)에 출입하기 시작했다. 바로 이 절에서 능선을 하나만 넘으면 다산(茶山)이라는 조그마한 산이 있고, 그 산에는 다산초당이라는 윤씨(尹氏)들의 정자가 있었다. 백련사를 찾아가 노닐면서 자연스럽게 다산초당의 아랫마을에 거주하는 윤씨들과 접촉하게 된 다산은 강진 읍내의 생활을 정리하고 다산초당으로 삶의 터전을 옮기게 된다. 이제 강진 읍내의 8년째 생활도 저물어가고 있었다.

이 무렵의 시집에는 다산의 외가 쪽 윤씨들과 주고받은 시들이 많다. 유배 초기에는 역적 죄인이라는 무서움 때문에 아무도 접촉해주는 사람이 없었지만, 이제 세월이 가고 날씨가 조금 풀리기 시작하자, 역시 피는 물보다 더 진하게 마련이어서 외가의 친척들과 교류하기 시작했다. 다산초당의 주인인 윤씨 가문은 다산의 외가 윤씨와 같은 해남 윤씨의 후손들로 종친이라는 혈연의 인연이 깊은데다, 다산이 해남 윤씨의 외손이라는 이유로 아무래도 더 친근감을 느끼던 터였다.

술 마시고 읊었던 비판시

강진 읍내 생활에서 빠뜨릴 수 없는 두 가지 일을 정리하고 넘어가야 한다. "갑자년(1804) 여름 강진에 있으며 지었다"고 명기해두었던 「여름날 술을 마시다」(夏日對酒)라는 시에 대한 이야기와 다른 하나는 1805년에 지은 것으로 보이는 「송별」(送別)이라는 시다. 술을 마시고 읊은 시는 1,060자로 된 장시 중의 장시이며, 다산시의 본색을 그대로 드러낸, 정치·경제·사회의 온갖 모순으로 점철된 당시의 세상을 날카롭게 비판한 내용이다.

우리나라 어찌하여 어진 사람 벼슬길 좁아	如何賢路隘
수많은 장부들 움츠러들어야 하나.	萬夫受局促

백련사 가는 길. 다산은 마흔여섯 살부터 백련사에 출입하기 시작했다.
바로 이 절에서 능선 하나만 넘으면 다산(茶山)이라는
조그마한 산이 있었다.

오직 양반 귀족만 거두어 쓰고	唯收第一骨
나머지 양반은 종과 같구나.	餘骨同隸僕
평안도·함경도 사람들 늘 허리 머리 숙이고	西北常催尾
서민들은 죄다 통곡들 하네.	庶蘗多痛哭

신분의 엄격한 구분에 분통을 터뜨리는 내용이다.

| 깊이 생각하면 뱃속만 타기에 | 深念焦肺刊 |
| 또 술잔이나 들어 마신다네. | 且飮杯中醁 |

속이 타서 술을 마시지 않을 수 없는 안타까운 심정을 담았다.

김이재를 송별하다

「송별」은 1805년에 지은 것으로 보이는데, 사연이 길다. 다산은 스물여덟 살인 1789년에 문과에 급제하는데 그 다음해인 1790년 증광과에 김이재가 급제했다. 김이재는 안동 김씨의 거벌로 시파에 속하며 다산과는 같은 조정에서 벼슬하던 친구 사이였다. 1800년 정조가 세상을 뜨자 벽파에게 비판을 받고 전라도의 고금도로 귀양와서 지냈다. 김이재의 형은 김이교(金履喬)로 다산과는 함께 벼슬하던 친구로 뒷날 정승에 오른 높은 신분이었다.

1805년에 김이재는 귀양이 풀려 옛날의 친구이던 다산을 만나 회포를 풀고 상경길에 오른다. 강진읍에 있던 다산은 떠나는 친구가 아쉽고, 그의 해배를 축하하는 시를 지어서 자신의 신세타령을 했으니 그 시가 다름아닌 「송별」이다. 그런데 세상에는 부채에 적어준 시라 하여 「선자시」(扇子詩)로 알려졌고, 김이재에게 지어준 시가 아니라 김이교에게 지어준 시라고도 전해진다. 그러나 김이교는 그곳에 왔던 사실이 없고, 김이재가 그곳으로 귀양와서 살다 갔다는 내용은 분명하게 다산의 기록에 남아 있다.

지금의 강진 읍내 입구에 세워진 다산의 동상에 바로 「송별」이 새겨져 있으나, 많은 오자가 있어 흠이었다. 더구나 그 시는 규장각 소장의 필사본 시집에는 실려 있으나, 간행본인 『여유당전서』에 빠져 있어 설명을 길게 하지 않을 수 없다. 또한 그 시는 구전되어 매천 황현의 『매천야록』에 실려 있어 더욱 유명해지기도 했다.

역사(驛舍)에 가을비 내리는데 이별하기 더디구나	驛亭秋雨送人遲
이 머나먼 외딴 곳에서 아껴줄 이 다시 또 누구랴.	絶域相憐更有誰
반자의 신선에 오름 부럽지 않으랴만	班子登僊那可羨
이릉의 귀향이야 기약이 없네.	李陵歸漢遂無期
대유사에서 글짓던 일 잊을 수 없고	莫忘酉舍揮毫日
경신년(1800)의 임금님 별세 그 슬픔 어찌 말하랴.	忍說庚年墜劍悲
대나무 몇 그루에 어느 날 밤 달빛 비치면	苦竹數叢他夜月
고향 향해 고개 돌려 눈물만 주룩주룩.	故園回首淚垂垂

• 「송별」

이 시는 오랫동안 오자투성이로 동상에 새겨져 있었는데 최근에 옛날 것을 떼어내고 수정한 바른 글자로 고쳤다.

다산학의 산실 다산초당으로

고마운 귤동 윤씨들

반자(班子)로 상징되는 김이재. 그는 신선이 되어 서울로 올라가는데, 한나라 때의 흉노족에게 잡혀가 고향인 한(漢)나라로 돌아올 기약이 없는 이릉처럼 정약용은 언제쯤 유배살이가 끝날 것인가. 뒷날 김이재는 여러 벼슬을 역임하고 이조 판서라는 높은 지위에 오른다.

서울에서는 다산이 아직 강진에서 귀양살이를 하고 있다는 것조차 잊고 지낼 무렵에 김이재는 당시의 최고 권력자이자 임금의 장인인 김조순(金祖淳)을 찾아가 대화를 나누었다. 이야기를 나누면서 그는 짐짓 다산의 시가 씌어진 부채를 사용했는데, 김조순이 그 시를 읽어보고는 다산의 시임을 알아차렸다. 김이재의 마음을 읽은 김조순은 다산이 아직도 풀려나지 못하고 귀양지에 있냐고 묻고는 곧 귀양이 풀리도록 조치했다. 이 이야기는 매천 황현의 『매천야록』에 기록되어 있다. 김조순의 이름은 밝히지 않은 채.

"대나무 몇 그루에 어느 날 밤 달빛 비치면 고향 향해 고개 돌려 눈물만 주룩주룩"이라는 애절한 구절. 다른 사람은 고향으로 돌아가는데 자신은 돌아갈 수 없을 때, 상실감과 절망감은 커지게 마련이다. 친구를 떠나 보내며 슬프게 울었던 송별시가 해배의 계기가 되었다는 이야기가 사실이라면, 그것도 우연치고는 대단한 우연이다.

이제 미련 없이 읍내를 떠나 아름다운 경치와 생활의 안정이 보장되는 윤씨들의 산정(山亭) '다산초당'으로 옮겼다. 가을이면 노랗게 유자가 익어가는 귤동(橘洞)마을, 다산의 외가 윤씨들과는 파가 다른 해남 윤씨의 마을이다.

이 마을에는 귤림처사(橘林處士) 윤단(尹慱:『여유당전서』에 나오는 박博이라는 글자는 잘못된 것이다)이라는 선비가 살고 있었다. 그가 한가롭게 책을 읽으며 지낸 산 속의 정자가 '다산초당'이다. 윤단의 아들 윤규노(尹奎魯: 1769~1837)의 호는 귤원(橘園)이다. 이들 부자가 중심이 되어 윤단의 손자들을 교육시키기 위해 다산을 다산초당으로 초빙하게 되었다.

마흔일곱 살인 1808년 봄 3월 16일부터 다산서옥(茶山書屋)에서 지었다는 시가 있고 보면, 그때부터 다산초당을 서옥(書屋)으로 여기며 본격적인 학문연구에 침잠했던 것으로 보인다. 산정을 연구실로 삼아 저술 작업을 계속했으니 전해지는 대로 다산학의 산실이 된 것이다.

사는 곳 정처 없이 안개 노을 따라다니는 몸	幽棲不定逐煙霞
더구나 다산이야 골짜기마다 차나무로다.	況乃茶山滿谷茶
하늘 멀리 바닷가 섬에는 때때로 돛이 뜨고	天遠汀洲時有帆
봄이 깊은 담장 안에는 여기저기 꽃이로세.	春深院落自多花
싱싱한 새우무침 병난 사람 입에 맞고	鮮鮮鰕菜堪調病
못과 누대 초라해도 이만하면 살 만하지.	草草池臺好作家
흡족한 마음에도 근심은 있지만 내 분수에 넘치니	適意更愁微分濫
여기서 노닐며 서울 사람에게 자랑하지 않으리.	茲游莫向北人誇

• 「3월 16일 윤규노의 다산서옥에서 노닐며……」

다산초당에서 지내며 맨 처음 지은 시다. 부패한 세상에 대한 분노로 가슴이 북받치는 격한 어조의 사회시를 자주 읊던 다산. 아름다운 경치에 넋을 잃고 자연을 노래하는 솜씨 또한 매우 곱기만 하다.

다산은 백련사를 오가면서 자연스럽게 윤씨 일가와 친해졌고,
이윽고 다산학의 산실이 된 다산초당으로 거처를 옮기게 된다.

다산초당의 아름다운 8경

이 다산초당의 여덟 경치를 읊은 「다산팔경사」(茶山八景詞)는 아름답기 그지없다. 여기에는 부정부패도, 관리들의 탐학과 탐관오리들의 착취도 자리할 곳이 없었다. 꽃이 좋고 나무가 좋고, 꿩소리와 물고기의 헤엄이 아름답고 곱기만 하다.

산중턱 지경까진 널따랗게 탁 트인 메아리 담장	響牆疏豁界山腰
붓으로 그린 듯 봄빛이 그대로네.	春色依然畫筆描
봄비가 내린 뒤라 산골짜기 더욱 사랑스럽고	愛殺一谿新雨後
산복숭아 몇 가지엔 붉은 꽃이 예쁘다.	小桃紅出數枝嬌
산집의 드리운 발 물결에 어른어른	山家簾子水紋漪
다락 머리에선 흔들대는 버들가지 그림자.	照見樓頭楊柳枝
산굽이에 눈발이 날리는 게 아니라	不是巖阿有飛雪
봄바람이 버들솜 불어 맑은 꽃을 희롱한다.	春風吹絮弄清池
부드러운 햇살 아래 칡넝쿨 우거지고	山葛萋萋日色妍
조그만 화로에 차 달이던 가는 연기 끊겼구나.	小爐纖斷煮茶煙
어디선가 꿩꿩대는 세 마디 꿩소리 들려	何來角角三聲雉
구름 속 들창 아래 잠시 든 잠 바로 깨우네.	徑破雲牕數刻眠

산복숭아, 버드나무, 꿩소리 등을 두고 읊은 시어들이 참으로 어여쁘다. 「사암연보」는 그때의 일을 소상하게 적고 있다.

봄에 다산으로 옮겨 거처했다. 다산은 강진현 남쪽에 있는 만덕사 서쪽에 있는데, 처사(處士) 윤단의 산정이다. 다산이 다산으로 옮긴 뒤 대(臺)를 쌓고, 못을 파고, 꽃나무를 열지어 심고, 물을 끌어다 폭포를 만들고, 동쪽 서쪽에 두 암자를 짓고, 서적 1,000여 권을 쌓아두고 글을 지으며 스스로 즐기고 석벽(石壁)에 '정석'(丁石) 두 글자를 새겼다.

오늘날 다산초당에는 다산이 거처할 때의 흔적이 남아 있지 않다. 초당의 동쪽과 서쪽에 각각 동암(東菴)과 서암(西菴)을 새로 짓고 학동들은 서암에, 다산은 동암에 거처했다고 하는데 그러한 암자는 없어진 지 오래다. 지금 남아 있는 건물은 먼 뒷날 새로 지은 것이라서 다산의 손때가 묻은 곳은 존재하지 않는다.

유일하게 남은 '정석'(丁石)이라는 두 글자는 비록 석수(石手)가 새긴 것이지만 다산의 친필임이 분명하다. 글자가 새겨진 초당 서쪽 바위에 이끼는 푸르게 끼었지만 글자는 뚜렷하여 다산을 생각나게 한다. 비록 남의 산정이지만 내 집처럼 여기며 정원을 새롭게 단장하고 경관을 아름답게 꾸몄다. 집 아래 가파르지 않은 언덕에는 제전(梯田: 사다리밭)을 개간해 세금을 물지 않는 전답을 만들어 미나리도 심었고, 인공 연못에서 흐르는 물을 밭으로 들게 하여 농사짓는 데 물걱정이 없도록 했다.

심고 가꾼 꽃들이 피어나자 흥취를 이기지 못해 꽃노래를 읊기도 했다. 「다산화사」(茶山花史) 20수가 바로 그 시다.

귤동마을 서편에 깊숙하고 그윽한 다산	茶山窈窕橘園西
천 그루 소나무 사이로 시냇물 한 줄기.	千樹松中一道溪
시냇물 시작되는 바로 그곳에	正到溪流初發處
돌 사이 맑고 깨끗하여 조용한 집 서 있어라.	石間瀟洒有幽棲

이렇게 시작되는 「다산화사」는 여러 가지 꽃들에 대하여 읊은 뒤, 다음과 같이 말한다.

다산초당에 남아 있는 유일한 다산의 친필 '정석'(丁石)을
어느 석수가 새겼다고 한다.

새로 지은 다산초당의 동암.
오늘날 다산초당에는 다산이 거처할 때의 흔적이 남아 있지 않다.
초당의 동쪽에 동암(東菴)을, 서쪽에 서암(西菴)을 지어
다산은 동암에, 학동들은 서암에 거처했다고 한다.

하늘이 나를 보내 이 동산에 살게 하니　　　　　　天遣先生享此園
자고 마시며 봄을 보내느라 문마저 열지 않네.　　春眠春醉不開門
산 속 뜨락 온 마당에 이끼 푸른데　　　　　　　　山庭一冪莓苔色
때때로 지나가는 사슴 발자국뿐이라네.　　　　　　唯有時時鹿過痕

산 속 깊은 별장에서 시름 없이 한세월을 보내는 퇴관한 노인 같은 모습이 보이지만, 사실은 그렇지 않다. 다행히 시중 들어주는 스님이 밥과 국을 마련해주어 식생활에도 불편이 없자 원하던 대로 책을 읽고 저술하는 일에 온갖 정성을 바친다.

대밭 속의 부엌살림 중에게 의지하니　　　　　　　竹裏行廚仗一僧
가엾은 그 중 수염이며 머리털 날마다 길어지네.　憐渠鬚髮日鬅鬙
이제 와선 불가 계율 모조리 팽개친 채　　　　　　如今盡破頭陀律
싱싱한 물고기 잡아다가 국까지 끓인다오.　　　　管取鱻魚首自蒸

• 「다산화사」

이 시에는 사연이 있다. 다산이 강진 읍내에서 다산초당으로 거처를 옮기던 처음에는 산정에 식사를 준비할 조건이 갖추어지지 않았다. 산의 아랫마을에 있는 윤씨 집까지 식사를 하려고 오르내려야 했다. 백련사에 평소 다산을 매우 존경하던 젊은 스님이 있었는데, 그가 자청하여 초당 곁에 조그마한 움막을 짓고 다산의 식사를 준비했다는 것이다. 움막집에 부엌을 차려놓고 밥 짓는 일을 하다 보니 수염이나 머리도 깎지 않게 되었고, 불교의 계율을 어겨가면서 생선요리까지 했다고 한다. 고로들의 말에 따르면 해배되고 난 뒤에도 그 움막터가 초당 곁에 있었다고 한다.

다산의 인간미와 학문에 감동한 한 스님 덕분에 다산은 많은 시간을 절약하면서 학문연구에 몰두할 수 있었던 것이다. 이제는 그 흔적들을 찾을 수가 없다. 움막터를 찾을 수도 없고 사다리밭을 일구어 미나리를 심었다는 계단 같던 밭도 1970년대 초까지도 상당한 형태가 남아 있었는데 모두 사라져버리고 말았다. 지금은 새로 일군 토지여서 세외전(稅外田)이라 부르고 세금을 물지 않음을 기분 좋게 생각하던 시만 남아 있을 뿐이다.

18제자들이 모여들다

산 위의 정자는 엄연히 학문을 연구하는 서재였다. 다산의 거소가 안정되자 윤씨들이 의도했던 대로 제자들이 모여들기 시작했다. 이른바 다산초당 18제자들이 그곳에서 학문을 연마하는 데 온 힘을 기울였는데, 그 가운데 여섯 명이 윤단의 손자들이다.

늦봄부터 시작된 다산초당의 연구생활 첫해인 1808년의 학문적 업적은 지난 세월에 비교해 월등하게 많은 내용이었다. 제자들과 토론하면서 『주역』에 관해 묻고 답한 내용을 정리해 『다산문답』(茶山問答)이라는 저서를 완성했고, 『제례고정』(祭禮考定) 『주역심전』(周易心箋) 24권을 완성했다.

물론 그해에는 다른 해 못지않게 많은 시를 짓기도 했다. 기쁜 일 가운데 하나는 둘째아들 학포가 귀양지에 있는 아버지를 찾아온 것이다. 헤어진 지 8년 만에 만나는 둘째아들, 이제 스물네 살에 이른 씩씩한 청년 아들이 되어 아버지를 스승으로 여기고 공부하기 위해 찾아온 것이다.

다산초당으로 옮긴 지 한 달 만의 일이었다. 이해 4월 20일에 학포가 왔다는 명확한 기록과 5월 11일에 함께 명승지를 구경했다는 기록을 통해 학포가 오랫동안 머물렀음을 알 수 있다. 그리운 혈육을 맞은 다산의 감회는 어떠했을까.

다산초당으로 옮긴 후 다산이 식사를 했던 '보정산방'의 안채.
현재는 다산금속의 회장인 윤영상 씨의 소유다.

얼굴 생김새야 내 자식 같은데
수염이 자라서 딴사람 같네.
비록 집안 편지 가지고는 왔지만
정말로 내 아들인지 확실치 않네.
• 「4월 20일 학포가 왔다」(四月二十日學圃至相別已八周矣)

한창 자라던 열여섯 살에 헤어진 아들, 8년 만에 만나보니 모습이 아주 많이 변했다. 어머니 편지를 가지고 왔으니 내 아들임은 분명하지만, 너무 변해버린 얼굴이라서 쉽게 믿기 어렵다는 시어에서 큰 비애가 느껴진다. 부자가 만날 수 없도록 갈라놓은 고향땅과 유배지, 800리가 넘는 먼 거리여서 이제야 찾아온 둘째아들, 그리움과 아쉬움이 얽혀, 뜻대로 만나보지 못하는 안타까운 마음이 서려 있다.

들판에 풀 한 포기 없는 큰 가뭄

한 해를 초당에서 지냈다. 다음해는 기사년(1809)으로 몹시 큰 가뭄이 든 해였다.

기사년에 나는 다산초암에 있었다. 겨울, 봄부터 서서히 가물더니 입추까지 새빨간 땅덩이만 천리에 이어지고, 들판에는 풀 한 포기 없었다.
6월 초순에 떠도는 백성들(流民)이 길을 메우자 마음이 쓰리고 보기에 처참하여 살고 싶은 의욕마저 없어졌다. 생각해보면 나야 귀양 와서 엎드려 있으며, 인류의 대열에도 끼지 못해 흉년 타개책인들 건의할 지위에 있지도 못하고, 백성들의 처참상을 그림으로 그려서 임금께 바칠 수도 없는 형편이다. 때때로 본 대로 기록하여 시가집(詩歌集)으로 철해놓았다.

이거야 뭐 쓰르라미나 귀뚜라미들과 더불어 푸성귀 속에서 함께 애달프게 읊어대는 울음이리라. 성정의 올바름이 하늘과 땅의 화기를 잃지 않음을 구하려 함이다. 오랫동안 써내려가다 책으로 되었기에 이름을 「전간기사」(田間記事)라고 했다.

- 「전간기사」

「전간기사」라는 시집의 서문 격인 짤막한 글이지만 다산이 유배지에서 이룩한 문학과 학문의 성격을 방증해주기에 충분한 내용이다. 성정의 바름(性情之正)과 하늘과 땅의 화기(天地之和氣)를 유지할 수 있어야만 인간의 삶은 정당해지고 인간이 인간으로 대접받는 세상이라고 여겨, 올바른 세상을 만들고 화기에 찬 인류의 삶을 위해서 시를 지을 수밖에 없다는 문학관이 역력하다. 백성을 살려내는 구체적인 의지가 없이 이룩되는 문학작품은 무의미한 것이고, 음풍영월(吟風詠月)이나 술 먹고 바둑 두는 이야기의 시들이야 무익한 것이라는 평소의 그의 시관(詩觀)과 일치하는 내용이다.

이 「전간기사」에는 「다북쑥 캐네」에서 「유아」(有兒)까지 6편의 시가 수록되어 있는데, 흉년이 들어 가난한 백성들이 당하는 고통을 그림처럼 묘사한 내용이 많고 그러한 흉년에 탐학질이나 일삼는 수령들을 매섭게 풍자한 내용을 담기도 했다. 흉년에 백성들이 유리걸식하는 모습이 생생하게 묘사되어 있어 읽는 이의 가슴을 울리기에 충분하다.

이 시는 고향에 있는 다산의 두 아들에게 전해지고, 아들들에게서 이 시를 얻어 읽어본 이학규(李學逵: 1770~1835)의 사촌형 이백진(李伯津)이 편지로 김해에서 귀양살이하던 이학규에게 전했다. 이백진은 편지에 "정약용은 당대의 사백이다. 그의 시는 사람을 깨우치는 뜻이 있다. 두보의 「수로별」(垂老別), 「무가별」(無家別) 이후 이런 시는 없었다"면서 다산의 시를 보냈는데, 감명을 받은 이학규는 「기경기사시」(己庚紀事詩)를 1810년에 완성했다고 한다. 이학규는 호가 낙하생(洛下生)이며, 다산과 가까운 후배로 뛰어난 문사(文士)였으나, 신유사옥에 연루되어 24년 동안이나 유배생활을 했으며 다산의 시에서 많은 영향을 받았다. 「유아」라는 시 한 편만 보자.

짝지어 다니는 아이 있는데	有兒雙行
한 애는 총각머리, 한 애는 댕기머리.	一角一羈
총각머리 아이는 말 배우고	角者學語
댕기머리 아이는 머리를 늘어뜨렸네.	羈者鬐垂
어미 잃고 울면서	失母而號
저 갈림길에 있네.	于彼叉岐
붙들고 까닭을 물었더니	執而問故
목이 메어 말을 더듬네.	嗚咽言遲
아버지는 이미 유랑하고	曰父旣流
어머니는 짝 잃은 새가 되었다오.	母如羈雌
쌀독이 바닥나서	瓶之旣罄
사흘을 굶고는	三日不炊
우리와 함께 우는 엄마	母與我泣
턱에는 눈물 콧물이 뒤범벅이네.	涕泗交頤
아이가 젖 달라고 울어대나	兒啼索乳
젖마저 말라붙었네.	乳則枯萎
우리 엄마 내 손 잡고	母攜我手
이 젖먹이와	及此乳兒
저기 저 산마을에 가서	適彼山村
동냥해서 우리 먹이고	丐而飼之
물가 시장 데려가서는	攜至水市
엿도 사서 먹이고는	唉我以飴
길가 나무그늘에 이르러서는	攜至道樾

어린 짐승같이 아이 껴안으니	抱兒如麝
애는 깊이 잠이 들고	兒旣睡熟
나는 죽은 듯 잠들었다오.	我亦如尸
잠을 깨고 두리번거렸으나	旣覺而視
엄마는 거기에 없었다오.	母不在斯

이렇게 고아가 된 두 오누이 신세에서 흉년의 참담함을 형상화했다. 아비와 어미가 자식을 버려서 고아가 된 두 아이들, 흉년은 너무도 비인간적이었다. 이 무렵(1810)에 흉년의 여파로 백성들이 굶어죽어가 시체가 산야에 즐비했는데 이런 참담한 모습을 보고 가슴이 아파 견디지 못하던 다산은 「파리에게 조의를 표함」(弔蠅文)이라는 산문을 지어 죽어간 영혼들을 위로해주었다. 굶어 죽어간 백성들이 파리로 둔갑했다고 여기고 그들을 제사지내는 해학어린 글에는 시대를 아파하고 세속에 분개하는 그의 문학정신이 가득하게 서려 있다.

해지고 날 저물면	日暮天黑
새들도 떼지어 날아 깃들이는데	棲鳥群蜚
정처없이 떠도는 두 아이	二兒伶俜
넘싯거릴 수 있는 문도 없다네.	無門可闚
불쌍한 이 백성들이	哀此下民
부모마저 잃었구나.	喪其天彝
부부 사이도 아끼지 못하고	伉儷不愛
어미도 자식 사랑 못한다네.	慈母不慈

천재(天災)로 인한 가뭄 흉년을 인력으로 감당할 수야 없겠지만, 다산의 시는 이에 인재(人災)까지 겹쳤음을 빼놓지 않고 있다. 승냥이나 이리처럼 백성의 재산을 착취하는 관리들의 탐학은 흉년을 더 고달프게

만들었다고 풍자했다.

『전간기사』의 시들은 흉년을 겪은 다음해인 1810년에 씌어졌다. 이 해에는 이 시말고도 「용산 아전」(龍山吏), 「해남 아전」(海南吏), 「파지 아전」(波池吏) 등 세 편의 시로 악독한 아전들을 고발했다. 세상에서도 유명한 전라도 아전, 극심한 흉년이라 나라가 온통 기아로 허덕이던 시절에 간악한 아전들이 얼마나 날뛰었나를 이 '3리가'(三吏歌)는 여실히 보여주고 있다. 『목민심서』에 "아전들은 백성을 밭으로 삼고, 백성들은 흙을 밭으로 삼는다"고 하여 아전들은 백성을 뜯어 먹고살고, 백성들은 농사를 지어 먹고산다고 했는데, 그 내용에 충족되는 시가 바로 삼리가다.

초당에서 보내는 귀양살이에서 삶의 문제는 대체로 해결되었고, 남은 것은 학문연구의 바쁜 일정이었다. 다산의 시집에는 1810년에 지은 세 고을의 아전들 이야기 이후로는 초당에서 지은 시가 발견되지 않는다. 문집에 없는 몇 편의 시를 제외하면 거의 시를 짓지 않았던 것으로 보인다. 시를 지었는데 잃어버린 것인지 짓지 않았던 것인지는 알 길이 없으나, 시는 보이지 않는다. 그러나 경학에 관한 저서들은 속속 완성되어 1809년에는 『예전상복상』(禮箋喪服商)『시경강의』(詩經講義)『시경강의보유』(詩經講義補遺) 등이 나온다.

딸에게 보낸 매조도

외동딸을 시집보내며

　다산초당으로 옮겨와 살면서 다소 마음의 여유를 찾게 되었는지, 정말로 차분한 마음으로 고향에 두고 온 두 아들에게 간곡하고 간절한 아버지의 정이 담긴 가계(家誡: 아버지가 자식들에게 교훈적인 내용으로 보내는 편지 형식의 글)를 쓰기 시작했다. 친구를 사귈 때 가릴 일, 벼슬살이는 어떻게 할 것인가, 임금의 잘못도 드러내라, 나의 저서를 후세에 전해다오, 나의 시에 대해, 글을 쓸 때의 유의사항, 시는 어떻게 써야 하나, 친척끼리 화목하게 지내려면, 재물을 오래 보존하는 길 등등 인생의 대도를 밝히는 온갖 내용을 자세하고도 분명하게 가르치고 있다.

　세상의 옷이나 음식, 재물 등은 부질없고 가치 없는 것이다. 옷이란 입으면 닳게 마련이고 음식은 먹으면 썩고 만다. 자손에게 전해준다 해도 끝내 탕진되고 만다. 다만 몰락한 친척이나 가난한 벗에게 나누어준다면 영원히 없어지지 않을 것이다. 의돈(猗頓: 춘추시대 노나라의 대부호)의 창고 속에 감춰둔 것은 지금이야 흔적조차 없지만 소부(疎傅: 황제에게서 받은 황금을 친구들에게 나누어준 한나라 때의 벼슬아치)의 황금은 지금까지도 이야기가 전해온다. 또한 금곡(金谷: 진晉나라 때 부호 석숭石崇의 별장)의 화려하던 장막도 이제는 티끌로 변했지만, 범중엄이 보릿배에 보리를 실어 친구를 도왔던 일은 아직도 많은 사람들의 입에 오르내린다.

왜 그런가. 형태가 있는 것은 없어지기 쉽지만 형태가 없는 것은 없어지기 어렵기 때문이다. 스스로 자기 재물을 사용해버리는 것은 형태를 사용하는 것이고, 재물을 남에게 나누어주는 것은 정신적으로 사용한 것이 된다. 물질로써 물질적인 향락을 누린다면 닳아 없어질 수밖에 없고, 형태 없는 것으로 정신적인 향락을 누린다면 변하거나 없어질 이유가 없다.

무릇 재화를 비밀리에 숨겨두는 방법으로 남에게 시혜하는 방법보다 더 좋은 것이 없다. 시혜해버리면 도적에게 빼앗길 걱정이 없고 불에 타버릴 걱정이 없고 소나 말로 운반하는 수고도 없다. 그리하여 자기가 죽은 후 꽃다운 이름을 천 년 뒤까지 남길 수도 있다. 자기 몸에 늘 재화를 지니고 다니는 방법에 그러한 것도 있으니 세상에 그처럼 유리한 게 어디 있겠느냐. 꽉 쥐면 쥘수록 더욱 미끄러워지는 것이 재물이니 재물이야말로 메기 같은 물고기라고나 할까.

• 『유배지에서 보낸 편지』

과연 삶의 대도를 터득한 아버지만이 아들에게 말해줄 수 있는 내용이다.

쉰세 살인 1812년에는 다산의 집안에 경사가 났다. 외동딸이 시집을 가게 되었다. 신랑은 강진의 다산초당에서 멀지 않은 곳에 사는 윤창모(尹昌模)라는 총각이었다. 윤창모의 집안은 다산의 집안과 대대로 교분이 있었다. 다산의 아버지와 친구인 윤광택은 당대의 부호로 베풀기를 좋아했으며 창모의 할아버지가 되는 사람이다. 창모의 아버지 옹산 윤서유는 다산의 가까운 친구로 다산이 강진에서 유배살이하는 동안 한없이 도와주었다. 마침내 두 집안은 혼사를 맺고 사돈이 되었으며, 그 다음해인 1813년에 윤씨 일가는 다산의 고향 근처인 귀어촌으로 솔가해 이사까지 가게 된다. 외동딸을 시집보내면서 다산이 그려준 「매조

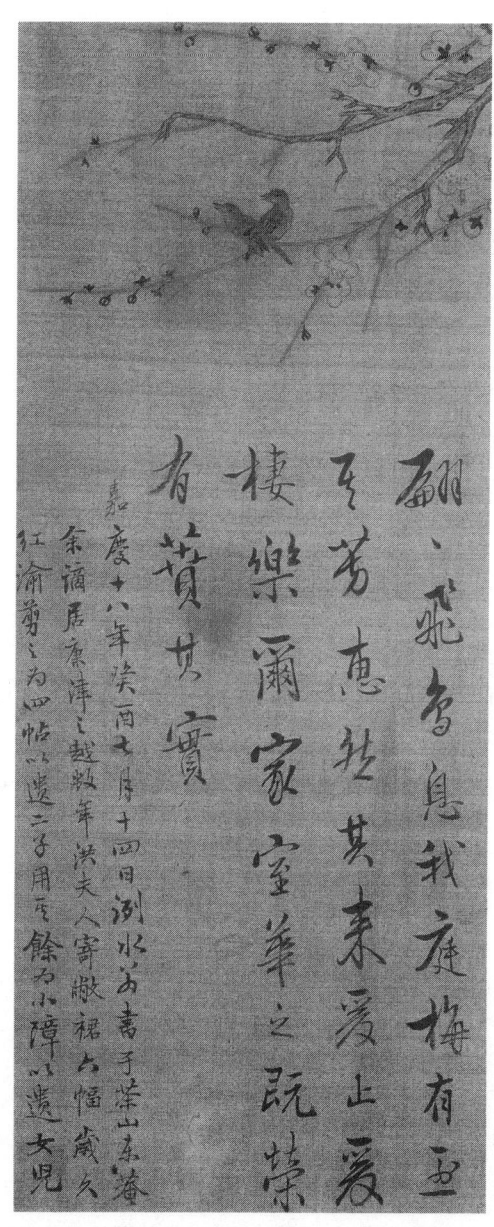

1813년 다산이 강진에서 유배생활을 하고 있을 때 부인 홍씨가 보낸
헌 치마폭을 찢어 네 개의 첩으로 만들고는 거기에 그림과 시를 써서 자신의 딸에게 보냈다.
「매조도」, 고려대학교박물관 소장.

도」(梅鳥圖)는 더없이 멋진 예술품이다.

사뿐사뿐 새가 날아와	翩翩飛鳥
우리 뜨락 매화나무 가지에 앉아 쉬네.	息我庭梅
매화꽃 향내 짙게 풍기자	有烈其芳
꽃향기 그리워 날아왔네.	惠然其來
이제부터 여기에 머물러 지내며	爰止爰棲
가정 이루고 즐겁게 살거라.	樂爾家室
꽃도 이제 활짝 피었으니	華之旣榮
열매도 주렁주렁 맺으리.	有蕡其實

이 족자 그림의 시에는 자세한 설명이 기록되어 있다.

순조 13년(1813) 7월 14일에 열수(洌水) 옹이 다산 동암에서 쓰다. 내가 강진에서 귀양살이 몇 년이 지났을 때 부인 홍씨가 낡은 치마 6폭을 보내왔는데, 세월이 오래되어 붉은 빛깔이 변했기에 가위로 잘라서 첩(帖)을 만들어 두 아들에게 남겨주고, 나머지로 이 작은 족자를 만들어 딸아이에게 물려준다.

현재 이 「매조도」는 고려대학교박물관에 보관되어 있는데, 그림·글씨·시 모두 격조가 높아 딸을 아끼던 아버지 다산의 뜻이 지금도 드러나 보인다.

이 무렵 다산은 재미난 관광길에 나서기도 했다. 1812년 9월 12일의 일이다. 같은 고을이지만 꽤 거리가 먼 월출산 남쪽 골짜기 백운동(白雲洞)의 경치를 구경하러 간 것이다. 백운동은 아름다운 월출산의 남쪽 계곡으로 원주(原州) 이씨인 이담로(李聃老: 1627~1701) 처사가 은거하던 곳으로, 후손 이덕휘(李德輝: 1759~1828)의 초청으로 다산은 제자인 초의선사와 윤동(尹峒) 등과 함께 찾아가 즐기곤 했다. 초의선사가 「백운도」와 「다산도」를 그렸는데 거기에 모인 사람들이 시를 지어 경치를 묘사했다. 다산은 이 그림에 발문(跋)을 달아 그때의 사정을 설명했는데, 이 그림이나 시들은 문집에 빠져 있어 전해지는 그림과 친필을 보고 그 존재를 알 수 있을 뿐이다. 앞의 「매조도」도 문집에는 없고 그림만이 전해진다. 이때 이덕휘의 아들인 이시헌(李時憲)은 겨우 열 살이었는데 모임에서 수발과 심부름을 하느라 다산을 뵙게 되었고, 뒤에 다산으로 따라가 제자가 되기도 했다. 아름다운 백운동 계곡에서 뜻이 맞는 지인들과 함께 시를 짓고 술을 마시던 흥취는 오랜 유배살이의 시름을 달래주기에 충분했을 것이다.

1811년 홍경래가 지역 차별 반대를 기치로 내걸고 반란을 일으켰다. 다산은 이때 그들을 토벌해야 한다는 「창의통문」(倡義通文)을 짓기도 했다. 요즘의 시각으로는 홍경래의 난에 대해 달리 평가할 수도 있지만, 당시 왕조국가의 체제에서는 반역으로 처리되지 않을 수 없었던 것으로 보인다. 물론 민중운동에 대한 다산의 한계이자 시대적 한계임도 분명하다.

다산에 만발한 동백꽃

따지고 보면 다산은 대단한 신분으로 태어났다. 연달아 8대 옥당을 거친 선조들의 피를 받았고, 아버지가 바로 진주 목사라는 대단한 벼슬아치였다. 자신도 옥당을 거쳐 승지와 참의라는 고관의 지위를 역임했다. 고산 윤선도, 공재 윤두서 등의 외가 선조들도 세상에 이름 높던 학자·예술인들이었고, 처가인 풍산 홍씨 집안도 당대 고관대작의 집안이었다. 비록 그가 죄인이 되어 미천한 신분인 아전들의 자제들을 가르치는 일을 꺼리지야 않았지만, 강진 읍내의 생활은 역시 다산에게 흡족할 리 없었다. 그러나 다산초당으로 삶의 터전을 옮긴 후부터는 분명히 달랐다. 남인 고가(古家) 사족(士族)의 후예인 18제자들이 모여서 학문을 토론하면서 다산의 삶은 분명히 질적인 변화와 정신적인 안정을 얻을 수 있었다. 그때부터 본격적인 저술활동도 가능해지고 불타는 지식욕도 만족시킬 수 있었으며, 현실적인 불만도 다소나마 삭일 수 있었으리라.

다산은 6경 4서를 새롭게 검토하여 현실성을 떠난 주자학(朱子學)의 주석을 차근차근 고쳐나가며, 자기 식대로 철학적인 기반을 세웠다. 경전의 새로운 연구를 통해 인간 사고의 새로운 패러다임을 설계함으로써 나라를 부강하게 하고, 백성들을 살려내는 근본적인 방법 모색에 넉넉한 시간을 할애하기도 했다. 그윽하기 그지없는 다산의 경치에 마음이 끌리고, 탁 트인 마을 앞의 바다 구강포(九江浦)를 바라보며 답답한 마음도 풀어볼 수 있었다.

철마다 피어나는 다산의 꽃들을 구경하고 지천으로 자라는 자생 차를 따서 다인의 생활도 즐겼다. 가을이면 귤동마을에 노랗게 익어가던 유자 열매를 내려다보고, 겨울이면 다산에 만발한 동백꽃을 구경했으며, 봄과 여름에는 때맞추어 차를 따서 말리고 끓이며 선비의 격에 맞게 살아갈 수도 있었다. 돌을 쌓아 축대도 만들고, 연못을 파놓고 물을 끌어다가 인공 비류폭포를 만들고 물고기도 기르며, 흐르는 물로는 계단밭에 미나리를 심어 세금 없는 밭갈이도 했다. 그런 시절의 여유롭던 생활을 그의 글을 통해 알아보자.

내가 다산에 우거한 지 이제 4년이 되는데 언제나 꽃이 피면 산보를 나갔다. 산의 오른쪽 고개를 하나 넘고 시내를 건너가 석문(石門)에서 바람을 쐬며, 용혈(龍穴)에서 쉬고 청라곡(靑蘿谷)에서 물을 마시고 농산(農山)에 있는 농막에서 잠을 잔 뒤에, 말을 타고 다산으로 돌아오던 것이 늘상 하던 일이다. 개보(皆甫: 윤서유)와 그의 사촌아우 군보(群甫: 윤시유尹詩有)가 술과 물고기를 가지고 와서 때로는 석문에서 기다리고, 때로는 용혈에서 기다리거나 때때로 청라곡에서 기다렸

다산의 외가인 연동마을. 다산의 아버지 정재원이 처가인
연동마을로 가다가 벗 윤광택의 집에 들렀는데, 윤광택은 손님을 접대하기 위해
큰 황소 한 마리를 잡았다는 이야기가 전해진다.

다. 이미 취하도록 마시고 배불리 먹은 뒤에는 그들과 함께 농산에 있는 농막에서 낮잠을 자는 것도 늘상 하던 일이었다.
• 「조석루기」(朝夕樓記)

당대의 부호인 사돈네 집 조석루라는 정자의 기(記)로 지은 글에 그때 즐기던 생활을 자세히 기술해두었다. 친구이자 친사돈인 윤서유 집안에서 자기를 대접하던 모습이었으니, 이만하면 죄인의 유배생활로는 더 이상 바랄 것이 없을 정도였다. 석문, 용혈, 청라곡은 강진군 도암면 일대에 있는 지명이다.

아침 일찍 일어나 참선을 마친 뒤에 시원한 누각에 올라앉아 향취 좋은 차 한 잔을 마시고는 위응물(韋應物)의 시 한 편을 낭랑히 읊조린다.
• 「누군가에게 보낸 편지」

이런 경지에 이르러서야 제대로 경학에 침잠할 마음의 안정을 얻었다. 그러나 그의 눈에 보이고 귀에 들리는 현실이 그를 낙천적이게만 해주지 않았다. 당시의 시대적 질곡들은 역시 그에게 지식인의 고민을 떨치지 못하게 했고, 그러한 고민이 승화되어 그의 저술은 깊이를 더해가며 새로운 이론을 창출해냈다. 생활의 일시적인 즐거움이야 순간일 뿐 세상을 구제하려는 그의 학자적 의욕은 식지 않았다. 견비통이 발병해 손을 제대로 쓸 수 없는 질병을 앓으면서도 끝내 쉬지 않고 저작활동에 몰두했다.

오늘날 성인이 되고 싶어도 될 수 없는 까닭 세 가지가 있다. 하나는 천(天)을 이(理)로 인식함이요, 둘은 인(仁)을 생물의 이치로 인식함이요, 셋은 용(庸)을 평상(平常)으로 인식함이다. 만약 홀로 삼가 하늘을 섬기고 억지로 서(恕)해서라도 인(仁)을 구하며, 항구(恒久)할 수 있어 쉬지 않는다면 그것이 성인인 것이다.

• 『심경밀험』(心經密驗)

인간은 본디 선하다

행위와 실천의 개념이 뚜렷하지 못한 주자학의 성리론(性理論)을 근본적으로 비판한 내용이다. 주자는 천을 이(理)로, 인을 생물지리(生物之理)로, 중용(中庸)의 용을 평상이라 해석하여 관념적인 세계관으로 유학을 체계화했다. 주자와는 달리 다산은 인을 이로 보지 않고 사람과 사람 사이에서 마땅히 해야 할 도리를 다하는 행위 개념으로 새롭게 해석했다. 주자는 인이란 "사랑의 이치(愛之理)요, 마음의 덕(心之德)"이라고 했지만, 다산은 인이란 글자 모양대로 사람(人)이 둘(二)이라는 뜻으로 두 사람 사이에서 상대방에게 최선을 다해 섬겨주는 행위로 해석하여 행동이 배제된 경학의 해석을 절대로 인정하지 않는 분명한 태도를 취하고 있었다.

그래서 하늘(天)과 인(仁)을 이(理)로 해석하는 주자학에 맞서 정면으로 다른 해석을 시도했다. 다산은 중용의 용(庸)도 주자의 평상(平常)과는 달리 항구(恒久)라고 해석해 힘써 행하는 인(仁)이 오래도록 지속되기만 하면 그게 바로 성인이라는 결론을 내리고, 인간이 힘써 노력하면 인을 행할 수 있고 지속하면 성인까지 될 수 있다는 가능의 철학을 수립하기에 이른다.

총결해보면 영체(靈體) 안에는 세 가지 이치가 있다. 그 성(性)으로 말하면 착함을 좋아하고 악함을 부끄러워한다. 이래서 맹자는 인간의 성품은 착하다는 성선설(性善說)을 주장했다. 권형(權衡)으로 말하면 선할 수도 악할 수도 있다. 이래서 양웅(揚雄)은 선악혼재설(善惡混在說)을 주장했다. 행사(行事)로 말하면 선을 하기는 어렵고 악을 하기

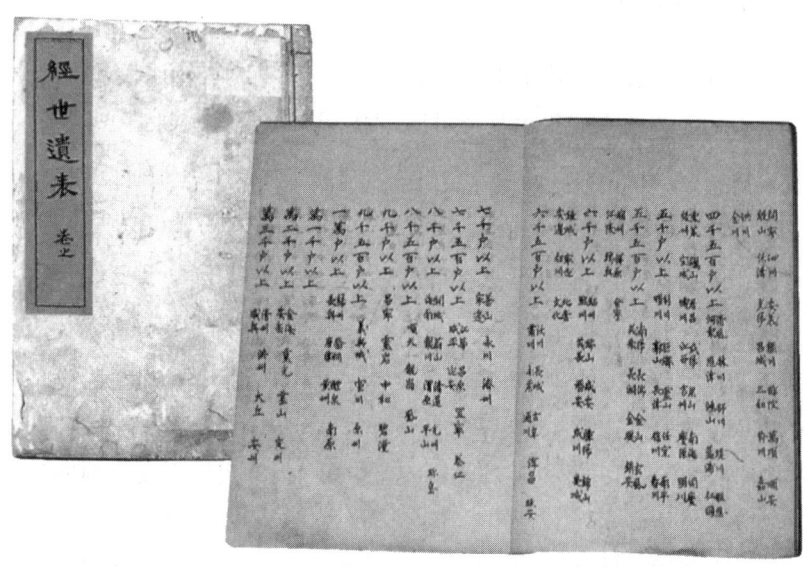

『경세유표』 48권은 1817년 정약용이 쉰여섯 살 되는 해에 저술을 시작했는데 끝내지는 못했다.
이 책의 원래 이름은 『방례초본』이었다.
『주례』의 이념에 따라 거기에 대비되는, 우리나라를 새로이 경영할 국가제도를 초함으로써
수정과 윤색을 기다려 후에 길이 운용되도록 한다는 뜻에서 다산은 이 책의 제명을
『방례초본』이라고 했던 것이다. 그러나 1822년에 제명을 『경세유표』로 다시 바꾸었다.

는 쉽다. 이래서 순자(荀子)는 성악설을 주장했다.
- 『대학강의』(大學講義)

성선, 성악, 선악혼재설의 끝없는 논쟁에 다산은 명쾌한 답변을 내리고, 인간만이 자주적인 결단(自主之權)에 따라 착한 본래의 성품을 제대로 지켜서 문명세계를 이룩할 수 있다는 긍정적 결론을 도출했다. 성선설은 옳다. 그러나 인간 자신이 어떻게 하느냐에 따라 선할 수도 악할 수도 있다. 즉 자기 결단 여하에 달려 있다. 그래서 혼재한 것으로 보이지만 본디 선하게 태어난 것만은 사실이다. 또 일의 형편이란 착한 일 하기는 어렵지만 악한 일 하기는 쉽다. 그래서 성악설이 나왔지만, 성품이 악해서가 아니라 악한 일을 하기 쉬운 형세 때문이지 본디 악해서 그런 것은 아니라는 것이 다산의 주장이다.

다산의 새로운 경전 해석에는 인간의 사고와 삶의 가치관을 새롭게 정립하는 높은 뜻이 담겨 있음을 인식해야 한다. 여기에는 중세사회의 무서운 봉건주의적 사고인 신분제도의 철폐를 선도하는 깊은 철학이 담겨 있다. 어떤 인간도 태어날 때는 착한 성품으로 태어난다는 사고, 자신의 노력 여하, 즉 마음먹기에 따라 악할 수도 착할 수도 있고, 착한 일 하기보다는 악한 일 하기가 쉬우니 그런 함정에서 벗어나 자신의 결단으로 성인의 길로 들어서야 한다는 인생의 길을 제시하는 것이다.

한유(韓愈) 이래의 성삼품설(性三品說)도 다산은 한사코 반대했는데, 그것도 확고한 자신의 성론에 입각해서 얻어낸 결론이다. 상품(上品), 중품(中品), 하품(下品)의 성(性)으로 구분해 상품의 귀족, 중품의 중인, 하품의 천민이라는 계급사회의 구조로 설계된 보수적, 봉건적 학설을 다산은 과감하게 분쇄했다. 아마 이러한 다산의 철학에 감명을 받았기 때문에, 정인보는 다산의 경학을 '민중적 경학'이라 명명했을 것이다.

이상과 같은 확고한 성론을 토대로 다산은 새로운 인간론을 제시한다. 본래의 성품인 덕성을 높이고 선한 길만 택하는 배움을 통해서 악에 빠지지 않도록 계속 노력하는 항구적인 능력이 있어야만 올바른 인간이 될 수 있다는 인간론을 연구해내기에 이른다. '하면 될 수 있다'는 인간론, 중세를 뛰어넘는 멋진 사상이었다.

나라를 건지고 세상을 구제할 논리를 찾아내는 반면, 인간으로 구성된 세상은 올바른 인간들이 주도해야만 변한다고 여기고, 올바른 인간이 될 수 있는 인간론까지 깊숙이 탐구했다. 그의 생각과 거리가 멀던 자기 이전의 성리학적인 논리에서 한 단계 높은 실행, 실천의 바탕을 마련한 실사구시적인 다산철학을 이룩한 셈이다. 다산은 그가 처한 신분, 시대 환경, 그의 생활 여건 아래서 불철주야 연구하고 탐색한 결과 중세를 넘어서는 자신의 학문을 완성했다. 다산초당의 생활이 창조해낸 위대한 학문적 업적이었다.

다산초당에 있으면서 고향의 두 아들에게 보낸 편지에 "무릇 저서하는 방법은 경전에 대한 저서를 제일 우선으로 해야 하고, 그 다음은 세상을 경륜하고 백성에게 혜택을 베풀어주는 학문이며, 국방과 여러 가지 기구에 대한 분야도 소홀히 할 문제가 아니다"라고 했다. 즉 제일 우선해야 할 학문은 경학이고, 둘째가 경세학(經世學), 즉 실용학이라는 뜻이다. 다산은 경학은 본(本)이고 경세학은 말(末)이라고 한 적이 있다. 경학은 본론이고 경세학은 각론이라는 뜻인데, 양자를 병행해서 공부해야 하지만, 경학을 우선적으로 연구하여 인간의 바탕을 정리해놓고, 각론인 실용 학문에 마음을 기울여 실천에 옮겨야 한다고 했다.

다산은 젊은 시절에 정조의 명령으로 『시경』(詩經)과 『중용』(中庸)에 대한 경학연구에 전념할 때가 있었다. 경학으로 바탕을 닦는 일에 힘쓴 것이다. 한창 벼슬하던 시절에는 논(論), 설(說), 의(議) 등 법과 제도에 대한 개혁을 주장하는 경세 논리를 당당하게 주장했다. 특히 30대 후반의 저작으로 알려진 「전론」(田論)이나 「오학론」(五學論) 등 불후의 논문들은 따지고 보면 실용의 학문에 해당되고 사회변혁의 논리로서 출중한 저술이었다. 토지의 공동 소유와 공동 노동으로 공정한 소득의 분배를 목적으로 했던「전론」은 그의 독창적인 토지제도의 개혁사상이고,「오학론」은 당시의 행세학이던 문장(文章), 성리(性理), 술수(術數), 과거(科擧), 훈고(訓詁)의 학문을 통렬히 비판해, 경학이나 경세학은커녕, 인간의 삶에도 아무런 도움이 되지 않는 나쁜 세속의 학문임을 누누이 강조했다. 본질적인 유학의 분야도 아니라고 주장해 합리적인 실용학으로 방향을 전환할 것을 외치기도 했다.

마찬가지로 유배시절에도 애초에는 6경 4서의 경학에 온갖 심혈을 기울였는데, 유배시절의 후반부터 경세학에 온 정성을 바쳐『경세유표』와『목민심서』를 저술하고 해배 직후인 고향에서『흠흠신서』를 완성했다. 본론과 각론을 제대로 갖추어 본말(本末)을 완성하려는 그의 깊은 뜻이 작용하여 이룩된 저서였기에 그러한 순서를 밟았을 것이다. 그러나 정인보가 "경학(經學)이면서 정법(政法)이다"라고 말했듯이, 경학연구도 백성의 실익에 도움을 주려는 목적이었으며, 경세학연구도 마찬가지로 인민과 나라의 실제 이익에 도움을 주려는 뜻이었기에, 경학이자 경세학이고 경세학이자 경학인 본말이 구비된 학문이라고 일컬을 수 있다고 했다.

다산초당에서 이룩된 경서연구 가운데 가장 공을 들인 저서는『논어고금주』와『맹자요의』일 것이다. 경세학 저서로『경세유표』와『목민심서』가 으뜸에 속함은 말할 필요가 없다. 썩어 문드러진 세상을 어떻게 해야 바로 세울 수 있고, 가난과 외세에 시달리는 나라를 어떻게 해야 부국강병의 나라로 바꿀 것인가.

다산이 연구한 학문의 목표는 바로 거기에 있었다. "조선이라는 오래된 나라를 통째로 바꾸어버리자"는 목표로『경세유표』를 저작했고, "현재의 법의 테두리 안에서라도 우리 백성들을 살려내보자"는 계획을 세워놓고『목민심서』를 저작했노라고 스스로 밝히고 있다. 공부하던 젊은 시절부터 한창 벼슬하던 30대, 긴긴 유배생활의 40~50대의 저술기에 갈고닦은 온갖 학문의 종합으로 유배 말기에 저작한 경세철학의 저서들이야말로 다산 학문의 결론이었음은 두말할 필요가 없다.

다산초당에서 종합적으로 완성한 다산 과학기술론은 독특한 다산사상의 핵심적인 분야다. 6경 4서만을 교과서로 삼아 거기서 한 발자국도 벗어나지 못한 일반적인 유학자들과는 분명하게 다른 논리 분야가 바로 이 과학기술 분야에 대한 다산의 생각이다. 벼슬하던 시절에도 「성설」을 저작해 과학적인 방법으로 비용을 절감하여 성을 쌓는 제도를 설파했지만, 「기예론」이라는 논문을 통해 기술개발의 중요성과 당위에 대해 열변을 토했다. 선진국에서 과학기술을 도입하고 보급하는 것, 새로운 기술개발에 대한 열정 등을 볼 때 역시 다산은 애국자였다. 의술이 발달해야만 인간은 질병의 고통에서 벗어나 장수를 누릴 수 있고, 농기구의 개발로 농사를 편하게 짓고 소득을 올리며, 병기의 개발로 외침을 막고 부강한 나라로 만들 수 있다고 했다.

그가 『경세유표』의 국가개혁론에서 행정부서에 '이용감'(利用監)이라는 새로운 정부부서를 만들어 기술도입, 기술개발에 대한 총괄을 담당하게 하자고 했지만 전혀 진전되지 못한 것은 국가의 불행이었다. 정부도 기업도 경쟁력이 없으면 살아남지 못한다. 국가나 기업이 국제 경쟁력에서 살아남으려면 기술개발 아니면 방법이 없다. 오늘날에야 너무도 당연한 이야기인데, 200년 전에 주장한 다산의 사상은 역시 탁견이 아닐 수 없다.

훌륭한 제자들이 모여들다

다산학단이 만들어지다

귤동의 윤씨네 산정이던 다산초당, 남의 집에 더부살이하면서도 다산은 자신의 집처럼 아끼고 사랑하면서 다산의 4경(四景)에 더욱 애착을 버리지 못했다. 정자 앞마당의 널따란 바위인 다조(茶竈)는 차를 끓이는 부엌이었다. 정자의 왼쪽 모퉁이에서 솟아나는 약수가 흐르는 약천(藥泉). 그 샘에서 물을 길어다가 차를 끓이고 물을 마셔 갈증을 풀기도 했다. 이미 앞에서 언급한 유일한 다산의 친필인 석벽에 새긴 '정석'(丁石)이라는 두 글자는 다산의 가장 확실한 족적 가운데 하나다. 초당 곁에 인공으로 만든 연못도 아름답지만, 연못의 중앙에 바다에서 주워온 돌을 쌓아 만든 '석가산'(石假山)도 빼어난데 이것은 다산의 솜씨다.

다조, 약천, 정석, 석가산의 네 가지 경치가 바로 4경이니, 시집에는 수록되지 않았지만, 현재까지 시첩(詩帖)으로 전해지는 다산의 친필 「다산사경시첩」(茶山四景詩帖)은 국보급 예술품이다. 아름다운 경치를 더 아름답게 묘사한 다산의 시는 그의 뛰어난 글씨와 함께 가치를 더욱 높여주고 있다.

다산의 학문적 명성에 힘입어 다산초당에 훌륭한 제자들이 모여들기 시작했다. 강진 읍내에서 글을 배운 제자 가운데 황상이나 이청도 찾아왔겠지만, 사족의 아들들이 초당을 가득 메우며 글을 배우러 왔다. 그 대표적인 제자들을 우리는 다신계(茶信契)에 가입한 18제자라고 하는

데, 「다신계안」이 전해지고 있어 그들의 명단을 정확하게 알 수 있다.

이유회(李維會: 1784~1830)·이강회(李綱會: 1789~?) 형제, 이기록(李基祿: 1780~?), 정학연·정학유 형제, 정수칠(丁修七: 1768~?), 윤종문(尹鍾文: 1787~?), 윤종영(尹鍾英: 1792~?), 윤종기(尹鍾箕: 1786~1841)·윤종벽(尹鍾璧: 1788~1873)·윤종삼(尹鍾參: 1789~1878)·윤종진(尹鍾軫: 1803~79)의 4형제, 윤종심(尹鍾心: 1793~1853)·윤종두(尹鍾斗: 1798~1852) 형제, 윤자동(尹慈東: 1791~?)·윤아동(尹我東) 형제, 이택규(李宅逵: 1796~?), 이덕운(李德芸: 1794~?) 등이 바로 18제자다.

정학연 형제는 다산의 아들이다. 윤종기 등 4형제는 다산초당의 주인인 윤단의 큰아들 윤규노의 아들이고 윤종심 형제는 윤규노의 아우 윤규하(尹奎夏)의 아들이니, 모두 윤단의 손자들이다. 윤종문과 윤종영은 다산의 외가 사람으로 외종사촌의 아들들이다. 다산의 경서연구에 가장 큰 도움을 준 학자로 자신의 두 아들 외에 이강회와 윤종심이 있었다. 윤종심은 윤씨 족보에는 윤종수(尹鍾洙)로 명기되어 있으나, 어릴 때의 이름은 동(峒)으로, 일찍부터 학문이 높았던 것을 다산의 저서를 통해 알 수 있다.

18제자 이외에 사위가 된 윤창모나 외손자 윤정기(尹廷琦: 1814~79)도 높은 수준의 학자였으나 18제자에는 들지 못했다. 전등계(傳燈契)가 구성되어 있었다는 임형택 교수의 주장대로라면 다산과 접촉했거나 문하를 찾았던 승려도 많았던 것으로 보인다. 혜장선사나 초의선사에 대해서는 많이 알려졌고, 혜장의 제자스님들도 다산의 문하를 출입했으니 제자의 목록에 넣을 수도 있을 것이다. 그러나 종교의 차이 때문인지 수록되어 있지 않다. 유교와 불교가 함께 논의되던 문화와 문명의 조화로 여겨야 할 아름다운 조선 후기의 풍경이었다.

이렇게 맺어진 다산과 제자들과의 교유, 다산이 이룩한 다산학은 다산초당에서 형성된 '다산학단'(茶山學團)에 의해 후세로 연결되는 학

왼쪽 위부터 시계방향으로 다산4경인 약천, 다조, 정석, 연지석가산.

다산이 제자 기숙과 금계에게 보낸 「다산제생문답증언문」(茶山諸生問答贈言文).

문 전수의 역할을 해내고 있었다. 너무나 큰 다산의 명성 때문에 그의 훌륭한 두 아들과 많은 제자들의 명성이 제대로 세상에 전파되지는 못했으나, 모두가 뛰어난 학문적 업적을 남긴 학자였음은 지금도 계속 발견되는 자료들을 통해 알 수 있다. 다산의 슬하에서 유년시절부터 자란 외손자 윤정기의 학문적 업적은 이제 상당히 드러나고 있어 다산초당에서 완성된 학문이 외손자를 통해 분명히 전수되었음을 알게 해준다.

다산학단에서 이룩된 학문은 대체로 다산풍의 실학이 주된 학문 분야였다. 다산학단에 대한 연구는 근래에 시작되어 앞으로 학자들의 노력 여하에 따라 좋은 성과로 나타날 것을 기대해 마지않는다.

훗날 다산이 고향으로 돌아온 뒤 제자들이 소내로 찾아와서 주고받은 이야기를 보자.

"동쪽의 절(白蓮寺)로 가는 길가에 심은 동백꽃나무는 모두 무성하게 자라고 있는지?"
"다신계의 전곡(錢穀)은 결손이나 나지 않았느냐?"
"그렇습니다."
"붉은 복숭아나무는 시들지 않았느냐?"
"싱싱하게 자라고 있습니다."
"연못가에 쌓아놓은 돌들은 무너지지 않았느냐?"
"무너지지 않았습니다."
"연못 속의 잉어 두 마리는 더 컸겠지?"
"두 자(尺) 정도 자랐습니다."

다산초당에서 배운 제자들이 해배하여 돌아와 있는 한강 상류의 집(마재)까지 나를 찾아왔다. 안부 등의 인사가 끝나자 물었다.

"떠나올 때에 이른 차를 따서 말려놓았느냐?"
"미처 말리지 못했습니다."

"금년에 동암(東菴: 다산이 거처했던 집)의 지붕은 이었느냐?"
'이었습니다.'
"옛 사람의 말에 '죽은 사람이 다시 살아나더라도 부끄러운 마음이 없도록 해야 한다'고 했다. 내가 다시 다산에 갈 수 없음은 또한 죽은 사람이 다시 살아나지 못하는 것과 같을 것이다. 그러나 혹시 다시 간다고 하더라도 결코 부끄러운 모습이 없도록 해야 옳은 일이 되리라."
• 계미년(1823) 첫여름 4월(도광道光 3년) 열상노인이 기숙(旗叔)과 금계(琴季) 두 사람에게 써주다.

기숙과 금계는 다산초당의 주인이던 윤규노의 셋째와 넷째아들로 다산초당에서 다산에게 배운 제자였다. 금계의 이름은 윤종진으로 뒤에 진사과에 합격하여 이름을 날렸다.

『목민심서』 48권을 완성하다

썩은 세상에 대한 한없는 분개, 어떻게 해야 썩은 세상을 바로잡고 깨끗하고 맑은 세상을 만들 것인가. 그것이 바로 다산의 뇌리에서 일생 동안 떠나지 않았던 근심이자 숙제였다. 다산초당에서 이룩한 그의 방대한 학문도 다름 아닌 썩은 세상을 치유할 방책으로 마련했음이 사실이다. 6경 4서를 통한 새로운 경학연구로 인간의 사유체계에 대한 변화를 과감하게 촉구했다. 성품이란 본디 착하게 태어나게 마련이다. 성품에 너무 큰 기대를 걸었던 주자학에서는 "성품만 제대로 기르고 마음만 확고하게 지니면"(存心養性) 만사가 해결된다고 믿었다.

그러나 세상이 그렇게 간단하지 않음을 다산은 명확히 파악했다. 시대의 변화에도 차이가 있듯이, 다산이 살던 세상은 이미 썩었기 때문에 인간이 아름답고 착한 성품을 지니고 있다고 해서 맑아지거나 깨끗해질 수가 없었다. 착한 성품을 행위와 실천을 통해 현실화해야만 변화가 가능하지, 성품만 지니고 있는 것으로는 문제 해결이 어렵다고 여겼다.

> 명(命)과 도(道) 때문에 성(性)이라는 명칭이 있게 되었고, 자기와 남이 있기 때문에 행(行)이라는 이름이 생겼으며, 성과 행 때문에 덕(德)이라는 명칭이 있게 되었다. 그러므로 성만 가지고는 덕이 될 수 없는 것이다.
> • 「원덕」(原德)

바로 이 한 마디 주장 속에 다산의 실학사상의 전모가 드러나 있다. 여기서 중세를 뛰어넘은 새로운 세계가 열리고 있다. 착한 인간의 본성만 제대로 지키면 만 가지 일이 모두 해결된다는 주자의 성리학적 사고에서부터, 아무리 훌륭한 성품이나 덕성을 갖추었다 해도 그것만으로는 어떤 역할도 할 수 없으며 선한 성품을 행동으로 옮겨야만 덕이 될 수 있다는 '성(性)+행(行)=덕(德)'이라는 새로운 사유체계가 다산을 통해 실학사상의 본질로 자리잡아갔다. 다산초당에서 연구한 다산의 경학관계 저서 232권을 관통하는 정신이 바로 그것이다. 아들에게 보낸 편지에서도 다음과 같이 점잖은 표현을 사용했다.

> 인의예지(仁義禮智)라는 것도 행동과 일로 실천한 뒤에야 비로소 본뜻을 찾을 수 있으며, 측은(惻隱)이나 수오(羞惡)하는 마음도 안에서부터 나오는 것이다. 이(理)를 말하는 사람은 인의예지를 각각 낱개로 떼어놓고 이것들이 마음 속에 감추어져 있다고 하는데, 이는 틀린 말이다. 마음 속에 있는 것은 측은이나 수오의 근본일 뿐이니, 이것을 인의예지라고 불러서는 안 된다.

이 말은 주자학자들에 대한 근본적인 거부를 선언하는 것이다. 경학연구에서 가장 첨예하게 대립되는 『대학』의 '명덕'(明德)이나 인의예지에 대해서 녹암 권철신에게 배웠다고 공개하면서 주자학과는 현격한 차이가 나는 학설을 자신의 철학사상이라고 표명했다. 이른바 코페르니쿠스적인 대변혁을 이룬 것이다. 이렇게 인간의 사고가 바뀌어 일하고 행동하는 철학이 가슴에 담겨 있어야 세상이 변할 수 있다고 믿고 명덕이란 바로 실천이 가능한 효(孝), 제(弟), 자(慈)라고 단정해 실천할 수 있는 유학의 체계를 세우게 되었다.

다산초당에서 명확하게 세운 이론의 다른 하나는 썩은 세상을 바로잡으려면 법과 제도의 개혁이 필요하다는 것이었다. 빈부격차를 줄이는 경제개혁, 차별적인 신분제도로 인재를 발굴하기 어려운 점, 공직자들의 부패를 막지 못하는 법제의 불비, 이 때문에 세상의 부패가 가속화되어 날로 썩어가도 어찌할 방법이 없다는 것이다. 다산의 경세학에 관한 저서들이 이러한 목적에서 저작되었음은 이미 언급했다. 다산이 세운 마지막 이론은 기술개발론이다. 기술의 개발을 통해서 나라의 부가 증진되면 될수록 나라의 부패는 줄어들게 마련이라는 것이다.

다산초당에서 꿈꾸어온 다산의 염원, 깨끗하고 맑은 세상을 만들자는 그의 뜻은 방대한 저서 속에 담긴 사유체계의 변화, 법제의 개혁, 기술개발이라는 매우 선진적이고 미래지향적인 이론으로 마무리되었다. 이처럼 다산초당은 다산학의 산실이자 보금자리였다.

다산의 저서들이 착착 완성되어갔다. 1813년에는 『논어고금주』(論語古今註) 40권이 완성되고, 그 다음해에는 『맹자요의』(孟子要義) 9권이 완성된다. 다산의 경학사상에서 중요한 위치를 점하는 논맹(論孟)의 주석서가 완성된 것은 기념비적인 일이었다. 같은해에 『중용자잠』(中庸自箴)과 『중용강의보』(中庸講義補)·『대학공의』(大學公義) 등이 완성되면서 4서에 관한 연구서가 모두 완료되기에 이르렀다. 1815년에는 『심경밀험』이, 1816년에는 『악서고존』(樂書孤存)이 완성되어 6경에 대한 연구서도 착착 끝을 맺어갔다. 1817년, 해배 1년을 남기고 대저 『경세유표』 45권을 미완으로 남긴 채 『목민심서』의 저작으로 손을 옮겼다.

다산초당에 '선춘화'(先春花)라 부르던 동백꽃이 피어 있다.
"동백나무 잎사귀 차가워도 무성한데 눈 속에 피는 꽃 백학의 붉은 이마인 듯."

1818년 9월 14일 해배되기 직전에 『목민심서』 48권을 완성하고 가벼운 마음으로 다산을 떠났다. 긴긴 18년의 유배살이를 무사히 마치고 비교적 건강한 몸으로 쉰일곱의 나이에 처자가 기다리는 그리운 고향으로 돌아온 것이다. 꿈만 같은 일이 아닐 수 없다. 온 정성을 바쳐 이룩한 실학을 집대성한 저서 수백 권을 안고 찾아온 고향 마재마을. 단란하게 가족이 모여 앉아 18년 만에 함께 식사를 하는 즐거움도 누렸다.

고향으로 돌아온 다음해인 1819년에 『흠흠신서』(欽欽新書) 30권을 끝내며 자신이 호칭했던 대로 '일표이서'(一表二書)라는 경세학의 대저를 이룩했다.

안온하고 조용하던 다산초당의 생활을 잊을 수는 없었다. 언제 지었는지 확실히 알 수는 없지만, 다산초당에서 지은 다산의 외손자 윤정기(尹廷琦)의 문집 『방산유고』(舫山遺稿)에 '외조부 다산 공의 시'라고 되어 있는 시를 보자.

소나무숲 아래 누워 있는 하얀 바위	松壇白石床
바로 내가 거문고 타던 곳이라네.	是我彈琴處
산사람 거문고 타다 걸어두고 가버리니	山客挂琴歸
바람 불자 거문고줄 절로 우노라.	風來弦自語

초당에서 보낸 10년 세월, 이만하면 다산이 신선이 다 되었다고 여기지 않을 수 없다. 세상을 등지고 은자(隱者)로서 살았던 생활이지만, 그는 우국충정에 불타 한없이 서러운 마음으로 나라의 개혁을 위한 온갖 이론을 마련했고, 백성과 나라를 살려낼 경국제세(經國濟世)의 광범한 학문적 업적을 이룩했다. 그러면서도 그는 신선의 경지에 오른 안온과 평화를 가슴에 지닐 수 있었다. 그래서 거문고를 걸어둔 채 초당으로 내려오면 바람 소리에 거문고 소리가 들리는 높은 감상력을 지니는 경지를 터득할 수 있었을 것이다.

당대 지식인들의 빛나는 학문 토론

해배 이후의 학문활동

고향에 돌아온 쉰일곱 살의 중늙은이 다산, 여느 사람 같으면 한가한 세월을 보내며 편히 쉬면서 18년 유배생활의 노고를 풀었겠지만, 그는 마무리하지 못한 저서들을 완성하면서 학문연구에 몰두한다. 가득 안고 돌아온 저서들의 객관적 평가를 받기 위해 당대의 학자들과 만나고 서신을 교환하면서 정당한 학설을 세우느라 불철주야 집필에 전념했다. 강화학파의 뛰어난 학자인 신작 형제와 접촉하고 편지로 학문을 논했다. 특히『주례』(周禮)의 6향제(六鄕制)에 대해 거듭 편지를 주고받으며 견해의 일치를 보지는 못했지만, 서로의 학문에 깊은 탄복을 하면서 신뢰가 높아져갔다. 신작은 6향(六鄕)이 왕성 밖에 있다는 정현(鄭玄)의 주장에 찬성하는 입장이었지만, 다산은 6향이 왕성 안에 있다는 주장을 폈다. 치열한 논쟁을 폈지만 학문적 주장이기 때문에 서로를 인정하는 수준으로 논쟁이 풀리지는 않았다. 그러나 벼슬이 승지에 이르고 대대로 학자가 배출된 소론 명문 집안으로 명성이 높았던 신작은 귀양지에서 이루어낸 다산의 학문에 높은 평가를 내린 같은 시대의 학자였다.

일전에 소내의 정 승지가 마침 지나가다 내 집에 들렀는데, 스스로 말하기를 유배살이 18년 동안 다른 일은 하지 않고 오직 경전연구만 했다고 했습니다. 그의 설명을 들어보니 계발된 바가 많았습니다. 그는 장구나 따지고 문맥이나 지키는 사람이 아니었습니다. 재주가 뛰어나고 문장 또한 체제를 얻었으며 경전주석에 대단히 박식하면서도 정밀하여, 내가 알고 지내는 지식인 가운데 그보다 더 나은 사람은 없을 듯합니다. 어제 그가 예서(禮書) 일곱 권을 보여주고 의견을 물어왔습니다. 견해가 탁월할 뿐 아니라 문장도 명쾌하고 조리가 정연하며 엄밀하니 참으로 드문 사람입니다.

• 1819년 8월 22일

신작이 다산을 만나보고 자신의 큰형인 신진(申縉)에게 보낸 편지 내용이다. 『상례사전』이라는 다산의 저서를 보고 신작이 평한 내용으로 보인다. 반대파의 공격을 받으며 겨우 목숨을 부지하고 18년 동안 유배생활을 했건만, 다산에서 연구한 그의 학문적 업적이 당대의 학자들에게 높은 평가를 받는 대목이다. 대단한 학자가 다른 학자를 높이 평가하는 일은 쉽지 않다. 더구나 당론도 다르고 잦은 접촉이 있던 처지도 아닌데, 다산의 박식한 경학과 문장에 찬탄을 금하지 못하는 내용이 아닐 수 없다.

정 영감의 예설을 한번 읽어보니 근거가 정확하고 조리가 밝으며 문장도 위진(魏晉)시대의 예설과 주소(注疏)에서 우러나온 것이어서 볼 만한 점이 많았습니다. 근래 예에 대해 논하는 사람들 가운데 이에 비견할 만한 사람이 없습니다. 그러나 선배를 경솔히 비판하고 스스로 자기의 견해를 내세우는 병통이 있습니다. 이와 같은 예설이 세 상자나 된다고 들었습니다. 이 밖에 남쪽에 있을 때 저술한 경학에 관한 학설이 무려 100여 권이라고 합니다.

• 1819년 9월 8일

호한한 다산의 경학연구 업적에 깜짝 놀랐다는 내용이다. 업적은 업

다산은 귀양을 마치고 경기도 남양주시에 있는 자신의 생가로 돌아왔다.
돌아와서는 마무리하지 못한 저서 집필에 몰두했다.

적대로 인정하면서도 옛날 학자들을 비판한 점에 대해서는 마땅하게 여기지 않는 태도를 보이고 있다. 추사 김정희도 다산의 경학연구에 대해 이와 비슷한 입장을 취했던 부분이 있는데, 아무래도 보수적이던 학자들이 진보적인 다산의 학설에 조금 섭섭한 마음을 표현한 것으로 보인다. 신작의 마지막 편지는 더 높은 평가를 내리고 있다.

> 정 영감이 지은 『상서평』(매씨서평)은 대개 고문(古文)의 위서(僞書)임을 들어 조목조목 분별해내고 비판함이 혹리(酷吏: 범죄를 저지른 죄인에게 가혹하게 대하는 관리)보다 심합니다. 그러나 논거가 또한 폭넓고 정확하니 없어서는 안 될 책입니다.
> • 1819년 9월 18일

『상례』와 『서경』의 연구서를 읽어본 신작의 평이다. 공개적으로 평한 내용이 아니라 자신의 형님에게 전한 편지의 내용이므로 진심이 아닐 수 없다. 아무튼 다산의 업적이 살아 있는 동안에도 높은 평가를 받고 있어 쓸쓸함이 가신다.

처음으로 더 살아보고 싶은 생각이 듭니다

해배 후 5년째이던 1822년 1월 29일 당대의 대문장가이던 대산 김매순에게서 편지가 왔다. 다산의 『매씨서평』을 읽어본 김매순이 서평을 보내온 것이다.

> 미묘한 부분을 건드려서 그윽한 진리를 밝혀낸 것은 중국 고대의 명사수 비위(飛衛)가 이(蝨)를 보고도 적중시킨 것과 같고, 헝클어진 것을 추려내어 견고히 굳은 것을 찢어냄은 포정(庖丁: 중국 고대의 유명한 백정)이 쇠고기를 재단해낸 것과 같도다. 독한 손으로 간사함을

파헤쳐낸 것은 법가(法家)의 대표 상앙(商鞅)이 위수(渭水)를 다스린 것과 같으며, 피 흘리는 정성으로 올바름을 지키려 했음은 당대의 직신이자 충신이던 변화(卞和)가 형산(荊山)에서 울부짖었던 것이로다. 한편으로는 공벽(孔壁) 상서의 어지러움을 올바르게 밝혀낸 공신이지만, 한편으로는 주자를 업신여기는 일을 막아낸 경신(勁臣)이다. 유림의 대업이 이보다 더 클 수가 없다. 아득하게 먼 천 년 뒤에 온갖 잡초가 우거진 동쪽 오랑캐 나라에서 이처럼 뛰어나고 기이한 일이 일어났다고 말하지 않으랴.

안동 김씨로 노론의 대가인 김매순, 다산과는 대립되는 당파의 인물이다. 그러나 공정한 안목과 합리적인 사고를 지닌 김매순은 이조 참판까지 지낸 재신(宰臣)인데다, 당대의 학자이자 문장가로 큰 명성을 얻었는데, 다산의 저서를 읽어보고는 감동적인 찬사를 바치고 있다. 다산은 이 편지를 받고 정말로 기뻐했다. 그의 기쁜 감정은 며칠 뒤인 2월 4일에 김매순에게 보낸 편지에 충분히 드러나 있다.

"박복한 목숨 죽지 않고 살아서 돌아왔습니다. 이제 죽을 날도 멀지 않은 때에 이러한 편지를 받고 보니 처음으로 더 살아보고 싶은 생각이 듭니다."

홍석주·길주·현주 3형제도 혁혁한 가문의 대단한 학자, 문장가들이었다. 이들 3형제와 다산과의 교류도 예사롭지 않은 일이었다. 연천 홍석주는 노론 대가의 좌의정을 지낸 대관이자 당대의 학자였다. 막내 아우 해거도위 홍현주는 정조의 딸인 숙선옹주의 남편이었다. 『서경』의 학설에 대해 다산과 홍석주의 견해는 일치하지 않았다. 그러나 젊은 홍현주는 여러 차례 노년기의 다산을 직접 소내로 찾아가 함께 시를 짓고 학문을 논하는 아름다운 모임을 계속했다. 임금의 사위라니 얼마나 고귀한 지위이던가. 그러나 다산의 학문과 문학에 감복한 홍현주는 다산을 존경하고 위대하게 여겨 그를 찾는 발걸음을 멈추지 않았다.

항해 홍길주(1786~1841)도 큰학자였다. 물론 뒷날의 기록이지만, 다산이 세상을 떠났다는 소식을 듣고 홍길주가 평했다는 이야기가 전해진다. "열수(洌水: 정약용)가 갔구나. 드디어 수만 권 서고(書庫)가 무너졌구나"라고 했다는 것이다. 다산의 머리에 수만 권의 저서가 들어 있다는 평이다. 이 말을 전해준 홍한주(洪翰周: 1798~1868)는 홍석주 형제와는 육촌 사이였다. 홍한주는 다산에 대해 자신의 평가도 함께 기록했다.

정약용은 재주와 학문이 일반 사람에 비해 뛰어나 역사·백가·천문·지리·의약 등의 서적을 두루 통달했으며, 13경에 대해 밝혀놓은 자신의 학설이 있다. 그가 저술한 책이 집에 가득 차 있는데, 가령 『흠흠신서』 『목민심서』는 옥사를 다스리고 백성을 다스리는 일을 맡은 사람들을 위해 유용한 글이다. 추사 김정희와 비교해도 재주가 높고 실학이 뛰어날 뿐더러 우리나라 근세에 제1인자일 뿐 아니라, 중국에서도 기효람(紀曉嵐), 완운대(阮雲臺)의 아래에 세우면 불만일 것이다.
• 『지수염필』(智水拈筆)

홍한주의 나이가 훨씬 어리지만, 다산과 같은 시대를 살았던 사람이다. 더구나 같은 집안 육촌 간이던 홍석주 형제들에게 들은 바가 있고, 자신이 느낀 바가 있어서 다산에 대한 기록을 남겼을 것이다. 역시 오늘 우리가 평해도 크게 차이가 나지 않을 평가를 홍한주는 내리고 있다. 당대 최고의 학자임을 그러한 기록을 통해서 정확하게 읽을 수 있다. 다산의 방대한 저서들이 전혀 간행되지 않았던 시절인데, 얼마간의 필사본이 학자들 사이에 전해지면서 그의 높은 학문 수준이 평가받을 수 있었을 것이다.

너희들이 끝끝내 배우지 않고 스스로를 포기해버린다면 내가 저술한 것과 간추려놓은 것들을 앞으로 누가 모아서 책으로 엮고 교정을 하며 정리해내겠느냐. 이 일을 못한다면 내 책들은 더 이상 전해질 수 없을 것이며, 내 책이 후세에 전해지지 않는다면 후세 사람들은 다만 사헌부의 재판청구서나 재판기록만 믿고 나를 평가할 것이 아니냐. 그렇게 되면 나는 어떤 사람으로 취급받겠느냐.
- 『유배지에서 보낸 편지』

유배지에 있으면서 아들에게 보낸 편지의 한 부분이다. 그렇게 걱정했던 다산의 학문, 살아 있는 동안에 벌써 당대의 대문호들에게서 극찬을 받는 지경에 이르렀다. 유배지에서 한 염려와 걱정은 염려와 걱정으로 끝났을 뿐, 노력하고 일한 만큼 정당한 평가를 받을 수 있었다. 그렇게 열심히 연구하고 저술 작업에 몰입했는데, 그러한 결과가 나오지 않고야 인간세상일 수 있겠는가!

생의 말년, 진정한 친구들이 있어서 행복했다

60대 중반을 넘은 이후 다산은 정말로 아름답고 즐거운 노년을 보냈다. 젊은 시절에 찾았던 고향마을 근처의 명승지를 다시 찾으며 옛날을 회고하며 아름다운 시와 글을 지었다. 용문산에도 오르고 용문사(龍門寺)에 들러 시와 글을 지었다. 아름다운 강원도의 명승지도 찾아나섰다. 소양강의 흐르는 물에 뱃놀이도 하고 정자에 올라 회포를 풀기도 했다. 당대의 학자들과 함께 찾아가 젊은 시절에 형제들과 함께 노닐었던 천진암에서 글을 지었다.

외롭고 쓸쓸하던 유배시절에 대한 보상이라도 하려는 듯 노년기의 다산에게는 많은 친구가 있었다. 평생 동안 친구였던 송옹 윤영희(尹永僖), 60대 후반까지도 그와의 동행은 계속되었다. 그는 교리 벼슬을 지낸 학자였다. 함께 학문을 논하고 시를 지으며 늙은이의 외로움을 달래준 친구였다. 문산(文山: 약암約菴) 이재의(李載毅: 1772~1839)라는 친구. 그는 다산이 유배지에 있을 때부터 수많은 편지를 주고받으며 학문 논쟁을 벌였던 노론 대가 출신의 학자다. 그와도 세상을 마칠 때까지 늘 다정하고 가깝게 지내며 수많은 시를 짓기도 했다. 고향에 돌아와 만난 석학 신작 형제, 그의 생질인 박종유(朴鍾儒)·경유(景儒) 형제 등, 함께 절에도 가고 산에도 오르면서 즐거운 세월을 보냈다.

고향 집에서 멀지 않은 양평(楊平)에 살았던 여동근(呂東根)·여동식(呂東植: 1774~1829) 형제와의 사귐도 말하지 않을 수 없다. 여동근은 여러 곳의 고을살이를 한 당대의 명사였는데, 그의 아우 여동식은 호를 현계(玄溪)라 하고 문과에 급제하여 여러 벼슬을 지냈으며, 승지·참의·대사간을 역임한 고관으로 글을 잘하던 문사였다. 그런데 그들은 다산이 유배생활을 마치고 돌아왔을 당시에 다산을 만나기 꺼렸던 것으로 여겨진다. 그렇게 가까이 지내며 어울려 명승지를 구경했는데, 그와 주고받은 편지에 서운한 내용이 있어서 하는 이야기다.

내 집 문앞을 지나면서도 들르지 않는 것은 이미 준례가 되었으니 원망할 수는 없습니다. 그러나 사람이 세상에서 겪는 괴로움 중에 남은 기뻐하는데 나만 슬퍼하는 것보다 심한 것은 없고, 세상에서 겪는 한스러움 가운데 나는 그를 생각하는데 그는 나를 까맣게 잊고 있는 것보다 더 심한 것은 없습니다.
• 「답여우렴동식」(答呂友濂東植)

참으로 고독을 느껴본 사람만이 할 수 있는 명언이다. 한때 서운했지만, 여동식과는 정말 다정하게 지내면서 시를 짓기도 하고 산에 오르기도 했다. 늙어가면서 시를 짓고 학문을 논할 친구가 있는 것보다 더 행복한 일이 있을까. 시를 짓고 학문을 논할 친구가 있던 다산의 노년은 그래서 행복했다.

500권에 이르는 저서를 남기다

1822년은 임오년으로 다산이 태어난 지 60년이 되는 해다.

> 이해는 공(公)의 회갑년이다. 6경 4서의 학문도 두루 연구하여 마쳤고 경제, 실용에 대한 책도 마쳤으니 천하의 능사(能事)가 끝난 것이다. 천인성명(天人性命)의 근원에 통달하고 생사(生死), 추탈(推脫)의 근본을 체험해 다시는 마음에 걸리는 것이 없었다.
> • 「사암연보」

이 말처럼 다산의 대업(大業)은 대체로 완성을 보았다. 그해에는 자신의 일생을 회고한 자서전이라고 할 수 있는 「자찬묘지명」으로 광중본과 집중본 두 편을 작성했다. 문집에 넣어 영원토록 전해지기를 바랐던 집중본은 자신의 일생을 자세히 열거하고, 그의 학문적 업적을 위시하여 새로운 자신의 경학에 대한 학설과 경제, 실용의 학문에 대한 상세한 해설까지 해놓았으니, 그의 일생을 총괄적으로 알아보는 데는 불편이 없다.

자신의 일생만이 아니라 자신의 선배나 친구들로서 가까운 동지적 관계에 있었던 녹암 권철신, 정헌 이가환, 복암 이기양, 매장(梅丈) 오석충(吳錫忠: 1743~1806), 남고 윤지범을 비롯한 실학자들에 대한 일대기를 저술해 역사의 거울로 삼도록 했다. 이들은 대부분 천주교 신자로 몰려 신유사옥에 연루되어 죽음을 당했거나 귀양지에서 죽은 인물들로 다산의 일생과 떼려야 뗄 수 없는 사람들이었다. 친구들인 윤지눌, 이유수, 윤서유 등의 일대기도 묘지명이라는 이름으로 기술해놓아 친구들에 대한 우정도 잊지 않았다. 또 자신의 큰형인 정약현과 둘째형인 정약전에 대한 일대기도 그 무렵에 저술해 형제들에 대한 애정까지 자세히 보여주었다.

졸역 『다산 산문선』에 「자찬묘지명」을 비롯한 그 밖에 다른 묘지명 전체를 번역해 실었으므로 참고하면 도움이 될 것이다. 「자찬묘지명」만이 아니라 선배·친구·동지 등의 일대기 속에는 바로 다산 자신의 활동까지 그대로 씌어져 있어, 그러한 글 전부를 읽어야만 다산의 생애를 더 자세히 읽을 수 있을 것이다.

이제 호한한 다산의 저서들에 대해 자신의 기록을 통해 살펴보자.

「모시강의」 12권, 「강의보」 3권, 「매씨상서평」 9권, 「상서지원록」 7권(뒤에 21권으로 합편), 「상례사전」 50권, 「상례외편」 12권, 「사례가식」 9권, 「악서고존」 12권, 「주역심전」 24권, 「역학서언」 12권, 「춘추고징」 12권, 「논어고금주」 40권, 「맹자요의」 9권, 「중용자잠」 3권, 「중용강의보」 6권, 「대학공의」 3권, 「희정당대학강록」 1권, 「소학보전」 1권, 「심경밀험」 1권을 저술해 경서에 관한 연구서가 도합 232권이라고 했다.

시집은 18권인데 깎아서 6권, 잡문(雜文)은 전편 36권, 후편 24권이며, 종류가 각각 다른 『경세유표』 『목민심서』 『흠흠신서』 등 도합 260권이 된다고 했으니 자그마치 500권에 이르는 방대한 분량이다. 한 개인의 능력으로는 감당하기 쉽지 않은 저작임은 의심할 여지가 없다. 그러한 저서들을 싣고 고향으로 돌아왔으나 함께 읽을 사람은 많지 않았다. 그래서 어떤 친구에게 보낸 편지에, "책을 안고 돌아온 지 3년인데 함께 읽을 사람도 없다"고 탄식했고, "천명(天命)이 허락해주지 않는다면, 불 속에 넣어서 태워도 괜찮겠다"(「자찬묘지명」)고까지 비장한 표현을 했으나, 앞에서 언급했던 대로 많은 학자들이 훌륭한 학문적 업적이라고 극찬하기에 이른다. 경학과 실학을 함께 연구하여 좋은 업적을 이루었으니, 본말(本末)을 다 갖추었다고 했던 자신의 표현대로 실학을 집대성한 학자로 우뚝 서게 되었음은 두말할 필요가 없다.

다산은 회갑년을 맞아 일대기를 저술하면서 조그마한 첩(帖)에 '유명'(遺命)을 적어두었으니, 바로 죽은 뒤의 장례 절차에 대한 유언이었다. 그 서문에, "이 유명은 꼭 예에 따를 것도 없고 굳이 풍속을 따를 것도 없고 오직 그 뜻대로 할 것이다. 살았을 때 그 뜻을 받들지 않고 죽었을 때에 그 뜻을 좇지 않으면 모두 효가 아니다. 하물며 내가 『예경』을 수십 년 동안 정밀하게 연구하면서 그 뜻을 모두 예에 근거한 것이지 감히 내 멋대로 한 것이 아니니 어찌 따르지 않겠는가"라며 성인의 예법인 『예경』에 근본을 둔 장례 절차라는 것을 분명히 밝혔다.

죽으면서 유언으로 남겨주는 자식들에 대한 명령이 '유명'이니, 얼마나 절실하고 진실한 내용이겠는가. 이 '유명'만 보더라도 다산이 겉으로는 유자였으나 속으로는 천주교 신자였느니, 죽으면서 종부성사를 했느니 하는 말들이 진실일 수 없다는 것을 보여준다. 당시 천주교 신자라면 교회법에 따라 절대로 제사를 지내서는 안 되었다. 그런데 다산은 그 '유명'에서 「상의절요」(喪儀節要)에 따라 제사도 지내고 상례대로 처리하라고 했다. 유교의 격식대로 장례를 치르고 어기지 말기를 그렇게 간곡하게 부탁했는데 다산이 어찌 천주교 신자일 수 있겠는가.

오늘날 천주교측 일부에서는 천진암이 한국 천주교의 발상지이니 다산이 천주교 신자였다고 하는데, 오래 전에 쓴 졸저 『다산기행』과 최근에 간행된 김상홍 교수의 『다산 문학의 재조명』에 이 점에 대해 자세하고 명백한 증거를 제시하고 있으니 참조하기 바란다. 김 교수에 따르면 다산은 결단코 유교주의자이며 당초에 천주교에서 마음을 끊었다는 것을 조목조목 기술해놓았다. 중요한 자료가 될 수 있을 것이다.

여유당 뒷산에 잠들다

다산은 일흔다섯 살인 1836년 2월 22일 진시(辰時: 아침 9시경)에 마현리의 집에서 운명해 같은해인 4월 1일 집 동산에 장사 지냈는데, 그의 '유명'을 좇아서 장례를 치렀으니 '여유당'이 있던 뒤편의 자좌(子坐) 언덕이다. 지금도 다산은 그곳에 누워 있다. 부인 홍씨는 일흔여덟 살의 일기로 1838년에 세상을 떠나 다산과 합장해 함께 지하에 있다.

좋은 세상은커녕, 복권도 되기 전에 눈을 감아야 했던 다산. 결혼 60주년을 맞는 바로 2월 22일, 아침 식사를 할 무렵 그는 조용히 눈을 감았다. 죽음을 예견이라도 한 듯, 회혼을 3일 앞두고 회혼을 기념하는 시 한 편을 지었으니, 이것이 바로 그의 유언이자 일생을 정리한 마지막 절필이었다.

60년 풍상의 세월 눈 깜짝할 사이 흘러가	六十風輪轉眼翻
복사꽃 활짝 핀 봄 결혼하던 그해 같네.	穠桃春色似新婚
살아 이별 죽어 이별이 늙음을 재촉하나	生離死別催人老
슬픔 짧고 즐거움 길었으니 임금님 은혜 감사해라.	戚短歡長感主恩
오늘밤 목란사(木蘭詞)는 소리 더욱 다정하고	此夜蘭詞聲更好
그 옛날 붉은 치마에 유묵(遺墨) 아직 남아 있네.	舊時霞帔墨猶痕
쪼개졌다 다시 합한 것 그게 바로 우리 운명	剖而復合眞吾象
한 쌍의 표주박 남겨 자손들에게 넘겨주노라.	留取雙瓢付子孫

• 「회근시」(回卺詩)

'목란사'란 옛날 악부(樂府)의 하나인 서사시의 일종이니, 다정한 부부 사이에 글 잘하는 남편이 아내에게 읽어주던, 남장(男裝)하고 출정(出征)한 여인네의 무용담 가운데 하나다. 생을 정리하는 순간에 다산은 자신의 부부가 얼마나 화목하고 다정한 사이였는지를 과시라도 하려는 듯, 그날 밤의 목란사 읽는 소리는 더욱 다정한 목소리였다고 서술했다. 그러면서 아내가 남편을 그리워하며 유배살이 10년째에 시집올 때 입고 왔던 농지기 다홍치마를 유배지의 남편에게 보내준 따뜻한 정까지 되살려냈다. "그 옛날 붉은 치마에 유묵이 아직 남아 있네"라는 구절은 자세한 설명이 필요하다. 「붉은 치마에 부쳐」(題霞帔帖)라는 짤막한 글이 그에 대한 설명이다.

내가 강진에서 귀양살이할 때 몸져 누워 있던 아내가 헌 치마 다섯 폭을 인편에 보내주었다. 아마 그녀가 시집올 때에 입고 왔던 분홍색 치마였나 본데 붉은 색깔도 거의 바랬고 노란색도 역시 없어져가는 그런 것이었다. 단정하고 곱게 장정된 책으로 만들려고 가위로 재단하여 조그마한 첩(帖)이 되게 했다. 손이 가는 대로 경계해주는 말을 지어서 두 아들에게 넘겨주련다. 아마도 뒷날 이 책을 읽어보면 감회가 일어날 것이고 아버지, 어머니의 꽃다운 혜택에 감읍하면서 유연하게 느낌이 일어나지 않을 수 없을 것이다. 이름을 '하피첩'(霞帔帖)이라 했는데, 이는 바로 붉은 치마(紅裙)를 은근하게 돌려서 표현한 말이다.

경오년(1810) 초가을(8월) 다산의 동암에서 쓰다.

다산의 나이 마흔아홉, 부인의 나이 쉰 살 때다.

간단하고 짤막한 글에 서리서리 얽힌 사연이 너무도 길다. 마흔의 나이에 생이별한 남편과 아내, 10년을 독수공방한 긴긴 세월이다. 어쩌면 남편이 자신을 잊어버리고 딴생각이라도 하지 않을까 걱정이 되어서 무엇인가 자극을 줌으로써 기억을 생생하게 해내도록 남편에게 시집올 때 입었던 다홍치마를 장롱 속에서 꺼내 인편에 보냈을 것이다. 절대로 잊지 말라는 강한 요구이기도 하지만, 은근한 사랑의 표시이기도 하다. 이걸 받아든 남편의 뜻은 더욱 높아, 두 사람의 사랑의 결실인 두 아들에게 경계의 글을 쓴 책자로 만들어 넘겨주겠다는 것이다. 붉은 치마이니 당연히 홍군(紅裙)이어야 하지만, 홍군은 바로 기생의 다른 이름이므로, 그렇게 쓰지 못하고 하피라는 말로 표현했다는 것이다. '하피'도 붉은 치마라는 뜻이다.

결혼 60주년 기념시답게, 결혼하던 때의 합환주 술잔이던 표주박을 기억하며 그 두 쪽을 자식들에게 넘겨주면서 가정의 전통을 잇게 하겠다고 뜻을 밝힌 것이다. 쪼개졌다 다시 합해진 그들의 삶, 18년의 유배생활, 얼마나 오랫동안 헤어져 있었던가. 800리가 넘는 고향 소내와 땅끝 강진의 다산초당, 그 먼 거리는 바로 그들의 오랜 쪼개짐의 긴 거리가 아니던가. 60년이 되었어도 자연은 변하지 않아 결혼한 2월 22일, 그때처럼 복사꽃은 만발하여 그들의 결혼기념일을 축하해주었다. 인생은 늙고 세월은 흘러 세상이야 변했지만, 역시 자연의 질서는 옛날 그대로다. 열다섯 살의 다산은 일흔다섯 살, 열여섯 살의 홍씨 부인은 일흔여섯의 극노인이었다. 그들 노부부가 밤에 목란사를 읽으며 부부애를 돈독히 했다면, 그들의 삶은 분명히 성공적인 인생이었다. 그래서 슬픔은 짧고 기쁨은 길었다는 생애의 총평을 내릴 수 있었을 것이다.

일흔다섯 살의 마지막 해와 가장 가까운 해로 다산의 삶이 기록으로 남은 해는 일흔세 살의 갑오년인 1834년이다. 고령의 나이에도 다산은 쉬지 않고 저서를 마무리하느라 노력을 아끼지 않았다. 『상서고훈』(尙書古訓)과 『지원록』(知遠錄)을 다시 수정해 21권으로 합편하는 작업을 마쳤다. 『상서』 작업은 봄에 했고, 가을에는 『매씨서평』(梅氏書平)을 개정했다. 그 책은 1810년에 강진의 다산초당에서 저술했는데 고향에 돌아와 다른 서적을 참고해 그때에야 개정하게 되었다.

이미 말했듯이 이해에는 겨울에 순조대왕의 환후가 깊어지자 다시 부름을 받고 의약의 처방을 위해 궁중으로 들어갔으나, 이미 늦어 손을 쓰지도 못하고 곡반(哭班)에 참여하고 말았다. 물론 예순아홉 살 때에도 익종의 병환으로 궁중에 소환당했으나 약을 달이는 동안 곡소리를 들어 시술할 수 없었던 것도 말한 바 있다. 그만큼 다산의 의술은 나라에서도 인정할 정도로 높았음을 알 수 있다.

쉰일곱 살에 유배지에서 돌아와 일흔다섯 살로 영면할 때까지, 18년 가까이 학문을 정리해 마무리하고 당대의 석학들과 새롭게 교유하면서 높고 깊은 학문적 토론을 게을리하지 않았다. 1821년 11월 27일부터 대산(臺山) 김매순(金邁淳: 1776~1840)과 교유하기 시작했고, 1819년 여름부터는 석천 신작과도 만나기 시작했다. 1827년 11월에는 해거재(海

다산은 일흔다섯 살이 되던 1836년 2월 22일 운명하여
'여유당' 뒤편 자좌 언덕에 묻혔다.
이날은 다산의 회혼일이어서 족친이 모두 왔고 문생들이 다 모였다.

居齋) 홍현주(洪顯周: 1793~1865)를 통해 그의 형인 연천(淵泉) 홍석주(洪奭周: 1774~1842) 등과도 학문 논쟁을 시작했다. 이들은 다산과는 당론이 달랐으나 당파와 당색을 떠나 높은 수준의 학문 토론으로 조선 후기 학술 문화를 한 단계 끌어올리는 역할을 했다.

그들의 논쟁은 고경(古經)에 대한 토론이어서 오늘의 우리로서야 이해하기 어려운 분야다. 내용이나 견해의 차이에 대해 설명할 수는 없지만, 18년 동안의 유배생활에서 갈고닦은 다산의 경학에 대한 연구서들을 놓고 찬성하고 비판했던 내용이었음은 말할 수 있다. 이런 분야는 학자들의 전문적 연구를 통해서 차차 규명되고 있으며 연구가 계속될수록 당시 학계의 동향에 대해서도 짐작할 수 있을 것이다.

다산으로 돌아가자

▪글을 마치며

다산이 죽은 뒤의 평가

"사람은 죽어서 이름을 남기고 호랑이는 죽어서 가죽을 남긴다"는 속담이 있다. 죽은 뒤에 다산은 정말로 이름을 남겼다. 조선왕조는 망하기 직전 그에게 문도(文度)라는 시호를 내리고 정헌대부(正憲大夫) 규장각 제학이라는 벼슬을 증직했다. 1910년 7월 18일의 일이니 융희(隆熙) 4년이다. 불과 나라가 망하기 며칠 전의 일이다. 임금이 내린 설명에 "고 승지 정약용은 문장(文章)과 경제(經濟)로 한 세상에 탁월했던 사람이다"라고 결론을 내렸다. 세상을 떠난 74년 만에 국가로부터 복권을 받고 문신이라면 최고의 명예로 여기던 문(文)이라는 글자의 시호를 받았다. 역적죄인으로 복권이 되지 않아 항상 억울한 누명을 벗을 수 없었는데 망국 직전에 다산을 복권시키고 정2품 정헌대부 위계에 규장각 제학이라는, 생전에 그가 하고 싶었던 벼슬까지 내려주었다. 죽은 후의 영광이지만 그래도 다행한 일이었다. 조선이 낳은 천재적인 대학자를 한때 조선은 버렸지만, 영원히 버리지 않고 조선 국왕의 이름으로 그의 업적을 인정하고 찬양하기에 이른 것이다.

다산의 두 아들 정학연과 학유는 아버지의 교육으로 제대로 학문을 익혀 큰 문인과 학자로 성장했다. 모두 건강하여 일흔 넘게 장수를 누리기도 했다. 큰아들 학연의 호가 유산(酉山)인데 작은아들보다 더 오래 살아 세상에 이름이 더 알려졌다.

유산이 어느 날 자신의 친구 추사 김정희를 불러다 아버지가 남긴 저

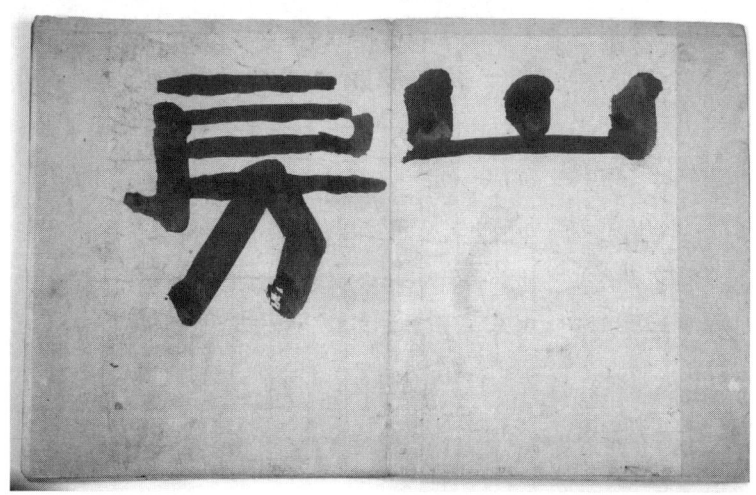

추사 김정희가 다산의 제자 윤종진(尹鍾軫)의 서재 보정산방(寶丁山房)의 이름을 직접 써준 글씨.
정학연은 친구인 추사 김정희를 불러다가 다산의 유저를 보게 했는데
"아버님의 백세 대업은 참으로 위대합니다"라며 매우 감탄했다.

서들을 교정해줄 것을 부탁했다. 책이 많은 분량이니 버릴 것은 버리고 남길 것은 남겨달라고 부탁한 것이다. 추사는 다산의 문집을 모두 읽어보고는 이렇게 말했다.

"그대 아버님의 백세(百世) 대업(大業)은 참으로 위대합니다. 담긴 저작물에 대해서는 저도 실제로는 잘 모르겠습니다. 그런데 어떻게 버리고 남기는 일을 할 수 있겠습니까. 전체 원고를 그대로 남겨두었다가 뒷날의 양웅(揚雄) 같은 학자를 기다리는 일을 하지 않으려는지요."

아마 다산이 죽은 지 얼마 되지 않은 무렵의 일로 여겨진다. 추사 같은 높은 재주와 문장의 까다로운 식별력으로도 다산의 글을 손대지 못하고 그대로 남겨 뒷세상의 학자를 기다릴 수밖에 없다고 판단했다면, 역시 다산의 학문을 높게 평가한 것이다. 그의 특별히 높은 안목으로 보아 손댈 수 없는 경지임을 인정했을 것이다. 황현의 『매천야록』에 나오는 이야기다.

추사보다 두 세대 뒤의 매천은 『매천야록』에 다산에 대한 이야기를 많이 기록했다. 다산은 애초에 높은 재주를 타고난 사람이다, 제자백가를 두루 꿰뚫었지만 오직 실용의 학문에만 힘을 기울였다, 때문에 그의 저술은 옛날 사람들의 이론과 반드시 합치되지만은 않았다고 했다. 물론 그런 이유로 신작이나 김정희는 다소 못마땅하게 여겼던 것도 사실이다. 그러나 그 학설이 너무 탁월해 시비를 걸지 못하고 말았다.

매천 황현이 열다섯 살에 호남의 노학자 노사(蘆沙) 기정진(奇正鎭: 1788~1879)을 찾아갔다. 근세의 거유로 탁월한 성리학자인데다 외국은 모두 사(邪)로 보는 매우 쇄국주의적인 학자였다. 어떻게 보면 한 세대 이상 빠른 선배 학자인 다산과는 기미가 같지 않은 학자였다.

그러나 노사는 당시 호남지방에 필사본으로 전해지던 다산의 『목민심서』를 통독하고는 국왕에게 올리는 상소문에서 삼정문란의 해결책이 모두 『목민심서』에 들어 있으니, 제발 임금께서 『목민심서』를 읽으시라고 권했다. 백성들을 괴롭히고 병들게 하는 이유와 나라를 좀먹게 하는 실질적인 내용이 그 책 안에 있으니, 거기서 해결책을 찾아야 한다는 대책을 작성했으니 그때가 1862년의 일이었다. 다산보다 서른여섯 살이나 어려 같은 시대를 살면서도 얼굴은 보지 못하고 책으로만 만났지만, 당대의 최고 학자인 노사가 다산의 진면목을 알아주었던 점은 매우 의미 깊은 일이다. 그때 노사는 호남과 영남지방 최대의 학파인 노사학파를 이끌던 대종장이었으니, 다산학 보급에 매우 중요한 역할을 했을 것이다.

『흠흠신서』와 『목민심서』는 관리들의 필독서

노사보다 57년 뒤에 태어난 매천은 다산을 상당히 정확하게 꿰뚫어본 역사가였다. 당색에 따라 가치관이 다르고 판단을 달리하던 때인데, 오직 다산만은 마음이 툭 틔어 "오직 잘하는 사람만 본받았다"는 평가를 내렸다. 다산의 저서들은 한 차례 간행된 바도 없지만 당색을 달리하는 집안에서조차 서로 필사해 읽었다고 한다. 특히 『흠흠신서』와 『목민심서』는 이치(吏治)와 옥송(獄訟)의 절대 필독서여서 모두가 베껴서 읽었다는 것이다. 조선왕조 말엽의 일로, 지방관이 고을을 다스리고 재판을 하는 데 필수적인 저서였을 것이다.

1910년 나라가 망하자 조선의 학문과 문화도 망함을 면치 못한다. 1920년경에 이르러서야 현대적 방법으로 다산에 대한 논문을 쓰기 시작한다. 간행되지 못한 다산의 저서 때문에 단편적인 부분에 대한 학문적 고찰이 시작되었다.

본격적으로 다산이 세상에 알려지기는 1930년 중반부터다. 1936년 다산 서거 100주년을 맞이해 정인보, 안재홍 등 많은 국학자들이 다산학의 위대함을 신문지상을 통해 알리기 시작하고, 유저 간행을 위해 국민적 애국심에 호소하는 글들을 썼다. 마침내 1936~38년 사이에 『여유당전서』라는 활자본이 간행되기에 이른다. 신조선사에서 76책으로 간행이 완료되면서 많은 국학자들이 관심을 갖고 다산학을 천착하기 시작했다. 망국의 시절에 조선혼을 불러일으키는 뜻에서라도 다산학을 연구하지 않을 수 없었을 것이다.

당시에 위당 정인보의 공이 가장 컸다. 반계 유형원, 성호 이익 등과 함께 실학자로 분류해 다산의 일생을 소개하고, 저서 속에서 핵심적인 사상을 뽑아 세상에 소개하는 일을 게을리하지 않았다. 위암 장지연이 『조선유교연원』(朝鮮儒敎淵源)이라는 조선유학사 저술에서 반계, 성호, 다산의 실학사상을 소상히 설명했던 것도 매우 선구적인 역할이었다. 식민지 시대에는 최익한의 다산연구가 수준을 높이 끌어올려 주었다. 상당한 수준으로 연구되던 다산, 잃었던 나라를 다시 찾은 해방이 되자 그러한 공간에서 또 다산이 잊혀졌다. 남에는 미국이, 북에는 소련이 진주하면서 정신을 못 차리던 시절, 다산은 국민의 뇌리에 박혀 있지 못했다. 1950년대 후반, 홍이섭 교수가 다산연구의 불씨를 다시 살리기 시작해 1959년에 『다산 정약용의 정치경제사상 연구』라는 저서를 펴냈다.

1962년, 마침내 다산 탄생 200주년이 되었다. 1961년에 일어난 군사쿠데타 이후 남쪽에서는 '잘살아 보세'라는 노래나 외치고 있을 때인데 북쪽에서는 대대적인 다산학 연구가 일어나고 있었다. 유물론으로 다산학을 윤색하려는 의도는 있었지만, 그래도 다산학 전반에 걸친 매우 치밀한 연구업적들이 나오고 있었다. 「다산 정약용의 생애와 활동」「다산 정약용의 철학사상」「다산 정약용의 사회경제사상」「다산 정약용의 자연과학사상」「다산 정약용의 창작과 문학적 견해」「다산 정약용의 역사관」「다산 정약용의 교육사상」「다산 정약용의 조선어 연구」라는 8편의 논문이 수록된 논문집이 간행되었다. 남쪽에서는 정부나 학계에서 다산 탄생 200주년임을 기억하지도 못하던 때에, 북한에서는 그만한 업적이 나왔다는 사실을 주목해야 한다. 그로부터 북쪽에서는 다산의 저서를 한글로 번역하는 작업도 꽤 많이 진행되었다. 남쪽에서는 1970년대 후반이나 80년대 초반에야 본격적으로 번역작업이 진행되었다.

그러나 이제 사정이 많이 달라졌다. 남쪽에서도 다산학 연구는 광대무변의 지경에 이르렀다. 번역작업도 계속되고 유저들의 영인본도 수없이 쏟아져 나왔다. 논문도 그 수를 헤아리기 어려울 정도로 씌어지고 있다. 다산학 중흥의 시대가 온 셈이다. 다산에 관한 단행본 저서도 많이 출판되었다. 공통적인 결론의 하나는 다산이야말로 우리 민족 최대의 학자이자 시인이라는 평가다. 그는 뛰어난 경학자이자 경세학자이고 탁월한 시인이자 문인이었다는 것이다.

위당 정인보는 조선의 역사를 알려면 다산을 알아야 한다고 했다. 조선이라는 나라의 성장과 쇠약, 존재와 망함을 알아보려면 다산의 학문을 통해야 한다는 뜻이다. 그의 학문은 바로 조선학의 보고라는 뜻이다. 정치·경제·역사·지리·문화·철학·사상·의약·건축 등 조선의 온갖 사상과 학문이 다산학 속에 녹아 있다는 의미다.

과거사를 이해하고 현대의 세상을 인식해 새로운 역사와 문화를 창조하기 위해서는 역시 다산학에 대한 천착이 참으로 중요하다고 나는 생각한다. 특히 중세에서 근세로, 근세에서 현대로 넘어오는 다리마다 다산학이 걸려 있다. 다산학을 현대의 학문 그 자체로 받아들일 수는 없지만, 현대 우리나라 학문의 역사성을 이해하려면 어쩔 수 없이 다산학을 거치지 않을 수 없는 것이다.

다산학, 근세에서 현대로 넘어가는 징검다리

동양의 중세나 조선의 중세 시대를 이해하기 위해서는 필수적으로 주자학을 통해야 하듯이, 근세에서 현대로 이행하는 과정을 정확하게 이해하려면 다산학이라는 징검다리를 거쳐야 한다. 북한에서 연구된 8개 분야의 논문을 읽어보면, 그가 이룩한 학문이 얼마나 광범하고 얼마나 진보적이며 얼마나 실용적인 학문이었던가를 쉽게 이해할 수 있다.

다산의 사상 속에 담긴 깊은 뜻을 제대로 이해할 뿐만 아니라, 이제는

정약용 동상. 정인보는 조선의 역사를 알려면 다산을 알아야 한다고 했다.
즉 다산학은 조선학의 보고라는 뜻이다.
다산학을 현대의 학문 그 자체로 받아들일 수는 없지만,
현대 우리나라 학문의 역사성을 이해하려면 다산학을 거치지 않을 수 없다.

그의 생각이나 사상을 현실에서 직접 실천으로 옮기는 일이 우리의 과제다. 다산이 그렇게 강조하고 주장했듯이, 행위와 실천이 없는 이론만으로는 아무것도 되지 않는다는 의미를 깊이 생각해야 한다. 분명히 위정(爲政)이라는 단어는 공자가 사용했다. 그런데 임금이 어진(仁) 마음만 가지고 그냥 가만히 있는데도 통치가 잘 된다는 게 말이나 되겠느냐는 다산의 반론을 주목해야 한다. 정사를 펴고 정치를 한다고 했듯이, 위인(爲仁)이라고 공자는 분명히 말했는데 인(仁)이 생물지리(生物之理)이고 애지리(愛之理)가 될 수 있느냐는 다산의 반론을 생각해야 한다.

어진 일을 행동으로 옮겨야 인을 행함이 되어 결과나 효과가 나온다는 그의 주장이 바로 실학이다. 조선시대의 가장 정당한 학문이 전통으로 이어져 오늘의 우리를 위한 참다운 학문이 되기 위해서는 모두가 다산으로 돌아가 그의 진실한 생각들을 행동으로 옮겨야 한다.

인(仁)이 생물의 이치이며 사랑의 이치라고만 믿고 있다가 나라가 통째로 썩어가고 온통 망해 식민지로 전락하고 말았던 슬픈 역사가 영원히 사라지기 위해서라도, 다산학을 실천으로 옮기는 '위정', '위인'이라는 공자의 말씀을 다산을 통해 제대로 이해하는 세상이 오길 나는 동시대인들과 함께 염원한다.

다산 정약용 연보

1762(영조 38, 1세) 6월 16일 사시(巳時)에 경기도 광주군 초부면 마현리(지금의 남양주시 조안면 능내리)에서 아버지 정재원(丁載遠), 어머니 해남 윤씨(고산 孤山 윤선도尹善道, 공재恭齋 윤두서尹斗緖의 후손)의 4남 1녀 가운데 4남으로 출생했다. 본관은 나주, 관명(冠名)은 약용(若鏞), 자는 미용(美庸)·용보(頌甫), 호는 삼미자(三眉子)·다산(茶山)·사암(俟菴)·자하도인(紫霞道人)·태수(苔叟)·문암일인(門巖逸人)·탁옹(籜翁)·철마산초(鐵馬山樵) 등이며, 당호(堂號)는 여유당(與猶堂)·사의재(四宜齋)다.

1763(영조 39, 2세) 완두창(豌豆瘡)을 앓았다.

1765(영조 41, 4세) 천자문을 배우기 시작했다.

1767(영조 43, 6세) 아버지가 연천 현감으로 부임하자 그곳에 따라가 아버지의 교육을 직접 받았다.

1768(영조 44, 7세) 오언시를 짓기 시작했다. 「산」이라는 제목의 시에 "작은 산이 큰 산을 가렸네. 멀고 가까움의 지세가 다른 탓이지"(小山蔽大山 遠近地不同)라는 구절이 있는데, 아버지가 기특히 여겨 "분수에 밝으니 자라면 틀림없이 역법(曆法)과 산수(算數)에 통달할 것이다"라고 했다. 천연두를 순조롭게 앓아 한점 흔적도 없었는데, 다만 오른쪽 눈썹 위에 흔적이 남아 눈썹이 세 개로 나뉘었으므로 호를 삼미자(三眉子)라고 했다. 10세 이전의 시집으로 『삼미자집』이 있다.

1770(영조 46, 9세) 어머니 해남 윤씨가 11월 9일 죽었다. 어머니는 공재 윤두서의 손녀로 공재는 다산에게 외증조부가 된다. 윤두서의 초상화가 남아 있는데, 다산의 얼굴 모습과 수염이 그를 많이 닮았다고 한다. 다산이 일찍이 문인들에게 말하기를 "나의 정분(精分)은 외가에서 받은 것이 많다"고 했다.

1771(영조 47, 10세) 경서(經書)와 사서(史書)를 아버지에게 수학했다. 아버지는 이때 관직에서 물러나 있었다. 경서와 사서를 본떠 1년 동안 지은 글이 자기 키만큼이나 되었다.

1774(영조 50, 13세) 두시(杜詩)를 본떠 시를 지었는데, 아버지의 친구들에게 칭찬

을 받았다.

1776(영조 52, 15세) 2월 22일 풍산 홍씨에게 장가를 들었다. 장인은 무과 출신으로 승지를 지냈으며, 이름은 홍화보(洪和輔)다. 이때 아버지가 호조 좌랑이 되어 서울에 있었기 때문에 아버지를 따라 살림집을 세내어 서울 남촌에 살았다.

1777(정조 1, 16세) 성호(星湖) 이익(李瀷)의 유고를 처음으로 보았다. 자식이나 조카들에게 항상 "꿈 속 같은 내 생각이 성호를 따라 사숙하는 가운데 깨달은 것이 많다"고 했다. 아버지가 화순 현감이 되어 임소로 따라갔다. 청주, 전주 등지를 유람하면서 시를 지었다.

1778(정조 2, 17세) 둘째형 약전과 함께 화순 동림사에서 글을 읽고 「동림사독서기」를 지었다. 가을에 물염정(勿染亭)을 유람하고 「유물염정기」를 지었다. 광주 서석산(瑞石山)을 유람하고 「유서석산기」(遊瑞石山記)를 지었다.

1779(정조 3, 18세) 아버지의 명으로 공령문(功令文)의 여러 체를 공부했고, 겨울에 성균관에서 시행하는 승보시(陞補試)에 선발되었다. 손암 정약전이 녹암 권철신을 스승으로 모셨는데, 기해년(녹암 44세, 손암 22세, 다산 18세) 겨울 천진암 주어사에서 강학회를 열었다. 눈 내리는 밤에 이벽이 찾아와 촛불을 켜놓고 경전에 대한 토론을 밤새워가며 했다. 그로부터 7년 후 서학에 대한 비방이 생겨, 그처럼 좋은 강학회가 다시는 열릴 수 없게 되었다.

1780(정조 4, 19세) 예천 현감으로 있는 아버지를 찾아뵙고 반학정에서 글을 읽으며 「반학정기」를 지었다. 촉석루를 유람하며 「진주의기사기」를 지었다. 겨울에 아버지가 어사의 모함으로 벼슬을 그만두고 광주로 돌아오게 되어 모시고 왔다.

1781(정조 5, 20세) 서울에 살면서 과시(科詩)를 익혔다. 7월에 딸을 낳았는데, 닷새 만에 죽었다.

1782(정조 6, 21세) 서울 창동(倉洞)에 집을 사서 살았다. 가을에 봉은사(奉恩寺)에서 경의과문(經義科文)을 익혔다.

1783(정조 7, 22세) 성균관에 들어갔다. 2월에 세자책봉 경축으로 열린 증광감시에서 둘째형 약전과 함께 경의(經義) 초시(初試)에 합격했다. 4월에 회시(會試)에서 진사(進士)에 합격, 3등으로 일곱번째였다. 선정전(宣政殿)에 들어가 은혜를 감사할 때 정조가 특별히 얼굴을 들라 하고 나이가 몇이냐고 물었다. 성군과 현신의 최초의 상면이었다. 4월에 성균관에 들어갔다. 회현방으로 이사하여 재산루(在山樓)에 살았다. 9월 12일에 큰아들 학연(學淵)이 태어났다. 이해에 「유수종사기」(游水鍾寺記)를 지었다.

1784(정조 8, 23세) 여러 사우(士友)들과 서교(西郊)로 나아가 향사례(鄕射禮)를 행했다. 여름에 「중용강의」 80여 항목을 바쳤다. 율곡의 기발설(氣發說)을 위주로 했는데, 정조가 감탄했다. 이벽(李檗)을 따라 배를 타고 두미협(斗尾峽)을

「명가필보」에 실린 다산의 글씨.

내려가면서 서교(西教)에 관한 얘기를 듣고 책 한 권을 보았다. 6월 16일, 반제(泮製)에 뽑혔다. 임금이 삼하(三下)의 점수를 주고 종이와 붓을 하사했다. 9월 28일, 정시(庭試)의 초시에 3등 첫번째로 합격했다. 이해에 「독손무자」(讀孫武子) 「제정석치화룡소장자」(題鄭石癡畫龍小障子) 등을 지었다.

1785(정조 9, 24세) 2월 25일과 27일, 4월 16일, 반제에 뽑혔다. 10월 20일, 정시의 초시에 수석으로 합격했다. 11월 3일, 감제(柑製)의 초시에 합격했다. 12월 1일, 정조가 춘당대에 친히 나와 식당에서 음식을 들었다. 거기서 식당명(食堂銘)을 짓도록 했는데, 다산이 수석을 했다. 다음날 유생들을 성정각(誠正閣)으로 불러 비궁당명(匪躬堂銘)을 짓게 했는데 수석을 차지해 『대전통편』(大典通編) 한 질을 하사받았다. 이해에 「우인이덕조만사」(友人李德操輓詞) 「추일서회」(秋日書懷) 등을 지었다.

1786(정조 10, 25세) 2월 4일, 별시(別試) 초시에 합격했다. 7월 29일, 둘째아들 학유(學游)가 출생했다. 8월 6일, 도기(到記)의 초시에 합격했다. 이해에 「감흥 2수」(感興二首)를 지었다.

1787(정조 11, 26세) 1월 26일, 3월 14일, 반제에 수석으로 뽑혀 『국조보감』(國朝寶鑑) 한 질과 백면지(白綿紙) 100장을 하사받았다. 8월 21일, 반제에 고등(高等)으로 뽑혀 『병학통』(兵學通)을 교지와 함께 하사받았다. 문암(門巖)에 향장(鄕莊)을 샀다. 이해에 「추일문암산장잡시」(秋日門巖山莊雜詩)를 지었다.

1788(정조 12, 27세) 1월 7일, 인일제(人日製)에 합격했다. 희정당(熙政堂)에서 정조를 뵈오니 책문(策文)이 몇 수인가를 물었다. 3월 7일, 반제에 수석 합격하여, 희정당에서 임금을 뵈오니 초시와 회시의 횟수를 질문했다. 이해에 「원진사칠수증내」(蚖珍詞七首贈內)를 지었다.

1789(정조 13, 28세) 1월 7일, 인일제에 합격했다. 임금이 네 번 초시를 본 것을 확인하고 급제하지 못함을 민망히 여겼다. 1월 26일, 반시(泮試)에서 표(表)를 지어 수석을 차지하고 곧바로 전시(殿試)에 나아가 수석으로 급제했다. 3월, 전시(殿試)에 나아가 탐화랑(探花郎)의 예로써 7품관에 부쳐져 희릉(禧陵) 직장(直長)에 제수되었고, 초계문신에 임명되어 『대학』(大學)을 강의하게 되었는데 이것이 「희정당대학강의」(熙政堂大學講義)다. 5월에 부사정(副司正)으로 임명되었고, 6월에 가주서(假注書)에 제수되었다. 각과문신(閣課文臣)으로 울산 임소로 아버지를 찾아뵈었다. 겨울에 배다리(舟橋)의 규제를 만들어 공(功)을 이루었다. 11월 친시(親試)에 「문체책」(文體策)을 지어올렸다. 12월에 셋째아들 구장(懼牂)이 태어났다. 이해 문신에게 부과하는 시험에서 수석을 다섯 번, 수석에 비교된 것이 여덟 번이나 되어 상을 받은 것이 많았다. 이해에 「차장호원」(次長湖院)과 「송진택신공광하유백두산서」(送震澤申公光河遊白頭山

序)를 지었다.

1790(정조 14, 29세) 2월 26일, 한림회권에서 뽑혀 29일에 한림소시를 치르고 예문관 검열(檢閱)에 단부(單付)되었다. 3월 8일, 해미현(海美縣)으로 정배(定配)되었다. 13일 배소(配所)에 이르렀는데, 19일 용서받아 풀려났다. 이때 「해미남상국사당기」(海美南相國祠堂記)를 지었다. 5월 3일, 예문관 검열로 도로 들어갔다가 5일에 용양위의 부사과로 승직되었다. 7월 4일, 사간원 정언으로 추천되어 11일에 제수되었다. 19일 각과(閣課)의 일을 하도록 체임되었다. 가을에 「단양산수기」(丹陽山水記)를 지었다. 9월 6일 정언에 제수되어 잡과(雜科) 감대(監臺)에 나아갔고, 10일 사헌부 지평(持平)에 제수되어 무과(武科) 감대(監臺)에 나아갔다.

1791(정조 15, 30세) 봄에 진주 목사로 있는 아버지에게 근친하고 「재유촉석루기」(再遊矗石樓記)를 지었다. 5월 23일, 사간원 정언에 제수되었다. 여름에 「유세검정기」(游洗劍亭記), 9월에 「북영벌사기」(北營罰射記)를 지었다. 10월 22일, 사헌부 지평에 제수되었다. 12월, 친시에서 7등을 하고, 과시에서 6등을 했으며, 과강(課講)에서 6등을 차지해 모두 상을 받았다. 겨울에 『시경강의』(詩經講義) 800여 조를 지어 올리니 정조가 이를 칭찬했다. 이해에 「억여행」(憶汝行)을 지었다.

1792(정조 16, 31세) 3월 22일, 홍문관록에 뽑혔으며, 28일 도당회권에 뽑혀 29일 홍문관 수찬(修撰)에 제수되었다. 임금이 남인 가운데서 사간원·사헌부의 관직을 이을 사람을 채제공과 상의했다. 다산이 28명의 명단을 작성하여 올리니 그 가운데 8명이 먼저 두 부서에 배치되었다. 4월 9일, 진주 목사로 있던 아버지가 임소에서 죽었다. 5월, 충주에 반장(返葬)하고, 마현으로 돌아와 곡했다. 광주(廣州)에 여막을 짓고 거처했다. 겨울에 수원 화성의 규제를 지어 바쳤다. 「성설」(城說) 「기중도설」(起重圖說)을 지어올려서 4만 냥을 절약했다.

1793(정조 17, 32세) 4월에 아버지의 소상(小祥)을 지내고 연복(練服)으로 갈아입었다.

1794(정조 18, 33세) 6월에 삼년상을 마쳤다. 7월 23일, 성균관 직강(直講)에 제수되었다. 8월 10일, 비변랑(備邊郞)에 임명하는 계(啓)가 내려졌다. 10월 27일, 홍문관 교리에 제수되었다가 28일 수찬에 제수되었다. 29일 성정각에서 경기 암행어사의 명을 받고 11월 15일에 복명했다. 12월 7일, 경모궁에 존호(尊號)를 추존해 올릴 때 도감(都監)의 도청랑(都廳郞)이 되었다. 12월 13일, 홍문관 부교리에 제수되었다. 이해에 「7월 7일야」(七月七日夜) 「명봉편」(鳴鳳篇) 「영수석절구」(詠水石絶句) 「박학」(博學) 「봉지염찰도적성촌사작」(奉旨廉察到積城村舍作) 등을 지었다.

진주의 논개사당인 의기사.

1795(정조 19, 34세) 1월 17일, 사간원 사간에 제수되었다. 품계가 통정대부에 오르고 동부승지에 제수되었다. 2월 17일, 병조 참의에 제수되어 수원 현륭원에 행차할 때 시위(侍衛)로서 따랐고, 봉수당(奉壽堂)에서 잔치를 베풀 때 화답하는 시를 지었다. 3월 3일, 의궤청(儀軌廳) 찬집문신(纂輯文臣)으로 계하(啓下)되었고, 규영부 교서승으로 부임할 것을 명 받았다. 「식목연표발」(植木年表跋)을 쓰고, 「부용정시연기」(芙蓉亭侍宴記)를 지었다. 3월 20일, 우부승지(右副承旨)에 제수되었다. 『화성정리통고』(華城整理通攷)의 찬술과 원소(園所)를 설치하라는 명을 받고, 이가환·이만수·윤행임 등과 합작했다. 4월에 규영부 교서직에서 정직(停職)되었다. 7월 26일, 주문모 입국사건으로 금정도(金井道) 찰방(察訪)으로 외보되었다. 이때 「봉곡사술지시서」(鳳谷寺述志詩序)「서암강학기」(西巖講學記)「조룡대기」(釣龍臺記)「유오서산기」(遊烏棲山記)「오죽헌기」(梧竹軒記) 등을 지었다. 또 「도산사숙록」(陶山私淑錄) 33칙(則)을 지었다. 12월 20일, 용양위(龍驤衛) 부사직(副司直)으로 옮겨졌다. 이해에 「기민시」(飢民詩)「탄빈」(歎貧)「고우탄시남고」(苦雨歎示南皐)「취가행」(醉歌行)「고시 24수」(古詩二四首)「유엄지출보금정도찰방만도동작진작」(有嚴旨出補金井道察訪晚渡銅雀津作)「차평택현」(次平澤縣)「조룡대」(釣龍臺) 등을 지었다.

1796(정조 20, 35세) 봄에 「청시야초당기」(淸時野草堂記)를 지었다. 10월에 규영부 교서가 되어 「규영부교서기」(奎瀛府校書記)를 지었다. 『사기영선』(史記英選)의 제목과 『규운옥편』(奎韻玉篇)의 범례에 자문했다. 이만수 등과 더불어 『사기영선』을 교정했다. 12월 1일, 병조 참의에 제수되었고, 3일에 우부승지에 제수되었다. 다음날 좌부승지에 올랐다가 부호군으로 옮겨졌다. 이해에 「양강우어자」(楊江遇漁子)「신승지광하만사」(申承旨光河輓詞)「이주신택소집」(李周臣宅小集)「불역쾌재행 20수」(不亦快哉行二十首)「시사언」(詩四言) 등을 지었다.

1797(정조 21, 36세) 3월 대유사(大酉舍)에 참석하고 춘추경전(春秋經傳)을 교정했다. 이문원(摛文院)에 들어가 이서구·김조순과 함께 두시(杜詩)를 교정했다. 교서관(校書館)에 입직(入直)하면서 『춘추좌씨전』을 교정했다. 절일제(節日製) 대독관(對讀官)의 명을 받고 희정당에 입시했다. 6월 22일, 좌부승지를 사퇴하는 「변방사동부승지소」(辨謗辭同副承旨疏)를 올렸다. 여름에 「유천진암기」(游天眞菴記)를 지었다. 윤6월 2일, 곡산(谷山) 부사(府使)에 제수되었다. 겨울에 홍역을 치료하는 여러 가지 처방을 기록한 『마과회통』(麻科會通) 12권을 완성했다. 이해에 「적기행시최생」(赤驥行示崔生)「오연범주 5수」(烏淵汎舟五首)「홀곡행정수안수」(笏谷行呈遂安守)「노인령」(老人嶺) 등을 지었다.

1798(정조 22, 37세) 4월, 『사기찬주』(史記纂註)를 「사기선찬주계」(史記選纂注啓)

와 함께 올렸다. 겨울에 곡산의 좁쌀과 콩을 돈으로 바꾸어 올리라는 영(令)을 철회해주도록 요청해 허락을 받았다. 『오례의도척』(五禮儀圖尺)과 실제 척이 달라서 척을 바로잡았다. 종횡표를 만들어 호적, 군적을 정리했다. 이해에 「천용자가」(天慵子歌) 「부수안도중작」(赴遂安途中作) 「화최사문유렵편」(和崔斯文游獵篇) 등을 짓고, 「곡산정당신건기」(谷山政堂新建記) 「서향묵미각기」(書香墨味閣記) 「부용당기」(芙蓉堂記) 「자하담범주기」(紫霞潭汎舟記) 「곡산북방산수기」(谷山北坊山水記) 「제겸제원절목후」(題兼濟院節目後) 등을 지었다.

1799(정조 23, 38세) 2월에 황주(黃州) 영위사(迎慰使)로 임명하는 교지를 받았다. 이때 「창옥동기」(蒼玉洞記)를 지었다. 4월 24일, 내직으로 옮겨 병조 참의에 제수되었다. 상경 도중인 5월 4일에 동부승지를 제수받고 부호군에 옮겨졌다. 입성한 5일에 다시 형조 참의에 제수되어 많은 옥사(獄事)를 처리했다. 「초도둔우계」(椒島屯牛啓)를 올렸다. 6월에 대언(臺言)으로 인해 상소하여 자신의 입장을 밝히고 체임시켜 주기를 상소했다. 이때의 상소문이 「사형조참의소」(辭刑曹參議疏)다. 7월 26일에 체직을 허락받았다. 10월에 조화진과 충청 감사 이태영이 이가환, 정약용과 주문모 밀입국을 보고한 한영익 부자를 서교에 탐닉했다고 상주했는데, 정조는 무고라고 일축했다. 이달에 넷째아들 농장(農牂)이 태어났다. 이해에 「확연폭포가」(鑊淵瀑布歌) 「입갈현동」(入葛玄洞) 「숙평구」(宿平邱) 「영남인물고서」(嶺南人物攷序) 등을 지었다.

1800(정조 24, 39세) 봄에 다산은 세로(世路)가 위험하다고 느껴 전원으로 돌아갈 계획을 결단했다. 6월 28일, 정조가 승하했다. 이보다 앞서 6월 12일 내각의 서리가 『한서선』(漢書選) 10질을 가지고 와서 "이 책 다섯 질은 남겨서 가전(家傳)의 물건을 삼도록 하고, 다섯 질은 제목을 써서 도로 들여보내라" 했다. 이 12일 밤에 특별히 서리를 보내 책을 내려주시고 안부를 물은 것이 바로 영결의 은전(恩典)이었고, 군신의 의(誼)는 이날 저녁에 영원히 끝나버렸다. 겨울에 졸곡(卒哭)을 지낸 뒤 고향으로 돌아가기로 결심하고 초하루와 보름에만 곡반(哭班)에 나아갔다. 이에 다산은 소내의 별장으로 돌아가 형제가 함께 모여 날마다 경전을 강하고, 그 당(堂)에 '여유'(與猶)라는 편액을 달고 「여유당기」(與猶堂記)를 지었다. 이해에 『문헌비고간오』(文獻備考刊誤)가 이루어졌다. 이해에 「강변도중작」(江邊道中作) 「만출강고」(晚出江皐) 「고풍」(苦風) 「봉화계부운」(奉和季父韻) 「고의」(古意) 등을 지었다.

1801(순조 1, 40세) 2월 8일, 사간원의 계(啓)로 인해 9일 하옥되었다. 19일 만인 27일에 출옥되어 경상도 장기(長鬐)로 유배되었다. 손암은 신지도(薪智島)로 유배되고 바로 위의 형인 약종(若鍾)은 옥사했다. 3월에 장기에 도착해 『이아술』(爾雅述) 6권을 저술했다. 『기해방례변』(己亥邦禮辨)도 장기에서 저술되었

다고 하나 알 수 없다. 여름에 성호가 모은 100마디의 속담에 운을 맞춰 지은 『백언시』(百諺詩: 뒤에 『이담속찬』耳談續纂으로 수정·보완)가 이루어졌다. 10월, 「황사영백서」사건으로 손암과 함께 다시 투옥되었다. 11월, 다산은 강진현(康津縣)으로, 손암은 흑산도(黑山島)로 유배되었다. 손암과 나주 밤남정에서 서로 길이 나뉘었다. 이때의 정경이 「율정별」(栗亭別)이라는 시에 나온다. 이해에 「사평별」(沙坪別)「석우별」(石隅別)「하담별」(荷潭別)「기성잡시 27수」(鬐城雜詩二十七首)「고시 27수」(古詩二十七首)「독좌 2수」(獨坐二首)「아가사」(兒哥詞)「해랑행」(海狼行)「오즉어행」(烏鰂魚行)「장기농가 10장」(長鬐農歌十章)「기아」(寄兒)「타맥행」(打麥行)「추일억사형」(秋日憶舍兄)「야과동작도」(夜過銅雀渡)「객중서회」(客中書懷)「수오재기」(守吾齋記) 등을 지었다.

1802(순조 2, 41세) 윤광택(尹光宅)이 조카 시유(詩有)를 시켜 자주 물품을 보내주며 안부를 물었다. 큰아들 학연이 와서 근친했다. 겨울에 넷째아들 농장이 요절했다는 소식이 왔다. 다산의 비통한 심정은 「농아광지」(農兒壙志)에 나와 있다. 이해에 「신년득가서」(新年得家書)「탐진촌요 20수」(耽津村謠二十首)「탐진농가」(耽津農歌)「탐진어가 10장」(耽津漁歌十章) 등을 지었다.

1803(순조 3, 42세) 봄에 「단궁잠오」(檀弓箴誤)가 이루어졌다. 여름에 「조전고」(弔奠考)가 이루어졌다. 겨울에 『예전상의광』(禮箋喪儀匡) 17권이 이루어졌다. 이해에 「애절양」(哀絶陽)「충식송」(蟲食松)「황칠」(黃漆)「전가만춘」(田家晚春)「사의재기」(四宜齋記) 등을 지었다.

1804(순조 4, 43세) 봄에 「아학편훈의」(兒學編訓義)가 이루어졌다. 이해에 「오작」(午酌)「증문」(憎蚊)「하일대주」(夏日對酒)「독소」(獨笑)「아생」(蛾生)「우래 12장」(憂來十二章)「구우」(久雨) 등을 지었다.

1805(순조 5, 44세) 여름에 「정체전중변」(일명「기해방례변」) 3권이 이루어졌다. 겨울에 큰아들 학연이 강진으로 찾아왔다. 이에 보은산방(寶恩山房)에 나가 밤낮으로 『주역』과 『예기』를 가르쳤다. 혹 의심스러운 곳이 있어 그가 질문한 것을 답변해 기록해놓았는데, 모두 52칙이었다. 이를 이름하여 「승암문답」(僧菴問答)이라고 했다. 이해에 「과야인촌거」(過野人村居)「화소장공동파팔수」(和蘇長公東坡八首)「체사6월3일치우」(滯寺六月三日値雨) 등을 지었다. 잡문 「탐진대」(耽津對)를 썼다.

1807(순조 7, 46세) 5월에 장손(長孫) 대림(大林)이 태어났다. 7월에 형의 아들 학초(學樵)의 부음을 받고 「형자학초묘지명」(兄子學樵墓誌銘)을 썼다. 『상례사전』(喪禮四箋) 50권이 완성되었다. 겨울에 「예전상구정」(禮箋喪具訂) 6권을 지었다. 이해에 「제서호부전도」(題西湖浮田圖)「제동시효빈도」(題東施效顰圖)「승발송행」(僧拔松行)「엽호행」(獵虎行)「일발암기」(一鉢菴記) 등을 지었다.

1808(순조 8, 47세) 봄에 다산(茶山)으로 옮겨 거처했다. 다산은 강진현 남쪽에 있는 만덕사(萬德寺) 서쪽에 있는데, 처사(處士) 윤단(尹慱)의 산정(山亭)이다. 공이 다산으로 옮긴 뒤 대(臺)를 쌓고, 못을 파고, 꽃나무를 열지어 심고, 물을 끌어 폭포를 만들고, 동쪽과 서쪽 각각에 암자를 짓고, 서적 1,000여 권을 쌓아놓고 글을 짓고 스스로 즐기며 '정석'(丁石) 두 자를 석벽(石壁)에 새겼다. 『주역』의 어려운 부분을 들추어 「다산문답」 1권을 썼다. 봄에 둘째아들 학유가 방문했다. 여름에 가계(家誡)를 썼다. 겨울에 「제례고정」(祭禮考定)과 『주역심전』(周易心箋: 무진본戊辰本) 24권이 이루어졌다. 「독역요지」(讀易要旨) 18칙과 「역례비석」(易例比釋)을 지었다. 「춘추관점」(春秋官占)에 보주(補注)를 냈다. 「대상전」(大象傳)과 「시괘전」(蓍卦傳)을 주해했다. 「설괘전」(說卦傳)을 정정했다. 『주역서언』(周易緖言) 12권이 이루어졌다.

1809(순조 9, 48세) 봄에 「예전상복상」(禮箋喪服商)이 이루어졌다. 『상례외편』(喪禮外篇) 12권이 완성되었다. 가을에 『시경강의』(詩經講義)를 산록(刪錄)했다. 내용은 『모시강의』(毛詩講義) 12권을 첫머리에 놓고, 따로 『시경강의보유』(詩經講義補遺) 3권을 지었다. 「현파윤흥서행장」(玄坡尹興緖行狀)을 지었다.

1810(순조 10, 49세) 봄에 『시경강의보』『가례작의』(嘉禮酌儀)가 이루어졌다. 봄, 여름, 가을에 세 차례 가계(家誡)를 썼다. 9월에 큰아들 학연이 바라를 두드려 억울함을 상소했기 때문에 특별히 은총이 있었으나, 홍명주의 상소와 이기경의 대계(臺啓)가 있었기 때문에 석방되지 못했다. 가을에 『소학주관』(小學珠串)이 이루어졌다.

1811(순조 11, 50세) 봄에 『아방강역고』(我邦彊域考), 겨울에 「예전상기별」(禮箋喪期別)이 이루어졌다.

1812(순조 12, 51세) 봄에 다산의 계부(季父) 가정공(稼亭公) 정재진(丁載進)의 부고를 받고 「계부가옹행장」(季父稼翁行狀)을 지었다. 봄에 『민보의』(民堡議)가 이루어졌다. 겨울에 『춘추고징』(春秋考徵) 12권이 완성되었다. 겨울에 「아암장공탑명」(兒菴藏公塔銘)을 지었다. 이해에 다산의 딸이 옹산(翁山) 윤서유(尹書有)의 아들 창모(昌謨)에게 시집갔다. 「윤면채뢰」(尹冕采誄)를 지었다.

1813(순조 13, 52세) 겨울에 『논어고금주』(論語古今注)가 이루어졌다. 이 책은 여러 해 동안 자료를 수집하여 이해 겨울에 완성했는데 40권이다. 이강회(李綱會), 윤동(尹峒) 등이 도왔다. 『논어』에 대해서는 이의가 워낙 많아서 「원의총괄」(原義總括) 표를 만들어 「학이편」(學而篇)에서부터 「요왈편」(堯曰篇)까지 원의를 총괄한 것이 175조가 된다. 춘추삼전(春秋三傳)이나 『국어』에 실린 공자의 말을 모아 한 편을 만들어 책 끝에 붙였는데, 「춘추성언수」(春秋聖言蒐) 63장이 그것이다. 6월에 「증별이중협우후시첩서」(贈別李重協虞候詩帖序)를 썼다.

1814(순조 14, 53세) 4월에 장령(掌令) 조장한(趙章漢)이 사헌부에 나아가 특별히 대계를 정지시켜, 죄인 명부에서 이름이 삭제되었다. 그때 의금부에서 관문(關文)을 발송하여 석방시키려 했는데 강준흠(姜浚欽)의 상소로 막혀서 발송하지 못했다. 여름에『맹자요의』(孟子要義) 9권이 이루어졌다. 가을에『대학공의』(大學公議) 3권이 이루어졌다.『중용자잠』(中庸自箴) 3권이 이루어졌다.『중용강의보』 6권이 이루어졌다. 겨울에 이청(李晴)으로 하여금 집주(集注)케 하여『대동수경』(大東水經) 2권이 이루어졌다. 이재의(李載毅)와 편지로 학문과 사변의 공(功)을 논했다.

1815(순조 15, 54세) 봄에『심경밀험』(心經密驗)과『소학지언』(小學枝言) 2권이 이루어졌다.

1816(순조 16, 55세) 봄에『악서고존』(樂書孤存) 12권이 이루어졌다. 6월, 손암의 부음을 들었다. 그후 1822년에 손암의 묘지명인「선중씨정약전묘지명」(先仲氏丁若銓墓誌銘)을 썼다.

1817(순조 17, 56세) 가을에『상의절요』(喪儀節要)가 이루어졌다.『방례초본』(邦禮艸本)의 저술을 시작했는데 끝내지는 못했다. 뒤에『경세유표』(49권)로 개명했다.

1818(순조 18, 57세) 봄에『목민심서』(48권)가 이루어졌다. 여름에『국조전례고』(國朝典禮考) 2권이 이루어졌는데,『상례외편』(喪禮外編)에 편입되었다. 8월에 이태순(李泰淳)의 상소로 관문(關文)을 발해 다산을 떠나 14일 비로소 고향으로 돌아왔다. 가을에「기해방례변」을 지었다.「효부심씨묘지명」(孝婦沈氏墓地銘)을 지었다.

1819(순조 19, 58세) 여름에『흠흠신서』(欽欽新書)가 이루어졌는데, 이 책의 처음 이름은『명청록』(明淸錄)이었다. 가을에 용문산(龍門山)을 유람했다. 겨울에『아언각비』(雅言覺非) 3권이 이루어졌다. 이해에「제한서선」(題漢書選)을 지었다.

1820(순조 20, 59세) 봄에 배를 타고 산수(汕水: 북한강北漢江)를 거슬러 춘천의 청평산 등을 유람했다. 5월 1일에「위이인영증언」(爲李仁榮贈言)을 썼다. 겨울에「옹산윤공묘지명」(翁山尹公墓誌銘)을 지었다.

1821(순조 21, 60세) 봄에「사대고례산보」(事大考例刪補)가 이루어졌다. 9월에 큰형인 정약현의 상을 당하고,「선백씨정약현묘지명」(先伯氏丁若鉉墓誌銘)을 지었다. 겨울에「남고윤지범묘지명」(南皋尹持範墓誌銘)을 지었다.

1822(순조 22, 61세) 이해는 다산의 회갑년이다.「자찬묘지명」(自撰墓誌銘, 집중본·광중본 2종)을 지었다. 윤지평(尹持平)·지눌(持訥)의 묘지명과 이장령(李掌令) 유수(儒修)의 묘지명을 썼다. 신작(申綽)과 김기서(金基敍)와 편지를 주

고받으며 경서 해석에 대해 논했다. 이해에 「녹암권철신묘지명」(鹿菴權哲身墓誌銘)「정헌이가환묘지명」(貞軒李家煥墓誌銘) 등을 지은 듯하다.

1823(순조 23, 62세) 4월 15일부터 25일까지 산수(汕水)를 거슬러 유람하고 「산행일기」(汕行日記)「산수심원기」(汕水尋源記) 등을 지었다. 9월 28일, 승지 후보로 낙점되었으나 취소되었다.

1827(순조 27, 66세) 10월에 윤극배(尹克培)가 「동뢰구언」(冬雷求言)으로 상소해 다산을 참혹하게 무고했으나 끝내 실현되지 못했다. 이해에 「제변상벽모계령자도」(題卞相璧母鷄領子圖)를 지었다.

1828(순조 28, 67세) 이해에 「우육방옹농가하사 6수」(又陸放翁農家夏詞六首)를 지었다.

1830(순조 30, 69세) 5월 5일에 약원(藥院)에서 탕제(湯劑)의 일로 아뢰어 부호군(副護軍)에 단부(單付)되었다. 그때 익종(翼宗: 순조의 아들)이 위독해 약원에서 약을 논의할 것을 청했다. 그러나 약을 올리기도 전인 6일 세상을 떠났다.

1831(순조 31, 70세) 이해에 「하일전원잡흥효범양이가체 24수」(夏日田園雜興效范楊二家體二十四首)를 지었다.

1832(순조 33, 72세) 이해에 「견여가」(肩輿歌)「노인일쾌사육수효향산체」(老人一快事六首效香山體) 등을 지었다.

1833 이해에 「황년수촌춘사 10수」(荒年水村春詞十首)를 지었다.

1834(순조 34, 73세) 봄에 『상서고훈』(尙書古訓)과 「상서지원록」(尙書知遠錄)을 개수(改修)하고 합해서 모두 21권으로 만들었다. 가을에 『매씨서평』(梅氏書平) 10권을 개정했다. 11월에 순조의 환후가 급해 명을 받들고 12일에 출발했는데 홍화문(弘化門)에서 초상이 났다는 말을 듣고 이튿날 고향으로 돌아왔다.

1836(헌종 2, 75세) 2월 22일 진시(辰時)에 열상(洌上)의 정침(正寢)에서 생을 마쳤다. 이날은 다산의 회혼일(回婚日)이어서 족친(族親)이 모두 왔고 문생(門生)들이 다 모였다. 이날 문인 이강회(李綱會)가 서울에 있었는데 큰 집이 무너져 내리누르는 꿈을 꾸었다. 장례 절차는 모두 다산의 유명(遺命)과 「상의절요」(喪儀節要)를 따랐다. 이에 앞서 임오년(1822) 회갑 때 공이 조그마한 첩(帖)을 잘라 유명을 적어두었으니 장례 절차였다. 4월 1일에 여유당 뒤편 광주(廣州) 초부방(草阜坊) 마현리(馬峴里) 자좌(子坐)의 언덕에 장사지냈는데 오직 유명에 따랐다.

1910(융희 4) 7월 18일에 특별히 정헌대부 규장각 제학을 추증(追贈)하고 문도공(文度公)이라는 시호를 내렸다.

* 이 책의 연보에서는 편의상 작품제목을 한자음으로 읽었음.

주요인물

강명길(康命吉: 1737~1801) 의관(醫官)으로 자(字)는 군석(君錫). 삭녕 군수를 거쳐 양주(楊州) 목사(牧使)에 이르렀다. 삭녕 군수 당시 저지른 그의 죄악상이 심해 다산이 고발하기에 이른다. 1801년 정조의 병환을 잘못 치료했다 하여 사형을 당했다. 『제중신편』(濟衆新編)을 저술했다.

강이오(姜履五: 1765~?) 자는 백휘(伯徽), 본관은 진주, 전 교리 침(忱)의 종자(從子). 1795년 다산이 금정 찰방으로 이삼환(李森煥)과 성호(星湖) 이익(李瀷)의 유서(遺書)를 정리할 때 참여했다.

고종후(高從厚: 1554~93) 조선 중기의 문신·의병장. 임진왜란 때 김천일(金千鎰)·최경회(崔慶會) 등과 함께 남강에 투신, 순국한 세 장사(三壯士) 가운데 한 사람이다. 아버지는 의병장 경명(敬命)이다. 선조 10년(1577) 별시문과에 급제하여 교서관 정자·전적·감찰·예조 좌랑을 지냈다.

공수(龔遂) 중국 한(漢)나라 때 산양(山陽) 사람으로 법을 잘 지키며 열심히 근무하는 관리(循吏)였다. 자는 소경(少卿). 선제 때 발해(渤海) 태수(太守)가 되어 굶주린 백성을 구제하고 농상(農桑)에 힘쓰고 닭과 돼지를 기르게 해 백성이 점차 잘살게 되고 도적이 없어졌다. 벼슬은 위수도위(衛水都尉)에 이르렀다.

권기(權夔: 1765~?) 자는 요신(堯臣), 본관은 안동, 전 대제학 유(愈)의 현손(玄孫). 1795년 다산이 금정 찰방으로 목재 이삼환과 성호 이익의 유서를 정리할 때 참여했다.

급암(汲黯) 중국 한(漢)나라 경제와 무제 때 사람. 자는 장유(長孺), 동해(東海)·회양(淮陽)의 태수를 지냈으며 황로학(黃老學)에 심취했다.

김매순(金邁淳: 1776~1840) 자는 덕수(德叟), 호는 대산(臺山). 정조 19년(1795) 정시문과에 급제, 예조 참판을 지냈다. 문장은 여한십대가(麗韓十大家)의 한 사람으로 호론(湖論)에 속한다. 시호는 문청(文淸)이며, 저서로 『열양세시기』(洌陽歲時記) 『대산집』(臺山集) 등이 있다.

김양직(金養直) 정조 때 지사(地師)로 연천 현감을 지냈다. 다산은 김양직이 5년 동안 현감을 지내면서 벌였던 탐학스런 행위를 낱낱이 고발했다.

김이재(金履載: 1767~1847) 자는 공후(公厚), 호는 강우(江右), 이교(履喬)의 아우로, 정조 14년(1790) 증광문과에 급제, 1800년 고금도(古今島)에 유배되었다가 1805년 풀려, 이조 판서를 지냈다. 시호는 문간(文簡). 『중경지』(中京誌)를 편찬했다.

김정희(金正喜: 1786~1856) 자는 원춘(元春), 호는 완당(阮堂)·추사(秋史)·예당(禮堂)·시암(詩菴)·과파(果坡)·노과(老果)·농장인(農丈人)·천축고선생(天竺古先生) 등 500가지에 이른다. 순조 19년(1819) 문과에 급제, 병조 참판과 성균관 대사성을 지냈다. 추사는 고금도를 비롯, 제주도와 북청 등지에서 유배생활을 했다. 실사구시(實事求是)의 학문을 대성했으며, 글씨에도 뛰어나 추사체(秋史體)를 이룩했다. 그림도 잘 그려 추사란(秋史蘭)이 유명하다. 저서로 『완당선생전집』(阮堂先生全集) 10권 5책이 간행되어 전한다. 조선 말기의 천재적인 학자와 예술가로 꼽힌다.

김천일(金千鎰: 1537~93) 자는 사중(士重), 호는 건재(健齋)·극념당(克念堂), 시호는 문열(文烈), 이항의 문인이다. 임진왜란 때 의병을 일으켜 싸우고 진주성 싸움에서 성이 함락당하자 남강에 투신 자살했다. 세 장사 가운데 한 사람이다. 저서로 『건재집』(健齋集)이 있다.

목만중(睦萬中: 1727~?) 자는 공겸(公兼), 호는 여와(餘窩). 남인으로 대사간을 지냈다. 한때 다산 집안과 가까웠으나 후에 다산 일파를 모해하게 된다.

범중엄(范仲淹: 989~1052) 중국 송(宋)나라의 학자·개혁가. 자는 희문(希文). 그는 송나라 인종의 간관(諫官)이었으며, 왕안석(王安石)이 개혁을 일으키는 데 계기를 제공했다. 벼슬은 참지정사(參知政事)를 지냈다. 강력한 지방군대체제를 만들고 백성들의 부역을 줄이며 과거제도를 개혁하려 했다. 그는 불교를 반대한 대유학자로서 많은 존경을 받았는데, 별로 주목을 받지 못했던 유교경전인 『역경』(易經)과 『중용』(中庸)에 대한 관심을 불러일으켰다.

서용보(徐龍輔: 1757~1824) 자는 여중(汝中). 호는 심재(心齋). 시호는 익헌(翼獻). 벽파로 다산 일파를 모해했던 인물. 영조 50년(1774) 생원시(生員試)와 증광문과(增廣文科)에 급제했다. 정조 7년(1783) 규장각(奎章閣) 직각(直閣)을 거쳐, 규장각 직제학(直提學), 대사헌 등을 지냈다. 순조 1년(1800)에 우의정, 1803년 좌의정에 이어 이듬해 중추부판사(中樞府判事)가 되었고, 1819년에 영의정에 오른 뒤 중추부영사(中樞府領事)를 지냈다.

성선봉(成善封) 다산이 1801년 경상북도 장기로 귀양가 마산리(馬山里)에 숙소를 정했을 때, 다산이 묵었던 숙소 주인으로 늙은 이교(吏校)였다.

소무(蘇武: ?~기원전 60) 중국 한(漢)나라의 충신. 자는 자경(子卿). 19년 동안 흉노족에게 붙잡혀 억류되어 있으면서도 한나라 신하의 절개를 굽히지 않고 지내다 풀려서 돌아왔다. 벼슬이 중랑(中朗)이어서 소중랑(蘇中郎)이라고도 불린다.

송시열(宋時烈: 1607~89) 아명은 성뢰(聖賚), 자는 영보(英甫), 호는 우암(尤菴)·화양동주(華陽洞主), 시호는 문정(文正). 김장생(金長生)·김집(金集)의 문인으로 인조 11년(1633) 생원시에 1등으로 합격, 경릉 참봉이 되었다. 노론(老論)의 영수이며 우의정과 영중추부사를 지내고, 1689년 왕세자가 책봉되자 이를 시기상조라 하여 반대하는 상소를 했다가 이어 국문을 받기 위해 상경하는 도중 제주에 안치되고, 정읍에서 사사(賜死)되었다. 글씨를 잘 썼으며, 주자학 연구에 종사한 거유(巨儒)로 기호학파의 주류였다. 저서로 『송자대전』(宋子大典)이 있다.

신립(申砬: 1546~92) 자는 입지(立之), 시호는 충장(忠壯). 선조 1년(1567)에 무과에 급제하고 한성부 판윤에 이르렀다. 임진왜란이 일어나자 삼도도순변사(三道都巡邊使)가 되어 충주 탄금대에서 배수진을 치고 왜군과 싸웠으나 참패해 자결했다.

신작(申綽: 1760~1828) 자는 재중(在中), 호는 석천(石泉). 승지·예조 참의 등을 제수받았으나 사양했다. 경전을 고증학적으로 연구해 많은 저서를 남겼는데 『석천유고』(石泉遺稿)가 대표적이다. 다산 노년시절에 학문적인 토론을 많이 했던 친구였다.

심환지(沈煥之: 1730~1802) 자는 휘원(輝元), 호는 만포(晩圃). 1771년 정시 문과에 급제, 벽파의 영수로 1800년 정순왕후의 수렴청정으로 벽파가 득세하게 되자 영의정에 올라 이듬해 신유박해 때 시파의 천주교도 박해에 앞장섰다.

여동식(呂東植: 1774~1829) 자는 우렴(友濂), 호는 현계(玄溪). 정조 19년(1795) 문과에 급제하여 이조 참의와 대사간을 지냈다. 다산과 막역한 사이였다.

오국진(吳國鎭: 1763~?) 자는 맹화(孟華), 시수(始壽)의 현손이다. 1795년 다산이 금정 찰방으로 이삼환과 성호 이익의 유서를 정리할 때 참여했다.

윤규범(尹奎範: 1752~1821) 자는 이서(彝敍), 호는 남고(南皐). 원래 이름은 지범(持範)이었다. 본관은 해남으로 정조 1년(1777) 증광문과에 급제, 병조 참의를 지냈다. 시를 잘 지었다.

윤서유(尹書有: 1764~1820) 호는 옹산(翁山). 다산의 막역지우. 1801년 신유사화가 일어나 다산 일파가 검거되자 윤서유도 강진의 감옥에 갇혔으나 천주교에 관여했던 사실이 없었기 때문에 곧 풀려났다. 1812년 아들 창모(昌模)를 다산의 집안에 장가보내 다산과 사돈이 되었다. 다음해 1813년에 윤씨 일가는 다산의 고향 근처인 귀어촌(歸魚村)으로 이사한다. 다산은 윤서유가 죽은 후에 「옹산윤공묘지명」을 지었다.

윤선도(尹善道: 1587~1671) 자는 약이

(約而), 호는 고산(孤山)·해옹(海翁), 시호는 충헌(忠憲), 본관은 해남. 인조 6년(1628) 별시문과에 장원급제, 벼슬은 예조 참의와 동부승지를 지냈다. 정치적으로는 불우하여 20여 년 동안 귀양살이를 했으나 국문학사상 정철(鄭澈), 박인로(朴仁老) 등과 조선 3대 시가인(詩歌人)으로 꼽힌다. 『산중신곡』(山中新曲)「어부사시사」(漁夫四時詞) 등 유명한 작품이 많이 있으며, 저서로『고산유고』(孤山遺稿) 6권이 있다.

윤영희(尹永僖: 1761~1828) 자는 외심(畏心), 호는 송옹(淞翁), 항진(恒鎭)의 아들, 정조 10년(1786) 별시문과에 병과(丙科)로 급제, 정언(正言)을 지냈다. 다산과 평생 동안 절친했던 친구다.

윤정기(尹廷琦: 1814~79) 자는 경림(景林), 호는 방산(舫山), 윤창모의 아들로 다산의 외손자. 외할아버지에게 공부하고 학문에만 정진했다. 저서로『역전익속』(易傳翼續)『시경강의속집』(詩經講義續集) 11권 6책『방산유고』(舫山遺稿)『동환록』(東寰錄)『물명고』(物名考) 등이 있다.

윤지눌(尹持訥: 1762~1810) 자는 무구(无咎). 호는 소고(小皐), 본관은 해남. 1790년 알성문과에 급제 사헌부 지평(持平) 등을 역임했다.

윤창모(尹昌模: 1795~1856) 영희(榮喜)라고도 불린다. 1812년 다산은 외동딸과 혼인했으며, 다산의 가르침을 독실하게 받아 진사(進士)과에 합격했다. 창모의 집안은 다산의 집안과 대대로 교분이 있어왔다. 다산의 아버지 정재원과 친구인 광택(光宅)은 당대의 부호로 베풀기를 좋아했으며 창모의 할아버지가 되는 사람이었다. 창모의 아버지 서유는 다산의 가까운 친구로 다산이 강진에서 유배살이하는 동안 다산을 한없이 도와주었다.

의돈(猗頓) 중국 춘추시대 노(魯)나라의 큰 부자.

의순(意恂: 1786~1866) 조선 후기의 승려. 호는 초의(艸衣), 성은 장(張), 자는 중부(中孚), 본관은 나주. 다산에게 유학과 시문을 배웠다. 추사 김정희와 친교, 해남 두륜산에 일지암(一枝菴)을 짓고 40년 동안 지관(止觀)을 닦았다. 저서로『동다송』(東茶訟)『일지암 유고』 등이 있다.

이가환(李家煥: 1742~1801) 자는 정조(廷藻), 호는 금대(錦帶)·정헌(貞軒). 성호 이익의 종손으로 벼슬은 형조판서에 이르렀다. 남인(南人)으로 승훈(承薰)의 숙부다. 문장으로 이름났으나, 1801년 신유박해에 걸려 순교했다.『대전통편』(大典通編) 편찬에 참여하고『규장전운옥편』(奎章全韻玉篇)을 교정했으며, 수학과 천문학의 대가였다. 저서로『금대관집』(錦帶館集) 10책이 있다.

이강회(李綱會: 1789~?) 자는 굉보(紘父). 다산의 18제자 가운데 한 사람이다. 서울 사람인데 강진에 가서 9년 동안 다산에게 글을 배웠다.『논어고금주』(論語古今註)를 저술할 때 윤동 (尹峒)과 함께 도운 인물이다.

이광교(李廣敎: 1756~?) 자는 문달(文達). 승지 수일(秀一)의 손자.

이기경(李基慶: 1756~1819) 자는 휴길(休吉), 호는 척암(瘠菴). 남인이면서 세력가에 빌붙어 다산을 모해했다. 천주교를 공격하기 위한 『벽위편』(闢衛編)을 지었다.

이기양(李基讓: 1744~1802) 문신. 자는 사흥(士興), 호는 복암(茯菴). 1795년 정시문과에 급제, 1798년 의주 부윤이 되었다. 1801년 예조 참판을 지냈고, 신유박해로 단천에 유배되었다가 죽었다.

이담로(李聃老: 1627~1701) 자는 연년(延年), 호는 백운동은(白雲洞隱). 한때 유명한 석학과 교유했으며, 좌승지에 추증되었다.

이덕휘(李德輝: 1759~1828) 자는 윤경(潤卿). 다산이 강진에 귀양살 때 교유했으며, 아들 시헌(時憲)을 다산으로 보내 공부하도록 했다.

이벽(李檗: 1754~86) 자는 덕조(德操), 호는 광암(曠菴). 천주교 연구자. 다산의 큰형 정약현의 처남으로 다산과 가까웠다. 그의 아버지 부만(溥萬)이 아들의 천주교 신앙에 반대해 목을 매어 죽자 배교하고 병사했다.

이삼환(李森煥: 1729~1813) 자는 자목(子木), 호는 목재(木齋) · 소미(少眉). 성호 이익의 종손으로 성호의 학문 가운데 예학(禮學)을 이어받은 이름난 학자였다. 저서로 『소미산방장서』(小眉山房藏書) 3책이 남아 있고, 『백가의』(百家衣) 1책 등이 있다.

이서구(李書九: 1754~1825) 자는 낙서(洛瑞), 호는 척재(惕齋) · 강산(薑山) · 석모산인(席帽山人). 정조 19년(1795) 천주교도를 옹호한다는 죄로 영해(寧海)에 유배당했고, 형조 판서를 거쳐 판중추부사에 이르렀다. 특히 한시 사대가로 유명하다.

이수일(李秀逸: 1705~79) 자는 자준(子俊), 호는 구호(龜湖). 영조 16년(1740) 문과에 급제, 승지를 지냈다. 1762년 장령으로 삼남 지방에 흉년이 들자 8조의 황정책(荒政策)을 올렸다.

이승훈(李承薰: 1756~1801) 조선 후기의 천주교인. 한국 최초의 영세교인이며 한국 천주교회 창설자 가운데 한 사람이다. 교명은 베드로, 호는 만천(蔓川). 다산의 매형이다. 아버지는 참판 동욱(東郁)으로 남인이다. 외조부 용휴(用休)와 외삼촌 가환의 영향을 받았고, 기호남인(畿湖南人)의 젊은 재사(才士)인 권일신(權日身) · 정약종 · 정약전 · 이기경 등과 긴밀한 관계를 유지했다. 권철신을 중심으로 한 성호좌파(星湖左派)의 학맥을 이어받기 때문에 서양의 신학문에 대한 수용 열정을 많이 가지고 있었다. 1780년 진사시에 합격, 성균관에 들어갔으나 벼슬을 단념하고 학문에만 전념했다. 1801년 신유사옥 때 처형되었다.

이시헌(李時憲: 1803~60) 자는 숙도(叔度), 호는 자이당(自怡堂). 덕휘의

아들. 생부는 석휘(錫輝). 다산이 강진에서 귀양살이를 할 때 다산에게 가서 공부했다. 여러 번 학행으로 천거받았다. 문집으로 『자이선생집』(自怡先生集)이 있다.

이유석(李儒錫: 1760~?) 자는 여앙(汝昻). 승지 일운의 아들이다. 다산이 1795년 금정 찰방으로 목재 이삼환을 모시고 성호의 유서를 정리할 때 함께 참여했다.

이유수(李儒修: 1758~1822) 자는 주신(周臣), 호는 금리(錦里). 1783년 증광별시에 급제, 1820년 영해 부사가 되었다. 다산에게 친구 사이에 의리를 배반하지 않는 사람으로 꼽혔다. 다산과 함께 죽란시사 동인으로 활동하기도 했다.

이익(李瀷: 1681~1763) 자는 자신(子新), 호는 성호(星湖). 숙종 31년(1705) 증광시에 합격했으나 성명을 기록한 양식이 맞지 않아 회시에 응시하지 못하고 이후 학문연구에만 몰두했다. 근기실학(近畿實學)의 발원(發源)을 이루었다. 저서로는 『성호선생문집』 『성호선생속집』 『질서』(疾書) 『성호사설』(星湖僿說) 『곽우록』(藿憂錄) 『백언해』(百諺解) 등이 있다.

이재위(李載威: 1745~1826) 자는 사옥(嗣玉)·우성(虞成), 호는 시헌(柿軒). 홍문관 제학 하진(夏鎭)의 현손으로 교리 효성의 아우. 다산이 금정 찰방으로 가서 목재 이삼환과 함께 성호 이익의 유서를 정리할 때 참여했다.

이재의(李載毅: 1772~1839) 자는 여홍

(汝弘), 호는 문산(文山)·약암(約菴). 순조 1년(1801) 생원시에 합격하고 경서를 깊이 연구했다. 다산과 경서에 대한 토론을 편지로 주고받은 것이 여러 편 있다. 저서로 『문산집』(文山集)이 있다.

이하진(李夏鎭: 1628~82) 자는 하경(夏卿), 호는 매산(梅山)·육우당(六寓堂), 이익(李瀷)의 아버지. 현종 7년(1666) 문과에 급제, 벼슬은 대사헌·대사간에 이르렀다. 숙종 6년(1680) 경신대출척이 일어나자 대사간으로 소를 올렸으나 이 상소에 진노한 임금이 진주 목사로 좌천시켰다가 운산으로 유배시켰는데 배소에서 죽었다. 저서로 『육우당유고』(六寓堂遺稿) 『천금물전』(千金勿傳) 등이 필사본으로 전한다.

이학규(李學逵: 1770~1835) 자는 성수(惺叟), 호는 낙하생(洛下生)으로, 18세 때 이미 『규장전운』(奎章全韻) 등의 수교(讐校)를 맡아 박학한 학자로 이름났다. 신유사옥이 일어나자 다산과 같이 24년(1801~24) 동안이나 경상도 김해에서 귀양살이를 했다. 다산의 영향을 많이 받았다. 저서로는 『명물고』(名物考) 『영남악부』(嶺南樂府) 『문의당고』(文猗堂稿) 등이 있다.

이헌길(李獻吉) 자는 몽수(蒙叟)·몽수(夢叟), 호는 완산(完山). 이철환(李嚞煥) 문하에서 수학·의학 방면에 정진해 두진(痘疹) 치료법을 개발했고, 『마진기방』(麻疹奇方)을 저술했다.

이황(李滉: 1501~70) 초명은 서홍(瑞

鴻), 자는 경호(景浩), 초자는 계호(季浩), 호는 퇴계(退溪)·도옹(陶翁)·퇴도(退陶)·청량산인(淸凉山人), 시호는 문순(文純). 예안(禮安) 출신으로 중종 29년(1534) 문과에 급제, 양관 대제학을 지냈다. 주자학을 집대성한 유학자로 이이(李珥)와 쌍벽을 이루었으며 영남학파의 종장이다. 저서로 『퇴계전서』(退溪全書)가 있다.

장천용(張天慵) 다산이 곡산 부사로 있을 때 황해도 곡산에 살던 방외인(方外人)으로 퉁소를 잘 불었고 산수화를 잘 그렸다. 다산은 장천용에 대한 전(傳)을 지었다.

정범조(丁範祖: 1723~1801) 자는 법정(法正), 호는 해좌(海左), 지녕(志寧)의 아들. 영조 39년(1763) 증광문과에 갑과로 급제, 정조 23년(1799) 예문관 제학을 지냈다. 시호는 문헌(文憲).

정시한(丁時翰: 1625~1707) 자는 군익(君翊), 호는 우담(愚潭). 원주 법천(法泉)에 낙향하여 벼슬길을 멀리하고 이현일(李玄逸) 등과 교유하며 학문에 정진했다. 유일(遺逸)로 천거되어 사헌부 집의, 성균 사업의 벼슬이 내렸으나 사양했다. 숙종 16년(1690) 만언소(萬言疏)로 6조의 상소를 올리기도 했다. 저서로 『우담집』이 있고, 『산중일기』(山中日記) 『사칠리기변』(四七理氣辨) 『변무록』(辨誣錄) 등이 있다.

정약전(丁若銓: 1758~1816) 자는 천전(天全), 호는 손암(巽庵)·연경재(研經齋)·현산(玆山). 다산의 둘째형이다.

어려서부터 김원성(金源星)·이승훈·이윤하(李潤夏) 등과 사귀면서 이익(李瀷)의 학문에 심취했으며, 권철신의 문하에서 배웠다. 1783년 당시 서양의 학문과 천주교 등의 사상을 접하고 있던 이벽 등 남인 인사들과 교유하고 이들에게서 영향을 받아 자신도 천주교에 관계했다. 1801년 신유사옥 때 흑산도로 유배되어 저술 활동을 하다가 16년 만에 죽었다. 이벽의 권유로 『천주실의』(天主實義)·『칠극』(七克) 등 천주교 관계 서적을 탐독했다. 흑산도에 유배되어 있을 때 흑산도 근해의 수산생물을 실제로 조사·채집·분류해 『현산어보』(玆山魚譜)를 저술했다.

정약종(丁若鍾: 1760~1801) 다산의 셋째형. 이승훈과 함께 청나라 신부 주문모를 맞아들이고 우리나라 최초의 천주교 명도회 회장으로서 전도에 힘쓰다가 신유박해 때 서울 서소문 밖 네거리에서 사형되었다.

정약현(丁若鉉: 1751~1821) 자는 태현(台玄). 다산의 맏형으로 정조 19년(1795) 진사시에 합격했다.

정재운(丁載運: 1739~1816) 자는 영회(永會), 호는 치와(癡窩). 영조 50년(1774) 진사에 장원으로 뽑혔으며, 벼슬은 옥천(沃川) 군수(郡守)를 지냈다. 고종 때 내부협판에 추증되었다.

정재원(丁載遠: 1730~92) 자는 기백(器伯), 지해(志諧)의 아들로 다산의 아버지. 영조 38년(1762) 생원시에 합격, 음보(蔭補)로 목사(牧使)에 이르렀다.

정재진(丁載進: 1740~1812) 자는 진오(晉吾), 호는 망와(忘窩). 지해(志諧)의 셋째아들로 다산의 계부(季父)다.

정학연(丁學淵: 1783~1859) 아명은 학가(學稼)·무장(武牂), 자는 치수(穉修), 호는 유산(酉山). 다산의 맏아들로 시문(詩文)에 능했으며 의술에도 밝았고 감역(監役) 벼슬을 지냈다. 저서로『종축회통』(種畜會通) 8권 3책이 필사본으로 전한다.

정학유(丁學游: 1786~1855) 아명은 학포(學圃)·문장(文牂), 자는 치구(穉求). 다산의 둘째아들이며「농가월령가」(農家月令歌)의 지은이로 알려진다. 편서로『시명다식』(詩名多識) 4권 2책이 있다.

정학초(丁學樵: 1791~1807) 자는 어옹(漁翁), 아이 때 이름은 봉륙(封六), 약전의 아들로 17세의 어린 나이에 일찍 죽었다. 다산의「형자학초묘지명」(兄子學樵墓誌銘)이 전한다.

정협(鄭俠) 중국 송(宋)나라 복청(福清) 사람. 자는 개부(介夫)로 진사에 급제했다. 왕안석(王安石)에게 신법(新法)이 백성에게 해롭다고 자주 편지로 말했으나 답이 없었다. 신종(新宗) 때 오랫동안 가뭄이 들자「유민도」(流民圖)를 그려 바쳐 청묘신법(靑苗新法)을 폐지토록 하고 왕안석도 떠나게 했다.

채제공(蔡濟恭: 1720~99) 자는 백규(伯規), 호는 번암(樊巖). 정조 밑에서 10년 동안 영의정을 지내면서 많은 치적을 남겼다. 그가 죽은 후 신서파의 세력이 크게 약화되었다.

최경회(崔慶會: 1532~93) 자는 선우(善遇), 호는 삼계(三溪)·일휴당(日休堂), 시호는 충의(忠毅). 천부(天符)의 아들로 능주(綾州) 출신이다. 선조 1년(1567)에 문과에 급제, 영해 군수를 지냈다. 1592년 임진왜란이 일어나자 의병장으로 활약하고, 1593년 경상우병사에 임명되어 충청병사 황진(黃進), 창의사 김천일 등과 진주성을 사수하다가 9일 만에 성이 함락되자 남강에 투신자살했다.

한만유(韓晩裕: 1746~1812) 자는 여성(汝成). 영조 49년(1773) 문과에 급제, 벼슬은 한성 판윤과 이조 판서를 지냈다.

한유(韓愈) 중국 당(唐)나라 때 창려(昌黎) 사람. 자는 퇴지(退之)로 당송팔대가(唐宋八大家)의 한 사람. 고문(古文)의 대가이며 중국 근세 문장의 조(祖)로 유명하다. 시문집으로『창려선생집』(昌黎先生集)이 있다.

한치응(韓致應: 1760~1824) 자는 혜보(徯甫), 호는 부산(傅山). 정조 8년(1784) 문과에 장원급제했다. 벼슬은 병조 판서와 한성 판윤에 이르렀다. 시문에 뛰어나고 다산과 죽란시사를 조직하기도 했다. 저서로『부산집』(傅山集)이 있다.

혜장(惠藏: 1772~1811) 자는 무진(無盡), 호는 연파(蓮波)·아암(兒菴), 성은 김(金). 두륜산 대둔사(大芚寺, 대흥사大興寺)에서 중이 되고 30세에

대흥사에 있는 아암 혜장선사의 사리탑.

대둔사의 강석(講席)을 맡았다. 다산과 교유했으며 다산에게서 『주역』을 배워 이에 밝았다. 다산이 그의 「아암장공탑명」(兒菴藏公塔銘)을 지었다.

홍현주(洪顯周, 1793~1865) 자는 세숙(世叔), 호는 해거재(海居齋)·약헌(約軒). 정조의 둘째딸 숙선옹주(淑善翁主)와 결혼해 영명위(永明尉)에 봉해졌다. 문장이 뛰어나 당대에 명성을 떨쳤다. 저서로 『해거시집』이 있다. 형 석주(奭周)와 함께 다산과 교유했다.

홍화보(洪和輔: 1726~91) 자는 경협(景協). 영조 47년(1771) 훈련초관으로 국자시(國子試)에 1등을 했으며, 동부승지를 지냈다. 정조 15년(1791) 황해도 병마절도사로서 황주(黃州)에서 죽었는데, 다산의 장인이다.

황패(黃覇) 중국 한(漢)나라 때 양하(陽夏) 사람으로 자는 차공(次公), 시호는 정(定). 벼슬은 승상(丞相)에 이르렀는데 한나라 때 치민(治民)의 관리 가운데 첫째로 꼽히는 인물이다.

역사용어 풀이

가주서(假注書) 승정원의 기록을 담당하는 주서(注書)가 유고가 있을 때 임명하는 임시직. 구술(口述)하는 전교(傳敎)를 문장으로 만드는 것이 주임무였다.

결(結) 논밭 넓이의 단위. 세금을 계산할 때 썼다. 1결은 1동의 열 배로, 그 넓이는 시대에 따라 달랐다.

경모궁(景慕宮) 정조의 아버지인 사도세자(장헌세자)를 장조(莊祖)로 추존하기 전에 신위(神位)를 모신 별도의 궁.

곡반(哭班) 국상(國喪) 때 곡을 하던 벼슬아치의 반열.

공서파(攻西派) 정조가 노론(老論)을 견제할 목적으로 남인(南人) 시파(時派)를 비호·육성하자 이들을 몰아내고 정권을 장악하기 위해 노론 벽파(僻派)에 가담했던 남인 벽파의 무리.

공조(工曹) 조선시대 육조(六曹: 고려·조선시대에 국가의 정무政務를 나누어 맡아보던 여섯 관부官府. 이조, 호조, 예조, 병조, 형조, 공조를 이른다) 가운데 산택·공장·영선(營繕: 건축물 따위를 새로 짓거나 수리)·도야(陶冶: 도기를 만드는 일과 쇠를 주조하는 일)를 맡아보던 정2품 아문. 태조 1년(1392)에 설치해 고종 31년(1894)에 공무아문으로 이름을 바꾸었다.

군주(郡主) 왕세자의 적녀(嫡女: 정실이 낳은 딸)에게 내리는 외명부(外命婦) 정2품의 위호(位號).

관각(館閣) 조선시대에 홍문관·예문관·규장각을 통틀어 이르던 말.

당상관(堂上官) 당상(조선시대에 정3품 이상의 품계에 해당하는 벼슬을 통틀어 이르는 말. 문관은 통정대부, 무관은 절충장군, 종친은 명선대부, 의빈儀賓은 봉순대부 이상이 이에 해당한다)의 품계에 있는 벼슬아치.

대유사(大酉舍) 규장각의 사무를 관장하는 이문원(摛文院)의 부속건물.

도당회권(都堂會圈) 홍문관의 교리(校理), 수찬(修撰)을 뽑을 때의 제2차 후보자 선임 과정.

도승지(都承旨) 조선시대에 둔 승정원의 으뜸 벼슬. 왕명을 전달하거나 신하들이 왕에게 올리는 글을 상달하는 일을 맡아 했다. 도승지는 이방(吏房)을 담당하며 승정원의 장관으로서 다른 방의 업무에도 관여했으나, 좌승지 등의 도승지 분방사 간여는 엄격하게 금지했다. 예문관 직제학(直提學)·상서원(尙瑞院) 정(正)을 겸직했다.

동부승지(同副承旨) 조선시대에 동부대언(同副代言: 조선 전기에 승정원의 대언 가운데 끝자리인 정3품 벼슬)을 고친 것. 형조(刑曹)를 담당했다.

『마과회통』(麻科會通) 홍역의 치료법을 다룬 의학서. 필사본 6권 3책. 다산이 1798년(정조 22) 편술했다. 이헌길(李獻吉)의 『마진기방』(麻疹奇方)을 중심으로 중국의 많은 마진전문서를 참고해 저술한 것이다. 『마진기방』이외에 임서봉(任瑞鳳)의 『임신방』(壬申方), 허준(許浚)의 『벽역신방』(辟疫神方), 조정준(趙廷俊)의 『급유방』(及幼方), 이경화(李景華)의 『광제비급』(廣濟秘笈) 등을 인용했다. 내용 가운데 「아속편」과 「오견편」에서는 우리나라에서 유행한 마진을 중심으로 증세를 관찰하고 치료법을 기술했다. 부록으로 신증종두기법(新證種痘奇法) 1편에서 에드워드 제너의 우두방(牛痘方)을 소개하고 있다. 이 책은 우리나라 마진학의 최고봉이라는 평가를 받았으며, 장서각에 소장되어 있다.

문원(文垣) 홍문관 또는 예문관을 말한다.

반제(泮製) 반궁제술(泮宮製述)의 준말로 도기과(到記科)라고도 한다. 조선시대에, 일정한 도기(到記) 점수를 딴 성균관 유생에게 실시하던 과거. 대과(大科)에 해당하는 것으로, 중종 때 처음 실시했다. 초시(初試)는 강경(講經), 전시(殿試)는 제술(製述)을 보게

했다.

배다리(舟橋) 임금이 거둥할 때 한강에 설치하는 부교(浮橋)를 말한다.

배율(排律) 오언(五言)이나 칠언(七言)의 대구(對句)를 여섯 구 이상 늘어놓은 한시.

『백언시』(百諺詩) 1820년에 『이담속찬』(耳談續纂)이란 이름으로 수정·보완해 완성된 다산의 저서명이다.

벽파(僻派) 조선 후기 정조의 왕권강화책인 준론탕평(峻論蕩平: 날카롭고 엄정한 언론과 논쟁에서 어느 쪽에도 치우침이 없이 공평함)에 반대하며 기존의 노론 집권당 우위를 강경히 주장한 정파(政派).

병조(兵曹) 조선시대 육조 가운데 군사와 우역(郵驛: 중앙 관아의 공문을 지방 관아에 전달하며 외국 사신의 왕래, 벼슬아치의 여행과 부임 때 마필 馬匹을 공급하던 곳. 주요 도로에 대개 30리마다 두었다)에 관한 일을 맡아보던 관아.

부호군(副護軍) 조선시대 오위도총부에 속한 종4품의 벼슬. 보직(補職)을 맡지 않은 문관과 무관, 음관(蔭官)으로 임명했다.

비국(備局) 비변사(備邊司)를 말한다. 조선시대에 군국의 사무를 맡아보던 관아. 중종 때 삼포왜란의 대책으로 설치한 뒤, 전시에만 두었다가 명종 10년(1555)에 상설 기관이 되었다. 임진왜란 이후에는 의정부를 대신하여 정치의 중추 기관이 되었다.

사관(史官) 역사의 편찬을 맡아 초고(草

稿)를 쓰는 일을 맡아보던 벼슬 또는 벼슬아치. 예문관의 검열이나 승정원의 주서(注書)를 이른다.

『삼창고훈』(三倉詁訓) 한자(漢字) 발달사에 관한 저술을 말한다.

수렴청정(垂簾聽政) 왕대비가 신하를 접견할 때 그 앞에 발을 늘인 데서 유래한 말. 임금이 어린 나이로 즉위하였을 때, 왕대비나 대왕대비가 이를 도와 정사를 돌보던 일.

수사(洙泗) 공자의 고향과 가까운 '주쓰'(洙泗)라는 지명을 뜻하는 말. 또는 공자가 제자들을 가르쳤다는 수수(洙水)와 사수(泗水)의 두 강을 말하나, 지금은 뜻이 변해 유교(儒敎)를 가리킨다. 사수(泗洙)라고도 한다.

승보시(陞補試) 성균관 대사성(大司成)이 매달 유생들을 대상으로 보았던 시험으로 합격하면 생원(生員), 진사과(進士科)에 응시할 수 있는 자격이 주어졌다.

승지(承旨) 조선시대에 승정원에 속해 왕명의 출납을 맡아보던 정3품의 당상관. 정원은 여섯 명으로 도승지·좌승지·우승지·좌부승지·우부승지·동부승지가 있었는데, 그 위차는 도승지 이하 좌승지·우승지·좌부승지·우부승지·동부승지 순이었다. 품계는 모두 같지만 위차가 엄격했다. 승지의 임명은 도승지 이하에 결원이 생기면 좌승지 이하가 차례로 승진하고 최하위의 승지만을 발령했다. 신임 승지는 육조 참의, 대사간 등의 당상관, 홍문관 직제학 이하의 당하관 중에서 제수했다. 승지를 지낸 자는 대개 종2품 참판 이상에 올랐다. 승지의 법제적인 임무는 왕명 출납이지만 실제로는 국정논의 참여, 육조사 분방(分房), 시종, 출사(出使), 사신 접대, 집사(執事), 숙직, 기타 겸직(兼職) 임무 등을 광범위하게 수행했다. 또한 승지는 고려·조선시대에 군사적으로 중시되던 양계(兩界: 동계東界[함경도와 강원도의 일부 지역]와 서계西界[평안도 지역])에 파견되어 지방관과 장수의 노고를 위로하고, 민정·군정을 규찰했다. 왕을 대리해 사신을 영접·접대·환송하고 부묘(祔廟)·친사(親祠) 때는 집사로 참여했다.

시참(詩讖) 우연히 지은 시가 뒷일과 꼭 맞는 일.

시파(時派) 조선 후기 준론탕평(峻論蕩平)을 통해 왕권강화를 추진한 정조의 정치노선을 지지한 정파.

신서파(信西派) 조선 후기 정조·순조 때 적극적으로 서양의 과학사상과 천주교를 수용하고자 한 남인 계열의 학자들을 가리키는 말. 신서파의 대표적인 학자로는 권철신, 이가환, 이기양, 오석충, 이승훈, 정약종, 정약전, 정약용 등이 있다.

신역(身役) ① 공천(公賤: 죄를 지어 종이 되거나 속공(屬公)되어 관아에 속하게 된 종)과 사천(私賤: 개인에 의해 매매되고 사역되던 종. 비복婢僕, 백정白丁, 무격巫覡, 배우俳優, 창녀娼女 따위가 있다)이 치르던 구실. ② 나라에서 성인 장정에게 부과하던 군역과 부역.

영위사(迎慰使) 조선시대에 청나라 사신을 영접하던 임시 벼슬.

옥송(獄訟) 형사상의 송사(訟事).

외보(外補) 지방관(地方官)에 보임(補任)하다.

용양위(龍驤衛) 조선시대에 중앙 군사 조직인 오위(五衛) 가운데 좌위(左衛)로 문종 1년(1450)에 설치한 부대. 세조 3년(1457)에 용양사(龍驤司)를 고친 것이다.

우부승지(右副承旨) 조선시대 중추원이나 승정원에 속한 정3품 벼슬. 태종 1년(1401)에 우부대언으로 고쳤다가 뒤에 다시 이것으로 고쳤다.

우승지(右承旨) 조선시대에 승정원에 속해 왕명의 출납을 맡아보던 정3품 벼슬. 태종 1년(1401)에 우대언으로 고쳤다가 뒤에 다시 이것으로 고쳤다. 예조의 관련업무를 담당했으며, 경연(經筵)의 참찬관(參贊官)을 겸했다.

위사(偉士) 대궐, 능, 관아, 군영 따위를 지키던 장교.

윤상(倫常) 인륜의 떳떳하고 변하지 않는 도리.

은전(恩典) 나라에서 은혜를 베풀어 내리던 특전.

이교(吏校) 조선시대에 서리와 장교를 통틀어 이르던 말. 중인 신분으로 양반과 양민의 중간을 차지했다.

『이담속찬』(耳談續纂) 순조 20년(1820)에 다산이 엮은 속담집.

『이아』(爾雅) 13경(十三經: 유교의 13가지 기본 경전의 총칭) 가운데 하나로 중국 고대의 경전에 나오는 물명(物名)을 주해한 책. 천문·지리·음악·기재(器材)·초목·조수(鳥獸) 등의 낱말을 해석했다. 주대(周代)부터 한대(漢代)까지 여러 학자가 여러 경서의 전주(箋註)를 채록한 것이다. 작자, 제작 연대를 알 수 없으며 3권이다. 우리나라 주자학자들에게는 대체로 소홀히 취급되었으며, 실학자들이 관심을 가졌다.

이조(吏曹) 조선시대 육조 가운데 문관의 선임과 훈봉, 관원의 성적 고사(考查, 고과考課), 포폄(褒貶)에 관한 일을 맡아보던 관아.

이치(吏治) 수령(守令)의 치적.

인일제(人日製) 인일(人日)인 음력 정월 초7일을 가절(佳節)이라고 하여 보던 시험으로 성균관 유생이 주대상이었다.

『일성록』(日省錄) 영조 28년(1752)부터 융희 4년(1910)까지 국왕의 동정과 국정을 중심으로 기록한 일기체 연대기. 2,327책. 필사본. 국보 제153호. 『조선왕조실록』『승정원일기』(국보 제303호)『비변사등록』 등과 더불어 조선왕조의 대표적인 관찬 사서 가운데 하나다. 현재 전하는 것은 정조연간(1760~1800) 676책, 순조연간(1800~34) 637책, 헌종연간(1834~49) 199책, 철종연간(1849~63) 220책, 고종연간(1863~1907) 562책, 순종연간(1907~10) 33책 등인데 일부 빠진 것이 있다. 정조는 세손으로 있을 때부터 매일 일기를 써서 이를 『일성록』이라 했는데, 이것을 편찬한 목적은 영조의 『어제자성편』(御製自省編)의 뜻을 본받아 유교적 덕치를 이상으로 하는 국왕이 자성(自省)의 근거로 삼기 위한 것이었다. 국왕의 전교(傳敎)와 비답(批答)은 전문을 모두 실어 함부로 1자도 늘리거나 줄이지 않았으나, 신하들의 상주나 장계 등은 간략히 정리해 실었다. 같은 국왕의 행적을 기록한 『승정원일기』에 비해 사건에 대한 기록이 자세하며, 특히 사회경제의 실상을 알려주는 많은 기록을 포괄한다. 규장각에 소장되어 있다.

장계(狀啓) 왕명을 받고 지방에 나가 있는 지방관이나 사신이 자기 관하(管下)의 중요한 일을 왕에게 보고한 문서.

전시(殿試) 문과시험에는 초시(初試)·복시(覆試)·전시(殿試)가 있는데, 전시는 왕이 친림(親臨)하여 보는 최종 시험이다.

『정리통고』(整理通攷) 『화성정리통고』(華城整理通攷)로 수원 화성의 규모와 제도를 적은 책.

정일(丁日) 천간(天干: 60갑자의 위 단위를 이루는 요소. 갑甲, 을乙, 병丙, 정丁, 무戊, 기己, 경庚, 신辛, 임壬, 계癸 등을 말한다)이 정(丁)으로 된 날.

종횡표(縱橫表) 다산이 「호적의」(戶籍議)라는 글에서 가로·세로로 선을 그어 호적의 표준으로 만든 양식을 말한다. 이 논문에 따르면 아전 가운데 꼼꼼하고 신중한 자 10명을 골라 마을로 파견해 종횡표에 따라 호적을 작성토록 했다.

좌부승지(左副承旨) 조선시대 중추원이나 승정원에 속한 정3품 벼슬. 태종 때 좌부대언으로 고쳤다가 뒤에 다시 이것으로 고쳤다.

좌승지(左承旨) 조선시대 승정원에 속해 왕명의 출납을 맡아 하던 정3품 벼슬. 태종 1년(1401)에 좌대언으로 고쳤다가 뒤에 다시 이 이름으로 고쳤다. 경연(經筵)의 참찬관(參贊官)을 겸했다.

증광시(增廣試) 조선시대 나라에 큰 경사가 있을 때 실시하던 임시 과거 시험. 태종 1년(1401)에 처음 실시했으며 생진과의 초시와 복시, 문과의 초시·복시·전시의 다섯 단계로 나누었다.

지사(地師) 풍수설에 따라 집터나 묏자리 따위의 좋고 나쁨을 가려내는 사람. 장사(葬師), 지관(地官), 풍수(風水)라고도 한다.

지주(砥柱) ① 격류 속에도 움직이지 않는다는 중국 황하(黃河) 강의 돌기둥. ② 어려운 시기에도 지조를 굳세게 지키는 사람을 비유적으로 일컫는 말.

차운(次韻) 남이 지은 시의 운자(韻字)를 따서 시를 지음. 또는 그런 방법.

참의(參議) 조선시대 육조에 둔 정3품 벼슬. 참지(參知).

참판(參判) 조선시대 육조에 둔 종2품 벼슬. 판서의 다음 서열이다.

체직(遞職) 벼슬을 갈아내는 것. 체임(遞任) 또는 체관(遞官)이라 한다.

초계문신(抄啓文臣) 글재주가 높은 신진 벼슬아치에게 주던 명예로운 직책으로, 조선시대 때 당하문관(堂下文官) 가운데 뽑아 매달 강독(講讀)·제술(製述)을 시험할 때 시험관으로 등용했다.

추고(推考) 벼슬아치의 죄과(罪過)를 추문(推問)해 고찰함.

「칠극」(七克) 「칠극대전」(七克大全)의 약칭. 죄의 근원이 되는 일곱 가지 뿌리와 이를 극복하는 일곱 가지 덕행(德行)을 다룬 일종의 덕행서다. 전7권이며 「천주실의」(天主實義)와 함께 일찍 우리나라에 전래되었다.

판서(判書) 조선시대에 둔 육조의 으뜸 벼슬. 정2품 벼슬로 태종 5년(1405)에 베풀어서 고종 31년(1894)에 없앴다.

패사(稗史) 패관이 소설과 같은 형식으로 꾸며서 쓴 역사이야기.

패초(牌招) 조선시대에 임금이 승지를 시켜 신하를 부르던 일. '명'(命)자를 쓴 나무패에다 신하의 이름을 써서 원례(院隷)를 시켜 보냈다.

포의(布衣) ① 베로 지은 옷. 백의(白衣). ② 벼슬이 없는 선비를 가리킨다.

한림회권(翰林會圈) 회권(會圈)은 대제학(大提學)·직각(直閣)·대교(待敎)·한림(翰林)의 벼슬을 시킬 만한 적임자를 뽑을 때 전임자들이 한데 모여서 선출될 사람들의 성명 위에 권점(圈點)을 찍는 일을 가리킨다.

향임(鄕任) 향소(鄕所: 고려·조선시대에 지방의 수령을 보좌하던 자문 기관. 풍속을 바로잡고 향리를 감찰하며, 민의를 대변했다)의 일을 맡아보던 사람. 향임에는 좌수(座首), 별감(別監) 등이 있다.

형조(刑曹) 조선시대 육조 가운데 법률·소송·형벌과 감옥·노예 따위에 관한 일을 맡아보던 관아. 고종 31년에 법무아문으로 고쳤다.

호조(戶曹) 조선시대 육조 가운데 호구, 공부, 전량(田糧: 전세田稅로 거두어들이던 양곡), 음식과 재물에 관한 일을 맡아보던 관아. 고종 31년에 탁지아문으로 고쳤다.

홍문관(弘文館) 조선시대 삼사(三司) 가운데 궁중의 경서, 문서 따위를 관리하고 임금의 자문에 응하는 일을 맡아보던 관아. 옥당(玉堂)이라고도 한다.

홍문관록(弘文館錄) 홍문관의 교리, 수찬 등의 벼슬아치를 뽑을 때의 제1차 후보자 선임기록.

화하(華夏) 중국의 다른 이름인 '화샤'를 우리 한자음으로 읽은 이름.

「황사영백서」(黃嗣永帛書) 1801년 천주교 신자 황사영이 신유박해의 내용과 대응 방안을 적어 중국 북경의 구베아 주교에게 보내려고 한 밀서.

한길사의 스테디셀러들

위대한 항해자 마젤란 1·2
베른하르트 카이 · 박계수 옮김
나는 미지의 세계, 불가능의 세계를 항해한다

"현실을 떠나 광대한 나만의 세상을 꿈꾸는 모든 이들에게, 마젤란의 대항해를 다룬 이 방대한 소설은 흥분과 감동, 움츠러들 듯한 뜨거운 열정을 불러일으킬 것이다."
·신국판 | 반양장 | 400, 448쪽

과학의 시대!
제라드 피엘 · 전대호 옮김
과학자들은 비밀과 원리를 어떻게 알아냈는가

이 책은 극미의 원자세계에서 광활한 우주까지, 인류 과학발전의 위대한 성과와 인간 지식의 찬란한 진보의 기록을 담은, 한마디로 '괴물 같은 책'이다.
·신국판 | 반양장 | 508쪽

지식의 최전선
김호기 · 임경순 · 최혜실 외 52인 공동집필
세상을 변화시키는 더 새롭고 창조적인 발상들

시사저널 2002 올해의 책/조선일보 2002 올해의 책
제43회 한국백상출판문화상/한국출판인회의 9월의 책
문화관광부 2002 우수학술도서
·신국판 | 양장본 | 712쪽

월경越境하는 지식의 모험자들
강봉균 · 박여성 · 이진우 외 53명 공동집필
혁명적 발상으로 세상을 바꾸는 프런티어들

"지식의 모험자들은 창조적 발상과 능동적인 실천력으로 미래의 시간을 앞당긴다. 그들이 보여주는 미래의 그림을 엿보면서 세계를 향해 지적 모험을 감행한다."
·신국판 | 양장본 | 888쪽

뜻으로 본 한국역사
함석헌 지음
살아 있는 역사정신 함석헌을 만난다

"역사를 아는 것은 지나간 날의 천만 가지 일을 뜻도 없이 그저 머릿속에 기억하는 것이 아니다. 값어치가 있는 일을 뜻 있게 붙잡아내는 것이다."
·신국판 | 반양장 | 504쪽

선비의 나라 한국유학 2천년
강재언 · 하우봉 옮김
교양인을 위해 새로운 시각에서 쓴 한국유교사

"나는 '주자일존'을 무비판적으로 긍정하는 한국유교사 연구에 저항감을 품어왔다. 나의 생명이 소진되기 전에 한국유학의 뿌리를 캐내는 과제와 싸워보고 싶었다."
·신국판 | 반양장 | 520쪽

간디 자서전
마하트마 간디 · 함석헌 옮김
영원한 고전, 간디의 진리실험 이야기

"당신도 나의 진리실험에 참여하기 바랍니다. 나에게 가능한 것이면 어린아이들에게도 가능하다는 확신이 날마다 당신의 마음속에 자라날 것입니다."
·46판 | 양장본 | 648쪽

마하트마 간디
요게시 차다 · 정영목 옮김
간디의 전 생애를 담아낸 최고의 평전

"이 고통받는 세계에 좁고 곧은 길 외에는 희망이 없다. 이 진리를 증명하는 데 실패할지라도 그것은 그들의 실패일 뿐, 이 영원한 법칙의 오류는 아니다."
·46판 | 양장본 | 880쪽

대서양 문명사
김명섭 지음
거친 바다를 건너 세계를 지배한 열강의 실체

"광대한 대서양을 배경으로 벌어진 제국들 간의 치열한 경주. 팽창 · 침탈 · 헤게모니의 역사로 물든 문명의 빛과 어둠을 파헤친다."
·신국판 | 양장본 | 760쪽

온천의 문화사
설혜심 지음
건전한 스포츠로부터 퇴폐적인 향락에 이르기까지

"레저는 산업화의 산물이 아니라 인간의 본능이다. 단순한 재충전의 기회가 아니라 자유의 적극적인 경험형태다." 2002 대한민국학술원 선정 우수학술도서
·신국판 | 양장본 | 344쪽

서양의 관상학 그 긴 그림자
설혜심 지음
고대부터 20세기까지 서구 관상학의 역사를 추적한다

"나와 타자를 이분법적으로 나누었던 관상학의 긴 역사. 관상학이란 그 시대에 잘 풀릴 수 있는 사람과 아닌 사람을 구별짓는 코드였다."
· 신국판 | 양장본 | 372쪽

세계와 미국
이삼성 지음
20세기를 반성하고 21세기를 전망한다

"미국과 세계에 관한 연구는 단순히 정치사나 외교사적 서술로 끝날 수 없다. 그것은 우리의 존재양식, 우리의 사유양식, 우리 자신의 연구일 수밖에 없다."
· 신국판 | 양장본 | 836쪽

자기의식과 존재사유
김상봉 지음
칸트철학과 근대적 주체성의 존재론

"모든 나는 비어 있는 가난함 속에서 하나의 우리가 된다. 참된 존재사유는 모든 나를 없음의 어둠 속으로 불러모음으로써 하나의 우리로 만드는 실천이다."
· 신국판 | 양장본 | 392쪽

그리스 비극에 대한 편지
김상봉 지음
슬픔의 미학을 통해 인간의 고귀함을 사유한다

"내가 타인의 고통으로 눈물 흘리고 우주적 비극성 앞에서 전율할 때 나의 사사로운 고통과 번민은 가벼워지고 나의 정신은 무한히 넓어집니다."
· 신국판 | 반양장 | 400쪽

나르시스의 꿈
김상봉 지음
자기애에 빠진 서양정신을 넘어 우리 철학의 길로 걸어라

"자기도취에 뿌리박고 있는 서양정신은 영원한 처녀신 아테나처럼 품위와 단정함을 지킬 수는 있겠지만 아무 것도 잉태할 수 없는 불임의 지혜다."
· 신국판 | 양장본 | 396쪽

호모 에티쿠스
김상봉 지음
윤리적 인간의 탄생을 위하여

"참으로 선하게 살기 위해 우리는 희망 없이 인간을 사랑하는 법을, 보상에 대한 기대 없이 우리의 의무를 다하는 법을 배우지 않으면 안 됩니다."
· 신국판 | 반양장 | 356쪽

중국인의 상술
강효백 지음
상상을 초월하는 중국상인들의 장사비법

"개방적인 자세로 상술을 펼쳐나가는 광둥사람, 신용 하나로 우직하게 밀고나가는 산둥사람. 이들이 바로 오늘의 중국을 움직이는 중국상인들이다."
· 신국판 | 반양장 | 360쪽

그림자
이부영 지음
분석심리학의 탐구 제1부…우리 마음 속의 어두운 반려자

"인간의 내면, 그 어두운 측면을 성찰하는 시간을 갖는다는 것은 하나의 축복이다. 나는 융의 그림자 개념을 통해 우리의 마음과 사회현실을 비추어 본다."
· 신국판 | 반양장 | 336쪽

아니마와 아니무스
이부영 지음
분석심리학의 탐구 제2부…남성 속의 여성, 여성 속의 남성

"당신은 첫눈에 반한 이성이 있는가. 가까워지고 싶은 조바심, 그리움과 안타까움. 이때 두 남녀는 상대방을 통해 자신의 아니마와 아니무스를 경험한다."
· 신국판 | 반양장 | 368쪽

자기와 자기실현
이부영 지음
분석심리학의 탐구 제3부…하나의 경지, 하나가 되는 길

"자기실현은 삶의 본연의 목표이며 값진 열매와 같다. 우리는 인간의 본성을 좀더 이해할 필요가 있다. 모든 재앙의 근원은 바로 우리 자신이기 때문이다."
· 신국판 | 반양장 | 356쪽

사랑의 풍경
시오노 나나미 · 백은실 옮김
목숨과 명예를 걸고 과감하게 사랑을 한 여인들의 이야기

"인간의 사랑과 드라마에는 역사가 없다. 르네상스 시대 사람들도 사랑에 속아 슬피 울기도 하고, 질투에 눈이 멀어 자신의 삶을 파멸로 몰아넣기도 한다."
· 46판 | 양장본 | 260쪽

로마인 이야기 11
시오노 나나미 · 김석희 옮김
마침내 시오노 나나미판 로마제국 쇠망사가 시작된다

"강력한 권력을 부여받은 지도자의 존재이유는 언젠가 찾아올 비에 대비하여 사람들이 쓸 수 있는 우산을 미리 준비하는 데 있다."
· 신국판 | 반양장 | 440쪽

나의 인생은 영화관에서 시작되었다
시오노 나나미 · 양억관 옮김
시오노가 들려주는 고품격 영화에세이

"정의·관능·사랑·전쟁·죽음·품격·아름다움, 그리고 영원히 해결되지 않는 문제에 대하여 나는 말한다. 내가 사랑하는 모든 영화로."
· 46판 | 양장본 | 350쪽

바다의 도시 이야기 상·하
시오노 나나미 · 정도영 옮김
베네치아 공화국, 그 1천년의 메시지는 무엇인가

"천혜의 자원이라고는 아무것도 없었던 바다의 도시가, 어떻게 국체를 한 번도 바꾼 일 없이 그토록 오랫동안 나라를 이끌어갔는가."
· 신국판 | 반양장 | 584쪽 내외

비평의 해부
노스럽 프라이 · 임철규 옮김
호메로스부터 제임스 조이스까지 서구의 고전을 해부한다

"비평은 과학적 객관성을 바탕으로 하는 독립된 학문이 되어야 한다. 재능 없는 문학도가 감탄과 질투를 배설하는 기생적인 문학 장르에서 벗어나야 한다."
· 신국판 | 양장본 | 706쪽

낭만적 거짓과 소설적 진실
르네 지라르 · 김치수 송의경 옮김
문학 지망생의 필독서이자 문학 이론의 고전

"이 책은 오늘날 우리의 욕망체계를 소설 주인공의 욕망체계에서 발견하여 우리가 살고 있는 사회적 특성을 제시한 탁월한 고전이다."
· 신국판 | 양장본 | 430쪽

한비자 I · II
한비 · 이운구 옮김
동양의 마키아벨리 한비자의 국가경영의 법

"인간의 애정이나 의리 자체를 경솔하게 부정하려는 것이 결코 아니다. 현실적으로 사랑보다는 힘(권력)의 논리가, 의(義)보다는 이(利)가 앞선다는 것이다."
· 신국판 | 양장본 | 968쪽

증여론
마르셀 모스 · 이상률 옮김 · 류정아 해제
선물주기와 답례로 풀어낸 인간사회의 실체

"주기와 받기, 답례로 이루어진 선물의 삼각구조가 총체적인 사회적 사실이 되어 사회구조를 작동시킨다."
2003 문광부 우수학술도서 선정
· 신국판 | 양장본 | 308쪽

춤추는 상고마
장용규 지음
『슬픈열대』를 잇는 한국인이 쓴 아프리카 민족지 1호

주술사인 '상고마'를 통해 아프리카 문화 읽기를 시도한 책. "아프리카는 화석으로 굳어버린 과거가 아니라 펄펄 살아 움직이는 역동적인 땅이었다."
· 국판 | 반양장 | 356쪽

관용론
볼테르 · 송기형 임미경 옮김
18세기 전제정치에 맞서는 볼테르의 관용정신

"모든 사람들이 똑같은 방식으로 생각하기를 바라는 것은 터무니없는 욕심이다. 인간 세계의 사소한 차이들이 증오와 박해의 구실이 되지 않기를."
· 신국판 | 양장본 | 308쪽

로마사 논고
니콜로 마키아벨리 · 강정인 안선재 옮김
마키아벨리 정치사상의 핵심 논저!

"잘 조직된 공화국은 시민에 대한 상벌제도가 분명하며, 공을 세웠다고 하여 잘못을 묵인하지 않는다. 군주는 은혜를 베푸는 일을 지체해서는 안 된다."
· 신국판 | 양장본 | 596쪽

인류학의 거장들
제리 무어 · 김우영 옮김
인물로 읽는 인류학의 역사와 이론

"타일러와 모건의 시대로부터 포스트모더니즘에 이르기까지 인류학의 발달과정을, 21명의 '거장 인류학자'들을 통해 설명한다." 2003 문광부 우수학술도서 선정
· 46판 | 양장본 | 456쪽

금기의 수수께끼
최창모 지음
인류학으로 풀어내는 성서 속의 금기와 인간의 지혜

"금지된 지식에 대해 알고자 하는 인간의 욕망과 그것에 대해 안다는 것 사이의 관계는 무엇인가. 알고자 하는 욕망이 죄인가, 아는 것이 문제인가."
· 46판 | 양장본 | 352쪽

르네상스 미술기행
앤드루 그레이엄 딕슨 · 김석희 옮김
BBC 방송이 기획하고 출판한 최고 권위의 미술체험

"우리가 보는 것은 미술관 속의 과거가 아니라, 우리가 살고 있는 지금 여기입니다. 그만큼 르네상스 시대의 예술작품은 우리의 현재와 연결되어 있습니다."
· 신국판 올컬러 | 양장본 | 488쪽

동과 서의 茶 이야기
이광주 지음
차 한잔의 여유가 놀이와 사교의 풍경을 이룬다

"나는 아직 차의 참맛을 모른다. 더욱이 다중선(茶中仙)의 경지란? 그러나 차와 찻잔이 놓인 자리에서 나는 매일 한(閑)을 즐기는 호모 루덴스가 된다."
· 46판 올컬러 | 양장본 | 396쪽

보르도 와인 기다림의 지혜
고형욱 지음
맛 전문가 고형욱의 매혹적인 보르도 와인여행

"진홍빛 파도가 입 안에 가득 밀려온다. 와인 한 잔의 맛과 낭만을 말해 무엇하랴. 잘 숙성되어 원숙해진 와인은 변함없는 친구처럼 사람들을 감동시킨다."
· 46판 올컬러 | 양장본 | 300쪽

베네치아에서 비발디를 추억하며
정태남 지음
건축가가 체험한 눈부신 이탈리아 음악여행

"벨칸토의 본고장 나폴리에서, '토스카'의 배경 로마, 롯시니를 성장시킨 볼로냐, 베르디의 도시 밀라노를 거쳐 찬란한 빛과 선율의 도시 베네치아까지."
· 신국판 올컬러 | 양장본 | 336쪽

지중해의 영감
장 그르니에 · 함유선 옮김
시적 명상 · 철학적 반성 · 찬란한 지중해의 찬가

"알제의 구릉 위에서 맞이한 열기 가득한 밤들, 욕망처럼 입술을 바짝 마르게 하는 시로코 바람, 이탈리아의 눈부신 풍경들과 사람들의 열정."
· 46판 | 양장본 | 236쪽

침묵의 언어
에드워드 홀 · 최효선 옮김
시간과 공간이 말을 한다

"홀은 사람들이 언어를 사용하지 않고 서로 '이야기를 나누는' 다양한 방식을 분석하고 있다. 부지간에 행하는 인간의 모든 몸짓과 행동들."
· 신국판 | 반양장 | 288쪽

문화를 넘어서
에드워드 홀 · 최효선 옮김
문화의 숨겨진 차원을 초월하라

"사람들은 지금까지 자신의 생활방식만을 당연시해왔다. 이제 인류는 잃어버린 자아와 통찰력을 되찾기 위하여 문화를 넘어서는 힘든 여행을 떠나야 한다."
· 신국판 | 반양장 | 372쪽

생명의 춤

에드워드 홀 · 최효선 옮김
시간의 문화적 성격에 관한 인류학적 보고서

"시간은 하나의 문화가 발달하는 방식뿐만 아니라 그 문화에 속한 사람들이 세계를 체험하는 방식과도 밀접한 관련을 맺고 있다."
· 신국판 | 반양장 | 354쪽

숨겨진 차원

에드워드 홀 · 최효선 옮김
공간의 인류학을 위하여

"홀은 인간이 공간을 사용하는 방식이 어떻게 사적이고 업무적인 관계, 문화간의 상호작용, 건축 등에 영향을 미칠 수 있는가를 날카롭게 관찰한다."
· 신국판 | 반양장 | 328쪽

문화의 수수께끼

마빈 해리스 · 박종렬 옮김
문화의 기저에 흐르는 진실은 무엇인가

"힌두교는 왜 암소를 싫어하며, 남녀불평등은 무엇에서 비롯되었으며, 그 결과는 어떤 생활양식을 만드는가? 인류의 생활양식의 근거를 분석한 탁월한 명저."
· 신국판 | 반양장 | 232쪽

음식문화의 수수께끼

마빈 해리스 · 서진영 옮김
기이한 음식문화에 관한 문화생태학적 보고서

"마빈 해리스의 해석을 따라 기이한 음식문화의 풍습을 하나씩 검토하다보면, 우리는 인간의 놀라운 적응력과 엄청난 다양성을 깨닫게 될 것이다."
· 신국판 | 반양장 | 328쪽

식인과 제왕

마빈 해리스 · 정도영 옮김
문명인의 편견과 오만을 벗겨낸다

"문명인은 원시인을 야만인이라 부른다. 야만인들은 에덴동산에서 아이들을 살해했고, 인간을 먹기 위해 전쟁을 했다. 야만 속에 감추어진 그들의 합리성이란?"
· 신국판 | 반양장 | 312쪽

미켈란젤로의 복수

필리프 반덴베르크 · 안인희 옮김
시스티나 천장화에 숨겨진 비밀은 무엇인가

"시스티나 성당 천장화를 보수하는 과정에서 나타난 '아불라피아'(A-B-U-L-A-F-I-A)라는 글자. 왜 천재 미켈란젤로는 이상한 단어를 그림 속에 숨겼을까?"
· 신국판 | 반양장 | 364쪽

레오나르도 다 빈치의 진실

필리프 반덴베르크 · 안인희 옮김
성모의 목걸이에 숨겨진 암호를 찾아라

"황산 테러를 당한 뒤에야 세상에 드러낸 보석 목걸이. 다 빈치가 알고 있었던 비밀은? 요한복음보다 먼저 씌어진 제5복음서의 비밀이 교회에 미칠 영향은?"
· 신국판 | 반양장 | 408쪽

파라오의 음모

필리프 반덴베르크 · 박계수 옮김
신의 무덤을 찾아나선 추적자들의 암투

"인간으로 태어나 신으로 죽은 사나이 임호테프. 사막의 모래 속으로 영원히 사라진 그의 무덤에는 엄청난 황금과 세계를 지배하는 위대한 지혜가 있으니."
· 신국판 | 반양장 | 478쪽

구텐베르크의 가면

필리프 반덴베르크 · 최상안 옮김
인쇄술을 둘러싼 암투가 지중해를 붉게 물들인다

"교황청이 면죄부를 남발한다. 르네상스가 인간을 자각시킨다. 세계역사를 뒤바꾼 구텐베르크의 금속활자의 탄생. 그러나 과연 그가 금속활자를 만들었을까."
· 신국판 | 반양장 | 528쪽

한 우정의 역사

게르숌 숄렘 · 최성만 옮김
두 위대한 사상가가 주고받은 25년 동안의 대기록

"이 편지글은 발터 벤야민과 그의 절친한 친구 숄렘이 주고받은 것이다. 우리는 두 위대한 정신의 지적 기록을 통해 역사와 세계의 의미를 묻고 생각하게 된다."
· 46판 | 양장본 | 432쪽